秦史与秦文化研究丛书　王子今　主编

"十三五"国家重点图书出版规划项目

秦文字研究

周晓陆　罗志英
李巍　何薇　著

西北大学出版社
·西安·

图书在版编目（CIP）数据

秦文字研究 / 周晓陆等著 . -- 西安：西北大学出版社，
2021.2（2024.5 重印）
（秦史与秦文化研究丛书 / 王子今主编）
ISBN 978-7-5604-4665-3

Ⅰ.①秦… Ⅱ.①周… Ⅲ.①汉字—古文字—研究—秦代 Ⅳ.① H121

中国版本图书馆 CIP 数据核字（2020）第 270288 号

秦文字研究
QINWENZIYANJIU　　周晓陆等　著

责任编辑	马若楠　李奕辰
装帧设计	谢晶
出版发行	西北大学出版社　　　邮　　编　710069
地　　址	西安市太白北路 229 号　E - mail　xdpress@nwu.edu.cn
电　　话	029-88303059
经　　销	全国新华书店
印　　装	西安华新彩印有限责任公司
开　　本	710mm × 1020mm　1/16
印　　张	27.5
字　　数	465 千字
版　　次	2021 年 2 月第 1 版　2024 年 5 月第 2 次印刷
书　　号	ISBN 978-7-5604-4665-3
定　　价	188.00 元

本版图书如有印装质量问题，请拨打电话 029-88302966 予以调换。

"秦史与秦文化研究丛书"

QINSHI YU QINWENHUA YANJIU CONGSHU

———— 编辑出版委员会 ————

顾　问　柳斌杰　朱绍侯　方光华

主　任　徐　晔

副主任　卜宪群　马　来

委　员　卜宪群　马　来　王子今　王彦辉　田明纲
　　　　邬文玲　孙家洲　李禹阶　李振宏　张德芳
　　　　张　萍　陈松长　何惠昂　杨建辉　高大伦
　　　　高彦平　晋　文　贾二强　徐　晔　徐兴无
　　　　梁亚莉　彭　卫　焦南峰　赖绍聪

主　编　王子今

总　序

公元前221年，秦王嬴政完成了统一大业，建立了中国历史上第一个高度集权的"大一统"帝国。秦王朝执政短暂，公元前207年被民众武装暴动推翻。秦短促而亡，其失败，在后世长久的历史记忆中更多地被赋予政治教训的意义。然而人们回顾秦史，往往都会追溯到秦人从立国走向强盛的历程，也会对秦文化的品质和特色有所思考。

秦人有早期以畜牧业作为主体经济形式的历史。《史记》卷五《秦本纪》说秦人先祖柏翳"调驯鸟兽，鸟兽多驯服"①，《汉书》卷一九上《百官公卿表上》则作"蕃作朕虞，育草木鸟兽"②，《汉书》卷二八下《地理志下》说"柏益……为舜朕虞，养育草木鸟兽"③，经营对象包括"草木"。所谓"育草木""养育草木"，暗示农业和林业在秦早期经济形式中也曾经具有相当重要的地位。秦人经济开发的成就，是秦史进程中不宜忽视的文化因素。其影响，不仅作用于物质层面，也作用于精神层面。秦人在周人称为"西垂"的地方崛起，最初在今甘肃东部、陕西西部活动，利用畜牧业经营能力方面的优势，成为周天子和东方各个文化传统比较悠久的古国不能忽视的政治力量。秦作为政治实体，在两周之际得到正式承认。

关中西部的开发，有周人的历史功绩。周王朝的统治重心东迁洛阳后，秦人在这一地区获得显著的经济成就。秦人起先在汧渭之间地方建设了畜牧业基地，又联络草原部族，团结西戎力量，"西垂以其故和睦"，得到周王室的肯定，秦于是立国。正如《史记》卷五《秦本纪》所说："邑之秦，使复续嬴氏祀，号曰秦嬴。"④秦国力逐渐强盛，后来向东发展，在雍（今陕西凤翔）定都，成为西方诸侯

---

① ［汉］司马迁：《史记》，中华书局，1959年，第173页。
② 颜师古注引应劭曰："蕃，伯益也。"《汉书》，中华书局，1962年，第721、724页。
③ ［汉］班固：《汉书》，中华书局，1962年，第1641页。
④ 《史记》卷五《秦本纪》，第177页。

国家,与东方列国发生外交和战争关系。雍城是生态条件十分适合农耕发展的富庶地区,与周人早期经营农耕、创造农业奇迹的所谓"周原膴膴"①的中心地域东西相邻。因此许多学者将其归入广义"周原"的范围之内。秦国的经济进步,有利用"周余民"较成熟农耕经验的因素。秦穆公时代"益国十二,开地千里,遂霸西戎","广地益国,东服强晋,西霸戎夷",②是以关中西部地区作为根据地实现的政治成功。

  秦的政治中心,随着秦史的发展,呈现由西而东逐步转移的轨迹。比较明确的秦史记录,即从《史记》卷五《秦本纪》所谓"初有史以纪事"的秦文公时代起始。③ 秦人活动的中心,经历了这样的转徙过程:西垂—汧渭之会—平阳—雍—咸阳。《中国文物地图集·陕西分册》中的《陕西省春秋战国遗存图》显示,春秋战国时期西安、咸阳附近地方的渭河北岸开始出现重要遗址。④ 而史书明确记载,商鞅推行变法,将秦都由雍迁到了咸阳。《史记》卷五《秦本纪》:"(秦孝公)十二年,作为咸阳,筑冀阙,秦徙都之。"⑤《史记》卷六《秦始皇本纪》:"孝公享国二十四年……其十三年,始都咸阳。"⑥《史记》卷六八《商君列传》:"于是以鞅为大良造……居三年,作为筑冀阙宫庭于咸阳,秦自雍徙都之。"⑦这些文献记录都明确显示,秦孝公十二年(前350)开始营造咸阳城和咸阳宫,于秦孝公十三年(前349)从雍城迁都到咸阳。定都咸阳,既是秦史上具有重大意义的事件,实现了秦国兴起的历史过程中的显著转折,也是秦政治史上的辉煌亮点。

  如果我们从生态地理学和经济地理学的角度分析这一事件,也可以获得新的

---

① 《诗·大雅·绵》,[清]阮元校刻:《十三经注疏》,中华书局据原世界书局缩印本1980年10月影印版,第510页。
② 《史记》卷五《秦本纪》,第194、195页。《史记》卷八七《李斯列传》作"并国二十,遂霸西戎"。第2542页。《后汉书》卷八七《西羌传》:"秦穆公得戎人由余,遂罢西戎,开地千里。"中华书局,1965年,第2873页。
③ 《史记》,第179页。
④ 张在明主编:《中国文物地图集·陕西分册》,西安地图出版社,1998年,上册第61页。
⑤ 《史记》,第203页。
⑥ 《史记》,第288页。
⑦ 《史记》,第2232页。

有意义的发现。秦都由西垂东迁至咸阳的过程,是与秦"东略之世"①国力不断壮大的历史同步的。迁都咸阳的决策,有将都城从农耕区之边缘转移到农耕区之中心的用意。秦自雍城迁都咸阳,实现了重要的历史转折。一些学者将"迁都咸阳"看作商鞅变法的内容之一。翦伯赞主编《中国史纲要》在"秦商鞅变法"题下写道:"公元前356年,商鞅下变法令","公元前350年,秦从雍(今陕西凤翔)迁都咸阳,商鞅又下第二次变法令"。②杨宽《战国史》(增订本)在"秦国卫鞅的变法"一节"卫鞅第二次变法"题下,将"迁都咸阳,修建宫殿"作为变法主要内容之一,又写道:"咸阳位于秦国的中心地点,靠近渭河,附近物产丰富,交通便利。"③林剑鸣《秦史稿》在"商鞅变法的实施"一节,也有"迁都咸阳"的内容。其中写道:"咸阳(在咸阳市窑店东)北依高原,南临渭河,适在秦岭怀抱,既便利往来,又便于取南山之产物,若浮渭而下,可直入黄河;在终南山与渭河之间就是通往函谷关的大道。"④这应当是十分准确地反映历史真实的判断。《史记》卷六八《商君列传》记载,商鞅颁布的新法,有扩大农耕的规划,奖励农耕的法令,保护农耕的措施。⑤ 于是使得秦国在秦孝公——商鞅时代实现了新的农业跃进。而指导这一历史变化的策划中心和指挥中心,就在咸阳。咸阳附近也自此成为关中经济的重心地域。《史记》卷二八《封禅书》说"霸、产、长水、沣、涝、泾、渭皆非大川,以近咸阳,尽得比山川祠"⑥,说明"近咸阳"地方水资源得到合理利用。关中于是"号称陆海,为九州膏腴"⑦,被看作"天府之国"⑧,因其丰饶,千百年居于经济优胜地位。

回顾春秋战国时期列强竞胜的历史,历史影响比较显著的国家,多位于文明程度处于后起地位的中原外围地区,它们的迅速崛起,对于具有悠久的文明传统

---

① 王国维:《秦都邑考》,《王国维遗书》,上海古籍书店,1983年,《观堂集林》卷一二第9页。
② 翦伯赞主编:《中国史纲要》,人民出版社,1979年,第75页。
③ 杨宽:《战国史》(增订本),上海人民出版社,1998年,第206页。
④ 林剑鸣:《秦史稿》,上海人民出版社,1981年,第189页。
⑤ 商鞅"变法之令":"民有二男以上不分异者,倍其赋。""僇力本业,耕织致粟帛多者复其身。事末利及怠而贫者,举以为收孥。"《史记》,第2230页。
⑥ 《史记》,第1374页。
⑦ 《汉书》卷二八下《地理志下》,第1642页。
⑧ 《史记》卷五五《留侯世家》,第2044页。

的"中国",即黄河中游地区,形成了强烈的冲击。这一历史文化现象,就是《荀子·王霸》中所说的:"虽在僻陋之国,威动天下,五伯是也。""故齐桓、晋文、楚庄、吴阖闾、越句践,是皆僻陋之国也,威动天下,强殆中国。"①就是说,"五霸"虽然都崛起在文明进程原本相对落后的"僻陋"地方,却能够以新兴的文化强势影响天下,震动中原。"五霸"所指,说法不一,如果按照《白虎通·号·三皇五帝三王五伯》中的说法:"或曰:五霸,谓齐桓公、晋文公、秦穆公、楚庄王、吴王阖闾也。"也就是除去《荀子》所说"越句践",加上了"秦穆公",对于秦的"威""强",予以肯定。又说:"《尚书》曰'邦之荣怀,亦尚一人之庆',知秦穆之霸也。"②秦国力发展态势之急进,对东方诸国有激励和带动的意义。

　　在战国晚期,七雄之中,以齐、楚、赵、秦为最强。到了公元前3世纪的后期,则秦国的军威,已经势不可当。在秦孝公与商鞅变法之后,秦惠文王兼并巴蜀,宣太后与秦昭襄王战胜义渠,实现对上郡、北地的控制,使秦的疆域大大扩张,时人除"唯秦雄天下"③之说外,又称"秦地半天下"④。秦国上层执政集团可以跨多纬度空间控制,实现了对游牧区、农牧并作区、粟作区、麦作区以及稻作区兼行管理的条件。这是后来对统一王朝不同生态区和经济区实施全面行政管理的前期演习。当时的东方六国,没有一个国家具备从事这种政治实践的条件。

　　除了与秦孝公合作推行变法的商鞅之外,秦史进程中有重要影响的人物还有韩非和吕不韦。《韩非子》作为法家思想的集大成者,规范了秦政的导向。吕不韦主持编写的《吕氏春秋》为即将成立的秦王朝描画了政治蓝图。多种渊源不同的政治理念得到吸收,其中包括儒学的民本思想。

　　秦的统一,是中国史的大事件,也是东方史乃至世界史的大事件。对于中华民族的形成,对于后来以汉文化为主体的中华文化的发展,对于统一政治格局的定型,秦的创制有非常重要的意义。秦王朝推行郡县制,实现中央对地方的直接控制。皇帝制度和官僚制度的出现,也是推进政治史进程的重要发明。秦始皇时代实现了高度的集权。皇室、将相、后宫、富族,都无从侵犯或动摇皇帝的权

---

① [清]王先谦撰,沈啸寰、王星贤点校:《荀子集解》,中华书局,1988年,第205页。
② [清]陈立撰,吴则虞点校:《白虎通疏证》,中华书局,1994年,第62、64页。
③ 《史记》卷八三《鲁仲连邹阳列传》,第2459页。
④ 《史记》卷七〇《张仪列传》,第2289页。

威。执掌管理天下最高权力的,唯有皇帝。"夫其卓绝在上,不与士民等夷者,独天子一人耳。"①与秦始皇"二世三世至于万世,传之无穷"②的乐观设想不同,秦的统治未能长久,但是,秦王朝的若干重要制度,特别是皇帝独尊的制度,却成为此后两千多年的政治史的范式。如毛泽东诗句所谓"百代犹行秦政法"③。秦政风格延续长久,对后世中国有长久的规范作用,也对东方世界的政治格局形成了影响。

秦王朝在全新的历史条件下带有试验性质的经济管理形式,是值得重视的。秦时由中央政府主持的长城工程、驰道工程、灵渠工程、阿房宫工程、丽山工程等规模宏大的土木工程的规划和组织,表现出经济管理水平的空前提高,也显示了相当高的行政效率。秦王朝多具有创新意义的经济制度,在施行时各有得失。秦王朝经济管理的军事化体制,以极端苛急的政策倾向为特征,而不合理的以关中奴役关东的区域经济方针等方面的弊病,也为后世提供了深刻的历史教训。秦王朝多以军人为吏,必然使各级行政机构都容易形成极权专制的特点,使行政管理和经济管理都具有军事化的形制,又使统一后不久即应结束的军事管制阶段在实际上无限延长,终于酿成暴政。

秦王朝的专制统治表现出高度集权的特色,其思想文化方面的政策也具有与此相应的风格。秦王朝虽然统治时间不长,但是所推行的文化政策却在若干方面对后世有规定性的意义。"书同文"原本是孔子提出的文化理想。孔子嫡孙子思作《中庸》,引述了孔子的话:"今天下车同轨,书同文,行同伦。"④"书同文",成为文化统一的一种象征。但是在孔子的时代,按照儒家的说法,有其位者无其德,有其德者无其位,"书同文"实际上只是一种空想。战国时期,分裂形势更为显著,书不同文也是体现当时文化背景的重要标志之一。正如东汉学者许慎在《说文解字·叙》中所说,"诸侯力政,不统于王",于是礼乐典籍受到破坏,天下分为七国,"言语异声,文字异形"。⑤秦灭六国,实现统一之后,丞相李

---

① 章太炎:《秦政记》,《太炎文录初编》卷一,《章太炎全集》第4卷,上海人民出版社,1985年,第71页。
② 《史记》卷六《秦始皇本纪》,第236页。
③ 《建国以来毛泽东文稿》第13册,中央文献出版社,1998年,第361页。
④ [清]阮元校刻:《十三经注疏》,第1634页。
⑤ [汉]许慎撰,[清]段玉裁注:《说文解字注》,上海古籍出版社据经韵楼藏版1981年10月影印版,第757页。

斯就上奏建议以"秦文"为基点,欲令天下文字"同之",凡是与"秦文"不一致的,通通予以废除,以完成文字的统一。历史上的这一重要文化过程,司马迁在《史记》卷六《秦始皇本纪》的记载中写作"书同文字"与"同书文字",①在《史记》卷一五《六国年表》与《史记》卷八七《李斯列传》中分别写作"同天下书""同文书"。② 秦王朝的"书同文"虽然没有取得全面的成功,但是当时能够提出这样的文化进步的规划,并且开始了这样的文化进步的实践,应当说,已经是一个值得肯定的伟大的创举。秦王朝推行文化统一的政策,并不限于文字的统一。在秦始皇出巡各地的刻石文字中,可以看到要求各地民俗实现同化的内容。比如琅邪刻石说到"匡饬异俗",之罘刻石说到"黔首改化,远迩同度",表示各地的民俗都要改造,以求整齐统一;而强求民俗统一的形式,是法律的规范,就是所谓"普施明法,经纬天下,永为仪则"。③ 应当看到,秦王朝要实行的全面的"天下""同度",是以秦地形成的政治规范、法律制度、文化样式和民俗风格为基本模板的。

秦王朝在思想文化方面谋求统一,是通过强硬性的专制手段推行有关政策实现的。所谓焚书坑儒,就是企图全面摈斥东方文化,以秦文化为主体实行强制性的文化统一。对于所谓"难施用"④"不中用"⑤的"无用"之学⑥的否定,甚至不惜采用极端残酷的手段。

秦王朝以关中地方作为政治中心,也作为文化基地。关中地方得到了很好

---

① 《史记》,第239、245页。
② 《史记》,第757、2547页。
③ 《史记》,第245、250、249页。
④ 《史记》卷二八《封禅书》:"始皇闻此议各乖异,难施用,由此绌儒生。"第1366页。
⑤ 《史记》卷六《秦始皇本纪》:"(秦始皇)大怒曰:'吾前收天下书不中用者尽去之。'"第258页。
⑥ 《资治通鉴》卷七《秦纪二》"始皇帝三十四年":"魏人陈馀谓孔鲋曰:'秦将灭先王之籍,而子为书籍之主,其危哉!'子鱼曰:'吾为无用之学,知吾者惟友。秦非吾友,吾何危哉!吾将藏之以待其求;求至,无患矣。'"胡三省注:"孔鲋,孔子八世孙,字子鱼。"[宋]司马光编著,[元]胡三省音注,"标点资治通鉴小组"校点:《资治通鉴》,中华书局,1956年,第244页。承孙闻博副教授提示,据傅亚庶《孔丛子校释》,《孔丛子》有的版本记录孔鲋说到"有用之学"。叶氏藏本、蔡宗尧本、汉承弼校跋本、章钰校跋本并有"吾不为有用之学,知吾者唯友。秦非吾友,吾何危哉?"语。中华书局,2011年,第410、414页。参看王子今:《秦文化的实用之风》,《光明日报》2013年7月15日15版"国学"。

的发展条件。秦亡,刘邦入咸阳,称"仓粟多"①,项羽确定行政中心时有人建议"关中阻山河四塞,地肥饶,可都以霸",都说明了秦时关中经济条件的优越。项羽虽然没有采纳都关中的建议,但是在分封十八诸侯时,首先考虑了对现今陕西地方的控制。"立沛公为汉王,王巴、蜀、汉中,都南郑",又"三分关中","立章邯为雍王,王咸阳以西,都废丘","立司马欣为塞王,王咸阳以东至河,都栎阳;立董翳为翟王,王上郡,都高奴"。② 因"三分关中"的战略设想,于是史有"三秦"之说。近年"废丘"的考古发现,有益于说明这段历史。所谓"秦之故地"③,是受到特殊重视的行政空间。

汉代匈奴人和西域人仍然称中原人为"秦人"④,汉简资料也可见"秦骑"⑤称谓,说明秦文化对中土以外广大区域的影响形成了深刻的历史记忆。远方"秦人"称谓,是秦的历史光荣的文化纪念。

李学勤《东周与秦代文明》一书中将东周时代的中国划分为7个文化圈,就是中原文化圈、北方文化圈、齐鲁文化圈、楚文化圈、吴越文化圈、巴蜀滇文化圈、秦文化圈。关于其中的"秦文化圈",论者写道:"关中的秦国雄长于广大的西北地区,称之为秦文化圈可能是适宜的。秦人在西周建都的故地兴起,形成了有独特风格的文化。虽与中原有所交往,而本身的特点仍甚明显。"关于战国晚期至于秦汉时期的文化趋势,论者指出:"楚文化的扩展,是东周时代的一件大事","随之而来的,是秦文化的传布。秦的兼并列国,建立统一的新王朝,使秦文化成为后来辉煌的汉代文化的基础"⑥。从空间和时间的视角进行考察,可以注意

---

① 《史记》卷八《高祖本纪》,第362页。
② 《史记》卷七《项羽本纪》,第315、316页。
③ 《史记》卷九九《刘敬叔孙通列传》:"陛下入关而都之,山东虽乱,秦之故地可全而有也。""今陛下入关而都,案秦之故地,此亦扼天下之亢而拊其背也。"第2716页。
④ 《史记》卷一二三《大宛列传》,第3177页;《汉书》卷九四上《匈奴传上》,第3782页;《汉书》卷九六下《西域传下》,第3913页。东汉西域人使用"秦人"称谓,见《龟兹左将军刘平国作关城诵》,参看王子今:《〈龟兹左将军刘平国作关城诵〉考论——兼说"张骞凿空"》,《欧亚学刊》新7辑,商务印书馆,2018年。
⑤ 如肩水金关简"☐所将胡骑秦骑名籍☐"(73EJT1:158),甘肃简牍保护研究中心、甘肃省文物考古研究所、甘肃省博物馆、中国文化遗产研究院古文献研究室、中国社会科学院简帛研究中心编:《肩水金关汉简》(壹),中西书局,2011年,下册第11页。
⑥ 李学勤:《东周与秦代文明》,上海人民出版社,2007年,第10—11页。

到秦文化超地域的特征和跨时代的意义。秦文化自然有区域文化的含义,早期的秦文化又有部族文化的性质。秦文化也是体现法家思想深刻影响的一种政治文化形态,可以理解为秦王朝统治时期的主体文化和主导文化。秦文化也可以作为一种积极奋进的、迅速崛起的、节奏急烈的文化风格的象征符号。总结秦文化的有积极意义的成分,应当注意这样几个特点:创新理念、进取精神、开放胸怀、实用意识、技术追求。秦文化的这些具有积极因素的特点,可以以"英雄主义"和"科学精神"简要概括。对于秦统一的原因,有必要进行全面的客观的总结。秦人接受来自西北方向文化影响的情形,研究者也应当予以关注。

秦文化既有复杂的内涵,又有神奇的魅力。秦文化表现出由弱而强、由落后而先进的历史转变过程中积极进取、推崇创新、重视实效的文化基因。

对于秦文化的历史表现,仅仅用超地域予以总结也许还是不够的。"从世界史的角度"估价秦文化的影响,是秦史研究者的责任。秦的统一"是中国文化史上的重要转折点",继此之后,汉代创造了辉煌的文明,其影响,"范围绝不限于亚洲东部,我们只有从世界史的高度才能估价它的意义和价值"。① 汉代文明成就,正是因秦文化而奠基的。

在对于秦文化的讨论中,不可避免地会导入这样一个问题:为什么在战国七雄的历史竞争中最终秦国取胜,为什么是秦国而不是其他国家完成了"统一"这一历史进程?

秦统一的形势,翦伯赞说,"如暴风雷雨,闪击中原",证明"任何主观的企图,都不足以倒转历史的车轮"。② 秦的"统一",有的学者更愿意用"兼并"的说法。这一历史进程,后人称之为"六王毕,四海一"③,"六王失国四海归"④。其实,秦始皇实现的统一,并不仅仅限于黄河流域和长江流域原战国七雄统治的地域,亦包括对岭南的征服。战争的结局,是《史记》卷六《秦始皇本纪》和卷一一

---

① 李学勤:《东周与秦代文明》,第294页。
② 翦伯赞:《秦汉史》,北京大学出版社,1983年,第8页。
③ [唐]杜牧:《阿房宫赋》,《文苑英华》卷四七,[宋]李昉等编:《文苑英华》,中华书局,1966年,第212页。
④ [宋]莫济《次梁安老王十朋咏秦碑韵》:"六王失国四海归,秦皇东刻南巡碑。"[明]董斯张辑:《吴兴艺文补》卷五〇,明崇祯六年刻本,第1103页。

三《南越列传》所记载的桂林、南海、象郡的设立。① 按照贾谊《过秦论》的表述,即"南取百越之地,以为桂林、象郡,百越之君俯首系颈,委命下吏"②。考古学者基于岭南秦式墓葬发现,如广州淘金坑秦墓、华侨新村秦墓,广西灌阳、兴安、平乐秦墓等的判断,以为"说明了秦人足迹所至和文化所及,反映了秦文化在更大区域内和中原以及其他文化的融合","两广秦墓当是和秦始皇统一岭南,'以谪徙民五十万戍五岭,与越杂处'的历史背景有关"。③ 岭南文化与中原文化的融合,正是自"秦时已并天下,略定杨越"④起始。而蒙恬经营北边,又"却匈奴七百余里"⑤。南海和北河方向的进取,使得秦帝国的国土规模远远超越了秦本土与"六王"故地的总和。⑥

对于秦所以能够实现统一的原因,历来多有学者讨论。有人认为,秦改革彻底,社会制度先进,是主要原因。曾经负责《睡虎地秦墓竹简》定稿、主持张家山汉简整理并进行秦律和汉律对比研究的李学勤指出:"睡虎地竹简秦律的发现和研究,展示了相当典型的奴隶制关系的景象","有的著作认为秦的社会制度比六国先进,笔者不能同意这一看法,从秦人相当普遍地保留野蛮的奴隶制关系来看,事实毋宁说是相反"。⑦

秦政以法家思想为指导。法家虽然经历汉初的"拨乱反正"⑧受到清算,又经汉武帝时代"罢黜百家,表章《六经》"⑨"推明孔氏,抑黜百家"⑩,受到正统意

---

① 王子今:《论秦始皇南海置郡》,《陕西师范大学学报》(哲学社会科学版)2017年第1期。
② 《史记》卷六《秦始皇本纪》,第280页。
③ 叶小燕:《秦墓初探》,《考古》1982年第1期。
④ 《史记》卷一一三《南越列传》,第2967页。
⑤ 《史记》卷六《秦始皇本纪》,第280页;《史记》卷四八《陈涉世家》,第1963页。
⑥ 参看王子今:《秦统一局面的再认识》,《辽宁大学学报》(哲学社会科学版)2013年第1期。
⑦ 李学勤:《东周与秦代文明》,第290—291页。
⑧ 《汉书》卷六《武帝纪》,第212页;《汉书》卷二二《礼乐志》,第1030、1035页。《史记》卷八《高祖本纪》:"拨乱世反之正。"第392页。《史记》卷六〇《三王世家》:"高皇帝拨乱世反诸正。"第2109页。
⑨ 《汉书》卷六《武帝纪》,第212页。
⑩ 《汉书》卷五六《董仲舒传》,第2525页。

识形态压抑,但是由所谓"汉家自有制度,本以霸王道杂之,奈何纯任德教,用周政乎"①可知,仍然有长久的历史影响和文化惯性。这说明中国政治史的回顾,有必要思考秦政的作用。

在总结秦统一原因时,应当重视《过秦论》"续六世之余烈,振长策而御宇内"的说法。② 然而秦的统一,不仅仅是帝王的事业,也与秦国农民和士兵的历史表现有关。是各地万千士兵与民众的奋发努力促成了统一。秦国统治的地域,当时是最先进的农业区。直到秦王朝灭亡之后,人们依然肯定"秦富十倍天下"的地位。③ 因农耕业成熟而形成的富足,也构成秦统一的物质实力。

有学者指出,应当重视秦与西北方向的文化联系,重视秦人从中亚地方接受的文化影响。这是正确的意见。但是以为郡县制的实行可能来自西方影响的看法还有待于认真的论证。战国时期,不仅秦国,不少国家都实行了郡县制。有学者指出:"郡县制在春秋时已有萌芽,特别是'县',其原始形态可以追溯到西周。到战国时期,郡县制在各国都在推行。"④秦人接受来自西北的文化影响,应当是没有疑义的。周穆王西行,据说到达西王母之国,为他驾车的就是秦人先祖造父。秦早期养马业的成功,也应当借鉴了草原游牧族的技术。青铜器中被确定为秦器者,据说有的器形"和常见的中国青铜器有别,有学者以之与中亚的一些器物相比"。学界其实较早已经注意到这种器物,以为"是否模仿中亚的风格,很值得探讨"。⑤ 我们曾经注意过秦风俗中与西方相近的内容,秦穆公三十二年(前628),发军袭郑,这是秦人首创所谓"径数国千里而袭人"的长距离远征历史记录的例证。晋国发兵在殽阻截秦军,"击之,大破秦军,无一人得脱者,虏秦三将以归"。⑥ 四年之后,秦人复仇,《左传·文公三年》记载:"秦伯伐晋,济河焚舟,取王官及郊。晋人不出,遂自茅津渡,封殽尸而还。"⑦《史记》卷五《秦本

---

① 《汉书》卷九《元帝纪》,第 277 页。
② 《史记》卷六《秦始皇本纪》,第 280 页。
③ 《史记》卷八《高祖本纪》,第 364 页。
④ 李学勤:《东周与秦代文明》,第 289—290 页。
⑤ 李学勤:《东周与秦代文明》,第 146 页。
⑥ 《史记》卷五《秦本纪》,第 190—192 页。
⑦ 《春秋左传集解》,上海人民出版社,1977 年,第 434 页。

纪》："缪公乃自茅津渡河,封殽中尸,为发丧,哭之三日。"①《史记》卷三九《晋世家》："秦缪公大兴兵伐我,度河,取王官,封殽尸而去。"②封,有人解释为"封识之"③,就是筑起高大的土堆以为标识。我们读记述公元 14 年至公元 15 年间史事的《塔西佗〈编年史〉》第 1 卷,可以看到日耳曼尼库斯·凯撒率领的罗马军队进军到埃姆斯河和里普河之间十分类似的情形："据说伐鲁斯和他的军团士兵的尸体还留在那里没有掩埋","罗马军队在六年之后,来到这个灾难场所掩埋了这三个军团的士兵的遗骨","在修建坟山的时候,凯撒放置第一份草土,用以表示对死者的衷心尊敬并与大家一同致以哀悼之忱"。④ 罗马军队统帅日耳曼尼库斯·凯撒的做法,和秦穆公所谓"封殽尸"何其相像！罗马军人们所"修建"的"坟山",是不是和秦穆公为"封识之"而修建的"封"属于性质相类的建筑形式呢？相关的文化现象还有待于深入考论。但是关注秦文化与其他文化系统之间的联系可能确实是有意义的。

秦代徐市东渡,择定适宜的生存空间定居⑤,或许是东洋航线初步开通的历史迹象。斯里兰卡出土半两钱⑥,似乎可以看作南洋航线早期开通的文物证明。理解并说明秦文化的世界影响,也是丝绸之路史研究应当关注的主题。

"秦史与秦文化研究丛书"系"十三五"国家重点图书出版规划项目,共 14 种,由陕西省人民政府参事室主持编撰,西北大学出版社具体组织实施。包括以下学术专著：《秦政治文化研究》（雷依群）、《初并天下——秦君主集权研究》（孙闻博）、《帝国的形成与崩溃——秦疆域变迁史稿》（梁万斌）、《秦思想与政治研究》（臧知非）、《秦法律文化新探》（闫晓君）、《秦祭祀研究》（史党社）、《秦礼仪研究》（马志亮）、《秦战争史》（赵国华、叶秋菊）、《秦农业史新编》（樊志民、

---

① 《史记》,第 193 页。
② 《史记》,第 1670 页。
③ 《史记》卷五《秦本纪》裴骃《集解》引贾逵曰,第 193 页。
④ 〔罗马〕塔西佗著,王以铸等译：《塔西佗〈编年史〉》,商务印书馆,1981 年,上册,第 1 卷,第 51—52 页。
⑤ 《史记》卷一一八《淮南衡山列传》："徐福得平原广泽,止王不来。"第 3086 页。
⑥ 查迪玛（A. Chandima）：《斯里兰卡藏中国古代文物研究——兼谈古代中斯贸易关系》,山东大学博士学位论文,导师：于海广教授,2011 年 4 月；〔斯里兰卡〕查迪玛·博嘎哈瓦塔、柯莎莉·卡库兰达拉：《斯里兰卡藏中国古代钱币概况》,《百色学院学报》2016 年第 6 期。

李伊波)、《秦都邑宫苑研究》(徐卫民、刘幼臻)、《秦文字研究》(周晓陆、罗志英、李巍、何薇)、《秦官吏法研究》(周海锋)、《秦交通史》(王子今)、《秦史与秦文化研究论著索引》(田静)。

  本丛书的编写队伍,集合了秦史研究的学术力量,其中有较资深的学者,也有很年轻的学人。丛书选题设计,注意全方位的研究和多视角的考察。参与此丛书的学者提倡跨学科的研究,重视历史学、考古学、民族学与文化人类学等不同学术方向研究方法的交叉采用,努力坚持实证原则,发挥传世文献与出土文献及新出考古资料相结合的优长,实践"二重证据法""多重证据法",力求就秦史研究和秦文化研究实现学术推进。秦史是中国文明史进程的重要阶段,秦文化是历史时期文化融汇的主流之一,也成为中华民族文化的重要构成内容。对于秦史与秦文化,考察、研究、理解和说明,是历史学者的责任。不同视角的观察,不同路径的探究,不同专题的研讨,不同层次的解说,都是必要的。这里不妨借用秦汉史研究前辈学者翦伯赞《秦汉史》中"究明"一语简要表白我们研究工作的学术追求:"究明"即"显出光明"。①

王子今
2021 年 1 月 18 日

---

① 翦伯赞:《秦汉史》,第 2 页。

前　言

就目前所知，人类是天地间仅见的具有思考溯源欲望的社会性高级动物。例如，个人是从哪里来？家庭、社会是从哪里来？走过了多少万年的路程？这些路程各有哪些阶段性的、地域性的特点？这些路程对于人类的今天和未来又可能具有什么样的影响？这实际上是树立一定的历史观的过程。对这一系列问题的提出与不断的探究，构成了认识人类文明的重要基础。

"文明"这两个字，恐怕是人类历史回溯当中最为沉重又最具有魅力的课题。文明，在实质上，是人类"排斥"其他地球生物时的自我认可，是不断强化的人类各种能力持续地对整个世界的负有责任感的认定。世界各地许多学者的相关讨论当中，往往把这个问题简化成为国家文明、阶级文明，或者"有文字记录"的文明历史，这种认知对于某个发展阶段是适合的，但其实又是很不完整的。就人类文明简单的、源起的定义而言，恐怕就是指人类如何越来越深刻地区别于自然界其他的动物。虽然，人类是大自然的产儿，但人类最终"走出了"大自然，并在一定程度上成为自然的对立者。对人类文明概念的界定与探究，恐怕要历经久远的时光，况且，人类文明进程的最终情形既没有实现，也很难预料将是什么样子。于是，后来几千年、几万年的"文明"研究者，一定会无情地哂笑当今人们对所谓"文明"的定义；换言之，所谓"文明"的不断前行的过程还在继续，未来人反顾今天，"我们"一定是处于比较低级甚至可笑的阶段："看呐，几千（或几万）年前的那些人，都野蛮、愚昧到什么样子了，还要奢谈什么文明呀!"可是,今天的"我们"无须因此感到羞愧,因为"我们"走在了文明的某个阶段之上。

笔者以为,从人类持续不断发展的意义上而言,人类的文明起码经过了这么几个应当认定的阶段:

人类文明的最先的阶段,是基于对火的认识、掌握、使用和对火种的保存。这使得人类获得了最早的、实质上的与自然环境的隔离。用火改造过的食物也对远古人类的体质乃至大脑的充分发育,对于人类"站立起来",产生了全面的、关键的促进作用。人类早期文明起码肇始于此时,最早的木、骨、皮、石质器物诞生于此时,这也是人类语言普遍出现的时期。

人类文明的第二个阶段,应当是基于生理和心理的原因,人类越来越自觉、清晰地认识到了两性关系的正确处理方式。雌雄两性在动物界不是没有一定的区分和表达,但是其自觉程度、着意的设计远远没有达到人类社会的高度。从早期的人类摆脱了纯粹动物性的两性关系,直到发展为以一夫一妻制为代表的较晚近的婚姻家庭关系,这些具体过程的早期的表达,尽管在现代看来不可理喻,但正是这些存在与修订,促使人类社会的基本细胞——家庭,由原始的状态向文明的状态过渡,从而成为人类社会发展的基石,又成为国家产生的基石。这一过程发生在人类语言丰富和发展的时期,此时还出现了地区性的语音、语言的分离。因此可以说,两性关系文明进程不仅关系到人类体质的健康发展,更关系到人类社会、国家的持续健康发展。

人类文明的第三个阶段应当是指向了农业定居的实现,在旧石器时代与新石器时代之交。这在全世界的人类学家、考古学家、历史学家的理解和表达上差别不是很大:定居改善了人类的自卫、休憩条件,也给予人们以筹划、设计的稳定场所和聚会、讨论的场所,以及最早的学科萌生的场所。定居使得农业成为社会经济产业,并逐渐摆脱了纯粹的大自然的馈赠,逐渐以季节、年度可控产业的形式支撑起人类社会的基本存在。农业不单单指种植植物的农业,还包括随之出现的家禽、家畜的养殖业。定居和农业,直接波及了以陶器出现为标志的新手工业(之前已有旧石器手工业存在)的产生与发展,考量着人们动脑、动手来改造自然的能力。这些都使得人类的社会文明向前大大地跨进了一步。新石器时代促成了迄今为止人类历史上最为深刻的"革命"。在全球许多地方,国家的古老基盘也肇源于此。

新石器时代是人类为了加强交流、发展生产、记录历史，从而产生了区域清晰的、"高级化"的人类语言的阶段。这些区域化、"高级化"的人类语言进而发展成为对早期文字的需求，即找寻、创造一种可视符号体系，将人类的思维和发声语言视觉固化、记录下来。人类的文字在产生之初，就具有地域化的个性特征。人类早期文字产生的阶段和农业定居发生的阶段之间的时间间隔似乎不是很长，甚至可能同步发生。在旧石器时代的中后期以及新石器时代的初期，人类已经有了利用自然材料进行可视造型表达的主观的能力，如原始的雕塑、绘画、刻划等。如果在这样或简单或复杂的造型基础之上，将人类的语言和思维固定为某种图形的、公认的、体系化的、可再现的表达，那么这也就是人类文字的产生。

许多学者的著述，将文字的起源与阶级社会、国家的诞生生硬地联系在一起，认为它们是人类社会发展同一个阶段的产物和标志，这是不够准确的。农业定居实现之稍前或稍后，一些地区的文字得以诞生，人类族群之间的差异也随之迅速增大。这是因为，定居使得人类必须面对不同的自然环境，其生存内外部条件的差异和改良，造成包括从生产到生活、从意识形态到意识形态的物化表达在内的多方面因素的不断固化和差异，这种固化随着时代的发展，也就有了社会学意义、国家学意义上的区别。阶级社会的肯定、国家的诞生与文字有着一定的关系，但是在最初的阶段并不具有绝对的对应关系（在加强交流、发展生产、丰富生活、人群区别、记录历史等方面）。人类的各支文字有其功用上的共性，但是未必同步地一定就导致形态、性质一致的阶级国家的诞生。

在东亚大地，大致相当于现代中国的地域范围之内，文字的起源，经历了相当复杂的过程，之后文字（以汉字为代表）又进入了漫长的发展阶段。在这一辽阔的地域，文字的起源和汉字的起源，是有着密切关联但并不同一的历史事件。在早期农业生产基本背景大体一致、社会发展水平大体一致、人类需要交流的各个方面也大体相当的状况之下，汉字在丛生如林的多种早期文字（其中大部分已经渐渐"死亡"）创造的背景之下，是相对比较晚起的实践。不晚于"三代"（夏、商、周），系统庞大的汉字应用在这片土地并获得了极大的成功。汉字在脱颖而出、强力发展之后，不仅仅对汉语的发展，而且对整个东亚民族文化的发展发挥了至关重要的作用。

汉字是在人类文字群体之中具有独特面貌的表意文字，后来，又逐渐发展成具有独特面貌的意音文字。汉字的创造和使用的历史，走过了一条与世界上大部分地区和民族文字不同的道路。这表现在世界上大部分地区和民族所采用的是拼音文字，它们与表意文字、意音文字是有着根本性的区别的。

拼音文字有它的优点，它们通过字母拼音和发声语言中的单词直接对接，学习和掌握起来相对容易。拼音文字在早期的沿海城邦的贸易中，在地理大发现中，在工业革命以后的近现代，可以以它特殊的方法联络起越来越多的民族，成为越来越多民族文化之间的一种黏合剂。可是，在发达、稳定的大区域的农业社会以及更早的时代，拼音文字的黏合、团结、聚拢作用相当有限。

在文字的工具性的表达上，在全面的学习掌握上，在总字数的计量上，汉字确实有过分沉重的一面，但是，汉字在思维和语言意义的可视性、系统知识的积淀、远古信息的沉淀保存上，有着其他文字所不能取代的特殊优点。更为重要的是，汉字与汉藏语系—汉语语种结合得非常好，这与这支最为庞大的人群的持续超稳定发展有关。作为一种社会文化的黏合剂，汉字长期以来团结、聚拢了地球上最大的一支人类族群。作为人类历史上一种特殊的文化现象，人类社会的珍贵文化、文明遗产，其表意及意音作用机理，几乎成为深不可测的渊薮。这种深刻的、美丽的文化渊薮，在未来的人类文明、文字发展当中还将起到什么作用，这一点是人们还不能说得非常透彻的地方。

古老汉字的发展，经历了非常传奇的过程。它脱颖于丛生如林的、不止一种的、以线条为基本表达的原始文字符号系统，汉字在"三代"之前就确立了一定的造字的原则，走上了数千年汉字一元一体的发展的道路。从早于商代，甚至早于"夏文化"时期开始出现的汉字陶文，到商代以甲骨文、金文等为代表的汉字，到西周时期以甲骨文、金文、陶文等为代表的汉字，以及不晚于商代就应当应用在考古中，直到东周遗址墓葬出土才被发现的简帛文字，表现了汉字丰富多样的载体。从这些丰富的载体分析出发，可以发现汉字至少有三种主要的表现：柔法书写（以毛笔书写为主要形式，写于一切物体面上）——笔法；硬法镌刻（以刀具施于甲骨、陶器、石玉、竹木，等等）——刀法；抑印表现（主要以硬法先制成的印章、印模、印版等形式，将文字印、戳、烙在多种物体表面上）——由刀法施于硬质载体，再戳印表现文字的形式；等等。汉字，是中华文化的重要载体，是中华文明的最核心的可视表征。

在旧石器时代和新石器时代早期，可能还谈不上文字（汉字）对于东亚社会的发展的作用。到了新石器时代中晚期，东亚早期文明中的文字的作用也还不是那么鲜明。从"三代"开始，"中国"已经有了逐渐完备的以文字记载的历史，文字也开始在社会当中产生各种作用。汉字因其全面的表意性质，而不同于大部分的拼音文字，汉字成为亚洲东方阶级国家管理手段的重要部分，具有强烈的统治阶级性和大贵族意识形态的表征。从早期的汉字是能够看出东方社会、阶级、国家的许多要素的。作为表意文字的汉字，在创制的较早的一段时期有着明显的特点：文字为最高统治者以及他们所豢养的知识分子——一般称为"巫史集团"所掌控，是他们统治管理的工具之一，是一种"贵族文字"。这种情况，是适合于"受命于天"的商王朝和西周王朝的基本意识形态和政治统治的需要的，也是早期亚洲东方民族国家、阶级国家最为重要的文化建设所在。

到了西周末年，王室衰微，诸侯崛起，新的社会体制将取代旧有的社会体制。在东周时期，由于社会生活发生了重大的变化，汉字也在发生变化。汉字自东周时期，遇到了其使用重心不断地下垂的问题，遇到了作为汉语的工具性的表达要不断地适应新的社会统治阶层乃至扩大到社会各个阶层的需要的问题。下垂越彻底的国度，文字的使用频度也就越高，相应地，社会经济发展程度也会越高。这种文字使用重心下垂的问题，是社会生产发展使然，是民族国家发展使然，是历史的必然。东周时代的中国被分成若干个政治单元，这些政治单元几乎都对汉字进行了主要是书写功能方面的改造，以及受此影响在汉字结构上的分离，春秋到战国时代这种趋势愈发明显，几乎发展到"不可收拾"的地步，也就是说，汉字体系具备了可能分裂的趋势。但是，这一时期另一个重要的因素出现了，它遏制了汉字体系分裂的可能，它就是秦——从东周的秦国到大一统的秦帝国。

以上，这些汉字从起源，到"三代"，到东周直至秦代的种种表现，是《秦文字研究》这本书要反复谈到的一些问题。

在秦帝国建立，古代中国历史上迎来了又一次大一统的时候，汉字更加发挥了它的极为明显的作用。有意思的是，汉字历史上最关键的一次"蝉蜕龙变"般的变化即发生在从秦王国到秦帝国的这一段时期。在中国的历史上没有其他的任何阶段，像这一阶段更加表现出国家、政治对于文字作用的极端重视，对文字的全面积极的改造，以及文字所发挥的对历史文明进程的巨大作用，这种作用一直延及今日。在汉字发展的漫长历史中，秦文字恰恰就出现在一个关键的节点上：在古老的汉字、贵族的汉字逐渐下降到平民使用，进而导致了汉字在书写上的不同，甚至有着走向分裂的、舍弃的前景的时候，秦文字"挺身而出"，从文字的社会实际功用出发，将汉字的使用重心彻底下垂，使其成为从国君到一般的大臣，乃至社会各个阶层共同参与的一种文字使用与改良的运动。

从东周时期的秦国到大一统的秦帝国时期，汉字的这番运动，从文字学的表达来看，是汉字由古文字系统向今文字系统的运动；从承担这番运动的古老民族来看，是当时的秦民族承担的；从社会发展的时间来看，是在分裂的东周时代的秦国到走向了大一统的秦帝国的这一时期；从当时的地域环境来看，是一个由地域性现象走向了全国性现象的运动。这就是秦文字所反映的人、时、空的多维运动体现。长期以来，人们在形容一个历史事件所产生的历史影响和社会影响时，常喜欢这样形容：怎么评价都不为过分。那么，所谓的秦文字在对汉字的总结、振兴的功劳上，在对黏合、团结起广泛地域内的百姓，进行有效的政治统治，并且延续两千多年的发展，最终成为和世界上其他国家的文字相对应的一个独特的文明存在上，人们可以毫无亏欠感地加以评价：在大一统的中华民族发展史上，怎么评价秦文字的功劳都不为过分！

笔者知道，就面对汉字大历史体系而言，"秦文字"不是一个十分精当的命名，因为它的所有材料并没有突破汉字的大体系。在这一点上，所谓的"三晋文字""燕文字""齐文字""楚文字""吴越文字""中山文字"等古文字称谓，都有着一定的学术局限和无奈。基于此，笔者知晓"秦文字"一词的概念主要是针对从东周时期秦国到秦帝国的汉字遗存，研究者只是在面对当时各有逻辑发展线索、各不相类的各地域汉字时一方一方具体地分析、安放。笔者在这里是从众的。

当人们看到汉字作为一种有表意特点的文字，必然要考虑到这支文字的起点和早期发展，从秦人以小篆对汉字古文字系统进行总结这点入手研究是再适合不过的。当人们看到汉字在今天还充满着活力，成为世界上独具一格的意音文字，那么可以考察秦文字作为汉字今文字系统的全面的发端也是很适合的。秦文字在发展过程当中，逐渐摆脱了地域性的桎梏，并由一种地域性的文字出发，承担了全国范围的汉字总结和改造的重任。这种状况在古代中国"只此一家"、仅此一次，在世界上各种文字史的学习中也并不多见。笔者可以略略举出两河流域的文字,参照腓尼基字母向古希腊文字的转移,可以看到意大利的诗人但丁通过他的文学作品完成了对拉丁字的改造,可以看到随着英国的殖民主义的扩张,英语文字成为一种世界性的文字。这些例子在文字学史上都有重要的学术意义,但是它们和秦文字从由小而大的地域,完成了黄河流域到长江流域的这么一个大地域文字的肯定、总结、改造、发展的这一过程无法类比,这种例子在人类文字史上是比较独特的,甚至可能是唯一的。

毋庸讳言,嬴政在完成了大一统的伟业,将从未有过的皇帝之冕加戴在自己头上之时,做出了在人类文明史上极为恶劣的"焚书"和"坑儒"的暴行,这是中国历史上剿灭文化、堵塞言路的极为恶劣的先例。可是,是称为历史的吊诡,历史的另一种宿命,还是历史的辩证法?汉字今文字系统在秦时的全面启动,汉字使用重心在秦时的彻底下垂,反而使得中华文化乃至中华民族的文明空前地贴紧了最为合适的可见符号系统——汉字,再未放手。今人很难准确地度测嬴政在当时,要将中华古代文化带进哪一个"房间",但是秦人在汉字上所做的大量工作,却使得包括儒家在内的中华文化各家,再次从尘埃中爬起,历经两千多年的风雨,或阔步或踉跄地走到了今天。

秦朝以后的两千年内,古代中国经历了多次的政权更迭,其间,也有外来的文化向中原农耕文化的挤压、侵占、置换等,但中华文明的核心标志——汉字却是越挫越勇,丝毫没有表达出一点点衰退的迹象,这一点和世界上许多文字因为政权或主体民族的转移,忽兴、忽灭,或转移或换用的现象完全不一样。世界不同地区曾经有许多文字,后来逐渐消亡,成为消失的文字,成为"死文字",这种状况似乎对于汉字体系来说没有出现过,汉字没有出现过这样的危机。一直到今天,由于电脑的发展,由于拼音文字的发展和应用,汉字本身具有的一些弱点也逐渐暴露出来,可是由于使用汉语和汉字进行表达的民族的人口依然高达十几亿,加之现代世界越来越多的地区和东方这片古老的土地存在交往、联系,以及人们对电脑"瓶颈"不断突破,因此汉字依然保持着蓬勃发展的青春势头。因此可以认为,在我们看得见的年代里汉字是不会消亡的,汉字还将长期发挥它的独特作用,由此,人们不得不向秦人致敬。

与世界范围内其他文字的面貌相比,汉字的艺术性表现更为独特。尽管几乎所有的人类文字都有着美学的诉求,都有一定造型表现艺术的成分,可是它们对于空间的美的创制是很有限的,这种有限性源自拼音字母的数量有限。工具性的要求阻止了大部分文字向着个性化的方向发展，至多只是以共性表现远远重于个性表现的美术字化的敷衍或者加一些花草藤蔓来装饰点缀。唯有汉字，其字数庞大，其结构复杂，有利于视觉空间填充、分割、设色的审美表达。尤其是，汉字的表意性能够符合艺术本质的个性化的充分发展，形、意能够做到呼应配合。这一点要感谢我们的远古祖先于冥冥之中不自觉的发明创造，要感谢秦文字的有序整理，使得人们既能够在汉字古文字的立场上对甲骨文、金文、大篆、小篆等字体进行艺术追溯与借鉴，又能在汉字今文字的立场上以行书、楷书、草书等表现形式向唯美的创制发展。

汉字对汉语、汉语言文学的发展，以及对使用汉语、汉语言和汉文字的人的思维的发展，都起着良性的刺激作用，这使得汉字至今发挥着维系地球上最庞大族群——中华民族及其文化的重要作用。当然，和地球上所有的语言一样，汉语也在历史的发展中造出和融汇过一些低级的、污秽的、反科学的、反语言发展规律的词汇、句法和语法。但是，和拼音文字不同的是，汉字本身对这些文字的消极现象有着十分明显的判断和"过滤"的、"自洁"的作用。例如，当网络上有一些匪夷所思、嬉皮士式的字句，甚或是一些权贵的低劣创造进入人们的视觉表达范围，组成文字的时候，人们在思想上是抵抗的，在应用上是不断加以淘汰的。在这个意义上，笔者也有理由感谢秦文字的作用。

秦文字研究事关汉字发展以来几千年，甚至可以延及上万年的人类语言和文字现象。秦文字研究，关照了距今两千多年以前汉字的剧烈动荡和深入整理；秦文字研究，更加关照了秦大一统以来汉字的不断发展，以至今天汉字体系依然是生机勃勃的实用文字体系。秦文字的研究任务内容之庞大，恐怕要用"如山如海"来形容。依靠一本小书、依靠几十万字就把秦文字讲清楚、讲透彻是做不到的。《秦文字研究》这本小书就是笔者和同仁历经多年的学习思考，向广大读者贡献的一个笔记、一个小结。

这本小书的撰作，笔者要考虑三个方面：第一，是"秦文字"资料的再整理，这方面要感激自宋代以来金石学－文物学的工作，更感激当代考古学发掘工作和古文字学整理研究成果的贡献。这是一个比较客观的工作，其间，加上必需的分期和分类，尽量把大量的资料"盘活"，使之能够大体鲜活地表达出秦文字运动，表现出一个始终连贯的逻辑过程。第二，尊重以往研究者的论作，这方面，笔者是后来人，笔者的许多认识，哪怕是成为白纸黑字了，都包含着前人研究的心血，所以读者在这本书中看到会心可人的观点，往往不是笔者的言语，而是以前各位研究者的真知灼见。第三，也利用这本小书，大胆地提供一点点新的意见。对于秦文字的兴趣和热爱，是"胆敢"置喙的基本动力，笔者希望有愚者之一得，也希望成为读者批判的靶子，为了秦文字，期待大家都来求真指误！

《秦文字研究》这本书，想为后来的同仁们回溯历史、研究中华文明、探究秦文字的方方面面提供一点点便利。可以说，在中国人的人生中，几乎从小学教育时期就开始讨论秦文字的存在，讨论秦文字在大一统当中的关键作用，这说明了十几亿人口的大国，至今仍然集体性地回溯、关心自己使用的文字，关心自己使用的文字的历史变化节点，关心自己的文字的变化运动规律，关心汉字对祖国未来的影响。这一切都表明，人们从来没有放弃对秦文字的重视。可是，人们关照的节点、研究的侧重点是有所不同的，所以对于秦文字的研究一直有着不同的意见表达。笔者之所以把《秦文字研究》作为一个阶段性的成果、阶段性的思索提供给读者，还有一点，就是因为思索和研究当中可能忽视了以往更符合科学的总结和工作，可能有着自身的臆断猜测，可能并不符合汉语和汉字的科学发展规律，对这些不足，笔者是有思想准备的。笔者只是想通过本书为后来的研究者提供一点启示，成为秦文字研究流派之"偏师"，甚而成为相关研究当中的反面教材。

谨代表我的合作同仁，对本书写作过程中给予帮助的各方面，致以深深的谢忱。

周晓陆
2020 年 5 月

目 录

总　序 …………………………………………… 1
前　言 …………………………………………… 1
凡　例 …………………………………………… 1

第一章　绪论 …………………………………… 1
　　第一节　什么是秦文字 ……………………… 5
　　第二节　以往的工作 ………………………… 18
　　第三节　本书之尝试 ………………………… 30

第二章　汉字略 ………………………………… 38
　　第一节　语言与文字 ………………………… 39
　　第二节　文字的起源 ………………………… 51
　　第三节　汉字起源和汉字的性质 …………… 67
　　第四节　关于"六书"的探讨 ……………… 86
　　第五节　汉字的前途 ………………………… 105

第三章　先秦文字 ……………………………… 107
　　第一节　最早的汉字 ………………………… 108
　　第二节　商代的汉字 ………………………… 112
　　第三节　西周汉字 …………………………… 118
　　第四节　东周汉字 …………………………… 125
　　第五节　小结 ………………………………… 148

第四章　秦文字 ………………………………… 153
　　第一节　秦文字的分期问题 ………………… 156

第二节　秦文字分类方法探讨 …………… 185
　　第三节　秦文字资料 …………………………191
　　第四节　汉字的第三次大整理 ……………268

第五章　艺术论 ……………………………………303
　　第一节　秦文字的艺术生态 ………………305
　　第二节　秦文字之"省改"与"约易" …………311
　　第三节　秦文字的审美理想 ………………321
　　第四节　秦文字的艺术风格 ………………334
　　第五节　秦文字与汉字艺术 ………………345

第六章　书同文 ……………………………………373
　　第一节　"书同文"的基本背景 ……………375
　　第二节　"书同文"的重要实践 ……………380
　　第三节　"书同文"实践中篆书、隶书
　　　　　　和楷书等问题 ………………………395
　　第四节　"书同文"之重要遗产 ……………404

后　记 ………………………………………………410

凡 例

1. 本书涉及的秦文字材料按"复合分类法"分为"玉石文字""刻划陶文""抑印陶文""瓦当文字""简牍帛书文字""金属器文字""度量衡文字""兵器文字""车马器文字""玺印泥封文字""货币文字""漆器文字""其他文字表现"十三项。

2. 带有铭文的器物，虽有某种物质的属性，但就文字的做法而言，应当置入另一项。此种情况，将"存目别出"，在物质属性一项中只是标"*"号"存目"，并且说明"别出"置于此外的何项，例如"度量衡文字"一项当中有陶量，*陶量（存目），以其表现置于"刻划陶文"或"抑印陶文"项（别出）介绍。

3. 介绍材料（包括部分"存目别出"）时，在标本下以"【 】"加分期分节、做法、字体等。如不其簋【前一·铸·篆】，是指属于前期第一节，铸铭，篆体；睡虎地秦简【后二、后三·墨书·隶】，是指属于后期第二节和后期第三节，墨书，隶体。

第一章　绪论

在人类生存的地球之上，在喜马拉雅山脉和阿尔泰山脉之间，由帕米尔高原向东展开的青藏高原，喀喇昆仑山、天山、祁连山、秦岭、太行山、横断山脉、南岭等高原或山脉，构成了中华大地父亲般伟岸刚健的骨架，一直延展到东海，到达太平洋之滨。东亚最长、最大的河流——长江、黄河，以及其他无数的河流和湖泊，就像母亲甘甜的乳汁，哺育滋养了数百万平方公里的丰饶大地。同时，她还拥有蕴藏着无尽宝藏的广阔、深邃的东南部海洋和珍珠般的岛屿。就在这片山拥海抱的东亚大地上，诞生、发育、壮大了伟大的中华民族和中华文明。中华文明是地球之上自远古以来养育了最庞大人群的文明，也是世界上最为古老的、影响力最大的文明之一。

壮阔、美好、丰饶的大自然环境，养育着地球上最庞大的人群，这支人群的绝大部分，使用了共同的语言——汉藏语系的汉语语种。子女翁媪的叮咛嘱告、亲戚邻里的攀谈絮叨、人间生活的嘈杂喧闹、英雄豪杰的叱咤风云、文人骚客的吟哦浅唱，万千年来汇成了温婉动人的乐章，组成了雄伟磅礴的史诗，仅凭借这一词、一音，抑扬顿挫的汉语语句，全世界的人就可以清晰地辨认出炎黄子孙的声音。后来，古老的中华民族又创造了多种原始文字；再后来，在曾经制造的多种文字之中历史地选择了汉字。从此，中华民族有了强劲的"黏合剂"，中华文明有了伟大的文化表征——汉字，它维系了这个东方民族的文明的薪火相传。

如果从实现农业定居开始计算，在中华文明上万年发展的历史征程之中，"秦"是一个极为重要的、标志性的印记。这一印记在古代中国的政治、经济、军事、交通、民族、外交、文化艺术等诸多方面，深深地留下了总结性、奠基性、开创性的痕迹。古老的秦族历史悠久，商周之际他们辗转移徙到中原西部的渭河上游、陇山一带。作为一个重要的诸侯国家，秦的兴起在西周之后期到东周初叶。在整个东周时期（春秋、战国），秦国逐渐向东发展，特别是到了战国秦孝公时期商鞅变法之后，秦国势力空前壮大，最终由秦兼并六国，完成了中国历史上的又一次大一统，建立了我国历史上第一个实行地缘政治的、中央集权的、大一统的伟大帝国。自东周时期秦国开国到统一的秦代，乃至历经两千多年风雨后的今日，百代皆行秦制度，秦的影响仍然是明显的、巨大的。

从西周后期兴起的秦到东周秦国、统一的秦帝国，直至西汉初叶，在所谓的秦文化的丰富多彩的符号群之中，秦文字占据着极为醒目的地位。秦人曾经长期以殷商、西周文字为代表的古代汉字作为意识形态的表征、思维语言的符号、人际交流的工具。在整个东周时期，秦国在执行耕战国策，实现富国强兵时，对于旧有文字有沿有革，充分发挥其工具性的作用。在秦王嬴政进行大一统的进程中，秦文字起到了无可替代的作用。秦帝国建立后，为推行政令、巩固新生的郡县制、壮大中央集权的国家政权，秦始皇帝实行了"书同文"的政策，罢去不与秦文合的其他诸侯国家的文字，规定以秦国文字作为全国的通行文字，尤其是采取"以吏为师"的方针，力促使用隶书实现"书同文"、实现全国文字的大统一。这是中华民族历史上第一次以中央行政的力量，推动全国文字的改革与发展。"书同文"这一政策的推行，决定了此后两千多年的中华民族最主要的使用文字——汉字的历史发展的基本走向。秦文化乃至秦文明奠定了秦文字在汉字发展史中的特殊的历史地位，体现了汉字在中华民族发展史上的决定性作用，从根本上巩固了汉字在世界文字之林中独特而坚实的地位。因此，秦文字研究一直是学术界，特别是古文字学界所关注的热点。

伴随着考古学、文物学、古文字学的发展，有关秦的文字资料数量由少到多，内容由局部到全面，加上对于旧有研究总结的不断深入，有关秦文字研究的著录、论作也大量出现，为秦文字研究奠定了坚实的基础。笔者在前人工作的基础之上，想试着撰写一部关于秦文字的著作，分类介绍一些资料，做一些理论上的较深入的探究。

秦文字上承汉字的古文字系统，即夏商周文字，下启汉字的今文字系统。从汉文字学的发展历史来看，秦文字既是中国汉字的古文字之终结，又是中国汉字今文字之发端，这是中国文字发展史上一个关键性的转折点。因此，秦文字研究对整个汉字发展史的研究尤为重要，笔者也乐于做一些尝试性的讨论。

作为绪论部分，本章是本书的一个引领性的讨论，可以看作本书的纲要性的、初步的表述。在这一章之中，笔者将试着谈及以下一些问题：

第一，明确秦文字的基本定义。一方面，这是由这本书的书名所致，另一方面，这是本书的资料凭据、理论内核之所在。文字学是一门以文字为研究对象，研究文字的历史发展与社会作用的学科。汉文字（又称汉字）在产生和发展的漫长的历史进程中，主要作用于中国社会，是传播中华特色传统文化的极为重要的载体和极为重要的可视符号系统。秦文字是中国汉字发展史上的一个阶段性表现。

关于汉字的历史发展的资料浩如烟海，其中有关秦文字的遗存，无论从历史发展的纵向上看，还是从大致相当于在西周末期到东周时期到大一统的秦帝国的横向的社会存在层面观察，虽然只是占汉字发展历史进程的一部分，但却历史地成为其中极为重要的一个部分。

单单以秦文字性质而言，随着考古发现的文字资料的日益增多，学术界对秦文字的历史地位有了更清晰、明确的了解，大体可以试着这样表达：秦文字在春秋时期，更多地接受和继承了西周时期"宗周文字"的特点，发展变化比较沉着平稳；到了战国中期，秦文字对于宗周文字有沿有革，主要表现为标准的小篆（有的研究者称为秦篆）的确立；为了适应耕战国策的时代需要，在小篆简率写法的基础之上，逐步形成了秦的早期隶书，人称"古隶"，并且在战国后期直到秦统一的时刻，得到了迅猛的发展，成熟的"秦隶书"终于登上历史舞台。"汉承秦制"，在西汉时代初叶，秦隶书在继承的基础上，发展为更加成熟的"西汉隶书"。到了西汉早中期，汉字从形态上基本结束了秦文字的阶段。显而易见，在汉字发展的历史上，秦文字有自身的面貌，但又连贯有序、承上启下。秦文字既是中国汉字古文字系统之逻辑的基本终结，又是汉字今文字系统之逻辑的全面发端，是汉字发展史上一个关键的转折点，是全面研究汉字文化的绕不过去的里程碑。

第二，人们从初步认识到之后确立关于秦文字的学科定义。这在学术研究的领域之中也有一个历史的过程，这一过程需要进行阶段性总结，这样才能使之成为再进一步研究的可靠的学理基石。围绕着秦文字的科学认知研究的历程，笔者在本章之中将尽可能地梳理以往大量的有关工作，这其中包括秦汉以来相关文献中有关秦文字的讨论以及近现代考古学、文物学所获得的大量有关资料。在新获得的资料的基础上，在近现代、当代学者的一些著录和理论研究论著中，从早先前辈学者们提出的"秦文字"概念，到后来的专家们围绕这个问题不断提出的质疑与修改补充意见，这里面既不乏真知灼见，也有待进一步商榷、讨论的意见。到了今天，学术界对秦文字的框架性认识已经大致明确，能够获得不少一致或相近的意见了。可是，这些比较一致的认识，还主要集中于时空分布、资料表达上。应当指出，围绕秦文字的理论研究还有待深入。依照严格的学术规范，必须确认，上述的这些前人的工作，是这本书通盘讨论的基本的、重要的出发点。通过本书，笔者也试图在理论构建上，针对"秦文字学"提出一些自己的看法。

第三，在本章后半部分，笔者还通览性地介绍了本书的基本结构框架。通过阅读，读者会发现，本书与以往偏重资料的整理研究和系统讨论秦文字的著作略有不同，本书是一本偏重理论建构的尝试性作品。笔者希望以秦文字的基本定义、发展线索、历史地位为轴心，从前往后、兼顾左右、由浅入深，相对全面地考虑一些汉字学－秦文字学的理论问题，讨论秦文字对汉字大体系的独到影响和贡献。

因此，本书是一部通过秦文字研究而讨论文字学史、汉字学史的尝试性作品。本书不求无过，旨在探新，希望可以成为同仁进一步探讨秦文字的粗粝的、浅薄的基础，甚至是批判的靶子。本书将用相当多的篇幅，条分缕析地从文字学出发，比较深入地探讨秦文字的源和流、讨论秦文字的作用和影响、讨论秦文字艺术，这些也是本书的小小的贡献。当然，笔者还要用一定量的篇幅，讨论"书同文"对于中华民族文化发展的重大意义。

在此说明一下，本书对前辈与时贤的重要论述，绝大部分采用实录，加以引号注出，即使有的是节录性的借鉴，一定加以说明，以示不敢掠美，遵从学术规范。对于前辈与时贤名讳，本书内文一律不再加"先生"之称谓，谨致崇高敬意与深深歉意！

第一节 什么是秦文字

一、秦史小札

本书并不是着重研究"秦"（古老秦族、东周秦国、秦帝国）的历史的，尽管这些是较长时期以来的学术热点。笔者不会用很多笔墨来讨论秦之祖源、秦崛起西戎、春秋五霸之秦、战国七雄之秦、秦帝国等历史问题。但是，秦文字作为一定时空范围内的文化存在，既然要加以深入讨论，就必须要谈及秦的一些基本的历史背景了。

苏秉琦等前辈考古学家曾经强调，考古学要做到"透物见人"，这成了具有中国特色的考古学重要原则之一。[①]在考古学层面，能够见到的一切遗迹、遗物，包括古代环境、古代土壤、古代建构、古代器物，以及由古代器物所产生的一切痕迹等，就是"透物"的"物"。所谓"见人"就是要见到这样一些人：在物质世界简单消费生存繁衍着的人；主动认识物质存在，再通过一定的技术，介入、改造了事物，使事物可以进一步为人类社会所用的这些人；在各个人群集团之间频繁交流过程中对其他人群集团产生影响的人。体质人类学可能会关注古代人类的生命个体、生物学个体及其演进；社会人类学的关注领域则需要放大。"人"，进一步是指在一定的时空环境内生活着的社会化的人群。透过"物"可以看到这样的人群的时代性特征，可以看到某个人群集体性的、一致的社会需求，可以看到这个人群和其他人群既会有相同的要求，也会有不同的要求，看到了这样的人群组成了原始社会、早期社会、阶级社会和以国家形式出现的大型的群体社会。

以上所说的不仅是中国考古学的一项原则，而且是正确地认识考古学的作用，认识考古学作为一门科学的学科存在的意义的一个重要的出发点。可以

---

① 苏秉琦主张"考古学本身就是隶属于历史学的范畴，就是要弄清历史，历史就是讲人类的活动"，并在1965年发表了《关于仰韶文化的若干问题》一文，这不仅是苏秉琦个人的代表作，也是20世纪中国考古学的一篇划时代巨作。

说，这是中国考古学者的一个重要学科思想贡献。人们不仅仅是因为中国有着几千年的有文字记载的、相对详尽的历史才去探索人和人类社会，对于没有文字记载或者文字记载不够详尽的地域或时间段，人们也应当通过人类的丰富遗存去认识人和人类社会。在今天，许多研究者探索关于"秦源""秦史"的诸多问题，也大抵应当如此吧。

长期以来，有关秦国封国之前的史料很少，对秦族源和秦早期历史的认识，目前所能依凭的主要材料就是《史记·秦本纪》，但遗憾的是，由于《史记·秦本纪》过于简略，且明显杂糅了神话成分，致使后世难以确知。

关于秦人祖先的来源，目前学术界有两种对立的观点，即"东来说"与"西方戎狄说"。前者主张秦人来自东方的东夷部落，在漫长的历史中逐渐由东方迁徙到今陕西、甘肃一带；后者则认为秦人来自西方的族群，其祖先属于戎狄，以后逐渐与华夏融合。王辉在《秦文字通论》中总结性地指出：关于秦的族源，古史学家、古文字学家、考古学家多年来意见分歧、难有定论，主要提出了"东来说"与"西来说"两种说法。

"东来说"首见于司马迁的《史记·秦本纪》。现代学者傅斯年、卫聚贤、徐旭生、顾颉刚、林剑鸣、邹衡、张天恩等持"东来说"。这些专家认为：秦人始祖"玄鸟降生"的传说可能与殷人、东夷的崇拜相似，与他们的鸟图腾崇拜有关；秦嬴姓，嬴姓族多居于东方，如西周至春秋时的徐、郯、江、黄、奄等国。《史记》称秦是"秦之先，帝颛顼之苗裔孙曰女脩……是为伯翳，舜赐姓嬴氏"，秦襄公又自以主少昊之神，而颛顼、少昊则为传说中东夷部落首领，故地均在东方。秦人的祖先和殷关系密切，如费昌、孟戏、中衍、飞廉、恶来都曾属殷臣。此外，还有少量殷商甲骨文、金文的佐证。史党社辩说："秦人自认嬴姓正宗，表明的其实是一种自我认属东方族群的意识，隐喻了与其所处的西方戎狄的不同和差异。秦人卑贱的时候，是不可能有姓的。秦为嬴姓，很可能是西周中期以来至于春秋时代'秦人'上层的主观造作，目的是向东方靠拢，以与西方戎狄有别。"

"西来说"由王国维首倡。王国维在《观堂集林·秦都邑考》中指出："秦之祖先，起于戎狄。"在他的提示下，不少学者对此进行了进一步研究，如蒙文通的详尽论述在学界产生了极大反响，俞伟超、熊铁基等学者也撰文进行了论述。王辉在《秦文字通论》中又指出：王国维、蒙文通、俞伟超、刘庆柱、王辉、赵化成等持秦族源"西来说"。这些专家认为：秦之先祖世袭排序较为连贯，可信度较大的，是自中潏之后，已经"在西戎，保西垂"。秦为古老的西戎族，其远祖戎胥轩称戎，并与申戎通婚。古老秦人的墓葬多见洞室墓，遗体的葬式多为屈肢葬，随葬品多有铲形袋足鬲，以上这些特征，多见于甘、青地区羌戎文化。数量相当可观的考古学证据支持着"西来说"。王辉曾经引俞伟超观点，指出："秦国的文化，最迟从西周晚期以后，也许就从西周中期穆王时的'造父'开始，就受到了周文化的强烈影响；但秦人在很长的时间内仍保留了她自身的文化特征……这显然同羌戎系统的文化有联系，说明了秦人的文化传统，同羌人是有特殊关系的。"

王辉指出：考古发现和文献记载都表明，秦人至迟在商代末年已活动于甘肃东部了。发现的考古材料有利于秦人"西来说"，这在一定程度上否定了秦人的先祖为颛顼的说法。秦兴起于甘陇戎狄间，与周人有密切的关系，秦族溯源于周。从西周时代至春秋，相当多的戎、狄、蛮、夷民族或国家都有强烈的脱离戎、狄、蛮、夷传统而靠近华夏的意识，杜撰、宣扬其具有华夏色彩的先世故事，也是政治与外交的需要。①

2008年7月，清华大学收藏了一批战国时代的竹简。这些竹简经碳十四法测定证实其年代是战国中晚期，文字体现出楚国风格，简一共有2 388枚（包括少数残断简），是迄今发现的战国竹简中数量较多的。2014年1月7日，清华大学所藏战国竹简（简称清华简）（图1）第四辑整理报告发布，指出近年在已整理的《清华简·系年》中发现，其中所载的内容，又进一步支持了"东来说"。李学勤指出："《系年》有许多可以补充或者修正传世史籍的地方，有时确应称为填补历史的空白，关于秦人始源的记载，就是其中之一。"清华简在《系年》的第三章，叙述了周武王死后发生的"三监之

图1　清华简

---

① 王辉：《秦文字通论》绪论部分，中华书局，2016年，第1—34页。

乱",周成王伐商邑平叛,"飞(廉)东逃于商盍(蓋)氏。成王伐商盍(蓋),杀飞(廉),西迁商盍(蓋)之民于邾,以御奴之戎,是秦先人"。李学勤指出,《系年》的记载,可以参看《孟子·滕文公下》:"周公相武王,诛纣。伐奄,三年讨其君,驱飞廉于海隅而戮之,灭国者五十,驱虎豹犀象而远之,天下大悦。"和《系年》一样,是说飞廉最后死在了东方。由《系年》简文知道,商朝覆灭之后,飞廉由商都向东,逃奔商奄、奄国等嬴姓东方国族反周。"三监之乱"失败以后,周朝将周公的长子伯禽封到原来奄国的地方,建立了鲁国,统治"商奄之民",同时据《尚书序》讲,把奄君迁往蒲姑(今山东博兴境内)。但是在《系年》发现以前,没有人知道,还有"商奄之民"被周人强迫西迁,而这些"商奄之民"正是秦的先人,这真是令人惊异的史事。秦国先人——"商奄之民"在周成王时西迁,其性质用后世的话说便是"谪戍"。周成王之所以把他们遣送到西方,无疑也和飞廉一家有关。飞廉的父亲中潏正是曾经有为了商朝"在西戎,保西垂"的经历,并且与戎人有一定的姻亲关系。中潏、飞廉,本来也出身于东方。周朝命令"商奄之民"远赴西方御戎,完全不是偶然的决定。①

值得注意的是,在中国古代史记载之中,还有关于商源、周源、楚源、徐源、越源、太伯仲雍奔吴等的传说。笔者认为这些在一定程度上是这些古老民族族源的同质性的传说,反映了在西周完成以血缘为基础纽带的第一次大一统之前,东亚一些古老民族的神话与历史实际之间的关系非常复杂。这些传说,主要是这些民族"上层"的史诗般的(有时是神话般的)记载,未必是古老民族下部层面的实际,这些传说在两周之后,在血缘式的大一统解体之后就式微了。那么,这些动态中的古老氏族、部落在迁徙、寻觅、转战、相对定居之后,与考古学意义上的相对静态的原住民在文化上进行交流、结合乃至融合,是可以理解的。换言之,当可能的"上层"先祖们英雄般地来去于史传之时,在一个地域的先民依旧照常生活,并早已形成一种地域性的考古学、民族学文化了。这样,许多古老民族的族源问题,会长期地存在着论定与否的两难选择中。关于这方面,从古文献学(包括出土文献学)、考古学、文物学、古民族学的角度来看,还有大量的工作要做。

根据有关典籍记载,可以看出秦人似乎为传说中轩辕黄帝的子孙。司马迁

---

① 李学勤:《清华简关于秦人始源的重要发现》,载 2011 年 9 月 8 日《光明日报》。

在《史记·秦本纪》中记载："秦之先,帝颛顼之苗裔孙曰女脩。女脩织,玄鸟陨卵,女脩吞之,生子大业。大业取少典之子,曰女华。女华生大费,与禹平水土。已成,帝锡玄圭。禹受曰：'非予能成,亦大费为辅。'帝舜曰：'咨尔费,赞禹功,其赐尔皂游。尔后嗣将大出。'乃妻之姚姓之玉女。大费拜受,佐舜调驯鸟兽,鸟兽多驯服,是为柏翳。舜赐姓嬴氏。"秦国之所以在东周时期形成与其他国家和地区不同的特点,主要是由于其他国家和地区都相继脱离了西周文化原有的发展轨迹,可是秦国则不同,它不断吸收、延续了较多的西周文化的特点,同时,秦国因自身发展的地理环境因素,又保持了远古时期就已形成并和当地民族融合的祖先遗传下来的半游牧、半农耕产业的特征。从春秋中期开始,秦国在发展中受到较多的外来文化因素的影响,这使其社会文化的结构日渐复杂。简单地说,秦人是一支经过了早期的播迁而来到西土,大致处于关中地区以西及陇山和渭、泾上游一带的兼农兼牧的古老族群。早期,他们以善养马闻名于世,在这个过程当中他们逐渐接受了以周人为代表的农业生产方式,逐渐成为一个定居的、擅长畜牧业又兼擅农业的民族。

秦人对关陇地区的经营,大致始于秦非子,秦人在西周地位的真正转变也始于非子(?—前858在位)。《史记·秦本纪》载："非子居于犬丘,好马及畜,善养息之。"西周孝王看重秦非子养马的能力,赐姓嬴,分予土地,令其成为西周王室的西部附庸。秦非子也带领族人在"汧渭之间"开始了牧马生涯（实际是农牧生涯）。

西周末年,随着周王室势力的衰落,秦人的地位也在逐渐上升,由附庸而大夫,进而成为维护周王室、抵御戎狄的主要力量。至秦襄公（前778—前766在位）时,秦人力量足以与其他大国相抗衡。《国语·郑语》记载了郑桓公为司徒时与周太史伯的一段对话,秦国与齐国被相提并论,两国都被认为是即将兴起的大国,说明西周末年秦人的势力范围已经有了相当大的扩展。

这一时期,秦人的主要势力范围依然在"汧渭之间"。而长期以来对于所谓"汧渭之间"的地理范围,学术界一直存在争论,大致有三种观点：一是唐代张守节《史记正义》提到的汧渭在陇州以东,有学者也认为"汧渭之间"就是指的陇东地区的"西犬丘"；二是唐代李泰《括地志》提到非子的封邑在陇山以西的甘肃清水境内,"汧渭之间"很有可能是指这里；三是有学者认为"汧渭"在今甘肃天水张家川的秦家塬草原,这里至今都是水草丰美的优质牧场。综合以上几种观点可以看出,"汧渭之间"更多的可能是一个地理区域的比较宽泛的称谓。在这里需要指出的是秦人的活动范围:开始由西向东逐渐进入渭河中下游河谷、关中地区。西周晚期,西戎的东迁导致其与周王朝之间战争连年不断,也拉开了先是被周王朝利用,后是由秦人主动平定西部诸戎的序幕。

秦襄公七年(前771),申国国君申侯因周幽王废黜自己的女儿申后、外孙姬宜臼而恼怒,于是联合缯国、犬戎进攻周朝都城镐京,在骊山下杀死周幽王,西周灭亡。当时,秦襄公曾率兵援救周朝,作战得力,立有大功。秦襄公八年(前770),秦国历史划时代的一页揭开了:这一年,秦襄公利用周王室的威信,而并不拘于与周幽王、姬伯服的旧有关系,特别是周幽王死后,他更没有必要与王室的正统代表周平王相敌对,在周朝为逃避犬戎祸难,东迁都城洛邑时,派兵护送周平王。周平王于是封秦襄公为诸侯,曰:"戎无道,侵夺我岐、丰之地,秦能攻逐戎,即有其地。"① 秦人自此正式立国,与诸侯通使聘享之礼,从名分上取得了与其他国家同等的地位。

秦建国之后,秦襄公积极地为讨伐戎狄进行准备,从襄公八年(前770)到襄公十一年(前767)没有取得任何成果,直至襄公十二年(前766)才伐戎而至岐,取得了一定的胜利,但秦襄公也在这一次战争中死去。

继位的秦文公(前765—前716在位)又退回到西垂(今甘肃东南部一带)故地,休养生息。从秦襄公之子秦文公之时起,秦人不断征战西戎,秦国的疆域也逐渐扩大,秦国的都邑也一直在变动之中。据史籍记载,在秦文公四年(前762),秦"至汧渭之会",在此营建都邑。秦文公十六年(前750),"以兵伐戎,戎败走。于是文公遂收周余民有之,地至岐,岐以东献之周"。

秦文公之后,继位的秦宪公(前715—前704在位)仍将灭戎作为主要国策。为有利于进攻戎狄,秦宪公二年(前714)徙都于平阳(今陕西岐山西),三年(前713)灭荡社,十二年(前704)伐取荡氏。

秦宪公死后,秦国因权力争夺发生内乱。秦武公(前697—前678在位)平定内乱,进一步加强了集权,并于秦武公元年(前697),"伐彭戏氏,至于华山下,居平阳封宫";十年(前688),"伐邽、冀戎,初县之";十一年(前687),于杜、郑置县,灭小虢。

---

① [汉]司马迁:《史记·秦本纪》,中华书局,1982年,第179页。

秦德公（前677—前676在位）元年（前677），秦"初居雍城大郑宫"，建都于雍（今陕西凤翔南），并用牛羊猪各三百头在鄜畤祭祀天帝。这是秦史上很重要的大事件。

真正取得伐戎彻底胜利是在秦穆公（前659—前621在位）时期。秦穆公十五年（前645），"夷吾献其河西地……是时秦地东至河"；二十年（前640），灭梁、芮。到了秦穆公三十七年（前623），"秦用由余谋伐戎王，益国十二，开地千里，遂霸西戎"[①]。到了秦穆公之时，秦终于成为"春秋五霸"之一。

秦穆公之后，秦康公（前620—前609在位）继位。之后秦共公（前608—前604在位）、秦桓公（前604—前577在位）皆政绩平平；秦景公（前576—前537在位）时期又出现一次短暂承平景象；之后，秦哀公（前536—前501在位）、秦惠公（前500—前491在位）、秦悼公（前491—前477在位）、秦厉公（前476—前443在位）都没有大的建树，秦国势力几度衰弱。但秦国在这一过程中，势力范围渐渐向关中地区靠拢，不仅继承了周人的经验与技术，而且通过政治联姻、会盟、战争等途径吸收了东方文化中的营养。不过，与东方各诸侯国相比，秦国依旧处于比较羸弱的态势，

秦厉公之后，经秦躁公（前442—前429在位）、秦怀公（前428—前425在位）、秦灵公（前424—前415在位）、秦简公（前414—前400在位）、秦敬公（前405—前394在位）、秦惠公（前399—前387在位）、秦出子（前386—前385在位），秦国内忧外患频繁：在外屡次被侵袭，在内统治阶级与被统治阶级矛盾公开激化。昭示着大变革的前夜即将来临。

秦出子之后，秦献公（前384—前362在位）继位，迅速开启了一系列初步的改革活动，迁都栎阳（今陕西阎良），为秦国的进一步崛起奠定了基础，秦由此进入了一个非常重要的时期。

而后秦孝公（前361—前338在位）继位。《史记》载秦孝公元年（前361）时，东方诸国发展迅速，但是"秦僻在雍州，不与中国诸侯之会盟，夷翟遇之"[②]。由此可知，秦国在春秋时期直至战国初期，一直处于相对落后的状态，其经济与文化发展比较缓慢。

---

① ［汉］司马迁：《史记·秦本纪》，中华书局，1982年，第189、194页。
② ［汉］司马迁：《史记·秦本纪》，中华书局，1982年，第202页。

这一时期，秦孝公任用商鞅进行大规模的比较彻底的改革，史称"商鞅变法"，这为后来的秦统一事业奠定了坚实的基础。秦国在政治、军事、经济、文化等方面进行了一系列深刻的改革的同时，在秦孝公十二年（前350），定都咸阳（今陕西咸阳东北），"十二年，作为咸阳，筑冀阙，秦徙都之。并诸小乡聚，集为大县，县一令，四十一县。为田开阡陌。东地渡洛"①。而《史记·商君列传》则记为："集小乡邑聚为县，置令、丞，凡三十一县。"② 这是秦实现大一统之前的最为重要的政治事件。

商鞅变法之后，秦国迅速强大了起来，国力日益强盛，并不断通过兼并战争，逐步攻克了东方六国。

秦孝公之后，秦惠文王（前337—前311在位）挫败韩、魏、赵，伐取蜀、义渠、汉中之地。秦惠文王之后，秦武王（前310—前307在位）继位。秦武王时，秦攻克宜阳。

秦武王死后，秦国发生内乱，秦昭襄王（前306—前251在位）继位。这一时期，秦国与韩、魏、赵、楚、燕、齐等国展开了长期的拉锯战，获取了中原的大片土地，势力深入中原，逐渐取得了战略上的优势。五十一年（前256），西周君与诸侯相约出伊阙攻秦，西周君败，尽献其邑三十六城；五十二年（前255），"周民东亡，其器九鼎入秦。周初亡"。

秦昭襄王之后，秦孝文王（前250在位）、秦庄襄王（前249—前247在位）先后继位，政绩平平。秦庄襄王元年（前249），"东周君与诸侯谋秦，秦使相国吕不韦诛之，尽入其国"。至此，已经长期挂以空名的周朝彻底灭亡，秦一统天下之局面基本奠定。至嬴政（前246—前210在位）揽政之时，"秦地已并巴、蜀、汉中，越宛有郢，置南郡矣；北收上郡以东，有河东、太原、上党郡；东至荥阳，灭二周，置三川郡"。秦王政十七年至二十六年（前230—前221），秦先后兼并韩、赵、魏、楚、燕、齐六国，一统天下。秦帝国的大一统和之前西周的大一统，有着本质的不同。西周的大一统是建立在血缘政治基础上的统一，实行以大宗、小宗为基础的封建制度，其统治集团的内部就必然包含着进一步分裂，即大一统失败的要素。而秦帝国的大一统是建立在比较彻底的地缘政治基础之

---

① ［汉］司马迁：《史记·秦本纪》，中华书局，1982年，第203页。
② ［汉］司马迁：《史记·商君列传》，中华书局，1982年，第2232页。

上，以中央集权和郡县制为基础的全国大一统，这一设计远比西周王朝的设计更合理、进步。秦帝国的政治设计不仅对中国历史产生了两千余年的深刻影响，甚至影响了世界政治管理模式。

秦王嬴政二十六年（前221），经"廷议"首创"皇帝"之号，自称"始皇帝"，在全国实行统一的政治、经济、文化制度，"一法度衡石丈尺。车同轨。书同文字"①。秦始皇帝采纳李斯建议，分天下为三十六郡，京师之地不置郡，以内史统之。

秦人原本是一支崛起于甘肃泾、渭水上游的比较弱小的部族，却能够不断以农耕壮大自身，以征战开疆拓土，最终实现了全国范围的大一统，改变了西周的以血缘纽带为基础的大一统，而采用了以郡县制，即以地缘纽带为基础的大一统。两千多年之后，再回顾一下，面对东方环境和传统，这是秦始皇帝等政治家超前的、正确的政治设计。在兼并六国、统一宇内的进程中，秦人的能征善战很大程度上源自其朴素、务实的民族特性。秦文字也带有秦人朴素、务实的基本特性，表现出一以贯之的规矩整饬、质朴端庄的特点。从目前掌握的考古学资料来看，秦文字大概可以分成：附会于西周、占据西部、迅速扩张称霸、从称霸转为统一等几个阶段。虽然秦帝国的大一统政权在中华历史中稍显短暂，但是要把秦政权的政令、思想、法律等通过文字传播向全国，文字就必须被不断改进，由统治阶级的思想工具，迅速下沉到全国士农工商都能够接受，并便于使用——这一过程造成了秦文字的体系化与"篆隶之变"。这种状况的形成并不是偶然，它一直以秦的意识形态的推动和传播，以及适应实际生产生活的需要为目的。秦文字在文化建树上的影响，远远超过了秦王朝的短暂存在。

二、秦文字概念的建立

就目前的认知而言，人类思维是人区别于动物反应的重要标志之一，人类语言是人类思维的主要表现方式，其中又以有声语言为主。笔者有着关于"人类文字"一词的基本定义：文字，是人类思维与语言的延长，是记录人类思维与语言的可见符号系统；文字，是人类社会互相交际的工具，是人类社会的"黏

---

① ［汉］司马迁：《史记·秦始皇本纪》，中华书局，1982年，第239页。

合剂",文字又是具体的人类社会群体的标志之一,体现着共性与差异。汉字是中华民族的伟大发明创造,是迄今为止地球上使用人口最多的母语文字,也是当今举世仅存的表意文字(它在商代发展成为意音文字)。汉字从古到今,明确区别于拼音文字。秦文字是汉字发展史上的重要一章,是秦族、秦国、秦王朝政治、经济、军事、文化的表征与载体,是秦人成长、壮大的记录。秦的族源及特征、秦人的思维语言、秦人的行为事迹、秦的文化特征都必然在秦文字之中有所体现。

关于秦文字本身的讨论,一直可以上溯到秦帝国建立的时代。例如,在那场著名的由秦始皇帝主持的"廷议"之中,讨论的都是关于国家基本制度和重要的方针政策,在文字方面再次提出了所谓"书同文"[1],秦最高统治者是将之作为最高国策之一来对待的。

东汉时期,许慎在《说文解字·叙》中,对于秦文字有着更经典的表述:"秦始皇帝初兼天下,丞相李斯乃奏同之,罢其不与秦文合者。斯作《仓颉篇》,中车府令赵高作《爰历篇》,太史令胡毋敬作《博学篇》,皆取史籀大篆,或颇省改,所谓小篆者也。是时,秦烧灭经书,涤除旧典。大发吏卒、兴戍役。官狱职务繁,初有隶书,以趣约易,而古文由此而绝矣。自尔,秦书有八体。一曰大篆,二曰小篆,三曰刻符,四曰虫书,五曰摹印,六曰署书,七曰殳书,八曰隶书。"[2] 这已经基本明示了秦文字的体式分类和逻辑发展历程。

可是,从汉字文字学的学科角度对秦文字这一概念加以确认,还是近代以来的事情。

王国维首先在《史籀篇叙录》(1916)、《战国时秦用籀文六国用古文说》(1916)中将战国文字分为"东、西二土文字",并提出秦文字和"六国文字"的概念。[3] 在之后,唐兰在《古文字学导论》(1935)[4] 中在王国维的观点基础上,

---

[1] [汉]司马迁:《史记·秦始皇本纪》,中华书局,1982年,第239页。
[2] [汉]许慎:《说文解字·叙》,湖北美术出版社,2013年,第513—514页。
[3] 姚淦铭、王燕:《王国维文集》第四卷,中国文史出版社,1997年,第139页。
[4] 《古文字学导论》是唐兰在北京大学讲授古文字学的讲义,撰于1934—1935年,手写石印,只印200部,流传未广。中华人民共和国建立后,中央党校历史教研室曾将其影印作为教材。1981年,齐鲁书社重新影印,补齐图版,并附以作者1936年部分改订稿及为1963年中央党校版作的跋,成为定本。

首次提出"秦系文字"和"六国系文字"概念。他们纵观汉字历史的发展，认为夏商周时期的汉字发展是呈"一元一线"的态势。之后，是由所谓的西土文字、秦文字、秦系文字，从文字形态上直接继承之，在此过程中仍然表现出"一元一线"的态势。显然，在东周时期所谓的东土文字、六国文字、六国系文字这些于夏商周时期"一元"发展下来的汉字，在字形上表现出越来越大的分歧，很难说是"一线"了。

所以，在一定的程度上，西土文字、秦文字、秦系文字的概念，是与东土文字、六国文字、六国系文字的概念相对立而存在的，这一理论体现出较为传统的秦文字和同时代其他国家文字的明显差异。这个关于东周汉字"二分式"的认识，在下面讨论中笔者称之为"甲模式"。

1959年，李学勤在《文物》杂志发表《战国题铭概述》一文，将题铭分为齐国题铭、燕国题铭、三晋题铭、西周题铭、楚国题铭、秦国题铭六个部分进行分区域研究。提出了战国文字分为齐、燕、三晋、楚、秦的"五式说"。朱德熙、裘锡圭1973年在第11期《文物》杂志发表《秦始皇"书同文字"的历史作用》一文，在论述六国文字的异形时，分齐、楚、燕、三晋进行了举例说明。黄盛璋《三晋铜器的国别、年代与相关制度》一文中，认为中原三晋与西秦、东齐、南楚、北燕"文字体系显有不同，是为战国文字五大系统"。[①]继之，何琳仪在专著《战国文字通论》(1989)中不以国家分类，而以地区为系进行分类，将战国文字按地域划分为齐系、燕系、晋系、楚系和秦系五大系。他认为一系之内既可以是一个国家的文字，如燕系和秦系，也可以包括若干国家的文字，如齐系、晋系、楚系；所属的系既包括主要使用该系文字的国家，也包括受该系文字影响部分使用该系文字的邻近国家。至此，秦文字作为战国文字五系之一的观点得以确立。[②]

"战国（或东周）五系文字说"（或称"五系说"），能够反映战国文字的地域特点，自有其存在价值。这个东周汉字"多分式"的认识，在下面的讨论中笔者称之为"乙模式"。

---

① 黄盛璋：《三晋铜器的国别、年代与相关制度》，《古文字研究》第十七辑，中华书局，1989年，第1—66页。
② 何琳仪：《战国文字通论》，中华书局，1989年。

甲模式的意见，在考虑了东周列国文字在字形表达上的明显分歧方面，在用仔细分析的方法研究东周文字方面，确实很有见地。但是，这个模式面临三个方面的问题：一是西土文字、东土文字、六国文字等皆属于汉字体系，只是字形表现上具有地域性特点；二是虽然西土文字（即秦文字）比较忠实地继承了西周文字，但在向隶书变化转折时，变化之剧烈，从根本上超出了东土文字、六国文字的表现；三是其实在东周早期，晋、齐、鲁、楚、吴等国文字，还是循西周文字一系而下，仔细分析，它们字形分裂开始时间并不一致，其中原因还要详加分析。因此，甲模式的意见是有着较大缺陷的。

乙模式的意见应当是在甲模式之后生发出来的。乙模式对每个地区进行具体的研究，不以两个概念相对立，比较恰当地反映了东周大部分时期内，汉字在各国的具体表现。但是，这一模式也存在三个方面的问题：一是这五系各自的发展并不同步，那么，在哪一个时间段的平面上比较分析最宜，这是个问题；二是随着考古新发现，越、鲁、滕、中山等更多国家或地区的汉字遗存被发现，把它们非常吻合地归于五系之一是有困难的，原有五系之说就要不断地调整，陷于被动；三是例如在秦文字之中，既有属于古文字系统的字形，后来又有属于今文字系统的作品（楚文字也有这个现象），"五系说"对此自然也有不尽和谐之处。

笔者认同秦文字概念的相对独立的确认，前人建立的甲、乙两种模式，都功不可没。可是，以上两种模式均存在些许问题。对此，笔者尝试在学习、理解两种模式的基础之上，对秦文字的地位做出更为合理的解释。

相比于东周时期其他诸侯国文字，秦文字具有非常独特的复杂性，其在于：第一，它的主体属于东周文字或者战国文字的一部分，秦文字的地域性体现出一定的历史、地理以及政治意义，因此，它属于中国古文字学当中的显学之一，即东周文字学下一级的一个分支；第二，秦文字又不仅仅如此，它随着秦政治统一的完成，又大大突破了地域性，并且在统一战争中，逐渐取代了其他各国文字，被应用于主流领域中（但是各国文字在私人写作、私人玺印中仍有所应用，作为遗迹甚至保留到汉初），所以，秦文字又可以被看作汉字古文字-战国文字的消灭者，在这一基础之上，它进入了一个新的发展阶段；第三，事情到此还未结束，从楚文字、早期秦文字还有其他一些东周文字当中生发出来的隶书，在秦统一前后，呈现出一种全新的实用汉字覆盖的态势。在此基础上，秦文字成为具有民族性、国家性的文字,这已经突破了汉字学-古文字学-东周文字学的范畴而进入到汉字学-今文字学-秦汉文字学的范畴。秦文字的极为关键点、极为重要点恰恰在此表现出来。

用极简式进行表述:秦文字是汉字在秦(远古秦人、东周秦国、秦帝国)的存在与发展,也应当包括它的影响和余绪(可能少量已经进入西汉初叶);秦文字是继承汉字古文字系统以及开创汉字今文字系统的重要文字表现。

三、秦文字学

秦文字的发展历程是比较清晰的,从总体上看,秦文字学的研究将会成为汉字学的重要分支,它的前半部分是汉字的古文字研究的分支,后半部分则开启了汉字今文字的研究。秦文字学作为汉字学的一个分支是可以成立的,秦文字学的研究对象是秦文字资料以及围绕秦文字资料的"运动"。

秦文字学的研究方法是:

1. 尊重考古学收获,进行基础资料的收集、整理、分期、分类,掌握基本的资料面和资料量。

2. 联系秦史的发展脉络,结合历史文献学进行观察、研究,指出秦文字在秦的各个发展阶段中的表现与作用。

3. 与基本同时代的汉字的其他表现进行比对、研究,明确秦文字的基本特征。

4. 重视一般语言学、文字学(主要是汉字学)研究。条件成熟时进行更广大地域(如西亚、中亚直至地中海地区)同时期的文字比较研究。

所谓秦文字资料,从时间段分析,包括西周时期已经发现和尚待发现的秦人文字;包括东周时期秦国文字,以及受到其影响(例如巴蜀地区)的文字;包括秦统一之后,在全国颁布使用的文字;还包括西汉初叶的秦遗文字和受秦文字影响的出土文献中的文字。从载体分析,秦文字至少有以下分支:金文、玺印泥封文字(包括戳印陶文)、货币文字、陶文(刻划陶文)、简牍帛书文字、摩崖文字、玉石凿刻文字、漆器文字等。

对于围绕秦文字的运动,需要用动态的眼光看待、探究秦文字的发展,并做出必要的总结。例如:

1. 秦文字对于秦国发展的影响。这种影响是交互的,要考虑秦文字对于秦大一统事业积极的、关键性的影响,最为明显的例子就是,秦文字从统治阶级的意识形态工具,最终为士农工商阶层普遍应用,笔者将其称为文字"使用重心的彻底下垂"。

2. 以廷议"书同文"为代表,"罢其不与秦文合者",以颁布"秦三仓"(《仓颉篇》《爰历篇》《博学篇》)为代表,省改史籀大篆,公布小篆,以适应"大发吏卒,兴戍役。官狱职务繁杂,初有隶书,以趣约易",在中国历史上首次表现出强大的政治作用。

3. 注意对秦文字本身的运动,如字体字形、笔画偏旁、繁简异体、假借音训等的处理。

4. 同时期内,秦文字与列国文字的比较和相互影响。

5. 对从古到今的秦文字的整理、研究。

作为汉字学的重要分支,秦文字学科体系内部还有学科细分的可能。例如,秦文字字形可以两分为属于古文字系统的以石鼓文等为代表的大篆文字和秦统一时期的秦小篆的篆体文字,以及属于今文字系统的,里面包含着古隶,也包含着浓重的秦隶风格的文字,甚至其中出现的极少量的楷化文字。这就使秦文字和大致同时段的、基本上属于古文字系统的,如三晋文字、燕文字、齐文字、鲁文字、吴文字、越文字、楚文字、巴蜀文字,甚至如中山国文字、薛国文字、钟离国文字等,有了很大的,甚至根本的区别。从对于整个汉字史发展影响的权重来看,显然,研究秦文字、秦文字学要远远大于研究其他东周列国文字学。

当然,认识到可以确立秦文字学这一学科是一回事情,能够完善之、科学地完成之则是另一回事情,这需要不懈地努力,需要较长时间,甚至需要几代人的研究工作作为基础。本书对于秦文字学学科不懈地认识和建设,也只是涉及皮毛、高塔粒沙而已。

第二节 以往的工作

一、早期的关注

正如修筑、拓宽,开辟被誉为"最早的高速公路"——秦直道的做法,秦始皇帝并不是第一人。秦始皇帝、秦丞相李斯等人统一汉文字的做法也并不是首创。"车同轨，书同文"①之语，出自早期儒家经典《礼记·中庸》。西周王朝也有过以血缘纽带为基础的全国大一统，实行过以大宗、小宗为基础的宗法封建制度。西周后期宣王时太史作籀书，可以看作"书同文"的最早的尝试性实践。这次汉字整理、字形改良的实践，在西周后期、东周初期一度是很有成效的。但是，它没有做到文字使用重心的下垂，这使得"书同文"向前推进得很有限。"书同文"的理想，就应当被看作源自西周时代基于农业社会、基于血缘纽带的一种政治、文化大一统的理想设计，因此，"书同文"的简单表达就是：统一的国家要有统一的文字。

自从秦始皇帝嬴政兼并天下，便吸取春秋战国时代大分裂的教训，实用主义地拾起了所谓"车同轨""书同文"这样有力的武器，将其作为弥合不同人群之间经济、政治、文化、社会差异和矛盾的方法之一，并以此促使政权传至万世、国家长治久安。纵观古代中国两千多年历史，秦王朝无疑是第一个最彻底地完成以地缘纽带为基础，实行郡县制的大一统的王朝，嬴政不仅建立起强大的中央集权国家，而且统一了文字、度量衡、车轨制度，彻底结束了自东周以来各国纷争的分裂局面。由此，也使得中国虽然在历史上经历过秦皇汉武、唐宗宋祖等统一时期，也经历过魏晋南北朝、五代、宋辽金等分裂阶段，但是始终保持着文化之基本统一和中华文明之延绵相续的状态，这与"车同轨""书同文"的理念和举措有着重要的关系。文字的统一和整理，不仅使得以汉字为载体的中华文化的传播有了基本的、健康的、顺畅的条件，而且之后无论哪个民族入主中原、掌控政权，都会以宣扬和继承中华文化的正统，全面地使用汉字为务。可见，在一定意义上，文字之力量远胜于金戈铁马。

在大一统的秦帝国建立之时，丞相李斯的《仓颉篇》、中车府令赵高的《爰历篇》、太史令胡毋敬的《博学篇》，就已经成为标准的文字的范本，这3部著作总共20章，是秦始皇帝统一六国后实行"书同文"政策的具体产物之一部分。习惯上，人们把李斯等人编写的《仓颉篇》《爰历篇》《博学篇》称为"秦三仓"。西汉早期，闾里书师合"秦三仓"为一篇，断60字为一章，共55章，

---

① 《礼记·中庸》："今天下车同轨，书同文。"即天下车轨相同，文字相同。比喻国家统一。

合计 3 300 字,仍称《仓颉篇》。汉代学者在此基础上屡有续作,合秦《仓颉》、扬雄《训纂》、贾鲂《滂喜》为"汉三仓",作为标准字书。晋代以后,又有张揖《三训故》和郭璞《三仓解诂》之作,都是训释之作。《隋志》只著录郭璞的《三仓解诂》三卷。应当指出,这所谓的秦代的"标准文字",究竟是篆书还是也包含隶书,后世的人们已经说不准了,仅凭秦始皇帝时代、秦二世皇帝时代的多通传为李斯所书的刻石,就认定"秦三仓"全部为篆书,恐怕并非尽然,好在随着考古学、文物学的发展,人们能够更加贴近地、全面地考察秦文字。

早在春秋晚期,位于中原的晋国的《侯马盟书》《温县盟书》上就出现一些"笔触形"、而非"笔道形"的最早期的隶书的萌芽。战国时代中晚期的楚国、秦国就已经出现了不少早期隶书(又称古隶)作品,这类作品以帛书、简牍、文字、印章、陶器、漆器等文字作为代表。由于这些文字易写、易识,更易于传播,渐渐地,这些文字可以为下层民众使用,而不再为上层统治阶级所专用。笔者将此种现象看作在文字史、文化史上有着积极意义的,文字使用上的"重心下垂"。《说文解字·叙》有记:"秦烧灭经书,涤除旧典。大发吏卒、兴戍役。官狱职务繁,初有隶书,以趣约易,而古文由此而绝矣。"徐锴按:"王僧虔云:秦狱吏程邈善大篆,得罪系云阳狱,增减大篆,去其繁复。始皇善之,出为御史,名其书曰隶书。"[①] 当然,当时的底层官吏程邈以后来人的身份对隶书做了部分整理是可能的,但由他设计创制隶书的说法就和史实有一定差距。在统一的过程当中,秦国的基本政策是"以吏为师",这些官场小吏所使用的文字当然和程邈一样,都应当是隶书,因此,秦在全社会大力推广隶书是非常自然的事情。

推广隶书这一做法利于书写、阅读、交流,其更积极的意义在于,使得文字在漫长的夏商周时期,从一般为贵族所拥有的上层建筑意识形态领域,下垂到了官场小吏和一般百姓的工作、生活领域,"改篆为隶"具有积极的历史意义、政治意义和文化意义。除了"秦三仓"之外,日益多见的秦出土文献表明,秦隶书逐渐深入生活的各个方面,文字的使用普及到了包括士兵、市民甚至农民在内的社会各阶层。秦帝国时代的"书同文"的普及、深入程度,应当远远超过了西周时代,也超过了东周时代,将其评定为与大一统事业同步的中国历史上第一次成功的汉字"扫盲运动"并不过分。

---

① [汉]许慎:《说文解字·叙》,湖北美术出版社,2013 年,第 513—514 页。

研究古代中国文字的学术风气是在汉代开始普遍形成的。西汉后期到东汉之时，儒学今古文经学之争，对意识形态正统、主流地位的争论，引起了人们对从东周到秦代的汉字书写经典的关注。今古文经学派的矛盾、争论的出现与发展恰恰从一个方面说明了，秦汉之际的博士们已经不熟悉古文字系统的汉字写法了，他们之中一部分人是凭借记忆记下以儒家为代表的经典的，这些人被称为今文经学派。试想他们还熟悉以小篆为代表的古文字系统的话，他们以小篆或大篆默写儒家经典，何乐而不为呢？

　　永元十二年（100 年），属于古文经学派又通今文经学的许慎撰作了汉字研究史上里程碑式的著作《说文解字》。他认为从文字起源到汉代隶书通行经过了很长的一个发展时期，在此期间，文字经历了从战国古文到秦代小篆，再到汉代隶书的形体变化。同时，许慎认为："盖文字者，经艺之本，王政之始，前人所以垂后，后人所以识古。"不但反驳了今文经学家认为汉代的隶书就是古人造字时的字形的僵化观念，而且从理论上阐明文字出现的主要作用和重大意义。《说文解字·叙》中对秦文字"书同文"的各个阶段有所记载："秦始皇帝初兼天下，丞相李斯乃奏同之，罢其不与秦文合者。斯作《仓颉篇》，中车府令赵高作《爰历篇》，太史令胡毋敬作《博学篇》，皆取史籀大篆，或颇省改，所谓小篆者也。是时，秦烧灭书经，涤除旧典。大发吏卒、兴戍役。官狱职务繁，初有隶书，以趣约易，而古文由此而绝矣。"这里是说小篆作为秦统一之后"罢其不与秦文合者"而形成的标准文字，都是取法、省改大篆而成，李斯、赵高、胡毋敬对此皆有所贡献。然而，在建立强大的中央集权国家的过程中，崇尚"约易"（高度概括和简化）进而初步形成了隶书，"而古文由此而绝矣"。"古文"，就近处说，大略包括燕文字、齐文字、三晋文字、楚文字和吴越文字等所有东周时代其他国家和地区使用的文字，它们次第衰亡了；自然，更加早于它们的商、西周文字，也应当"由此而绝矣"。这样认识许慎所谓"古文"，可能更加全面一些。值得注意的是，许慎还对秦帝国统一时的具体字体即"秦书八体"予以排序说明："自尔，秦书有八体。一曰大篆，二曰小篆，三曰刻符，四曰虫书，五曰摹印，六曰署书，七曰殳书，八曰隶书。"[①]他明确表示这八种字体都归属秦文字，这点笔者在书中会有专门讨论。许慎的整理表达上蕴藏着一个学术秘

---

① ［汉］许慎：《说文解字·叙》，湖北美术出版社，2013 年，第 514 页。

密,即许慎以"大篆"打头,"隶书"殿军,表达了一种由古文字系统向今文字系统过渡的、基本正确的发展逻辑。

在一定程度上可以说,许慎掀开了系统研究汉字古文字的序幕,研究古文字的学术风气也是由他开始形成的。后来,从魏晋一直到宋初,汉字古文字学的理论研究没有取得很大的进展。

汉代关于西周美阳鼎铭文的正确识读也好,西晋时代对于东周汲冢文书的整理也好,虽然都是有关于古文字与地下出土文献的重要发现,但是都不属于秦文字研究的范畴。唐代早期在天兴县(今陕西凤翔)发现了重要的先秦石刻——石鼓文(图2、3)。由于石鼓文的字形跟所谓的籀文比较接近,当时的一些研究者多将其附会为周宣王太史籀所书,其实这是东周时期的秦文字作品。秦始皇帝巡行天下时所立的多通篆文刻石,在唐代也很受重视。唐代篆文书法家李阳冰曾经整理过《说文解字》,他根据秦刻石擅改了《说文解字》的一些文字的篆形,受到了后人的很多批评。

图2　石鼓文　　　　　　　　　图3　石鼓文拓片

到了两宋时代,由于金石学的兴起,汉字古文字研究出现了一个高潮。一些学者对金文的搜集、著录和研究对古文字学史有重要意义。秦金文的著录也见于北宋,宋人的金石著作中著录有秦公镈钟、平阳斤权、度量衡诏版、秦半两的铭文。石刻文字,包括石鼓文和秦始皇帝刻石、二世皇帝刻石上的文字,在宋代都继续受到重视。南宋前期的郑樵创石鼓文为秦篆之说,认为它是秦惠文王以后到秦始皇帝以前的作品,时代稍后的巩丰认为是秦襄公至秦献公时的,他们的意见在秦石鼓文的研究上是一个很大的进步。

北宋时期，还发现了战国时秦王诅咒楚王的告神刻石，这就是所谓的《诅楚文》（图4），欧阳修、苏轼、董逌等人都曾经对此加以研究。

元、明两代是金石学、汉字古文字学衰落的时期，学界涉及秦文字的研究很少见到。进入清代以后，金石学和小学复兴，古文字研究重新得到发展，古文字研究的水平也逐渐提高。

二、探究的开始

清代后期直到民国时期，以科学的思想指导汉字

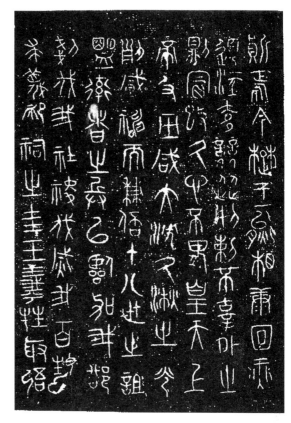

图4　《诅楚文》

古文字研究蔚然成风，且取得了不凡的成就。最早把秦出土文字作为一个专题来研究的是清末的罗振玉，1914年刊行的《秦金石刻辞》是第一部专门研究秦文字的著作。此后1931年刊行的容庚《秦汉金文录》，也是研究秦汉文字的早期著作。研究者们看到了秦文字对西周文字的继承，于是把秦文字独立出来，将其称为"周秦文字"，也有人将其称作"西土文字"，主要是指其地域在中原偏西部地区。其中，最主要的是周秦人的文字应用，也有人称其为"秦系文字"，以区别于东周时期其他国家的文字。这在罗振玉《秦金石刻辞》、容庚《秦汉金文录》都有所显现。而后，王国维首先将战国文字分为"东、西二土文字"，并明确提出了"秦文字"的概念。唐兰在1935年刊印的《古文字学导论》，在王国维观点的基础上改为"六国系文字""秦系文字"，首次提出"秦系文字"的概念。这些提法都有一定道理，但是也有一些不足。所谓"周秦文字"一说，看到并指出了秦文字对西周文字的继承，但是没有考虑到其他地区，尤其是春

秋初期的其他地区文字对西周文字也有一定的继承，还没有考虑到秦文字变革性的甚至是革命性的变化，以及由秦文字促成的古文字系统向今文字系统的转变，所以"周秦文字"这个提法不是很妥当。

"西土文字"的提法在以往的研究当中，考虑到了秦统一之前秦民族主要在西部活动，春秋初叶立国后又称霸西戎等方面；但是，仅仅将文字作为研究对象，而没考虑到随着秦国的扩张秦逐渐东进，乃至统一全国，则并不全面。特别在文字的处理上，应当认为，秦以小篆对汉字古文字进行总结整理，以今文字隶书达成统一，这样更利于汉字的发展。所以，秦文字发展到商鞅变法前后就不应是被局限于"西土"的文字，而是不断向东部发展开拓的文字，乃至成为全国性的文字。"秦系文字"的提法是把秦文字和其他文字对立起来，这个从本质上来说是不够妥当的，因为其他文字和秦文字一样，都是汉字"一体各异"的表现形式。由于基于秦文字，秦又一次完成了所谓的文字的大一统，所以，其他文字相比之下好像断了"非秦系文字"的发展脉络。其实，在汉字体系里面，其他文字对秦文字的整理，从正面、侧面或者从反面都起到了一种良性刺激的作用。反过来说，就是它们迫使秦文字承担起汉字的统一和整理的任务，所以，把秦文字和其他的文字对立起来，尤其是与春秋战国时期的其他文字对立起来是不妥当的。

尽管早期的探究有许多不足，但是筚路蓝缕，以启山林。这些学者从汉字古文字学的角度，准确地从学术角度提出了秦文字的问题，为以后的研究打开了门阙。

三、现当代发现与研究

20世纪中后期以后，与秦文字相关的出土资料日益增多，人们对秦文字的理解和认识也在不断地加深。20世纪50年代，李学勤在《战国题铭概述》中提出战国文字分为齐、燕、三晋、楚、秦这样的"五式"之说，为以后战国文字的分域研究奠定了良好的基础。继之则有何琳仪1989年刊印的《战国文字通论》，提出"不以国家分类，而以地区分类，以系分类"的观点，正式确立了秦文字作为战国"五系文字"之一的地位（参见本章第一节第二目的讨论）。

考古学出土的越来越多的秦文字资料，习惯上可以依据出土器物类型以及书写、铸刻等表现方式分为：金文资料、简牍资料、玺印泥封资料、陶文资料、玉石资料、货币资料、漆木器资料、其他资料等。这些资料大多见于当代考古学、文物学、博物馆学、收藏学的研究与著录之中。

金文资料是秦文字资料中的大宗。现今可以确定的最早的属于秦人的有铭青铜器是西周的不其簋，其铸造年代约在周宣王六年（前822），不其簋是一件记载秦人早期历史的最重要青铜器。甘肃陇东出土的一批东周时期秦公礼器，铭文比较简洁。秦都雍城（今陕西凤翔南）曾经出土以秦公钟、镈为代表的青铜重器。战国时期有铭文的礼器、容器偏少，而刻铭兵器和实用器却大量出现，从战国商鞅方升（又名商鞅量）（图5）、三十斤权，到秦代大量的刻铭或附有秦始皇帝诏版、秦二世皇帝诏版的权量器出现，成为非常醒目的一个现象。同时期出土的秦代器物中，兵器相对减少而实用器数量激增，秦始皇帝陵园附近出土了大量车马器。此外，还有带铭文的虎符、弩机、鼎、簋、豆（灯）、盉、杯、壶、辕首、车具等器物，还有一些带有铭文的金银器。在一些研究中，金属货币文字、金属玺印文字等也被置于金文之列。

图5　商鞅方升铭文

秦金文的研究主要集中在以下几部著作中：罗振玉《秦金石刻辞》、容庚《秦汉金文录》、王辉《秦铜器铭文编年集释》、国家计量总局《中国古代度量衡图集》（有关秦器）、吴镇烽《陕西金文汇编》（有关秦器）、中国社会科学院考古所《殷周金文集成》（有关秦器）、李学勤《新出青铜器研究》（有关秦器）、孙慰祖和徐谷甫《秦汉金文汇编》、王辉和程学华《秦文字集证》、陈昭容《秦系文字研究——从汉字史的角度考察》、刘雨和卢岩《近出殷周金文集录》（有关秦器）、萧春源《珍秦斋藏金·青铜器篇》等。其中，王辉和陈昭容的几部著作尤为全面和重要。

秦简牍资料出土数量比较多，主要有 1975 年出土的睡虎地秦简，1979 年四川青川郝家坪出土的青川木牍之《更修田律》，1986 年甘肃天水放马滩地图文字注记，1986 年江陵岳山秦墓出土的木牍，1989 年湖北云梦龙岗出土的法律文书，1990 年江陵杨家山出土的遣册，1993 年湖北沙市周家台秦汉墓秦简，1993 年湖北江陵王家台秦简，2002 年湖南湘西里耶古城出土的秦简，2007 年岳麓书院从香港购回的秦简等。1999 年陕西华阴华山下乡村出土秦惠文王后期秦骃玉版两件（图 6），同文双面有镌刻或朱书文字，它不属于石刻或玉刻文字，而是属于书写文字范畴，可以称为"朱书玉简"或"朱书玉牍"。

秦简牍研究的主要代表作有：饶宗颐和曾宪通《云梦秦简日书研究》、刘乐贤《睡虎地秦简日书研究》、吴小强《秦简日书集释》、王子今《睡虎地秦简〈日书〉甲种疏证》、林剑鸣《法与中国社会》、〔日〕堀毅《秦汉法制史论考》、傅荣珂《睡虎地秦简刑律研究》、王关成和郭淑珍《秦刑罚概述》等。秦简牍文字编有：张世超和张春玉《秦简文字编》、陈振裕和刘信芳《睡虎地秦简文字编》、张守中《睡虎地秦简文字编》等。相关博士论文主要有：郝茂《秦简文字系统之研究》、金善林《秦律的形成与发展》、孙鹤《秦简牍书研究》等。

从目前掌握的资料看，中国古玺印起源于商代，于东周时期进入蓬勃发展的阶段，相关研究的热点之一是玺印的分域问题，多位学者在这方面成就显著。战国秦玺与六国古玺在体形、文字上都有着明显的差别，比较容易区别。然战国后期到秦代，秦印多用摹印篆，秦汉制度又多相承，使得秦、汉初玺印较难区分。西汉文景之后，汉印文字由秦摹印篆发展为汉缪篆，与秦玺基本不类。1995 年，在西安北郊相家村发现了数以千枚计的秦代泥封，学术界定其年代上限应在战国晚期，下限应到秦二世皇帝时期，主要应用于秦始皇帝时期。这

图 6　秦骃祷病玉版

批泥封的出土为研究秦代官制、地理、文字提供了珍贵的第一手材料，掀起一股研究秦泥封和玺印的热潮。之后，在河南、山东、内蒙古、辽宁、安徽等多地又发现和确认了秦式泥封，秦式泥封的总数已经超过两万枚。目录式地记载秦国、秦帝国地名、职官等的资料已经达到两千种以上。

秦古玺印和泥封研究比较重要的著作有：王辉《秦印通论》；许雄志《秦代印风》专收秦印，该书所收材料一律按时间的先后顺序排列，有助于了解秦印的发展演变过程；庄新兴《战国玺印分域编》，专辟栏目集中收录秦印；施谢捷《古玺汇考》（博士论文）；周晓陆、路东之《秦封泥集》，该书是第一部讨论、考释秦泥封的专著；傅嘉仪《秦封泥汇考》收录泥封，精品众多；澳门萧春源《珍秦斋藏印·秦印篇》；赵熊《风过耳堂秦印辑录》；等等。

秦陶文的发展大致以秦献公、秦孝公时期为界，分作前后两个阶段，前期陶文多为刻划符号或编号，总体数量比较少，大多出土于秦都雍城附近。后期陶文多出土于秦都咸阳（今陕西咸阳）附近以及今渭南、商洛、三门峡、鄠邑、淳化和临潼地区，这些陶文无论内容还是形式都比较复杂。在形式上，有的为刻划文字，有的为比较正规的玺印抑盖文字，有的为手工业制陶专用印章抑盖文字；内容上，有陶质器皿文字，有砖瓦文字，包括瓦当文字，甚至有秦俑身上的抑盖或刻划文字，这些文字资料涉及面很广，为研究秦历史、地理、文字等各方面提供了珍贵的材料。

抗战时期，户县（今陕西鄠邑区）农民在沣河边发现秦宗邑瓦书（图7）一件。该瓦呈长条版状，在瓦正面和背面共刻铭文9行，119字。当时由段绍嘉将其购获，现藏于陕西师范大学图书馆。瓦书作于秦惠文王四年（前334）。《史记·周本纪》《史记·秦本纪》都记该年"天子赐文武胙"。当时的周天子为周显王，他派人把祭祀文王、武王的胙肉赐给秦，反映了秦国势力的强大。

有关秦陶文研究的重要著作有：陈直《关中秦汉陶录》，对秦汉瓦当陶文辨伪断代、考究源流，有开辟之功，创见甚多；袁仲一《秦代陶文》，是第一部专门研究秦陶文的著作，后来扩充为《秦陶文新编》；高明《古陶文汇编》，对秦陶文进行了比较全面的收录；王恩田《陶文图录》，为陶文集大成之作，其第五册专收秦陶文，对秦陶文进行了全面收录；

图7　秦宗邑瓦书

韩钊、焦南峰《新编秦汉瓦当图录》，可以作为对陶文资料的补充研究，焦南峰、王保平、周晓陆、路东之等人专门披露了秦文字瓦当的研究。

秦人一直比较重视在石质材料上刻字。从春秋晚期至战国享有盛誉的石鼓文，到秦景公大墓（又名秦公一号大墓、秦公大墓）考古出土的编磬残铭，再到秦始皇帝、秦二世皇帝时期的大量刻石，可以看出，秦人刻文字于石上之风一直未断，这在春秋战国时期直到秦帝国时期，是极具区域特色而又推播至全国的一种文化现象。多年以来，对于石鼓文，《诅楚文》，秦景公大墓编磬铭文（图8），秦代的琅琊台、峄山、泰山、会稽等地的秦始皇帝、二世皇帝刻石，前人都做过不少的研究。秦传世的玉石文字重器还包括著录于《考古图》的怀后磬。据李学勤等研究，此器是春秋中晚期秦器。有关秦刻石的研究著作有：郭沫若《石鼓文研究·诅楚文考释》、王辉《秦文字集证》、陈昭容《秦系文

图8　秦景公大墓编磬铭文

字研究——从汉字史的角度考察》、徐宝贵《石鼓文整理研究》等。

秦国大约自商鞅变法时期开始流通圆穿圆钱，大略于秦惠文"初行钱"时开始铸造方穿圆钱——秦半两，也称圜钱。这种圆形方孔钱由秦汉一直延续到清代，成为千年定制。秦圜钱按其重量可以基本分为一两型和半两型两种，此外秦货币中还有极罕见的三孔布、文信钱、长安君钱。秦钱方面研究著作重要的有：汪庆正《中国历代货币大系·先秦货币》、关汉亨《半两货币图说》、钱剑夫《秦汉货币史稿》、吴良宝《中国东周时期金属货币研究》等。

此外，还有一部分秦漆木器文字资料，包括四川、湖北、甘肃的一些出土资料，以及近年在西安临潼秦东陵发现的文物资料。

王辉、王伟所著《秦出土文献编年订补》一书，以"秦史"时代为纲，全面

地介绍了存世的绝大部分秦文字资料,是现代秦文字研究的必要依凭。王辉、陈昭容、王伟所著《秦文字通论》一书是研究秦文字的经典之作,作者首先对秦文字及秦文字研究进行了总论式的概述,然后按照文字载体的不同(金文、石刻、玺印、陶文、简牍、帛书、钱币等),以时间为线索分别叙述,从而对秦系文字及秦文字的研究进行了全面、系统的总结,是秦文字资料之重要府库所在,是历代秦文字研究的集大成之作。王辉主编的《秦文字编》是秦文字研究领域规模空前的大型工具书。以上堪称王氏秦文字研究"三璧",为了解汉字发展关键阶段的秦文字及其流变,提供了宝贵的理论建树、方法借鉴和资料咨询。

总而言之,秦文字学及其内容为先秦文字学,秦汉文字学,战国秦汉历史学,战国秦汉文献、文化史学,以及战国至秦汉时期秦人的思想、艺术、科技史学提供了直观、可信的第一手资料。

第三节　本书之尝试

一、吸收前人的成果

目前,可以见到不少有关秦文字的著作,其内容可以大致地分为以下三种类型:

第一种,对秦文字资料进行著录的论著,包括传世文物资料,更包括出土文字资料。例如,对秦金文的著录、秦陶文的著录、秦简牍的著录、秦刻石文字的著录、秦玺印泥封的著录,以及对秦货币的著录,等等。当然,也有像《秦文字通论》《秦出土文献编年订补》这样,通过分类进行综合性著录的著作。这一部分是秦文字的资料部分,是必不可少的基础工作,这些都是笔者和本书关注的基础性资料。

第二种,有针对性地讨论秦文字的论著。在上述的多种资料著作里面,都有相当篇幅的、针对性比较强的讨论,它们或是针对金文、简牍,或是针对玺印、泥封,或是针对石刻、货币、陶文,等等。

第三种,从秦代开始出现,东汉许慎的《说文解字·叙》中更有着经典论述,这些是总体上的秦文字的专门理论论著,例如,《秦文字通论》以及《秦文化史》中相关的文字部分等。

当然，散见于考古文物报告、博物馆收藏图录，从中外专家到硕士、博士、博士后论文之中，涉及秦文字的著述，还有不少，而这些无外乎为专项的或者综合性的研究。

上述这些论著，都为秦文字的理论研究开拓了道路，做出了很大的贡献，其中许多成就，笔者认真学习，在本书中予以比较充分的吸纳。目前，这些通论性的著作与资料性的著作还不容易区分，不很单纯。此外，目前看到的紧扣文字学的学科理论，还是不够深刻，许多方面亟待讨论。在已有研究的基础之上，本书想讨论什么呢？笔者想简略地介绍一下。

二、本书的工作

笔者将会介绍当下国内关于文字的起源和汉字的起源这两个相关但又不同的课题，要介绍一些比较重要的理论思想和争论点，这是讨论秦文字问题的遥远的先源；还要讨论汉字的基本性质，这一点和秦文字在汉字发展的历程当中所起的特殊作用有着重要且直接的关系。换言之，古老的汉字的基本性质是由秦文字推播延续、发扬光大，并被逐渐固化的，这使得汉字在秦帝国以后的两千多年不断发展，成为至今仍充满鲜活生命力的一种重要的人类文字。笔者还要讨论商周时期的汉字，要指出秦文字是以小篆对秦以前的文字进行总结的过程，实际上是可以被看作商周时期汉字的忠实继承者和整理者，在一定程度上粘接成了完整的汉字的发展史。

笔者要讨论东周列国时代的文字。东周列国的文字总体上是秦文字发展的环境氛围，是秦文字成长土壤之一部分。秦文字是在东周列国文字群体当中不断发展并脱颖而出的。东周列国文字的出现有其政治需要和地域需要，但是，历史造成了东周列国文字（包括秦文字）只是汉字发展中的一个时期的"枝杈"。这些"枝杈"的出现及其所造成的在全国范围的文字交流上的不便，客观上促使秦国在完成大统一的时候，把所谓的"书同文"作为一项重大政治措施在全国推行，删繁就简。可以说，是东周列国文字的原先的存在，使秦下了这样的决心。在这个意义上来说，东周列国文字还是起到了不可替代的特殊促进作用。

本书当然要花相当的篇幅，谈到秦文字的种种表现。其中涉及资料的罗列,但是也想力争加一些点评,以不同于以往资料的纯客观的罗列。笔者要谈到这些资料内容的分期、分类,以及它们在文字表现上的一些具体特点。这部分将为分项形式,例如,简牍文字、陶文、砖瓦文、石刻文字、金文、玺印文字、泥封文、货币文,等等,从小标题上就可以看出来它们的载体的基本分类。这个基本分类只是为了便于讨论文字和驾驭资料,同时还加入"做法"(书写、镌刻、铭铸、模印,等等)、字体(篆、隶、行草,等等)的说明,形成一种文字的复合分类法。

这本书还将以一定的篇幅谈一谈秦文字的艺术问题,也就是所谓的秦文字艺术论,这一方面在以往的论著当中略显不足。文字是人类文化的重要载体,除了工具性的实用要求之外,还有视觉上美观、舒适的要求,秦文字当然也不例外。秦的书写文字、玺印文字,还有陶文、金文等,都表达了那个汉字发展的重要时代所赋予汉字的美,以及它的审美、它反映在文字上的美的创造。秦文字比于商周时代文字,比于东周时代其他国家的文字,在艺术上的主动创制似乎并不是特别突出,但是,秦文字中对于汉字古文字系统进行总结的小篆,已经成为汉字艺术的早期经典标本。秦以隶书开辟汉字今文字系统的大统一和在汉字艺术体系的充分发展,体现了秦人尚大、尚朴的审美气质,这对于后来的汉字艺术是有着巨大的影响的。当然,这一部分的讨论,在目前只是一家之言,可能在以后,其他的研究者还会提出更多、更好的意见,但是笔者愿意先行讨论一下。在谈论艺术论的时候,当然要将秦文字和之前的商周文字进行比较讨论,也要略加讨论汉以后汉字艺术的发展。这样兼顾汉字艺术的源和流,使汉字艺术能成为一个贯通的整体,同时,也凸显了秦文字在其中的重要地位和作用。

最后,本书要讨论"书同文"的问题。对这个问题进行讨论的人也很多了。应当说,这是一个从理论上来讲比较热门的问题,但是之前的讨论未必都足够深刻,所以笔者认为还有继续研究的空间。本书要谈到汉字"书同文"思想的形成,要谈到"书同文"在秦时的实践,在这一方面,笔者要多加一些笔墨。最后,还要谈到"书同文"的重要意义,这个主要是针对中华民族文化发展史而言的。这实际上有重新认识乃至"重建"秦史之必要。通过这些,可以反观秦文字存在的重要意义,也可以看出秦文字学研究的重要价值之所在。

通过以上的表达,这本书和其他有关著作的不同之处就已经凸显了出来。这些都是一种尝试,当然,这和其他著作对于秦文字学的关注,在本质是一样的：一方面表达了对秦文字的尊重，另外一方面也只是表示了，在目前的条件下，以及本书几位作者的水平的制约下，所能达到的一个认识程度。这里不敢讲是"高度"，因为笔者想到更精彩的研究秦文字的著作将在未来出现，总会有一批又一批人达到一个时代应有的高度。

本书仅是一部文稿意义上和印刷意义上的成书，实际上，笔者更愿意将它称为一本讨论稿和未完稿。这本书如果对同事们或者同好们起到一定的启发作用，在某些问题上起到一定的引领讨论作用，在整体上做到了迄今为止比较圆满的总结，也就是作者最大的满足。这本书有待提高的地方以及这本书的缺漏乃至错误，也期待同仁大胆指出。这并非作者的谦虚，而是面对秦文字这一伟大的人类文化遗产，人们应抱着敬畏之心学习它、消化它、阐发它，使之在未来中华文明建设的进程当中发挥应有的作用。

三、本书的定义

本书着重讨论秦文字，书中自然尽可能宽泛地涉及秦文字的诸如存世资料、研究历史、意义价值等问题。但是，首先应当比较明确地对"秦文字"这一概念的科学内核进行定义。

东亚大陆的居民从远古时代开始使用的语言，主要是属于汉藏语系，汉藏语系之中最大的一支为汉语语种。我国在夏商周以后，主要使用的文字就是与汉语语种结合得颇为密切的汉字，这是一个延及数千年的最基本的格局。谈到汉字之一段或一支的秦文字，在科学的研究层面上，"秦文字"这个词有它不十分确切的地方，或者说有界面比较含糊的地方。

和前面曾经讲的中国考古学所提供的"透物见人"原则相类似，人们对于各种文字也应当做到"透字见人"。其原理是：文字是人类的社会实践的产物，透过文字也可以看到具体自然的人，看到社会的人，看到发明了这般文字、使用了这般文字，且文化与历史受这般文字影响的人群。这里所讲的"字"不仅仅是讲汉字单字，也不仅仅是讲由单字而连缀成的文句、文章、文献，它指向文字的最初的形态，指向文字最初的、比较简单的造型。在世界范围内，某些人群选择了表音的文字（又叫拼音文字），他们以表音的字母拼组成词汇（字母一般不是实词）形成一种文字的表达体系，这在现代世界文字种类之中占大多数。而另外一群人用表意的方法组成文字，这些文字一开始就有实词的性质，至少其中大部分具有实词的性质。表意文字以汉字为代表,后来发展为意音文字,这在现代世界已是个例。谈到汉字发展到秦文字阶段的时候,由"透字见人"的角度,见到了一群什么时代、什么样的人群呢?这是研究秦文字的重要任务。

对任何时代、任何分支的汉字,几乎都可以试图做些"透字见人"的工作。在中华古老的历史上,可以对陶寺文化文字、二里头文化文字之前各种文字(包括非汉字、早期汉字)"透字见人";可以对商代的甲骨文、金文、陶文、书写文字"透字见人";可以对西周时期的甲骨文、金文、刻铭、书写文字"透字见人"。至于到了东周时期,包括春秋和战国时期,"透字见人"的资料和思索就可以做得更为丰富了。可以这么说,通过燕文字、齐文字、鲁文字、三晋文字、吴文字、越文字、楚文字、巴文字、蜀文字等这些文字的形态,就可以部分地了解这些地区和国家从统治者到一般使用文字的人的基本素质、基本形态和基本表达。

"透字见人"所见到的秦人,大概可以分成几个阶段:附会于西周的阶段;占据西部的阶段;迅速膨大称霸的阶段;从称霸转为谋求统一的阶段;短暂的大统一,把秦人的政令、思想、法律等通过文字传播向全国的阶段;秦文字的部分余绪阶段。于是,秦文字的形成就不是偶然为之了,它一以贯之的是服务于秦王国、秦帝国的意识形态和实际生活的需要。

从西周到秦,秦人对于同样是农业民族的西周人使用和固化了的早已承接着殷商时代的汉字,对于汉字这种以表意的形式比较直接地反映身边的万事万物的符号体系,当然就接受得十分顺畅,秦文字源于西周文字,其根本道理也在此间。

到了秦人接触、接受西周文字的时候,秦人已是一个长于西垂,成于关中的民族;秦人又是一个发奋图强,不断开拓疆土,不满足于局处于西戎一地的民族。其文化本身充满了可塑性、多样性,透露出无穷的意味。秦人选择了西周时代的汉字表情达意,满足政治、经济、军事、外交等各方面的需求。东周时期,秦国广纳各地的精英,精英们来到关中地区为秦服务,这里就有一个交流的问题。应当说,秦人清楚,在东周时期,各国文字在形体上是不断分化和变异的,这种分化和变异是不利于交流的。秦人正是为了交流选择了简单的、直白的、质朴的文字表现形式,使东周时期的秦文字具有了通透性和开放性,具有了和其他国家、民族的文字（实际上也是汉字的变异形体）相对译、相了解、相互掌握的可能和便利条件。在整个东周时期，秦文字最为透彻、易读，最为直接，这非常有利于秦的大一统事业。

在商鞅变法之后，秦由称霸西戎，不断地扩张质变为发誓要统一天下的国家。在兼并六国的战争当中，秦文字发挥了积极的作用。这是因为，秦人以耕战为基本国策，以天下统一为根本的需求，需要在统一当中用文字传播他们的理想、他们的法律和行政手段。这就使得秦文字不只是满足秦人旧有根据地的需要，也满足了此时秦的政令、号令、司法、法律等要传播、贯彻到更远的地方的需求。这样，人们就可以理解秦人为什么要"变篆为隶"，为什么在"以吏为师"的背景之下要强力推行隶书，进而在实际上完成对汉字形体的又一次统一。

秦文字可以被定义为秦人的文字，似乎是不很完满、准确的。秦民族是一个古老的民族，至今尚有"东源说"和"西源说"（或"东来说"和"西来说"）两种看法，属于"源"之时，是否已经使用了文字不得而知。西周后期，所见的秦人使用的文字与周人没有区别，那么秦文字显然就不应当是秦人独有的文字。如果说，秦文字是从秦在东周初年立国到战国秦再到统一的秦帝国这段时期所使用的文字，实际上也不很确切，因为在这个时空范围内被使用的汉字也不是秦人、秦国或秦帝国的专门文字。

与六国文字比较，战国秦文字有很多优点，前面已有讨论。秦统一之前，秦文字已逐渐取代六国文字，成为通行文字。统一之后，"车同轨""书同文"，秦始皇帝用秦文字以篆书进行整理、总结的同时，更以隶书统一全国的文字，这是顺理成章、水到渠成之事。因此，笔者所讲的秦文字，主要是讲在一定时空范围内的汉字的使用，时间范围基本上拟定为西周后期到秦统一以后再到秦帝国亡国前后；空间范围是指早期秦人在甘肃东部，接着到陕西关中这一带，最后到秦末汉初因为统一战争的持续发展所至的中原地区、山东地区、华北地区、华南地区等广大地域内。

这一定义下的秦文字和汉字的关系又是怎么样的呢？人们又为什么要研究这种关系？大概有如下几个理由：第一，秦文字对西周文字有所继承，且后来的逻辑发展没有明显脱离汉字体系。第二，如第一点所讲，秦文字在逻辑发展上没有脱离汉字体系，但是就字形而言，它是把周朝的汉字逐渐推向了一个更为规范化、更为实用化的境地，越发体现了汉字的工具性。第三，从东周初年开始，其他一些国家和地区所使用的汉字的字形发生了非常大的变化，这些国家或地区包括：燕国、齐国、鲁国、楚国，三晋地区、吴越地区，还有其他一些国家或地区（这个问题笔者在第二章和第三章还要进行讨论）。这样就使得以上这些地区的文字和秦文字在表现上产生了很大的差异。这里再强调一下，这些文字仍然属于汉字体系。笔者认为可以把这一现象称作"一系多体"，他们不是不同的文字，而是属于汉字大体系的各个不同时空的表现。第四，秦文字在汉字发展过程中，具有非常重要的枢纽作用，就这点而言，其他所谓的六国文字、东土文字，没有历史地承担起这样的任务，这已然是一种历史的事实，而这个事实，甚至影响着现当代人对汉字的应用以及汉字未来的发展。秦文字在"书同文"的大一统过程当中，以小篆对古文字系统进行了整理和总结，以隶书完成了汉字工具意义上的又一次大整理和大一统，使得汉字进入了今文字系统，秦隶书大大拓展了汉字书写和使用的范围。汉字进一步被整理、发展的历史任务，在当时落到了完成了政治统一的秦人身上，这也使秦文字在整个汉字体系当中，具有风貌凸显、独领风骚的历史地位。

笔者试用很简练的语言对秦文字进行定义：秦文字是在汉字的大体系之内，嬴秦一族在某一历史阶段中，在其生息、活动范围里，在不断东扩的过程中，吸收、融合当地的文化，接受、使用并遗留下来的汉字以及那些与嬴秦族有着紧密关系并深受其文化影响的汉字。其时间上限至西周中期"邑秦"之际，下限至秦帝国灭亡，其余绪可到西汉武帝时期。具体的就是大约公元前822年前，即周宣王六年（此期文字有出土于1980年山东滕县后荆沟的不其簋为例）到公元前207年秦帝国灭亡，还有余绪影响到汉文、景、武帝时期，即公元前150年左右。秦文字主要是由秦国政权和后来的秦帝国政权推行使用的，后来又波及、影响到其他类的汉字。

区别于其他地区，秦文字的特点表现在两个方面：一是秦小篆对于汉字古文字系统的总结，二是秦隶书对于汉字今文字系统的开拓、统一和发展。当然，在对东周各国文字进行研究的时候，笔者也可以列举所谓的燕文字、齐文字、三晋文字、楚文字和吴越文字，等等，也可以分别给它们以定义，但是，究其对汉字发展的重要性而言，似乎这些文字都难以与秦文字相比。

明确了秦文字的定义后，其研究对象自然而然便明晰了。秦文字研究的对象就是秦文字及其载体，以及秦文字运动。前面谈到过秦文字的各种分支，可以看出秦文字研究的特殊性。秦文字的研究对象一开始和它所占的地域有明显的界限关系，随着秦统一战争的发动，又次第地将秦文字研究推向了全国。有关秦文字在汉字古今两系统之间的作用及表现，秦文字的载体，秦文字的正体和俗体，秦文字的简化和繁化，秦文字和秦文献学、秦文学的关系（即秦文字的语法研究），秦文字在汉世的影响，等等，都是秦文字研究的对象。

关于秦文字的研究方法。秦文字的研究方法实际上有难、易两部分，这两部分是随着汉字古今两系而展开的。对于属于古文字系统的秦文字，要考虑到由西周文字向春秋战国时期秦文字的发展，要考虑到东周时期秦文字和周边国家所使用的文字的比较关系，要考虑到秦文字本身的不断整理和发展。其难点和东周文字的研究难点是一致的。人们都知道东周文字是中国古文字研究中比较难的一部分。秦文字的较易之处，首先在于西周文字到秦小篆是渐进式发展的，熟悉西周文字的人在面对秦文字时不应当感到困难。不言而喻，秦文字进入今文字系统后，其难度更是大大减小了。

研究秦文字的目的应当是十分清楚的：第一，研究汉字大体系在古今系统之间的飞跃，研究古文字系统的总成果以及今文字系统开启的必然性；第二，秦文字的研究目的和古文献的研究目的联系在一起，就能够和研究东周直至秦汉之际的政治、地理、军事、经济、民族关系等联系在一起。基于秦文字所在的时间节点的特殊性和重要性，其研究目的实际上关乎汉字学总体的建立和认识。

关于秦文字学这一学科的定位和理论体系。汉字学分化为汉字古文字学和汉字今文字学，由这两者出发向前、向后分析，都包含着秦文字学的内容。它的学科还包括秦文字资料的搜集整理、考释研究，秦文字的分期和发展，秦文字的字形学研究。

秦文字学必须要有经典的研究成果。秦文字的考古学发现，包括历史上以石鼓文及秦公钟、镈等为代表的文物学的发现，资料已经很丰富了。在此基础上，实践性地从载体出发，分析字形、找出规律、还原文献，秦出土文献的研究也因此得以丰富。这些从基础研究来说都堪称经典。在未来，关于秦文字，还有待更多同仁从文字学、语言学、文献学、历史学等角度对其进行更加深入的阐释。

第二章　汉字略

在系统地介绍秦文字资料之前，本书以"汉字略"一章来讨论关于语言、文字、汉字方面的基本理论，以及汉字在秦文字之前的一些历史的问题。这些问题乍看起来与秦文字好像没有非常直接的关系，但是，因为秦文字的发展在汉字发展历史上起重要的枢纽和转折的作用，因此需要对基本的语言学、文字学理论，以及相关的简史有一个回顾。本章的阐述中有一些是学科常识，有一些则是笔者的探索性意见。读者们可以从语言学、文字学，以及更加细分的汉字学的角度体味秦文字生长、发展的基本背景和历程。本章可以看作讨论秦文字之前的必要的学术理论准备。

例如，在本章要讨论关于文字的起源还有汉字的起源问题。在以往对于中国早期汉字的研究中，这两个概念常常被混淆。通常人们认为，在中国谈文字的起源就是谈汉字的起源，实际上并不是这样，这是彼此有所关联的两个问题。

从文字的起源进而到汉字的起源，可以说是一个巨大的飞跃，对于中华文明的发展意义非凡。汉字的出现，是基于此前人们的反反复复的多次造字实践。多种多样的文字的起源在先，但是它们不是汉字，汉字的起源在后，汉字受到过其他更早文字的启发。汉字起源之时，许多地方的造字实践已经有了相当多的积累，造字的一些原则已经积累得比较充分。汉字的起源与发展，看起来系统、早熟，并且数量较大，其实是因为在一定程度上这是接受了已有的经验教训，之后就有了一段比较顺利的过程。此后，汉字"一枝独秀"，被中华民族所接受，成为人类历史上最为庞大的母语文字体系。秦人的时代已经与文字的起源、汉字的起源相隔了很长的时期，秦人、秦国乃至秦帝国，可以看作东亚大地上文字的起源、汉字的起源的遗产继承者，因此，这些问题与秦文字还是有相关性的。

与当今世界上大部分的文字不同，汉字并不是表音文字、拼音文字。那么它究竟是一种什么性质的文字呢？在本章之中，笔者将用一定的篇幅讨论这个问题。一般可以这样认为，汉字在其确立的时候，应当是比较纯粹的表意文字，也有文字学家称之为表词文字、词素文字，但是很快（最晚在商代），就已经朝意音文字的方向发展。到了秦代，汉字已基本成为一种比较特殊的意音文字。汉字的发展道路十分典型，也十分独特。所谓的"意"与所谓的"音"，到后来大部分都变成了汉字的"零件"符号——表意的内容记号化地成为形符（或意符），其意义可以由直面的或追溯的而得之；其表音的部分，由于经验性的、约定俗成的认定变为音符。汉字最终具有了特殊的组合构造，从而成为特殊意义上的意音文字。

第一节　语言与文字

一、从语言谈起

提及文字的起源、性质、作用，就不得不涉及关于人类的语言的问题。那么，人类的语言是什么呢？《中国大百科全书》中关于"语言"的定义是："人类特有的一种符号系统。当作用于人与人的关系的时候，它是表达相互反应的中介；当作用于人和客观世界的关系的时候，它是认知事物的工具；当作用于文化的时候，它是文化信息的载体。"[①]这个定义，笔者认为是存在着一定缺陷的，它站在人类的立场，过分强调了人类语言的特征。即便是按照以上定义，当生命体和生命体之间的关系需要表达相互反应的中介，当生命体和外界发生关系时，他们用语言表达了认知（迎合、拒绝、攻击），动物语言同时也具备这些表达。人们不能因为不懂得或不能译出其他动物的语言而否认它们的语言现象的存在。一般语言学家在分析人类语言时，提出过人类语言有四个基本特点，

---

① 中国大百科全书总编辑委员会：《中国大百科全书·语言文字》"语言"词条，中国大百科全书出版社，2002年，第475页。

即可分离性、可组织性、理智性、可继承性。笔者认为人们对其他生命群体的语言只是缺乏研究而已,如果把其他生命群体的有声语言和无声表达加以系统、深入的研究,这四个特点恐怕都能找到对应的现象。在一些方面所表达的完美、集约程度,某些动物的语言甚至可能高于人类的语言。

"语言"一词其实很难被准确定义。现在人们知道了,语言并非人类所独有的,与其将语言定义为一种属于人的表达方式,还不如定义语言为一种生命体的表达方式,即生命体存在和进行生命活动的一种表达方式。至于非生命体有没有语言,不在笔者的讨论范围之内。语言,还可以分为发声语言和非发声语言。发声语言大家理解起来比较容易,非发声语言又包括形体语言、表情语言、嗅觉语言,等等。比如,猫、狗等动物为了占据自己的空间,会使用大小便或身上的体液、油脂等来洒染,来警示和告诫侵入这一空间的其他动物,这就是一种嗅觉语言。再比如,据动物行为学家的研究,蜜蜂会利用"跳舞"这种形体语言来向同伴指明时间、蜜源是否充分,阳光射入角度的相对方向关系等信息。暂把语言定义为一种生命体的表达方式,即语言是生命的一种表达符号,又因为人们在习惯上把语言定义为有声的语言,也可以说,语言作为生命存在形式的表达往往是一种可听闻的符号系统。由此定义出发,宇宙间是否有非生命体的语言就成了一个问题;相对于碳基生命,是否有非碳基生命的存在和语言,也是个问题。即使同样是属于碳基生命,人们知道有些动物发出的声音是人类无从听到的,它们的语言形式、内容也是人类很难详细知晓的。在这些意义上,语言的准确定义、内涵远比人们的认识要广泛和深刻得多。

尽管如此,人类的语言也远比定义要复杂得多,因为人们知道除了发声的语言,还有表情、身体等情态语言。语言的社会性的群体作用,会使某种语言在特定群体之内意会,即具有社会性的排他性,即除了本群体之外不能被应用或者不能被理解。

当然,以上提及的非人类语言,不作为本文的讨论对象。笔者在这里先着重谈一谈人类的语言。人类的语言系统极为复杂,人类的语言是表达自身的存在、思维活动、形体活动和社会活动的一种方式。人类语言的最基本形式,是有发声语言和形体语言。形体语言发展到今天,比如握手、拥抱、亲吻、耸肩、鼓掌、转身不理、拍桌子,还有特殊的聋哑人的手语,等等,在许多方面表现得非常重要,值得深入研究。但是,现在人类的语言学一般研究的对象是发声语言,主要是"话语"和其他一些胸、喉、咽、口腔部发声。在人们已知的范围内，人类语言应当属于生命语言体系里面比较高级的系统，但是，仍然不能低估某些动物的特有语言，比如海豚的"声呐语言"、狗的嗅觉语言等。

人类形成区别于一般动物的思维之后，就成为一种会进行积极的社会化交流的高级动物。形体语言和其他功能性语言上的某些不足，需要人类的发声的语言来补充，所以，在人类的发展历程之中，人类逐渐形成了以通过肺部、胸腔、气管、咽喉部、口腔协调运动来发声的语言为主干的语言。这也是后来的研究者，一谈到人类的语言，首先指向的就是发声语言的基本原因。注意，笔者在这里讨论的，是以最终可以转换为文字的语言为主，因此，笔者在讨论秦文字时谈的是可以转化为文字的语言，是属于成熟的汉藏语系-汉语语种的语言，即秦文字所关照的主要语言。

谈到人类的语言，在《圣经》中有一个关于巴比塔的神话传说。如果人们把《圣经》看作历史书，书中的神话传说就有了历史学的意义。《圣经》说到上帝创造了人类，人类拥有了语言。后来，人类计划造一座高塔，想到天上去看看上帝的隐私，上帝不悦，就创造了各种语言，使人们语言不同，从而信息不通，人类就很难一起协作造起通天之塔了。从历史的角度看，人类语言千差万别，于是就有了"巴比塔现象"产生的时间段的问题。现在，大概可以这么说，在旧石器时代的早期，人类的语言非常简单，所表达的内容也很简单，需要语言处理的社会现象也都比较简单，所以语言应当具有高度一致性。到了旧石器时代后期、新石器时代初期，随着人们社会活动的复杂，语言也会变得复杂。比如说采集狩猎、短暂的营地居住、人群老少的区别、偶婚制度的确立、男女分工的日益复杂，等等，都会使人类语言成分不断地复杂起来。语言逐渐复杂，人类定居程度提高，古代人类地域化的生存渐渐固化，这些都是语言分离、分隔、分裂的社会基础。人类的语言分裂为多样化的语种、语系，这是社会进步的结果，其最终实现要归功于定居的作用。这样，在基督教的创始神话中，也就变成了上帝施法让大家的语言出现各种不同，人类语言彼此不通了。这个时期应在人类旧石器时代后期和新石器时代初期，按现在人类学、考古学的研究来看，是距今十几万年到一万多年。

人类的语言一方面要可以进行很复杂的表达，涉及宇宙万象，另一方面要尽可能让人们可以集约化地、更有效地交流。这种集约化的过程，使得在一个定居范围内的人"约定俗成",对他所遇到的事物采取一种大家都能懂得的语言表达。而人类早期的这种语言表达是地域内或者氏族内的。在较早的时期,一旦超越了地域或氏族的范围,彼此的语言交流就不通了,于是,"巴比塔"也就造不成了。这是人类史上一次有决定性意义的变化。直到人类定居以后,才有了真正语言学意义上的人类语言体系。人类语言由动物性呼叫发展成为人类语言,形成体系。这一体系内部出现了差别,进而有了语系、语种、方言,等等,这是一种根本性的进步。

现代中华民族所使用的语言主要是汉藏语系－汉语语种。汉藏语系是东亚地区一个历史久远的、非常庞大的语系。这个语系涵盖的中部和东部地区,大致处于黄河流域和长江流域,在这一广阔的范围内,相当固定的表达——汉语语种形成了。这就是人们对客观事物的观察加之主观感受由经验性发展为规律性的语音表达方式,这就是庞大的汉语语种。这和这片土地上由初级发展到高级的、稳定的农业定居方式有密切关系。汉语以突出实词为主,以一词一音为主。农业定居程度越高,语言越具有稳定性,这种语言的高度稳定性会影响到这一地区后来的文字表现。

人类实现定居之后,那种极为原始的、"大一统"的、"流浪"的旧石器时代生活状态结束,各个彼此分割、独立的地缘社会单位(单位内部还是血缘组织)出现。这样,原本简单、模糊但可能是"统一"的语言分裂了,这是人类思维和行为的一次飞跃,这一飞跃也带动了社会发展的一次飞跃。这种"大一统"的时期的语言反而是落后的,各自独立分裂了的语言反而是一次飞跃。于是,各地的人们按照各地的自然环境,使自己的思维、组织能力,社会、家庭关系,婚姻、血缘、性别关系等有了认知上、规定上的长足发展。在一个相对固化的地缘单位(有时表现为在一个稳定的血缘单位),如果只有一种约定俗成的、大家认可的语言,那么,这种语言天然地具有法律效应。中国是一个很好的语言学的标本,因为古代中国有一个相对封闭的环境。在这个标本之中,很容易看得出来、听得出来自己的语言和别人的语言的区别。由于黄河、长江流域和其周边地区的生产、生活条件发展的不平衡,定居状况进一步被分隔,于是又形成了各个地区的方言,方言之间也存在差别。汉藏语系-汉语语种之中,方言存在的情况可谓面广量大、极为复杂,例如,江苏方言十分复杂,县与县之间语言不通、村与村之间语言不通的情形并不罕见。当然,中国的西北部地区,某种方言的覆盖度要大一些，越往东南地区，一些方言的覆盖度越要低一些，有的时候，一个县或镇里就有好几种方言。

随着明确的语言、语系、语种、方言次第形成，语言就变成了人类社会不可缺少的交流的工具，所以很多语言学家一开始就是这样定义语言的：语言是人类的基本交流工具（当然不要忽视在成熟的语言产生之前，人的本体存在和行为表达也具有交流的意义）。到了现在，没有语言的民族是不存在的，可是，一个民族拥有多种语言的现象、拥有多种方言的现象，在全世界都存在，同样的，也有不同的民族共同拥有一种语言的现象。

语言和方言的关系问题就显得更为复杂，比如，目前有一个现象：上海、浙江、广东、福建，还有许多省、直辖市以下的地区，就设有方言电视台、方言电台或方言节目。从一个使用一种母语文字的大民族来说，方言可能不利于交流沟通，但是，从语言学上来说，若这些语言的"化石"被轻易扔掉，也实在是非常可惜的。方言中可能蕴藏着早期人类语言的许多秘密，同时，方言的确有着地方性的亲和作用，有一定的加速信息传播的作用。笔者至今对这个问题没有一个定见，就是感觉到了这既是必要，也是比较难处理的一件事情。

秦人的时代已经距现在比较遥远了，考察秦人语言声调不是一件容易的事。秦中心区域主要使用汉藏语系-汉语语种，人们日常生活中主要继承的应当是西周人的语言或方言，这应当没有什么问题。秦语言中到底有没有早先东方的方言、词汇、异读，这些是要悉心探究的事。应当指出，秦在推行"书同文"时，为了应对全国范围内普遍存在的方言问题，才制定了书写上的规范。可是，秦没有考虑同声、同音、同调的设计，这在当时是没有办法做到的事情，也影响了数千年来汉语的发展。

由此来看，虽然作为人类表达自身存在、思维活动、形体活动的语言十分重要，但是如此重要的人类语言，在社会交流中却有着两个天然的缺陷：第一个是时间上的"暂性"，比如今天上午讲了什么，下午已经消失了；第二个是空间上的"限性"，比如你在西安的讲台上说了什么，我在南京并不知道。实际生活中所谓的暂性、限性甚至远远小于上面所说的范围。正是由于这两个缺陷，语言给人类带来交流、表达方便的同时，也有不尽完美之处。正是为了解决这个问题，智慧的人类创造了文字。

二、文字的定义

一般认为,文字是语言的延长,帮助人们记录语言,是人类语言的书写符号,是人与人之间交流信息的约定俗成的、可见的视觉符号系统。它突破了人们语言的时空制约,即时间上的暂性,和空间上的限性。笔者以为以上这样的定义并不算错,但是不够全面,因为文字也是思维的延长。笔者认为文字也是人类思维的书写符号系统。人类的思维是人类语言的基础,人类早期思维的简单性会随着人类社会的发展而复杂化,进而导致语言也复杂起来,而这个进程很容易造成思维和语言不完全吻合,有时甚至会出现差异。比如,表示汽车左转、右转等的标志符号,特别是全世界通用的符号已经突破了具体语言、语种的范畴,是一种思维定式了。再比如,全世界许多地方通用的墙角画一只乌龟加一个叉号表示禁止在此方便,这可谓妇孺皆知了。这种约定俗成的符号带有文字性质,是思维的延长,但不是具体语言、语种的延长。大家应当注意到这里的混合型,当出现了符号与语言不一致而与思维一致的时候,这部分文字就可能是思维的延长。

所以,笔者对文字的完整定义是:文字是人类思维和语言的延长,是人类思维和语言的约定俗成的可视符号系统;文字是重要的人类文明的表征,是人类社会的重要交流工具和"黏合剂";具体的文字种类是具体时空,例如民族、国家,抑或是某一地域的表征之一。

文字学界一般认为文字起源于图画,图画要早于文字,人类掌握用图画来表达思想甚至语言的技能要早于使用文字。因为图画只满足视觉理解的实时性、具象性、个别性,而不具备后来文字的非实时性、抽象性、普遍性。早期的人类图画向着两个方向发展:一部分发展成为美术意义上的图画艺术,另一部分在后来发展成为文字。文字比图画更加具有义理的抽象性、系统的一致性、指向的专一性、认知的简约性、传递的速效性、学用的方便性,以及使用的普遍性。在以可见符号系统表达人类语言和人类思维方面,文字源于图画而高于图画。因为文字源于图画,人类早期文字应当是有强烈的表意性质的。定居是创造文字的必要条件之一。在距今一万年左右,人类定居时代到来,与此同时或稍后,世界许多地方古老的民族都有过创造早期文字的实践,但是其中只有少数几个古老民族的文字发展成熟,并一直被使用至今。

在目前的学科建设当中，语言和文字往往是一体的。有西方学者认为："语言和文字是两种不同的符号系统，后者唯一的存在理由是在于表现前者。"①这一论说反映在中国的相关教材当中，表达为"文字是记录语言的书写符号系统"②。笔者认为，这种学科的认定，不一定准确，因此本书撰作时有再分析的必要。简单地说，语言学和文字学不能混为一谈，语言学的研究范围是从宇宙语言学，到生命语言学，到人类语言学，到词语学，再到现代电子计算机语言学的有关范畴，包括语言的本质、层级，语言的物质性基础，包括动物和人类的生命生理学基础、语言的作用、语言与人类社会的关系，等等。但是，人类文字应当被看作人类思维和语言的延长，是人类记录思维和语言的可见的书写符号系统，它和思维、语言不是完全同步的、一致的存在。在人类数千年的文明发展中，语言和文字逐渐发展出各自的系统，文字表现得尤其复杂一些。文字学应当是和语言学有着密切关系却并不相同的另外一门学科，这一点在对待汉字和汉语时，更是应该辨别清楚。

语言学和文字学区别之处在于：第一，并不是所有语言都有与之相适应的文字，这一点就决定了"文字唯一存在的理由就是表现语言"这一命题是不够完善的；第二，许多语言在它的历史发展中，利用过数种不同文字作为它的可见表达形式，尤其是在表音文字及拼音文字的使用上；第三，思维、语言是主动的，是不受文字所约束的，而文字是被动的、固化的；第四，文字只能部分地、固化地、阶段性地表达某种思维或语言，既不可能全部，也不可能长期与思维及语言的发展同步；第五，所谓汉语言，由于其长期以来一音一词一意的发展，它和汉字一字一意的结合，大多数使用者和研究者都认为这是非常完美的，客观上造成了社会人士乃至学术界许多人认为汉字就等于汉语的现象。实际上，从上古时代到先秦时代，汉语词汇是有复声母现象的，关于汉语在哪个时间段，是如何和汉字相结合的，这个问题目前还在探讨之中。汉语在数千年的发展当中，方言歧出，汉文字实际上起不了全面的正音作用，这一点从另一个侧面也证明了汉字学和汉语言学不是同学科。换一个角度来看汉字和汉语的关系，其重

---

① 〔瑞士〕费尔迪南·德·索绪尔著，沙·巴利、阿·薛施蔼、阿·里德林格合作编印，高名凯译，岑麒祥、叶蜚声校注：《普通语言学教程》，商务印书馆，1980年，第47页。
② 叶蜚声、徐通锵：《语言学纲要》，北京大学出版社，1997年，第153页。

点不是在求证汉语与汉字的必然亲缘关系,而是探讨它们在数千年发展中逐渐磨合,始终不离不弃,并被反映为两门关系极其密切的学科的过程。

确实,在人类文字的发展当中,语言的发展不断给文字的发展注入活力。这种活力有单线型的,即始终以一种文字为主,比如汉语和汉字的关系;也有多线型的,比如朝鲜语先使用汉字后使用谚文文字。再从艺术角度看,汉字艺术的主流代表——书法与声音语言很难说有直接对应的关系,也就是说,艺术化的汉字也不会起到统一方言的作用。研究者谈到秦文字的时候,首先关心的是它在汉字的总体发展当中所起到的作用,而不是秦文字对于汉语语种和各地方言发展所起到的作用。回过头来看,应当说秦始皇帝时代的君臣非常聪明,他们还是强调汉字的表意性,而并没把古代汉语的一个要素——音调,纳入对汉藏语系-汉语语种语音的强行统一之中。

笔者在这里,要谈一谈文字应用的最小使用范围问题。似乎没有见到之前有人谈及、讨论这个问题,其实它很重要。人们现在一般提到的文字,都有上千、上万甚至亿万人的使用范围。某些古老文字在现代正在消亡,人们还是会讲到这种文字目前只有数十人或数百人可以使用。这也就是说,人们承认每一种文字,是有着一定的使用范围的,并且已经涉及文字的较小适用范围的问题。那么什么是文字的最小使用范围呢?这是文字存在的空间问题。笔者认为,文字最小的使用范围是两人之间:两人之间知道的、约定俗成的、特定的图像、图案、符号,用于表达感情、商定某些两人之间特定的事情,等等,但这一般不是具象的图形,不是图画,旁人完全不知道他们使用的符号所表达的意义。这种符号不是系统的文字,但已经具有记录人类语言、思维的基本模式,这应当是文字的最小使用范围。除了情侣之间,在商业、情报等特殊场合,根据需要,也会出现这种只在两人之间或极少数人之间,记录、传递语言或想法的,具有文字性质的符号。

既然有文字的最小使用范围问题,文字应当也有最短使用时间的问题,这一问题的弹性,要比最小使用范围大。有的可以持续数年、数十年,有的比较短,有的贯彻创造、使用者的一生。中国在五代、北宋之时,西北部的西夏王朝使用过的西夏文字,前后使用的时间就很短。在某些文字较短或极短的使用时间之中,制造该文字的人都能辨认出文字,并读出、解说其意义。笔者认为,如果文字在父子、祖孙等代间传递使用,那么就突破了文字最短使用时间。

上述的两点在理论上似乎没有问题，但是在实践考察上是有问题的，因为，成熟的文字要突破狭小的使用范围和很短的使用时间。面对成熟的文字，考察两个"最小"，几乎没有什么必要，这就是成熟的文字系统研究和个别文字存在现象之间的矛盾。现代人很难回溯和探讨人类使用文字的"起始端点"，但是从目前各个地区使用文字的现象之中，可以得到许多启发。笔者基于对文字的最小使用范围即最小空间的认识，又提出一个最小时间范围的问题，这样就逼近了人类文字起源时期的状况——"起始端点"的状况。有趣的是，小范围的使用也好，极私密的使用也好，他们所使用的某些可见符号成分，如人的形象、月亮的形象，以及树木建筑等方位形象，在文字起源时期的作品之中并不鲜见。对最小时间、最小空间范围在理论上的认定，在更大范围内也可以被扩大适用，这无论是对于研究较小规模的还是非常庞大的文字系统的起源，都有一定的积极意义。这对于研究文字早期的发展，有着一定的意义。早期掌握文字的人，在人群当中一定是少数，是个别人，他们的身份往往是国王、贵族、祭司、巫师、贞人等，他们自觉或不自觉地给文字披上神秘的外衣。

随着社会的进步，文字会由贵族的文字，普及为全社会使用的文字。在古代中国，正是在秦帝国时期前后，基本完成了使原来高高在上的贵族化汉字的使用重心迅速下垂，实现士农工商的"全民使用"的工作。汉字使用空间范围的扩大，实际上保证了汉字使用时间的延长。当时，将汉字由统治阶级普及到全民，具体做法就是将汉字古文字系统转化为汉字今文字系统。这种下垂和转化的历史意义，对于中华民族来说，确实是怎么评价都不过分的。

三、文字的两大分类

在人类定居之前可能已经出现了较小范围的文字实践，出现了文字表现的端倪，而定居使这种实践不断地从低级向高级发展，能够突破最小时空之限。无论哪个地区、哪个民族，到了能够在泥版、陶器、骨片等之上刻划文字的阶段，那便是已经进入了较为成熟的阶段。这些文字在氏族部落中可以通行，甚至在异族之间的交流之中也能被翻译、辨认，这和后来的文字已经没有什么本质的区别了。

由于人类定居生活的区域的稳定性提高，自然条件、生活生产方式不同所产生的不一致性，以及生产方式不同所造成的必然分割，使得不同部落的不同文字表达也次第出现，这就是文字自然的分化。其中，最大的分化就是表音文字从图画文字、早期表意文字中独立出来，自行发展，进一步和表意文字分离，最后这两种文字逐渐互不兼容，各自发展。

人类文字的发展基本上分为两大类，即表意文字和表音文字。表意文字又叫表词文字、词素文字。具有一贯性的表意文字传流至今的只有汉字，但是汉字也不纯粹了，早已演变为意音文字。表音文字又叫拼音文字、音素文字，这种文字最早的源头还是图画文字、表意文字，其中的文字的符号意义被大大简化，变成为字母。目前，全世界除了汉字以外的大部分文字都是表音文字，早期的表音文字是比较纯粹的辅音音节文字。希腊时期开始，人们创造了元音字母，继而创造出了比较完备的拼音字母制度。

表音文字，由一组表音的、有限的文字字母构成单词，再构成句式。表音文字基本的优点是能够及时地记录语言，可以与时俱进地大量繁衍书面词汇，使语言的繁衍没有时空的限制。但是，表音文字从大量的字母上看不出什么确切的含义，尽管个别字母带有古老遗存的一些确切的含义。然而，与庞大的单词群相比，保存有古老意义的少数字母仅如沧海一粟。表音文字显然是不同区域的人群、氏族、部落之间交流的结果，甚至是各种不同语言在交流过程中互相认识、互相"对弈"的必然结果。这些不同人群、氏族、部落之间居住的间隔有大有小，人群或氏族部落规模也有大有小，必需的社会交流使他们选择了拼音、音节、音素文字，而不是单子性的表意文字。

以汉字为代表的文字则是表意为先，一开始甚至不考虑表音的问题。表意文字的发展非常有趣：首先是通过视觉了解字义，通过字义结合生产生活经验而了解词义、句义，到了这个阶段，可见词义和实际词义就经验性地融为一体了。创造使用和推广这种表意文字的人群之间、氏族之间、部落之间，其环境、生产生活状态必有高度的一致性和稳定性。在东亚，民族的这种一致性表现为农业定居状态的一致性、对基本客观事物的命名的一致性、对一些抽象概念认知表达的一致性，以及基本语法顺序的一致性，这些现象明显伴随着时空上的稳定性。表意文字有着一个巨大的内在优点：它能够调动人们的思维、视觉的比照能力。必须指出，纯粹的表意文字本质是不表音的，表意文字本身不能起到注音的作用，是概念、单词和认知的复杂转化，使人们对文字（汉字）有了习惯性的、经验性的发声的表达。这种表达有强烈的大区域和小地域的特点,即后来人们所说的语种和方言特点。表意文字强大的认知功能使人们往往忽略了它在正音方面的不足,甚至误会以汉字为代表的表意文字是形、音、义统一的。人们恰恰可以看到:汉字的形和义是可以统一的,但音是无法与前二者统一的。用汉语拼音的方法正音以后,人们逐渐习惯了这种人为制造的形、音、义的统一。同时,人们应当意识到表意文字唤起人类共识的程度,使人发挥主观联想的程度,调动视觉、听觉,发挥人的感官的主动性的程度。这些是表音文字、音素文字所不具备的。汉字以单音节占多数,所以从语言学角度看,也有人认为它是音节文字,这在现象表达上似乎不算错,但在本质分析上是不可以的。汉语地域性方言分歧比较大,各种地方语言的声音交流往往是存在隔膜的;可是汉字的书面意义,使用汉语的各地人民大都能看懂,这是汉字和其他文字很大的不同之处。

以汉字为代表的文字一直沿着表意道路发展,可是在漫长的发展过程中,不晚于商代,汉字里面也出现了表音的因素。但人们要清醒地认识到,这只是约定俗成的结果;习惯性地认识到,某些符号有相对独立的声音,可是这些符号既不能表达元音也不能表达辅音,一般情况下,也不具备拼音功能,即使发展到形声字,其中一部分符号可以直接读它的音或近似的声音。不晚于商代,汉字成为源于表意文字的意音文字。

任何表音文字的基本"零件"——字母,都是有限的,少则二十多个,多则百十个,总是少量的、有限的。它和人的记忆的关系是强认字母、熟悉组词方法进而熟悉基本语法(首先是习惯法),使人们对词、句的理解和记忆并不算困难。汉字的数量曾经超过十万(常用汉字的数量当然远远少于这个数字,有九百到两千的不同估计),这对人们的记忆仿佛是巨大的考验。但是,中国人利用汉字的表意性、联想性来记忆和学习汉字,对于中国人来说,认识汉字并没有很困难。对汉字的基本"零件",例如形(意)符、声(音)符,与表音文字的"零件"——字母不能同等对待。拼音文字的字母不能无限发挥联想作用,而汉字则利用构字"零件"使人有尽可能多的联想,这种联想能力在经过"扫盲"后的人之间有了质的飞跃,因此,在学习汉语时可以通过字典快速掌握汉字的意和音。

汉字也有其固有的缺点,也应该被人们认真对待。在汉字的发展和使用过程中,由于使用总量和使用者学习时间的限制,汉字字体在被使用的过程中出现自觉或不自觉的简化。汉字自诞生之日起，就有着繁化和简化这两个趋势，简化的意义在于汉字的工具性、普及性的充分发挥，这是汉字总的发展方向。汉字的繁化，在历史上是用于区别意义相近和发音相近的字，另外，因为各种原因要新造一些字也会造成汉字的繁化，这些在汉字史上是正确和允许的。有的人出于保护国学地位的需求，在现代也坚持汉字繁化，这和文字的工具性没有关系，现在更有人把坚持繁体字与意识形态正确与否相结合，这就更是没有必要了。简体字主要是笔画的减省，是偏旁"零件"化的减省。鉴于汉字行书、草书的发展，简化也借用了这些运笔方法。从文字的工具性而言，简体的发展是正途。对古汉字中的繁化和简化的现象及原因人们讨论甚少，这与人们对汉字古文字的了解甚少有关。其实，从商周甲骨文、金文体系的发展来看，简体字是层出不穷的，这反映了人们对汉字工具化的需求，也体现了汉字表意的用途，在视觉上简化后并不影响对其意义的理解。从汉到魏晋南北朝到隋唐宋元再到明清，及至近现代，所谓"手头字""俗字"的应用，引发了一波又一波汉字简化的潮流，在民国时期与二十世纪五十年代，汉字简化取得了很不错的成果。可是，在二十世纪七八十年代，一部分简体字的规划表被行政性地仓促推出，这引起了社会部分人士的反感，这是可以理解的。因为，简化汉字应当是水到渠成、自然而然的过程，是一个科学整理的工作，政府在一定阶段对简化进程进行规范与总结是可以的，但并不宜由行政单位超前地进行颁布和规定。不过，这些在汉字的发展中的经验教训并不会成为阻挡汉字简化的借口，人们不妨重温秦代"书同文"的过程，那是汉字简化的一次重大实践。本书并不讨论具体的简体字问题，本书只是指出秦在汉字简化历程中的正面作用。

通过以上的认识，笔者要指出，秦对文字的整理，推行"书同文"，实际上是对汉字形、义的整理，并没有强调读音的一致。在秦代以后不久，出现了一本方言词典——西汉扬雄的《方言》，恰恰从一个侧面说明了这个问题。由不自觉到自觉地选择表音和表意文字这两大文字体系都是人类的创举。在目前来说，人们应当更加深入地了解这两种文字可能有的优点和缺点，扬长避短，以适应电脑时代对人类文字的新的更高级的需求。

第二节　文字的起源

一、关于文字起源

人类是有着追溯探究欲望的高级社会性动物。笔者认为，在人类知识领域内存在着三个"起源学域"：探讨宇宙的起源、银河系的起源、太阳系的起源、地球的起源，可以看作属于天文学-地质学的第一起源学域；探讨地球生命的起源、动植物的起源、人类的起源，可以看作属于地质学-古生物学-古人类学"的第二起源学域；探讨人类社会的起源、人类与环境之关系、人类各种实用性创造的起源、人类文化艺术的起源，可以看作属于古人类学-考古学-历史学的第三起源学域。显然，文字的起源问题存在于第三起源学域。

在中国讨论文字的起源问题，应当说是历时久长，资料丰富。笔者先在这里提醒：人们首先应当清楚地认识到，在中国，文字的起源和汉字的起源，并不是完全同一的命题。在汉字起源之前很久，在东亚大地上即有创造文字的实践，而且是多地区、多方式、多体系的。汉字的起源相对要晚一些。即使在汉字起源之后，早期的一些不属于汉字体系的文字还产生着影响，当然，在汉字起源之后相当一段时间内，中华大地上还有新的、不属于汉字的文字被创造出来，例如西夏文字、满文字等。

讨论早期文字的起源问题，离开田野考古学是不行的，可是单单从考古学的角度去认识文字的起源，又总是会存在着一定的滞后性。因为，考古学的学科基础就是面向田野的遗物和遗迹的认定，也就是说，讨论问题要有可把握的依据。那么，这里面就存在一个矛盾问题，那就是文字表达的最早载体不存在时，又如何去讨论？从现在已发现的文字最早载体看，西亚两河流域有泥版，中国有骨器、陶器，这些载体都是有一定硬度的物质，而且往往具有一定作为早期"档案"保留的需要而遗留至现在。但是，最早的文字载体一定不是这些，完全可以将文字"书写"在人们居住地的泥地上、身体上、树叶上、皮革上，等等，在这种载体上"书写"比在陶器、泥版、骨器上"书写"更容易，形象表达也更为鲜明，可惜这些载体几乎都寻找不到了。现在博物馆中，考古学、文物学所披露的所谓最早的文字,在骨、陶、玉石器上的刻划符号(在全世界都是如此),都不过是相对比较早的,人类获得了可以存留字迹的、硬质的材料之后的遗存,至多是一些"次早的"遗存。

对这一点是否完全无法研究?应当是非常的困难,但还是可以从当时的生活实际出发,做一些理论上的讨论。以田野考古学的眼光,去寻找文字起源时期的资料是必须的,甚至在目前是唯一的手段。因为,在任何土地上,人们如果找不到文字痕迹,必会落入"虚构"(哪怕是理论性的"虚构")之中。可以断言,人类最早的文字是留不下痕迹的,因为最早期的载体基本保留不下来。这就在田野考古学也觉得茫然束手无策时,为找寻的文字起源,留下了永远的、被允许的理论"虚构"的空间。

在研究关于艺术的起源时,笔者认为所有最早的艺术实践是从人们自己身体出发的,比如最早的绘画是从人体的文身开始,最早的歌声是从母亲口中哼出的摇篮曲开始。但是,"皮之不存,毛将焉附",最早的文身上哪里去找?最早的摇篮曲也留不下来。现在发现的洞穴里面的岩画,被认为是最早的绘画作品,可是它们应该晚于旧石器时代人体文身,有趣的例证是,早期的壁画里,经常可以看到文身的人物,比如诸多混迹在动物里的猎人。同理,文字也应如此,最早的文字不太可能是戳印文字或者刻划陶文,更不可能是甲骨文。但是,凡画在植物上的、皮革上的、身体上的文字是不可能被保留下来的,尤其是最早的图画文字。也许正是缘于此,不少学者认为汉字在甲骨文之前至少有一千年的发展,当然这大约是针对汉字而言的。笔者以为人类文字出现的"端点"恐怕还要早得多。因为,当人类有着下列这三种需要的时候,文字就会产生了:第一,思维和语言需要符号化、形象化的交流,以打破时空对于语言的限制;第二,有生产技术流传的需要和生活资料基本分配、交换的需要;第三,泛历史记载的需要(所谓"泛历史"不是现在意义上的历史科学,而是各类东西、各种生产生活情形需要记下来告诉"后人"的时候的记录)。当人类社会发展到一定时期,出现这三种需要时,文字就应当产生了,文字的"端点"开启了。所以,中国乃至全球文字的起源,都应当到旧石器后期至新石器时代开端,到农业定居开始的时期去寻找。

考古学告诉人们,在距今一万年左右的新石器时代,人类社会生活面对了三个最具有革命意义的成果:定居、农业的发展和制陶业的发展。定居使得人们获得了进一步深入认识周边环境和有规划地主动发展的机会。人类改短暂的宿营为定居，为后来的小中型村庄过渡到大中型聚落，为早期城市的出现做了最早的准备。人们由定居出发，摸索生产规律，改依附于自然的采集经济为人工可把控的农业经济，同时将狩猎与早期农业结合发展了畜牧业。在日渐发达的农业经济的基础上，根据需要组织安排劳动力，产生了以制陶业为代表的更高水平的手工业（原始手工业在旧石器时代即产生，以打制石器和制作竹木藤器为代表），获得了自然界所没有的物质产品——陶器。由于人类需要对定居设计、规划、建筑经验进行记录与传承，早期农业需要对季节有所认识，对种植和收获有所安排，要有基于农业、畜牧业的人类生活资料产品的早期分配，需要有以制陶业为代表的设计、生产规划和产品使用分配，农业产品与手工业产品需要进行越来越频繁的交换、流通，等等，文字完全可能适时地由"端点"而扩大，发展成为一种符号体系。所以，笔者认为，可以将文字的起源或说文字的"端点"，考虑定于人类定居实现之先不远，不排除在旧石器时代，原始图画促使文字萌芽的可能。但是，人类文字体系化的比较固化的出现时间，要和人类定居出现联系起来。

在这里，笔者还想再一次讨论纹饰、图画和文字的关系。所谓纹饰、图画就是平面或二维的造型艺术表达，考古学证据表明在旧石器时代中晚期，人类已经具备了基本的图画造型能力，这种能力已经不是生命的本能，而是对客观世界认识的记录与刻意美化的结果。人类最早的造型艺术品可能是三维的，用石头或泥土雕塑成动物、人类或幻想中的神祇形象，无非是出于审美和崇拜（也包括对收获的希冀）而进行的创作。立体的、三维的表达在先，当人类掌握具有拓扑和立面平面转换能力时，平面绘画就产生了。

显然，二维的表达的面积和丰富程度，以及对固定的神圣场所的描绘，比三维具有更大的优势。况且，二维的表达并不是自然地直接摹写，而是将观察结果和意念形象重新整合，这点早期人类是清楚的，因此它更具有神奇的创造性的效果。早期的绘画中的某些场景、单位、符号逐渐固定并且成为全部落、部族的通识，于是就有了图画向文字飞越的可能。这个"端点"笔者把它置于人类的定居之前，这和前面对文字起源的解释是一致的。在无文字时代及文字产生的最初期，古代纹饰无疑是文化表现的最精华部分，以东亚为例，它们是远古-上古社会史、科技史、思想史、文化史研究的宝贵材料，甚至是中华文化最早期阶段的主要表征、载体和构成之一。目前和欧洲旧石器时代洞穴绘画时代相近的同类作品已经在东亚地区发现，它们和东亚原始文字，包括最早期的汉字的起源"端点"，有着互动、互相启发的关系。

有趣的是，人类的早期绘画转向表音文字的线路似乎更为翔实、清楚一些：某一些画面符号被定为某种音，表音的符号又逐渐减少、集约化，形成早期的字母，走上了拼音文字的道路。这表达起来较为明晰。反之，人类早期绘画转向表意文字的途径反而模糊一些。由绘画符号到表意文字的飞跃，其中有一个相当长的、具体的画面"脱形存意"的阶段，成为表意文字符号之后，这个符号群会无限制地扩大，因此，必须经过多次的取舍。因此，这条发展线路没有那么清晰。这对于认识汉字在发展的历程中已经经历过的三次"大整理"，是很有启发意义的。

关于人类文明与人类文字的关系问题，其实显得极为驳杂繁复。人类文明应当是指人类走出动物圈以来不断地走向"自由王国"的一个过程。例如，从人类走出动物圈的那一刻开始，人类与大自然的关系、与用火的关系，人类自身的两性关系，以及最早的社会组织状态，都决定了人类向文明迈进的最早的、不可逆的步伐。距今若干万年之前，人类社会已经拥有或者已经进入了早期文明，人类已经掌握木质、骨棒质、石质工具的原料加工修整技术，初步掌握了不改变自然理化性质的手工艺技术。从保存火种到能够利用燧石制造火，这一切已经为人类的定居做了长期的、充分的准备。人类拥有了简单的定居方式后，人类文明已经跨出一大步，也为下一个阶段，即从聚落到早期国家文明的飞跃做了准备。地球上的人类进入定居状态，这是在文明进程史上最具有革命性、标志性的事件，此后，定居生活日益完善，农业发达，以制陶为代表的新手工业（艺）起步。新手工业（艺）指的是，通过设计与制作创造出自然界原本没有的物质作品，最早、最典型的就是陶器。笔者认为，文字的萌芽也在此阶段略前或大致同时开始。

人类从"新石器时代革命"以后，逐渐地进入早期国家形态、阶级国家形态、帝国形态，乃至以后欧洲部分地区走向了奴隶社会、封建社会，由此可以看出，人类的文明是不断地、梯级式地发展的。有些学者认为，文字是区别蒙昧和文明的重要标志，笔者认为文字对于巩固文明成就，记录和促进文明演进有着重要的作用，但是不足以成为最初人类文明确认的标志，哪怕是成为哪一梯级阶段的固有标志。一些研究者还认为，母系氏族社会不会产生文字，这个论证恐怕就过于武断了。所谓母系、父系，只是表明社会继承权传递的方式，与劳动力的配置和财富、财产分配的原则制度有关，与文字的产生没有必然关系，母系氏族社会、父系氏族社会皆有创制文字的可能。有研究者认为文字产生是阶级国家产生的重要的标志，这点也是证据不足的。在阶级国家产生之前，文字应当早已产生，在早期，阶级国家成为统治阶级的工具，只是一种管理意义上的选择。成熟的、使用空间范围大的文字与阶级国家的统治管理有关，但据笔者前面提到的最小空间范围理论，文字说到底只是人们在一定交流阶段产生的产物。从各个方面来看，文字是某些地区某些人群文明发达程度的一个标尺，这种标尺及其表达的内涵也是极其复杂的。例如，某些国家有着固有的语言，但是承载语言的文字却先后换过多种，这反映了不同文明成果、不同的文字在这片土地上经略的过程。

东方汉字逐渐扩展成十几亿人使用的大型的文字群，这也是汉文明圈不断扩大的过程。这里必须指出，在汉字承载的汉文明的扩展过程中，秦文字产生过重大影响，这点在本书后面也会再次提及。

二、在中国文字起源的考古学观察

上面提到过，以田野考古学的眼光，去寻找古文字的实物资料，是必须的，甚至在目前是唯一的手段，这是必须遵行的。哪怕是可以向前推进的"虚构"的理论性探索，也必须从田野考古学收获的实际向前再进发。

1949 年以后，考古人员在陕西西安东郊浐河畔的半坡遗址进行考古发掘的时候，就发现了属于新石器时代仰韶文化的陶器上的刻划符号（图9）。这个时候，郭沫若、于省吾、唐兰等文字学家都非常激动。唐兰认为找到了汉字的源头，郭沫若当时就用诗一样的语言表达了自己的新看法，认为这些就是汉字的起源，它们像黄河上游的星宿海一样，星星点点发展起来，终于像黄河一样越流越汹涌澎湃。这

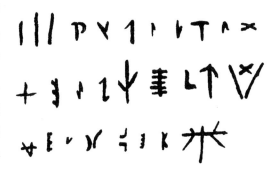

图 9　半坡遗址出土陶器上的刻划符号摹本

些关于新石器时代陶器上"文字"的论断,到了 20 世纪的后半叶,遇到了强有力的挑战。许多研究者都说这不是文字,只是符号,因为看不出它们中有实词,它们组不成句式,它们没有读音,它们可能只是制陶符号,或许有计数意义,或许什么意义都没有,看不出它们与汉字有什么关系,将它们和汉字比较是危险的。这便导致现在的许多文字学家都不敢肯定新石器时代的符号是文字。

与许多研究者的意见不同,笔者肯定地认为:在中国新石器时代发现的陶文、龟甲刻文、绘制文(一部分)是文字。在中国的田野考古学发现之中,目前至少有以下一些遗址的考古发现值得重视:最早的为距今约九千年,见于浙江桥头遗址陶器(图 10)上所绘的文字;稍后的是距今约八千年,河南贾湖遗址出土的龟甲所刻文字;距今七千年到距今五千年左右,安徽蚌埠双墩遗址陶文(图 11),江苏南通海安青墩遗址鹿角刻文(图 12),山东、安徽数个大汶口文化遗址和甘肃、青海数个马家窑文化遗址出土的陶器上绘制和刻划的文字,还有山东数个龙山文化遗址陶器刻划文字,上海市及浙江、江苏的崧泽-良渚文化

图 10 浙江桥头遗址陶器

图 11 安徽双墩遗址陶文

系统的多个遗址陶器刻划文字,浙江平湖庄桥坟遗址出土的陶器刻划文字,等等。其中最晚的距今四五千年,就时代而言,它们已经站在夏商文明门口的台阶之前了。下面举一些例子来加以介绍。

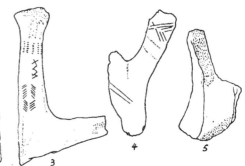
图 12 青墩遗址鹿角刻文摹本

距今约九千年的属于上山文化的浙江义乌桥头遗址，位于金衢盆地的义乌江北岸的城西街道桥头村，遗址在东南地区，时代偏早，早于人们所熟知的河姆渡文化、马家浜文化。目前发掘的面积达2 400平方米，在富有特色的碗、盆、瓶、罐、壶等红衣陶器上，出现了绘出的类似后来卦象的白色段线组合，结合大汶口文化遗址出土的象牙梳上的镂空刻纹，还有江苏海安青墩出土的麋鹿角上的成组刻纹，应当认为这组段线组合是具有文字性质的符号①。

贾湖遗址属于新石器时代前期，据碳十四释光测年显示距今9 000—7 500年，属于裴李岗文化，早于仰韶文化。遗址位于河南舞阳北舞渡西南1.5公里的贾湖村，发现于20世纪60年代，50多年来先后经历了8次发掘，共发现重要遗迹数以千计，出土文物5 500余件且发现大量动植物遗骸。遗址内发现的契刻符号（图13）共17例，这些契刻分别刻在甲、骨、石、陶器上，其中，龟甲上刻符9例，骨器上刻符5例，陶器上刻符3例。其中最为明显的就是契刻对眼睛的表达，它和商代文字中对眼睛的表达，即"目"字是不大一样的，它是比较具象的"正面眼"。②它在龟甲上出现应当具有特殊的意义：因为龟甲从新石器时代中后期以后，可以确认是一种可以通天、通灵的占卜工具。而贾湖契刻只是在新石器时代早期晚段或者中期早段，香港中文大学饶宗颐曾对贾湖契刻进行了深入探讨，提出"贾湖刻符对汉字来源的关键性问题，提供了崭新的资料"③。唐建认为"河南舞阳贾湖遗址甲骨契刻符号的发现及其考古绝对年代的确定为商甲骨文的历史源头的探讨提供了可靠的证据"④。笔者认为它们是文字，但看不出来与汉字有什么关系。

图13 贾湖遗址出土契刻符号

距今约7 300年的双墩遗址，发现于安徽蚌埠淮上双墩村境内，属于江淮地区较早的新石器时代文化，有的研究者将其命名为"双墩文化"。这里出土

---

① 蒋乐平：《浙江义乌桥头遗址》，《大众考古》2016年第12期。
② 冯沂：《河南舞阳贾湖新石器时代遗址第二至六次发掘简报》，《文物》1989年第1期。
③ 孙展：《河南发现世上最古老的文字？》，《新闻周刊》2003年第19期。
④ 唐建：《贾湖遗址新石器时代甲骨契刻符号的重大考古理论意义》，《复旦学报》（社会科学版）1992年第3期。

了 630 多件刻划符号陶片（图 14），这个数量是惊人的。符号均刻在陶器的底部，内容除日、月、山川、动植物、房屋等题材，还有狩猎、捕鱼、网鸟、养蚕等生活类题材[①]。这个遗址的刻划符号群之中，应当已经有了句式的表达，但是依然看不出它们与汉字有什么关系。

图 14　双墩文化刻划符号

仰韶文化的几大类型也有丰富的刻划文字符号，非常醒目，一般契刻在有黑色环带纹的陶钵的口沿上。分析来看，这些刻文分烧前刻和烧后刻两种，并以烧前刻为多。据统计，西安半坡遗址发现刻有符号的陶器和陶片共 113 件，有陶符号 22 种。[②]相距不远的临潼姜寨遗址，共发现有此类符号的陶器及残片 102 件，有陶符号（图 15）30 种。[③]半坡遗址和姜寨遗址相距四五十公里，存在一定数量的相同的符号，这就肯定是文字无疑。半坡遗址的刻文在红陶钵的黑彩环上，红陶钵上面有个稍宽的黑彩环，黑彩环上刻字便是非常鲜明的，而这些与汉字似乎没有什么直接的关系。

大汶口文化发现于 1959 年，大汶口文化分布在山东、豫东、皖东北、苏北上千平方公里的范围之内，是中国东部重要的新石器时代文化，距今 6 500—4 500 年。在距离跨度较大的数

图 15　临潼姜寨遗址陶文摹本

---

① 阚绪杭、周群：《安徽蚌埠双墩新石器时代遗址发掘》，《考古学报》2007 年第 1 期。
② 中国科学考古研究所、陕西省西安半坡博物馆：《西安半坡原始氏族公社聚落遗址》，文物出版社，1963 年，第 196—198 页。
③ 西安半坡博物馆陕西省考古研究所、临潼县（区）博物馆：《姜寨——新石器时代遗址发掘报告》（上），文物出版社，1988 年，第 141—144 页。

个遗址如陵阳河遗址、前寨遗址、大汶口遗址,以及安徽淮北的尉迟寺遗址之中都出现了基本相同的符号,这些符号应当肯定是文字。其中有一个大家较熟悉的字,现在甚至可以进行隶定,它表达的就是旭日东升的意思,这个字还有简体和异体(图16)。[①]继承了大汶口文化的黄河下游的山东丁公遗址龙山文化早期黑陶上的文字(图17),一共11个字,为成句式文字。[②]它们和汉字的关系,还在讨论之中。

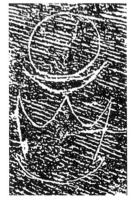

图16　大汶口文化文字

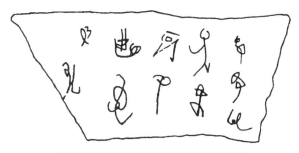

图17　丁公龙山文化早期黑陶文字摹本

20世纪30年代以来,在黄河上游的甘肃、青海二省的马家窑文化的遗址和墓葬出土的陶器上,发现有用颜料描画的符号(图18),据统计达60余种。马家窑文化曾被叫作甘肃彩陶文化,或者叫作甘肃仰韶文化,相关出土文物中出现

---

① 山东省文物管理处、济南市博物馆:《大汶口——新石器时代墓葬发掘报告》,文物出版社,1974年,第117—119页。

② 栾丰实、方辉、许宏:《山东邹平丁公遗址第四、五次发掘简报》,《考古》1993年第4期。

了毛笔绘写的文字①（图19）。毛笔绘写的现象主要出现在今甘肃和青海境内，符号有几百个之多，这应当是早期文字了。在长江中游的大溪文化系统、屈家岭文化系统，都见到过刻划和彩绘的陶文②（图20），它们未必与汉字有什么关系。

图18　马家窑文化陶器颜料描画符号　　图19　甘肃彩陶文化文字

图20　屈家岭文化符号

在吉林、辽宁、内蒙古的红山文化遗址中出现了少量此类性质的符号，它们被表现在陶器和部分玉器上。③红山文化，一个对宗教狂热崇拜的社会发展阶

---

①　青海省文物管理处考古队、中国科学院考古研究所青海队：《青海乐都柳湾原始社会墓地反映出的主要问题》，《考古》1976年第6期。

②　大溪文化刻划符号代表有湖北柳林溪遗址陶器符号，见国务院三峡工程建设委员会办公室、国家文物局：《秭归柳林溪》，科学出版社，2003年。此外，还有湖北杨家湾遗址出土的刻划符号，见余秀翠、王劲：《宜昌县杨家湾新石器时代遗址》，《江汉考古》1984年第4期。屈家岭文化刻划符号代表的有阴湘城遗址陶器刻划符号，见贾汉清：《论江汉地区二例相关的史前陶文》，《江汉考古》2003年第2期。

③　代表的有大南沟后红山文化墓地出土的陶器刻划符号，见辽宁省文物考古研究所、赤峰市博物馆：《大南沟——后红山文化墓地发掘报告》，科学出版社，1998年。

段,有人认为其已经站在文明的门槛上了,没有文字是不能想象的。如果没有文字的话,它的组织能力,它的以玉器制造工艺为代表的工艺的传承,它和其他文明的交流,都是不可想象的。

20世纪60年代,在长三角地区的崧泽文化遗址出土的陶片中,亦发现此类刻划符号(图21)十余种。①继承了崧泽文化的江浙地区的良渚文化遗址出土的陶器上也发现有多种刻划符号(图22)。②其中,有的标本已见到句式结构,但它们和汉字的关系,还在讨论之中。

图21 崧泽文化刻划符号

图22 良渚文化刻划符号

江苏高邮龙虬庄遗址南荡文化遗存中,出土了距今约4000年的刻划陶文,这一陶文呈双行排列,可以看作有句式的文字表达。③这里的文化性质比较复杂——既有江淮地区的地域性文化,又受到北部的河南龙山文化、南部的良渚文化的一些影响。龙虬庄刻划陶文和汉字的关系,还在讨论之中。

在全国新石器时期的遗址中,发现的此类符号还有很多。关于这些符号的性质,目前有多种推测、讨论。唐兰、郭沫若、于省吾等前辈学者认为这些符号

---

① 上海市文物保管委员会:《崧泽——新石器时代遗址发掘报告》,文物出版社,1987年。
② 良渚文化刻划符号代表的有上海马桥遗址陶器刻划符号,见黄宣佩:《上海马桥遗址第一、二次发掘》,《考古学报》1978年第1期。此外,还有浙江新地里遗址刻划符号,见浙江省文物考古研究所、桐乡市文物管理委员会:《新地里》,文物出版社,2006年。江苏澄湖古井群遗址亦出土刻有符号的陶器2件,南京博物院等:《江苏吴县澄湖古井群的发掘》,见文物编辑委员会:《文物资料丛刊》第九辑,文物出版社,1985年,第1—22页。
③ 龙虬庄遗址考古队:《龙虬庄——江淮东部新石器时代遗址发掘报告》,科学出版社,1999年,第204—206页。

是文字，并且以为找到了汉字的源头。①后来有学者认为：这些符号"很可能就是制陶专门化以后氏族制陶作坊或家庭制陶的一种特殊标记，很可能起了原始的图像文字的作用"②。也有学者认为：这些符号"很可能是代表器物所有者或器物制造者的专门记号，这个所有者，可能是氏族、家庭或个人"③。随着研究的深入，李学勤、高明、裘锡圭认为：（1）这些不是文字而是符号。（2）不应将这些符号和汉字进行比对，把这二者联系起来是危险的。④这些意见的第二部分是值得重视、很有道理的。

笔者的观点是明确的：这些新石器时期的符号一定是文字，但是大多数一定不是汉字，部分地可能影响到后来汉字的起源。在这些资料是否是"文字"的质询中，以往的研究者往往对以下几个问题（有些问题就是他们自己的设问）没有给予准确的解答：

第一，认为这些是符号而不是文字的意见，在逻辑上犯了一个错误。国内外绝大多数研究者在讨论文字定义时，都指出文字是语言的可视符号，文字本身就是一种符号，文字体系是一种特殊的符号系统。从这个逻辑出发，不承认这是文字的学者在表达上就出现了"（未识读）符号不等于（已识读文字）符号"，即"符号≠符号"的逻辑不自洽的现象。

第二，认为这些是汉字或者不是汉字的起源的学者，实际是将中国早期文字起源和汉字起源混为一谈了。这其实是两码事，汉字是在多种早期文字（原始文字）起源、发展的基础上诞生的，无论在性质还是形式上，与这些早期文字

---

① 主要观点见唐兰《从大汶口文化的陶器文字看我国最早文化的年代》，见山东大学历史系考古教研室：《大汶口文化讨论文集》，齐鲁书社，1979年，第78—84页；郭沫若：《古代文字之辩证的发展》，《考古学报》1972年第1期；于省吾：《关于古文字研究的若干问题》，《文物》1973年第2期。

② 青海省文物管理处考古队、中国科学院考古研究所青海队：《青海乐都柳湾原始社会墓地反映出的主要问题》，《考古》1976年第6期。

③ 中国科学考古研究所、陕西省西安半坡博物馆：《西安半坡——原始氏族公社聚落遗址》，文物出版社，1963年，第198页。

④ 主要观点参见李学勤：《论新出大汶口文化陶器符号》，《文物》1987年第12期；高明：《论陶符兼谈汉字的起源》，《北京大学学报》（哲学社会科学版）1984年第6期；高明：《中国古文字学通论》，北京大学出版社，1996年，第27—35页；裘锡圭：《文字学概要》，商务印书馆，1988年，第21—34页。

不能完全画等号。比如黄河下游的山东丁公龙山文化早期黑陶上的文字，一共有 11 个字，笔者从艺术考古的角度，认为它是较早的草书，但是看不出来它们和汉字有什么关系。后来，有学者将这些文字和古彝文对比识读，是否正确尚需更多的证据。即使到了后来汉字高度发展了，汉字的周围仍然存在一些不是汉字的文字，比如近代的江永女书就不属汉字系统。

第三，一些学者强调这些符号不是文字，并且反问如果是文字如何读出，它们是什么意思？笔者以为，这实属强人所难。例如，历史上的汉字数量超过十万，绝大部分人连一万字都认不全，其中有近十万都不被认识，那么除了被大家认识的汉字，难道这近十万字就不属于汉字吗？同样，在世界文化范围内，有些古文字就是"死文字"，现在的研究者就是读不出意思的，即便在将来，一些"死文字"也必将无法破解，但不妨碍它们被指认作以往的某种文字。

第四，有的研究者认为，若是文字，则要看出它们组成的文字句式出现，但是为什么没有看到成篇的文章？这个意见也是站不住脚的。因为从全世界的文字出现开始，文字是从表意或者叫作图画形式的文字发展而来的，一开始都是实字，比如一个麦穗、一只牛、一只羊，还有一些是非实字，往往是计数文字，但是是有实际意义的，比如说一个、两个、三个、四个这些抽象化的意义。一个、两个、三个、四个都不是实体，但是都是有实际意义的。一开始出现的都是这样的文字，之后连成句式的，表达了主谓宾关系的文字是成熟的文字，那出现在比较后期的，不能因为一开始出现的是单字，就说这不是文字。其实直到夏商周时期甚至秦汉时期，青铜器和陶器上面也还有单字出现。当然，这些字已经明确是汉字了。那么，这些新石器时代的符号难道因此还不是文字吗？

第五，还有人说汉字的特点就是形、音、义的结合，那么这些符号的读音是什么呢？这个也实在是强人所难。声音是动态的、流变的，从纵向看有古今声音发展之不同，从横向看有种种方言的区别，强行要求数千年之后的人们，去准确读出这些文字符号的声音是不对的。现在人们连孔子时代、秦汉时代的人操什么口音尚不很清楚，何况对早得多的新石器时代，因此，同样不能因为读不出声音就否认这些符号是文字。

面对这些新石器时代的符号，笔者认定它们是文字是否率尔操觚呢？不是的。人类早期的文字和随心所欲的图画或者符号有个区别，那就是文学性质的符号在一定时空内，重复地起到一定的表意作用。如果从这个角度上来理解，那么在现今的中国，讨论文字的起源就不会很复杂。前面笔者提出的，文字的最小时间和空间范围的问题的讨论，也就凸显意义了。文字，绝不是随心所欲的图画，而是在一定的时间、空间里面起到一定表达作用的符号，具有一定的重复认证性质。这一时间、空间虽然不好精确界定，但至少可能以两个人之间的一个事件的起止为限。了解了这点，对了解今天不易识读的古文字，了解文字初创时期的探索很有意义。早期文字正如野草一般，一茬一茬地生发，一拨一拨地被扬弃，循环往复作用，而后，经过了陶寺文字、二里头文字的肯定与沿用。从考古学、文物学的角度看，汉字之所以一开始在商代的甲骨文当中大批量出现的时候，就显得那么成熟，正是因为其在前面经过了许多次的创制、使用的实验，吸取了大量的经验与教训。文字当然要占据一定的空间和一定的时间，占据的空间越小，占据的时间越短，生命力就越差，例如西夏文字、玛雅文字；反过来看，占据的空间越大，占据的时间越长，生命力就越强，例如汉字、英文。

在中国，现在看到七八千年以前的文字符号标本，笔者认定了这是文字，这和大部分文字学家的观点不一样。那么，大部分的学者认为这不是文字的关键可能往往就在于他们太看重汉字的起源，可能认为在中国这片土地上汉字几乎是唯一存在的文字。他们显然是以汉字为"零出发"的、最基础的，就是不同意这些非汉字符号是文字。"符号说"有很大的问题，除了上面指出的逻辑不洽以外，有许多符号，特别是马家窑文化体系及半坡文化体系的很多符号已经有了很复杂的结构，它们绝不是表明陶器盖子和身体的简单的关系。再说，即使这样的符号在表明这个陶器不是我的，而是属于他的时，如果一个部族、村落的人们都认识，都能够辨认、区别这样的符号，那么这符号其实就已经进入文字范畴了。

笔者现在把中国从南到北，具有早期文字性质的符号叫作"早期文字"或"原始文字"，也可以复杂一些地称为"汉字前文字"。但是，还要进一步指出，它们大多不是汉字，或者和汉字没有什么直接的关系。笔者的讨论如下：第一，在属于现代中国土地上的大多数早期文字的起源和汉字的起源未必有直接关系。第二，人们在这里通过考古学见到的早期文字，是排斥了具象的图画内容，掌握了熟练的以线条为基本表现的符号架构的。一部分符号具有象形或指事的特点对于汉字的出现有着重大的影响。对于一个定居的民族，由于生产和生活的需要，到了非造文字不可的时候，便会出现连贯的文字创造活动，比如埃及的文字创造。埃及的文字几千年没有发生什么变化，古埃及文字直到希腊化时期基本中断，它的轨迹是一贯一元的，表现了图画象形文字为主的文字系统构架；而中华大地上最早的文字创造活动似乎并不连贯，是多元的。直到在较大型的阶级国家即将诞生之时，体系性的汉字才出现在黄河中游地区，之后才走上了基本一贯一元的发展道路。

综上所述，在汉字起源之前，在中华大地上距今1万年左右到距今4 000年的这段时间里，有着频繁的、大量的创造文字的活动。这些文字在现在看起来，尚没有一支可以确认是系统汉字的直接先源，但是，它们都为后来的汉字起源与发展提供了很多启示。大概有以下几个方面的启示：

第一， 它们以实体字为主要成分，即表达客观物质实体的意义，另外一些非实体字就是数字，也有对应实体计数的意义，其中有些字可能有天文和方位的意义。比如说有个像"十"的字，在甘肃和陕西出现过，在安徽也曾出现，在世界其他地区也有，有的研究者将其解释为代表太阳的符号文字，人们热衷的"卍"字即与之有关，例如山东大汶口文化的为旭日东升之意的文字，明显是表现方位：在山的东边或者西边，以太阳和云彩为关照，可能与天文气象有关系。古老的中华民族的先人是农业民族，关心天文现象是为了定季节播种和收获。中国的农业条件严格来说不如两河流域的好，甚至不如尼罗河谷的好，那里定期泛滥，观察到天狼星起来以后就知道要泛滥了，而中国，平原面积较大，因此计时耕种对农人来说是非常重要的事情。在辽河流域、黄河流域、长江流域，尤其是黄河流域的中下游和长江流域的中下游，还有淮河流域普遍出现了早期的造字实践。这种实践说明了这里的农业社会发展到了一定的水平，文字非诞生不可，一些语法性、连接性的虚字等还很少出现。

第二，应当把握这些早期文字和当时的社会交往的水平。以大汶口文化文字、崧泽-良渚文化文字、马家窑文化文字为例，它们的交往、传播范围都达到上千平方公里了，都超过现在的瑞士、奥地利，以及多个现代欧洲国家的领土范围了。这些已经在偌大的地域流通着的符号，难道还不是文字吗？

第三，这些文字或符号都不是具象、写实的。从理论上来说，东亚地区在早期应当有图画文字，但是至今田野考古学都没有提供系统化的证据，即没有系统化地发现所谓的图画文字、象形文字。东汉许慎讲过象形这个问题，少量的商周金文里面也可以看到"马""牛""象""鱼""人""斧""钺""戈"等字是有些象形的意味，但同篇的其他文字都不象形。举一个最典型的象形文字的例子——"山"字，其实它还是由线段架构的，山体是抽象的，不是具象的图形。笔者认为，在中国的最早期的文字实践里，可能会有图画文字阶段，时间不一定很长，可是在汉字发展过程中，就很难肯定有图画文字（或说象形）阶段。如果在中华大地上的田野考古发现中，有一天见到了图画文字或象形文字阶段的文字，也不应当是什么太意外的事情，那应当不会是汉字。图画文字、象形文字的某些孑遗在金文里还可见到，但是到商周时代已经是遗影了，它们往往成为一个部族或者一个人的名字，具有专名或族徽性质了，并不参与文句的主要内容的表达了。

东亚大地上的早期文字为什么主要是线段型的，而不是普遍的象形？因为这里的人口数量巨大，社会生产生活同质化非常明显，具象象形反而不如抽象线段构架容易为人们接受。中国的书画艺术也有这个特点，中国人的艺术观是高度抽象，不以写实为旨归的。这点恰恰凸显了早期的文字是用于意向交流，而不是一种客观的写形认证。这种线段化的、笔画化的特点，成为汉字一直保留至今的基本特征。

第四，大汶口文化的某些文字，其造字方式符合后来汉字会意、指事的特点。龙山文化以及良渚文化（这两支文化在目前考古学和古史学界有被划为属于龙山时代，对此笔者尚有异议，但看作有一些共同文化需求的时代阶段是说得过去的）应当被看作创造汉字最早的阶段。在这一阶段，人们逐渐把某些实词固定下来，连缀成完整的句式，这就应当说是汉字开始走向成熟了。这一时期，汉字最成熟的表现应当是山西陶寺遗址出土的"文易"（有读作：文邑、文尧、文命）等字，它们是用朱红色书写在陶片上的文字，这应当是无可置疑的早期汉字的表现了。

第五，早期文字文句化的表达，在东亚大地上表现得不平衡。在安徽双墩遗址、山东丁公遗址、江苏龙虬庄遗址，以及太湖周边良渚文化遗址，见到过早期文字成句式的陶文，有的可以"看出"大概的意思。可是，遗物总量太少，看不出各遗址之间的成句式交流，看不出和后来汉字文句的对应关系。

第六，关于早期文字的读音问题，几乎是无法解决的，起码目前还看不到这些文字和汉字读音的联系，所有关于早期汉字读音问题的探索实践，都发挥不了作用。即使是今后解决了部分早期文字的表意问题，系统的拟音问题恐怕也将是一个永远的盲区。

第三节　汉字起源和汉字的性质

一、汉字起源的讨论

在东亚这片广袤的土地上出现了频繁的、大量的创造文字的活动之后，在距今四五千年前，终于有了最早的汉字的创造。目前见到最早的汉字，就是1984年在山西临汾陶寺遗址出土的朱书绘写陶文作品。这件朱书绘写陶文作品表明早在比殷墟早七八百年的陶寺时期，人们已经开始使用文字。至于汉字的起源，可能还要略早于此。

中国的汉字起源的区域并非早期文字起源的区域，这点要确认。汉字的起源地点在黄河流域这点应当是可以肯定的，不仅仅是由于这里有着"仓颉造字"的传说，还因为新石器时代由仰韶文化到龙山文化，组成了完整的文化发展序列，人口密度也很高，农业生产非常发达，在农业生产的基础之上，畜牧业和手工业也非常发达。这里是私有制最早出现的地点之一，是由私有制形成的阶级社会最早出现的地点之一。由阶级的分化形成的阶级的国家，在长江和黄河流域、辽河流域近乎同时出现。各地文明的发展和最早汉字的关系，值得进一步探究。

那么再往前去，就是可以考察探究大汶口文化文字和良渚文化文字中的某些元素了，其中的某些元素会对汉字有些影响。目前看来，最早且有着最巨大文献量的早期汉字作品，还是商代甲骨文。甲骨文能够保存下来主要是因为材料的特殊性——骨头、龟甲不容易腐烂。古代文献里面讲唯商人有典册[①]，商代的甲骨文里面出现了"典"（图23）和"册"（图24）这样的字，而"典"和"册"的汉字构造全是模仿竹简的，比如"典"字，就是一个桌案，桌案上面放了三片

[①] "唯殷先人，有册有典"，见慕平译注：《尚书·多士》，中华书局，2009年，第228页。

图23 "典"字不同时期甲骨文表现形式 　　图24 "册"字不同时期甲骨文表现形式

竹简，然后用绳子绕起来。以这个情况来看，这些木制和竹制的东西没有保存下来。如果是写在绢帛之上，也很难保存下来。所以，在商代甲骨上保留了一大批汉字实在是一种侥幸。

在上文中，笔者认为新石器时代的大部分刻划、书写符号是文字，但基本上都不是汉字。那么，汉字究竟是如何起源的？对于这个问题，自战国时期以来就有研究者探索。而后两千多年来，不断有学者提出了许多不同的推测，其中，有的有神话传说成分，有的有臆测的成分，但都值得思考。简单梳理，比较有影响的有以下几种。

（一）结绳说

这一种讨论认为，汉字起源于"结绳记事"。结绳与文字的关系最早见于战国时代的文献中，《周易·系辞》记曰："上古结绳而治，后世圣人易之以书契。"① 郑玄注《周易》时说："结绳为约，事大，大结其绳，事小，小结其绳。"② 《周易集解》引《九家易》的诠释更进一步，说："古者无文字，其有约誓之事，事大大其绳，事小小其绳，结之多少，随物众寡。各执以相考，亦足以相治也。"③

《庄子·胠箧》则提出结绳治事在上古时代曾遍及众多的族氏，是一种广为流行的社会管理手段，该篇记道："昔者容成氏、大庭氏、伯皇氏、中央氏、栗陆氏、骊畜氏、轩辕氏、赫胥氏、尊卢氏、祝融氏、伏牺氏、神农氏，当是时

---

① 郭彧译注：《周易·系辞下》，中华书局，2010年，第308页。
② ［汉］郑玄撰，［宋］王应麟辑，［清］惠栋增补，［清］孙堂补遗：《郑氏周易注（附补遗）》卷下，商务印书馆，1939年，第53页。
③ ［唐］李鼎祚：《周易集解》卷十五，巴蜀书社，1991年，第300页。

也,民结绳而用之。"①许慎《说文解字·叙》亦云:"及神农氏结绳为治而统其事,庶业其繁,饰伪萌生,黄帝之史仓颉见鸟兽蹄迒之迹,知分理之可,相别异也,初造书契。"②认为,"初造书契"在黄帝统领天下的时代。

伪孔安国《尚书序》则云:"古者伏牺氏之王天下也,始画八卦、造书契,以代结绳之政,由是文籍生焉。"③将书契"以代结绳"提前到伏羲氏统领天下的时代。唐司马贞补《史记索隐》亦云:"造书契,以代结绳之政。"④也把后世圣人创制文字与此联系起来。所谓书契代替结绳,正说明二者之间存在着历史的联系,即书契是继结绳之后出现的一种新型的记事方法。

笔者以为,结绳的方法只是人们记事的辅助手段,并且,其对于某种相同事务的计次,要重于对于不同事务实在内容的记录。从文字学和民族学的材料来看,直到20世纪中叶,在美洲、东南亚地区,以及中国的西南地区还有人用结绳、系疙瘩的方法记事。结绳记事这个方法,并不能用来承载系统思维或是表达成熟的语言。结绳和文字完全不可能相提并论,靠结绳记事是记不出数量可观且成体系的文字的。

那么,结绳记事是不是对于汉字体系毫无影响呢?不是的。某些汉字的字形,如"七""十""卅""卉""卅""廿""冊""世",等等,同绳疙瘩的侧面形象有暗合之处。这是结绳记事的形象挪移进一种文字体系并成为其成员的特殊的例证,显然这些孑遗在秦文字里面也能够看得出来。

(二)八卦说

这种说法认为汉字起源于八卦。《周易·系辞》说:"古者庖牺氏之王天下也,仰则观象于天,俯则观法于地,观鸟兽之文与地之宜,近取诸身,远取诸物,于是始作于八卦,以通神明之德,以类万物之情。"⑤这段记载,并未涉及八

---

① [清]郭庆藩撰,王孝鱼点校:《庄子集释·胠箧第十》,中华书局,1961年,第357页。
② [汉]许慎:《说文解字(附检字)》,中华书局,1963年,第314页。
③ [清]阮元校刻,蒋鹏翔主编:《阮刻尚书注疏·尚书序》,浙江大学出版社,2014年,第24页。
④ [唐]司马贞:《史记索隐》卷三十"三皇本纪第二"条,中华书局,1991年,第346页。
⑤ 郭彧译注:《周易·系辞下》,中华书局,2010年,第304页。

卦与文字生成之间的直接关系。只是，在该篇稍后的部分又说："上古结绳而治，后世圣人易之以书契。"①东汉许慎在《说文解字·叙》中论述文字的起源，大致因袭了《周易·系辞》的说法，但已把八卦、结绳与造书契在历史时代上前后接续。在叙述庖牺氏对周围世界，即天、地、人、物的观察与认知之后，接下去说："于是始作易八卦，以垂宪象。及神农氏结绳为治而统其事。黄帝之史仓颉见鸟兽蹄迒之迹，知分理之可，相别异也，初造书契。"②但是也没有把八卦与文字的产生直接联系起来。

到了汉晋时代，学人或把八卦与结绳相提并论，如东汉武梁祠题记记载："伏羲苍精，初造王业，画卦结绳，以理海内。"③或把八卦与书契同等看待，伪孔安国《尚书序》云："古者伏牺氏之王天下也，始画八卦、造书契，以代结绳之政，由是文籍生焉。"④但是，八卦与文字之间到底存在怎样的关系，上述文籍并未做任何交代。

直接谈及八卦与文字的关系，首见于班固《汉书·律历志》："自伏羲画八卦，由数起。"⑤唐颜师古注文反其道云："万物之数，因八卦而起也。"⑥如谓坎代表水，离代表火，坎、离二卦是"水""火"二字之本。

笔者以为八卦是一种占卜、测算的行为记录，这种行为起源很早，在实现人类农业定居前可能就已经出现，至今仍有一些民族或人群还有占卜的习惯，如吉卜赛人等。中国的新石器时代遗址中也有类似符号或文字出现，如浙江桥头遗址、江苏青墩遗址、山东大汶口遗址。八卦应当是一种早期的文字，后来在很长的时间内与汉字并行，但是在早期并不属于汉字系统。它们何时并入汉字系统被人认识并加以命名、利用，倒是可以深究的问题。这类文字使用线段式而不是具象式的表达，与汉字的构造有相似之处。

八卦成为中国式的占算卦象，特别是例如《周易》推演出来的各种结果，

---

① 郭彧译注：《周易·系辞下》，中华书局，2010年，第308页。
② ［汉］许慎：《说文解字（附检字）》，中华书局，1963年，第314页。
③ ［清］瞿中溶：《汉武梁祠画像考》，北京图书馆出版社，2004年，第19页。
④ ［清］阮元校刻，蒋鹏翔主编：《阮刻尚书注疏尚书序》，浙江大学出版社，2014年，第24页。
⑤ ［汉］班固：《汉书》，中华书局，1962年，第955页。
⑥ ［汉］班固：《汉书》，中华书局，1962年，第955页。

尽管实际上可以视为思维的延长，但其排列组合毕竟有限，也不可能是汉字的真正起源。关于类似的卦象文字，在若干新石器时代遗址中都有发现，后来在商周金文、陶文中也都有表达，在几篇东周、西汉简牍文字中有之，但是在秦文字系统中很难见到，人们尚不能指认卦象文字对秦文字有什么影响。

（三）刻契说

在先秦典籍中，"契"常常与"书"并称。如《周礼·小宰》"听取予以书契"①，《周礼·质人》"掌稽市之书契"②。契也是上古时期继结绳记事之后出现的另一种记事的新手段，如《周易·系辞》所说："上古结绳而治，后世圣人易之以书契。"③

汉代学者解经的笺注往往把契与书混为一事，将其看成制作券契的两个步骤。郑玄在上录《周易·系辞》的注中说："书之于木，刻其侧为契。"④在《周礼·质人》注中又说"书契，取予市物之券也"⑤，并谓"其券之象，书两札刻其侧"⑥，其功用是订立券契的双方"各持其一，后以相考合"⑦。刘熙《释名·释书契》云："契，刻也，刻识其数也。"⑧认为契的本体为刻，而契的功用是"识其数"。此处的"识"读为"志"，意为记录，刻识其数即刻木计数。《墨子·备城门》："守城之法，必数城中之木，十人之所举为十挈，五人之所举为五挈，凡轻重以挈为人数。"⑨孙诒让《墨子间诂》："挈与契字同，十挈、五挈谓刻挈

---

① 《十三经注疏》整理委员会整理：《十三经注疏：周礼注疏（上）》卷第三《小宰》，北京大学出版社，1999年，第57页。

② 《十三经注疏》整理委员会整理：《十三经注疏：周礼注疏（上）》卷第十五《质人》，北京大学出版社，1999年，第375页。

③ 郭彧译注：《周易·系辞下》，中华书局，2010年，第308页。

④ ［汉］郑玄撰，［宋］王应麟辑，［清］惠栋增补，［清］孙堂补遗：《郑氏周易注（附补遗）》卷下，商务印书馆，1939年，第53页。

⑤ 《十三经注疏》整理委员会整理：《十三经注疏：周礼注疏（上）》卷第十五《质人》，北京大学出版社，1999年，第375页。

⑥ 《十三经注疏》整理委员会整理：《十三经注疏：周礼注疏（上）》卷第十五《质人》，北京大学出版社，1999年，第375页。

⑦ ［汉］郑玄撰，［宋］王应麟辑，［清］惠栋增补，［清］孙堂补遗：《郑氏周易注（附补遗）》卷下，商务印书馆，1939年，第53页。

⑧ ［汉］刘熙：《释名》，中华书局，1985年，第97页。

⑨ ［清］毕沅校注，吴旭明校点：《墨子》，上海古籍出版社，2014年，第279页。

之齿以计数也。"① 是以木上所刻的齿数标志举起木头所需的人数。《列子·说符》载有一个与契相关的生动故事,说:"宋人有游于道、得人遗契者,归而藏之,密数其齿。告邻人曰:'吾富可待矣。'"② 这里所说的是一种以刻齿数表示债权的契券,得契就如同得财,所以说其富可指日而待。

从考古与近现代民族志资料分析,契这种刻木行为可分作两种情况,一种是在木上刻齿,另一种是在木上刻划痕迹。严如煜所谓"契券"是指刻齿,"刻木"是指刻划痕迹③。周伯琦所说"象刻竹木之齿也"④ "刻画竹木为齿,而剖分之。各执其一,合信以为约也"⑤,以及《康熙字典》中解释"象刀刻画竹木以记事者"⑥应指后者。唐兰认为:"刻木的行为就叫作'契',因之所刻的木也叫作'契'"⑦,"像非洲、澳洲的土人,常在竹木上刻条痕来记数目,这就是最原始的,最简单的'契'"⑧。饶宗颐在谈到原始社会陶器的刻划符号时,则把契的概念推而广之,认为上古先民的契"不单是骨片、木片保留着,而且广泛地把锲刻的技巧和刻数的习惯使用到陶器上面"⑨。所以说,契是原始记事方法的一种革新,它以刻划的形式开启了古代书契的先河。

关于契和刻的问题,如果将其理解为一种记录的手段,那么秦人的青铜器刻铭、刻划陶文、玉石刻文、骨器刻文之中都有所应用了,但早期的契和刻指的是什么并不十分清晰。对汉字起源来说,契刻使汉字形成了线条式的结构,这一点也被秦文字继承了。这种线段式的表达,在商周时期,其干脆、肯定的特质有一定的减弱,而在秦隶书的创制中又得到了加强。

---

① [清]孙诒让:《墨子间诂·备城门》,见国学整理社原辑:《诸子集成》第四册,中华书局,1954年,第319页。
② [晋]张湛注,[唐]卢重玄解,[唐]殷敬顺、[宋]陈景元释文,陈明校点:《列子》,上海古籍出版社,2014年,第240页。
③ 参见[清]严如煜:《苗防备览》卷八,道光癸卯年绍义堂藏版:"苗民不知文字,父子递传以鼠、牛、虎、马。记年月暗与历书合。有所控告者,必倩土人代书。性善记,惧有忘则结于绳,为契券,刻木以为信,太古之意犹存。"
④ [元]周伯琦:《六书正讹》卷四,崇祯间十竹斋刻古香阁藏版。
⑤ [元]周伯琦:《说文字原》,崇祯七年十竹斋刊本。
⑥ [清]张玉书等:《康熙字典》,汉语大词典出版社,2002年,第65页。
⑦ 唐兰:《中国文字学》,上海书店出版社,1991年,第59页。
⑧ 唐兰:《中国文字学》,上海书店出版社,1991年,第59—60页。
⑨ 饶宗颐:《符号·初文与字母——汉字树》,上海书店出版社,2000年,第3—4页。

（四）河图洛书说

河图和洛书也是与文字产生关联的中国的古老传说，文献典籍中也有许多记载。《尚书·顾命》记成王之殡于寝宫，设黼衣、缀衣及陈宝玉、兵器、辂车之事，云："大玉、夷玉、天球、河图，在东序。"[1]孔传云："河图，八卦。伏羲氏王天下，龙马出河，遂则其文以画八卦，谓之河图。"[2]《论语·子罕》："子曰：凤鸟不至，河不出图，吾已矣夫。"[3]何晏集注云："有圣人受命，则凤鸟至，河出图。今天无此瑞，吾已矣夫者，不得见也。河图，八卦是也。"[4]《礼记·礼运》论古圣王践行大道，达顺天地万物之情性，以致天下太平，"故天不爱其道，地不爱其宝，人不爱其情。故天降膏露，地出醴泉，山出器车，河出马图"[5]。郑氏注云："马图，龙马负图而出也。"[6]《河图玉版》："仓颉为帝，南巡，登阳虚之山，临于玄扈洛汭之水。灵龟负书，丹甲青文以授之。"[7]《孝经·援神契》："苍颉效象，洛龟曜书丹青，垂萌画字。"[8]

《尚书·顾命》《论语·子罕》《礼记·礼运》仅记有河图传说，而《河图玉版》与《孝经·援神契》则只记洛书的传说。但在某些文籍中，二者又往往是并出的。《周易·系辞》："河出图，洛出书，圣人则之。"孔疏引《春秋纬》云："河以通乾，出天苞；洛以流坤，吐地符。河龙图发，洛龟书成。"[9]《汉书·

---

[1] 慕平译注：《尚书》，中华书局，2009年，第287页。

[2] ［汉］孔安国传，［唐］孔颖达正义，黄怀信整理：《尚书正义》，上海古籍出版社，2007年，第730页。

[3] ［三国魏］何晏集解，［南朝梁］皇侃义疏，［民国］王云五主编：《丛书集成初编论语集解义疏》卷五，商务印书馆，1937年，第120页。

[4] ［三国魏］何晏集解，［南朝梁］皇侃义疏，［民国］王云五主编：《丛书集成初编论语集解义疏》卷五，商务印书馆，1937年，第120页。

[5] 《十三经注疏》整理委员会整理：《十三经注疏·礼记正义（中）》卷第二十二《礼运》，北京大学出版社，1999年，第714页。

[6] 《十三经注疏》整理委员会整理：《十三经注疏·礼记正义（中）》卷第二十二《礼运》，北京大学出版社，1999年，第714页。

[7] ［北魏］郦道元撰，陈桥驿点校：《水经注》卷十五，上海古籍出版社，1990年，第297页。

[8] ［唐］徐坚等：《初学记·文字三》，中华书局，1962年，第506页。

[9] ［魏］王弼、［晋］韩康伯著，［唐］孔颖达等正义：《十三经注疏·周易正义（附校勘记）》，上海古籍出版社，1990年，第159页。

五行志》引刘歆云："虙羲氏继天而王，受河图，则而画之，八卦是也；禹治洪水，赐洛书，法而陈之，洪范是也。"①

在早期的汉字文献《周易》《尚书》《论语》里，还只是单纯地提到河图与洛书，尚未对两者做任何区分。到汉代，某些文献不仅将两者与上古圣贤（或伏羲、或仓颉、或大禹）联系在一起，还把河图、洛书做了区分，如孔安国、刘歆均以河图为八卦，洛书为洪范。《春秋纬》更进一步讲《河图》有九篇，《洛书》有六篇。

河图洛书的传说和相关文献，在讨论汉字起源的时代和汉字在各阶层的被运用情况上有一定的价值，在讨论早期汉字的载体、流传形式等方面也有一定的价值。可是，这些有关河图洛书的传说和文献，始终没有讲清楚这些故事是在讲文字的起源还是在讲早期汉字文献的出现。因此，许多书上把河图洛书讲得非常成熟，这就与汉字的起源关系不大了。在讨论秦文字的时候，考虑河图与洛书的意义也就不是很大了。

（五）起一成文说

这一说法是由宋代郑樵根据许慎《说文解字》中540个部首"始一终亥"的排列顺序而提出来的。他认为汉字的基本笔画都是由"一"及其形体变化而形成的，他从文字符号体系内部来探讨笔画及结构。《通志·六书略》中的《起一成文图》是"起一成文说"的集中体现，其内容为："衡为一。从为丨。邪丨为丿，反丿为乀，至乀而穷。折一为𠃍，反𠃍为厂，转厂为𠃊，反𠃊为⌐，至⌐而穷。折一为𠃍者，侧也，有侧有正，正折为∧，转∧为∨，侧∨为＜，反＜为＞，至泉而穷。一再折为⊓，转⊓为凵，侧凵为⊏，反⊏为⊐，至⊐而穷。引一而绕合之，方则为囗，圆则为〇。至〇则环转无异势，一之道尽矣。🌢与一偶，一能生，🌢不能生，以不可屈曲，又不可引，引则成丨。然🌢与一偶，一能生而🌢不能生，天地之道，阴阳之理也。"②这是从五个角度指出由"一"衍生出的17种基本笔画，并将"一"与"🌢"进行比较，阐明"一能生🌢"的道理，从楷书的形体线条上谈汉字的起源，利用这五种变化可以概括所有汉字结构的生成。

---

① ［汉］班固：《汉书》，中华书局，1962年，第1315页。
② ［宋］郑樵：《通志二十略》，中华书局，1995年，第335页。

郑樵的观点其实是建立在道家思想之上的。所谓"道生一，一生二，二生三，三生万物"①。笔者以为，这种说法属于强为之说，缺乏历史的、科学的依据。虽然郑樵看到了汉字是由线段的长短、正斜（邪）、背反、点顿组成的，这点值得称许，但是其学说仍然没有更多的科学价值。可是，唐兰在《中国文字学》中指出："郑樵第一个撇开《说文》系统，专用六书来研究一切文字，这是文字学上一个大进步"②，"郑樵《六书略》用许慎的理论，作许氏的诤臣，以子之矛，攻子之盾，确有许多创获，在文字学史上是值得推许的"③。"起一成文说"不是一种科学的起源理论，但是在分析汉字的最基本的"零件"结构，即线段上，有一定的意义。有趣的是，利用这种理论解释处于古文字阶段的汉字用处是不太大，对于今文字阶段的文字构造的研究有分析上的意义，这也可以用于秦文字由篆变隶的解析吧。

（六）仓颉造字说

仓颉又有写作"苍颉""苍精"，汉代刘安《淮南子》和王充《论衡》都提到了"仓颉作书"④。汉代纬书《春秋元命苞》谓仓颉"生而能书，及受河图录字，于是穷天地之变，仰视奎星圆曲之势，俯察龟文鸟羽山川，指掌而创文字"⑤。"仓颉造字"的说法，大凡有关研究汉字史的书籍上，一般都会提到，但国内外大多数研究者认为这是一个荒诞的神话传说。在过去，"仓颉造字说"一度被认为是英雄史观的表现，被极力批评。

笔者以为，从道理上讲，和其他地区或民族有关文字创造的神话相比较，人们应当全面认真地研究"仓颉造字说"。

仓颉生活于传说中的轩辕黄帝时代，这一时期大致相当于新石器时代后期到末期，社会生产力较之前大有进步，这是一个大创造、大发明的时代。在此社会生产生活方式高度同质化的基础上，黄河流域会产生不断膨胀的地域大一统

---

① 饶尚宽译注：《老子》，中华书局，2006年，第105页。
② 唐兰：《中国文字学》，上海书店出版社，1991年，第21页。
③ 唐兰：《中国文字学》，上海书店出版社，1991年，第73页。
④ "昔者仓颉作书，而天雨粟，鬼夜哭。"参见［汉］刘安著，［汉］许慎注，陈广忠校点：《淮南子·本经训》，上海古籍出版社，2016年，第180页。"苍颉作书，与事相连。"参见［汉］王充：《论衡·奇怪篇》，上海人民出版社，1974年，第52页。
⑤ ［清］黄奭：《春秋纬·春秋元命苞》，上海古籍出版社，1993年，第60页。

的需要，这对血缘统治管理的产生造成了最初的冲击。于是，传说中的中华先祖黄帝成了一个大的部落盟主，阶级国家文明呼之欲出。大发展的时代的经验是文化需要交流、传播，因而系统地创造文字合情合理，这具备了时代的合理性。

与仓颉有关的遗址基本分布在黄河中游的渭河流域、伊洛河流域，和更早的仰韶文化、龙山文化（河南、陕西）地域基本重合。"仓颉"之名，可以这样解释，"仓"就是仓库的仓，"颉"原指人体的咽喉部位，引申为关键部位，合起来就是管理仓廪的关键人物。史载仓颉又是轩辕黄帝的史官，这也符合造字者记录、管理档案的身份。这体现了地域与农业背景的合理性。

仓颉参用鸟兽蹄迹形态来造字，和汉字的线条形基本构件是相符的。在关于"仓颉造字说"的有关记录中总少不了"四目""鬼哭""天雨粟"这几个关键词。过去研究者们一提到此就会认为其荒诞不经，而笔者以为其内蕴含着那个时代的真理。"天雨粟"实际上讲的是文字的作用，即文字对于农业生产的提高作用。文字促进了农业经验的交流和传播，从而提高了生产力。作为一个农业民族，农业丰收了，人们用"天雨粟"形容合情合理，直到现在农人还有"天上掉馅饼"的理想美梦。"鬼哭"也同样合理，有人将汉字称为"鬼哭体"。从文字学角度理解，多数学者认为"鬼"应当和傩具有关，但是笔者以为，"鬼"字当理解为"田下之人"。上古中华民族的崇拜系统有两支，一支是崇神系统，一支是敬鬼系统。神无人格，是天之所产，鬼有人格，就是人们死去的祖先，当然，到"三代"时期，神鬼系统即合一了。在没有文字的时代，人们对祖先的情况不得而知，对祖先的事迹不清楚，祖辈的遗训也无法留传；等有了文字，人们就可以和祖先沟通了，祖先、后辈同时感动地哭了，"泪飞顿作倾盆雨"，更是表达了"人"之常情。中国历来就有"千里眼""顺风耳"之说，所谓"四目"是说仓颉比其他人看得远、看得多。仓颉作为一个造字者、史官，比一般人看得远、看得多，被形容为"四目"，也合乎情理。

据说，当时造字的人很多，唯有仓颉成功了，是因为"其志一也"，即专心致志也。从以上的分析，人们可以看出，神话传说往往包含着合理因素。概括起来，"仓颉造字说"既符合造字的时代、地域、社会背景，又符合造字者的身份要求，也符合造字的具体行为。

面对"仓颉造字说"被大部分的研究者指斥为荒诞无稽的状况，那么请看一看世界上其他国家和地区众多的文字的创造神话吧。苏美尔史诗《恩美卡与阿拉塔之王》（以下简称《恩美卡》）是反映苏美尔人的文字起源观的第一部作品，而《恩美卡》中的主人公——乌鲁克国王恩美卡就是楔形文字的发明者[①]。古埃及人没有把文字的发明者归功于文化英雄（如中国历代传说中的伏羲、黄帝、沮涌、仓颉）或者具体的历史人物，而是将之视为神创。古埃及文字中用来指文字的词是"神圣的话"，说明在古埃及人看来，文字源于神之口。[②]相比这些地区的创造文字的神话和英雄事迹，仓颉的事迹似乎更加平实合理一些，这是因为：（1）稳定的农业社会环境使得仓颉传说有浓厚的农业背景，这和其他地区早期商业、海上交通的背景是不同的。（2）仓颉传说实际上也表达了表音文字和表意文字在源起时的具体环境和创制的人物的不同：表音文字传说始于"天赐""神赐"，符号可以不具备具体意义，而重于表音；作为表意文字的汉字，是一位专心致志的早期农家圣贤可见的勤奋创造的成果，其创造的过程扣紧所要表达的社会生产生活内容。（3）文字诞生的结果不同，仓颉在泥水之间创造的汉字，促进了农业生产的发展，使农业丰收，又使阴阳两隔的祖辈与后辈信息相通，使得"史诗"有了文字记录。既然其他民族"天赐""神赐"的文字促进了手工业的发展和人间的交流，那么中华民族早期文化英雄创制的文字，便更为切实地促进了相关地区的发展与交流。

二、汉字起源的基本条件

讲到汉字的起源地，笔者认为主要应当在黄河的中游地区，这既是东亚地区农业最为发达的地域，也是古代王国中后期逐渐产生大一统意识的地域。基于以农业为基础的地域发展起来的，面积并不太大的夏王朝，肯定了汉字的创制和应用。商王朝进一步扩大了汉字的作用和影响。西周王朝的基于农业和血缘宗法制的大一统，使汉字在更大面积范围内推广开来。秦以小篆对汉字古文字系统进行了总结，又以汉字的隶变、隶化开启了今文字系统，使文字使用重心进一步下垂，汉字在各个阶层被使用和普及，完成了"书同文"的大统一。这

[①] 拱玉书、颜海英、葛英会：《苏美尔、埃及及中国古文字比较研究》，科学出版社，2009年。

[②] 拱玉书、颜海英、葛英会：《苏美尔、埃及及中国古文字比较研究》，科学出版社，2009年。

些对后来中国政治经济文化的发展都有着阶段性的重要意义。

此外,有着多种语言文字的古代兄弟民族主要分布在黄河-长江流域的边缘地区,而黄河-长江流域的中心地区主要是使用成熟汉字的民族。随着东部的彻底发展,当地基本采用了汉字而非其他文字,但是,汉字并没有能够使方言统一,方言按照区域保留了固有的发音方式。表音文字能够通过与实际语言的互动,保证发声的基本一致性,但是汉字没有做到这一点,从其表意的作用来说,也不必强求其做到这一点。在经济发展、交通便捷后,人们对交流的需求也愈发迫切,于是有了对方言逐步进行统一的要求,这已经是很晚的事情了。人们应当认识到,汉字不具备统一语音的能力,这一点秦时秦始皇帝、李斯等人看得也是非常清楚的。

汉字是一个大区域内社会生活形态同质交流的结果,这个质就是农耕背景带来的稳定的农业社会结构。最近陕西石峁龙山文化遗址发现的文字明晰到人们都可以大致看得懂其所表达的意思,可是人们无法对其句式、语法进行分析,不知如何认读,这和最初的汉字的情况应当有相近之处。

地球上的文字起源都可以在万年以内探寻到,现在世界的文字绝大部分都是表音、拼音文字,包括日本的日文、朝鲜的谚文等。拼音文字的优点就是和人的语言能够充分结合。表意文字现在在世界上只有中国汉字。所以,汉字是很重要的文化遗产。汉字有那么庞大的数量,为了使它能很好地与语言结合,而且表达多种意思,于是就有了语音和语调的配合。多数拼音文字的语音和语调遵循的是习惯法,比如疑问的时候语调上扬,否定的时候语调下沉等。汉语的语音和语调一开始也应当遵循的是习惯法,但是后来产生了地域性的由习惯性转为大面积的规定性的现象,比如粤语的九声和现代汉语的四声就和世界大部分语言的情况不一样了。汉字在数千年的应用中,加强了这种规定性。

汉字的数量那么大,汉字在早期每规定一个字都要有一个固定的意义,其造字数量是没有限制的。制造汉字的人在生活上起码不用担心温饱问题。可以设想,在一个战争频发,在一个不同地区、不同民族之间交往频繁,在一个异质文化反复碰撞,在一个动荡的环境当中,人们不会创造出汉字这样成套的文字来。这套文字必须是在同质化的交流,同样稳定的农业发展基础之上创造出来的。

汉字从东亚大陆上众多式样的文字中脱颖而出,表现出自己的强大优势,比如,汉字可以对东亚的基本名物和基本概念进行充分表达,比较容易书写和识别，在商代基本上就成为中原范围内一枝独秀的文字，这种优势一直延续到了今天。在金文、陶文、甲骨文的阶段，使用文字的人还是偏少，一般限制于统治阶级、贵族阶级，这样的早期文字掌控现象，在世界范围内，例如古埃及、古两河流域、古波斯基本一致。不过，晚起的表音文字在商人阶级中使用得更多，这点与表意文字不太一样。

这里笔者还想谈一谈中国文字的载体，讨论一下研究汉字和作为载体的器物之间的关系。

第一，研究汉字载体可能是文字学本身的需要。通过对载体的研究，可以了解汉字在发展过程当中的基本表现形式和基本附着形式；可以了解它附着在什么上面，以及它的基本做法，是刻出来的、印出来的，还是写出来的，等等。反过来，人们又可以看到载体对于汉字体系的发展产生过什么影响。

第二，汉字载体同样也是文物学、器物学的研究范畴。各种器物上可能出现什么文字？这些文字对于这个器物意味着什么？新石器时代早中期个别的文字出现，新石器时代后期成句的文字也已经出现。承载汉字的器物的品类也是由少到多，由简单到复杂，最复杂的就是书本，还有一部分常常和艺术有关，比如书法。按书画鉴定的角度来说，对书法作品载体的研究，成为研究书画的一个重要帮手。

第三，研究汉字载体是研究中华文化的需要。古代中国的器物有它自己独特的器物群，其他国家却不同，有些国家的面积很小，有些地区在历史上归属不定，还有像欧洲许多的国家先在古希腊罗马文化的笼罩下，后来在基督教文化的笼罩下，若干个国家的器物差不多，没有什么大的、本质的区分。中华文化器物群是一个比较稳定的物质群体，汉字也是这样。现如今，在全世界只有中华人民共和国和新加坡共和国以汉字作为语言的母体文字，使用的范围比较固定。当人们了解、掌握了汉字的精神文化遗产和文物的物质文化遗产（当然还有有关习俗的非物质文化遗产）的结合，也就了解了中华文化和中华文明的表征。

第四，研究汉字载体是艺术学科的研究需要。一个器物无论是立体的还是平面的，都可以被视为一种审美艺术表现形式，同时，依附其上的文字也就同时具有其工具的适合性和审美性。文字的审美性表现反映在其民族性之中，这种审美趣味不具备普世性。为什么？因为虽然汉字可以被中华民族当作一种独立的艺术来看,但是世界上大多数拼音文字就不是这样的。虽然拼音文字也有艺术化处理,例如美术字、花体字,但是拼音文字的这些表现一直是共性大于个性,工具性大于艺术性,再怎么变化,终归是要能够被认识的。中国人则把汉字艺术推到了极致,这以毛笔书法艺术、印章文字艺术为代表,这些艺术形式都使文字取得了一种空间内黑白的分配、线条和整体的分配等艺术感,以狂草为代表的书法甚至不求字字能够为人们所认识。此外,了解在各个器物上存在的文字艺术性的变化,例如,让人们历史地回溯过去,认为古代青铜器上的字很漂亮,甲骨上的字很漂亮,汉代的瓦当上面的字很漂亮,等等,这种审美活动是有它的客观依凭的。拼音文字字母符号有限,比如英文字母有二十六个,字母的形态单调,可供艺术创作的选择性较小。现在收录汉字最多的汉字字典就是《中华字海》,收字八万多个,其次是《汉语大字典》,有六万多字,汉字的总量据统计是肯定超过了十万字,不保守估计的话,可能就有十五万字以上。如此庞大的汉字体系让汉字艺术家欢喜至极,因为艺术家要强调个性表达,而其他的文字和汉字在创作素材的数量上是无法相比的。考古学本身就是一个事关艺术史的学问,研究的文物中,古代的艺术品占绝大多数。在这个时候,研究汉字的发展、汉字和这些附着物的发展,也是一个艺术史的需要。至于说以书画研究为代表,汉字和书画发生必然关系,那就进入纯粹艺术的范畴了。进入了纯粹艺术的范畴之后,汉字就成为表达的需要和美的创作的需要,进入了非实用而专注于东方审美的场域了。

以上四点,实际上是一个历史进程的综合表现。笔者的观点是,器物具有中华文化特质应当是从新石器时代以后开始的。在旧石器时代,全世界的物质文化遗产是共性大于个性的。各个地区性的文化乃至文明的发生和发展,是在新石器时代人类定居以后。定居以后产生了稳定的人类居住点,同时,此文化和彼文化之间就形成了越来越深刻的差异。近现代以后,工业革命以后,这种差异又逐渐缩小。

以上所讨论的,基本涵盖了汉字起源的基本条件,比如时空条件、社会产业条件、语言条件、器物载体条件,以及民族审美条件,等等。就全世界所有文字而言,这些基本条件中,前四者是必不可少的,但是允许有一定的差别。这几个基本条件在秦文字的产生和发展当中都得以见到,都是相关研究应当加以关注的部分。

三、汉字的性质

在前一章节提及文字的性质和文字的发源，笔者认为这在全世界并不是一元的，而是多元、多地的，是依据各地人群条件、生产发展条件、社会交往条件等而形成的。其实在各地文字各自发展之前，就已经产生了人类语言的分歧，这在一般意义上可以理解。不同的语言，可能会导致不同文字的产生，这是文字发生初期的情况。

前一章节中也提到汉字，其中的某些要素实际上起源得很早，但是汉字作为一个体系的诞生，应当是在传统意义上的夏朝或稍早一些。虽然至今仍然缺乏非常直接的证据可以证明夏王朝的存在，但是，在这个时代，也就是相当于考古学上的"夏文化"或者二里头文化时期，汉文字体系已经诞生应当是没有太大的问题。

通过前面的阅读，大家也可以知道，在汉文字体系诞生之前，在目前中国地域内，即大部分的东亚大陆上，实际上存在着多地、多点、多形式的原始文字的创始工作，这些文字被不少研究者认为是符号，而不是文字。对这种不合逻辑的意见，本书在前面已经讨论过了，认为它们是文字。可是由于种种原因而造成的这一批一批文字的次第夭折，使人们无从去分析这些文字是不是严格意义上的表音文字，或者是不是严格意义上的表意文字，注意，这方面的进一步的资料和理论研究目前都是阙如的。

笔者认为在东亚大陆上，出现纯粹表音文字的可能性不大，这点倒有可能符合世界上其他地区表音文字的最初的发展逻辑，即从一定的早期的表意文字发展为表音文字，而在中华大地上没有发展为表音文字而已。

在许多文字研究者看来，文字是由图画文字发展为象形文字，并在这个节点上再分化为表音文字和表意文字。在一定意义上，图画文字、象形文字可以看作早期的表意文字。可是从对早期汉字的分析看来，汉字史上似乎没有出现过图画文字阶段，也没有出现过非常典型的象形文字阶段，换言之，汉字好像没有经过早期的表意文字的阶段。图画文字在东亚地区不是没有出现过，例如，在商周金文上见到的图腾符号、氏族符号、部落符号等，是近似图画表现的；例如，在时代不很明确的岩画中是否有图画文字是个值得探讨的问题；又例如，在后来东巴经文当中，出现过一些很具象的图像文字，但是这些图像不足以说明汉字起源的当时有体系化的图像文字存在。笔者认为,汉字并没有经过完整的图画文字和象形文字的阶段。即便是人们现在分析的,在现今中国土地上出现过的各种原始文字、早期文字,它们也没有大批量的图画文字体系和大批量的象形文字的创制。这恐怕是东亚的又一个"两河流域"——黄河流域和长江流域所创造的文字的一个特征,这点可能和西亚两河流域、北非地区、环地中海地区有一定的区别。

在亚洲东方的土地上,因为农业生产稳定,社会生活也高度稳定。农业生产的收获足以养活大量的手工业劳动者,也足以养活大量的脱离具体的生产劳动而进入知识化劳动的脑力劳动者,也足以形成脑力劳动进行物化表达的客观环境。东亚地区的农业高度发展,促成了这一地区各种文字的制造实践,可以充分地造出表意的文字体系。这种即便是抽象的、线段化结构的表意文字系统,也很容易为稳定的社会生活成员所认知,而不需要经历"看图"并"识图"为何字的过程。

在这块土地上,农业、畜牧业使人的基本生活资料可以自给自足,并不需要大幅度地依赖异地的交流和商贸活动。这块土地上产生了集体主义的价值观、层级清晰的金字塔式的中央集权管理,服从和稳定成为基本的社会诉求。在这块土地上,社会各个阶层的人们,由汉语出发,能够经验性地、熟练地学习汉字,掌握汉字体系。于是,表意文字性质的汉字,也就能够满足中华民族的文字需要,数千年来汉字没有必要再被改造为拼音文字,也没有可能再用其他某种拼音文字来替换汉字了。

就文字学意义来说,汉字首先是一种表意文字。世界上有的学者也把表意文字固定化、肯定化地称为表词文字、词素文字,这种说法应用于汉字也未尝不可。汉字适应了汉语一个词一个音的表达方式。因为农业生产生活的丰富,早期汉字的制造者可以对应汉语的词汇一字一字地进行创造,这种造字的情景并不难想象。最初的文字,应当是能从其外形大致判断其意义的比较具象的文字,它虽然不是图画文字,也不是象形文字,但是和图画文字、象形文字在思路上有一定的亲缘关系。

汉字,在夏商之际,从具体的、肯定的、表意的单字字符向符号化、记号化的文字转变。在同时或者稍后,部分汉字开始分化为承担专门任务的符号:
(1)有些汉字就变成了表意的,首先是表示质地的符号,可以称为质符,如

"石""木""水""火""金",等等。接着,一部分文字则发展到不仅仅是表达质地的具有多种属性的形符。(2)在汉字两分的基础之上,出现最早的带有习惯性的表音符号,出现了假借字。这个问题比较复杂,首先是从音借出发,即借其音去表达另外一个与其本意没有关系的文字的意思。这种做法就把部分汉字符号化了,即使之成为一种表音的符号。这个两分跨步非常重要,决定了汉字将来的数量走向和它表达的内容的宽容度,为形声字的出现做了充分的准备。

在夏商之际,越来越多非实词的介入使得汉字已经能够完整地构成汉语句式,形成了最早的汉语语法。在这里,笔者要表达和许多文字学家不同的看法,即某些早期的文字,是不一定需要构成完整句式的,但是成熟的文字,当然是需要能构成完整句式的。在汉字体系的较早时期,也就是夏商时期,汉字在构成完整句式这一点上已经成熟,但是汉字在其起源阶段,未必能够做到这一点。

在商代甲骨文上,人们已经明确地可以找到一定数量的假借字和一定数量的形声字。假借字的发展是有一定的限度的,有些字进行假借了以后,本字"久借不归",又在假借字的基础上,加上一定的形符,甚至是音符,变成了新的汉字,这是繁体字滋益的动因之一。这种做法的最为积极之处是刺激了形声字造字法的诞生。至形声字造字法的确立,造字从原则上来说就要简单得多了,即由一部分意符,合以一部分音符,就造出了一个新字,而人们可以以视觉知晓其大致的意思,以视觉习惯性地感知其可能的读音。这是科学的造字法,它将比较纯粹的表意文字推向了意音文字。人们可以看到,汉字发展到了形声字阶段,就走向了数量的可以无限发展的境界。

在这里笔者必须认真地指出,汉字在任何阶段都不是表音的文字,它长期以来不表音也不能正音。即使到今天,用方言来阅读汉字,声音或声调还是因地而异、因人而异,汉字不能够有绝对统一的正音效果。近现代使用了罗马字拼音、拉丁字母拼音手段来统一汉字读音。在读音大致一致的基础上,大家才可以彼此理解,汉语普通话就是成功的代表,即以汉语普通话朗读文字,人们由听觉领略文字的内容。

那么,假借字也好,形声字的音符应用也好,说明了什么呢?在商周时期,实际上主要是依凭中原地区的习惯性的声音表达,在同地区人们熟悉和了解的基础之上,实行字的假借,进行形声字的拼接,这个问题很重要。汉字从来没有形成过统一的声符或者音符,所以它不是拼音文字,不是音素文字,也不是表音文字。

由于假借方法的介入，之后人们开始用形声的方法去造字，这些方法的使用，使得汉字拥有了部分的表音特征，这在汉字文字史上是个很有趣的现象。从商代开始，汉字开始走上了意音文字的道路，也就是说，汉字除了坚定地以表意作为基本特质以外，其表音要素也在里面逐渐起了作用，这种作用不是一种学理上的、理论上的规定，而是在需要扩大汉字数量时，服从于一种民族语言习惯的实践。

这种状况也影响着秦文字。秦通过"书同文"在全国完成了文字的统一，也实现了大一统的政治效果。但是，秦文字并不是正音的。由于假借字和形声字在全国有一个同步发展的规律，所以即便使用了假借字和形声字，除了中原地区外，全国其他地区的人们也还是能够读懂和理解的。于是，汉字的正音问题，实际上从先秦时期就已引起关注。

无论是对汉字进行直读，还是运用反切读字，还是对方言进行收集等，这些都不是以文字学意义上的音韵来解剖汉字和认识汉字的。到了魏晋南北朝后期至隋唐时期，随着佛教的传入，随着佛教梵文经典的传播，以及诗赋文章的需要，印度河流域一些拼音的方法得到借鉴，文字学、音韵学才逐渐在中华大地扎根。到了清代以至近代，这种古老的拼音方法才被比较科学的拼音的方法所取代。这是在数以万计的汉字基础之上，反过来对汉字的声母和韵母的设计给予肯定，它并不是一开始就自然发生的，而是后来人们分析出来的。所以，汉字本质上是一种表意文字，以后又历史地延伸为意音文字。

笔者在强调汉字表意性的同时，并不否认汉字最迟从商周时期开始就附着了一定的表音功能。长时期的发展，尤其是假借字、形声字的发展，使汉字成为一种意音文字，这种音的出现是习惯性的，即使用汉字的人们看到基于它的表意，便获得了大略性的读法，这种大略性不能够称为随意性。由地域表现不同反映为方言性的读法的时候，人们就可以从更深的层面上了解到汉字实际上是不能够正确表音的。这种情况的出现只有在满足了两个条件的时候才能够彻底改观，使汉字成为一种意音大体相等的、正式的、彻底的意音文字。这两个条件是什么呢？第一，汉字和汉语正确和科学的拼音方法的普及；第二，从汉语言出发规定部分汉字的绝对的表音意义，以及大量的但是有限的汉字形声字的正确读法。可惜这两点至今看起来并未完全实现。

汉语主要是单音节词的表达，汉语是汉藏语系当中使用人数最多的一个语种，也是目前世界上作为民族母语使用人数最多的语种。汉语除了在中国作为官方语言被使用以外，还在新加坡、马来西亚等地行用，还作为联合国工作语言之一被使用。目前汉语的普通话标准语是以北方官话为基础逐渐形成的。汉语普通话是以北京音为标准音的语言，这种标准语在中国还曾经被称为国语，在新加坡、马来西亚等地被称为华语。跟拼音文字相比较，汉字有它的短处，例如总字数过于庞大，实现拼音化有一定困难；但它又有自己的长处，汉字字意的稳定性，使其单字的用法可以大大超越时空的限制。谈及这一点，人们要注意秦文字的贡献，两千多年来是秦文字使得汉字趋于稳定，没有根本性变化。汉语标准语近几百年来才流行于北方，而秦汉时语音大致与现代的粤方言、闽方言接近。

汉字至今也没有完成字母化。至于汉语所拥有的文字，将来会不会走世界上大多数民族所走的拼音化、字母化的道路，许多研究者对此怀着信心做出了一些推测。笔者认为，这点不是本书所要讨论的内容，但是有一个意见可以提出，汉字没有进行大规模的、数以万计的、详尽的整理之前，用字母化、拼音化的方法为汉语造出另外一套文字系统，这种实践是非常困难的。当然，如果有一天，在更大的范围，比如说全球范围，使用同一种语言，那么可能随着汉语的消失，工具性的汉字也会消亡。这种可能不仅非常渺茫，这种时间预期恐怕现在也是不能够提出来的。

以上是从文字学的角度讨论汉字的性质，人们还可以从其他的角度讨论汉字的性质。

比如说从历史学的角度。可以看出，就表达范围和应用范围而言，汉字是一种由简而繁发展的，日渐庞大的文字体系；可是就汉字单字而言，它又是一种由繁而简的，具体而微的文字。作为一种充满活力的文字，汉字体系的造字原则和方法是科学的，它和全世界大多数拼音文字相比，在历史进程之中，有它独到的优势，当然也有它本身存在的缺点和弱点。

也可以从社会学的角度来分析。汉字是与汉语结合得非常好的文字，在以汉族为主体的中华民族的发展过程中，汉字起着非常强的黏合的作用、团结的作用，这一点和世界上其他文字不太一样。

从人类文明遗产的角度来说，汉字是表意文字、表词文字、意音文字的活化石，在漫长的人类历史长河当中起着重要的作用，在今天仍然有蓬勃的生命力，没有衰败的迹象。所以，汉字应当被视为中华民族的珍贵的民族遗产，同时也是全人类文明的重要遗产。

笔者在研究秦文字的时候，谈到汉字的性质、作用。应当说，是在秦代，在汉字的第三次大整理的过程当中，更加固化了汉字的这些重要的性质。今天研究汉字的性质，绝不能绕开秦文字的发展和在秦统一前后进行的汉字第三次大整理实践。回顾中华民族的发展历程，从中可以感悟到秦文字对于大一统事业的正面、积极的作用。

在人类文字当中，其实也不仅仅只有表音文字和表意文字这样简单的两个分类。在今天的世界各地，各种公共环境、交通等的符号已经被广泛使用，它们也是人类语言和思维的延长，是可视的思维表达，但它们不是表音文字，也不是有固定读法的表意文字，只是一种表示某种意义的符号。有关这方面的研究虽然不如有关表音、表意文字的研究成熟，但是这种符号体系正在迅速扩大，有的甚至借用了其他文字符号的形象而出现，如"@"。就笔者目前的认知水平来看，这些现象好像与秦文字关系不是很大，但秦文字当中是否有表意、表音但与具体语言含义无关的符号？例如，简牍中的、极少数度量衡文字中的分节断句符号，它们的性质如何，尚未可知。

第四节 关于"六书"的探讨

凡是对于汉字学史有所涉猎的人，没有不知道"六书"一词的。从东汉许慎开始，"六书"成为一种专门的学问，几乎成为研究汉字历史和性质的代名词，千余年来，在一定领域也造成了对于许慎"六书"的迷信。在这里要介绍一些学者提出的不同意见，也要借此机会介绍笔者的"二书运动说"。

一、许慎"六书"

"六书"这个词出于《周礼·地官保氏》："保氏掌谏王恶。而养国子以道。乃教之六艺：一曰五礼，二曰六乐，三曰五射，四曰五驭，五曰六书，六曰九数。"①"书"是指书写,包括识字和写字,是个动词,大致是指两周时期对贵族子弟的汉字教育。汉代儒家学者加以发挥,把汉字的构成和使用方式等,排列组合成六种路径,渐趋名词化了,也称为"六书"。

汉代"六书"学说之"六",显然是汉儒循周代贵族教育中的"六艺"之"六"所提出的。西汉末期,古文经学派的开创性人物刘歆崇信《周礼》,班固《汉书·艺文志》载他在《七略》中所言:"古者八岁入小学,故周官保氏掌养国子,教之六书,谓象形、象事、象意、象声、转注、假借,造字之本也。"②当然,刘歆这是在"托古改制"。并不是先有人制定条例而后制造汉字,"六书"是根据当时已有的文字知识,研究归纳出来的名目,这是对"六书"最早的解说。象形、象事、象意、象声(所谓"四象")指的是文字形体结构;转注、假借指的是文字的使用方式,而转注重在字义,假借重在字音。

刘歆之后不久,一些古文经学派的学者可能感到《汉书·艺文志》《七略》中"六书"的"四象"之谓容易发生混淆,便在刘歆之"六书"基础上做出一定的修正,例如郑众的"象形、会意、转注、处事、假借、谐声"③之说,许慎的"指事、象形、形声、会意、转注、假借"④之说,等等。从刘歆到他的弟子、再传弟子,如郑众、贾逵、许慎等人的宣传和修正,这类学说逐渐拓展成儒家的一门学问,即古老的中国文字学。

刘歆(班固)和郑众等人都提出了"六书"的名目,但是没有留下详细的解说。直到受到刘歆很大影响的东汉古文经学派的成员(同时通今文经学)许慎,以一生精力研究、整理汉字,编成了现存最早的汉字字典《说文解字》。在《说文解字·叙》当中,许慎指出:"周礼八岁入小学,保氏教国子先以六书。"⑤他对刘歆的学说有所发展:(1)排定了"六书"次第;(2)修订了"四象"之名,彰显其意义;(3)尤为重要的是他在"六书"下分别加以界说,并举例以明之,

---

① 杨天宇:《周礼译注》,上海古籍出版社,2004年,第200页。
② [汉]班固撰:《汉书·艺文志》,中华书局,1962年,第1720页。
③ "郑司农曰:六书,象形、会意、转注、处事、假借、谐声。"见[宋]王与之:《周礼订义》卷二十二,文渊阁钦定四库全书本。
④ [汉]许慎:《说文解字(附检字)》,中华书局,1963年,第314页。
⑤ [汉]许慎:《说文解字(附检字)》,中华书局,1963年,第314页。

这成为千余年间探究、讨论的学术基础。现在简介如下：

1. "指事者，视而可识，察而可见，上下是也。"① "视而可识"是说人们直觉看得出来。这和象形相近，所不同者，形体是实体，易于描画、直接表达，事理是抽象的，表现出来就要曲折得多。"察而可见"和会意相近，要区别则要靠分析偏旁是实还是虚。会意字是两个或多个实字拼凑在一起以表现一个意；指事字是符号构件相加以表现一个意，拆开就不成字，如"上""下"，或者是某个实字，又加上一定的符号来表现一个意，拆开也就不成字，如"刃""本""末"。指事是造字的方法，可以造出文字，可是这样造出来的字是有限的。

另外，有些研究者认为"一""二""三""四"（当然"四"是甲骨文的"四"）也是指事字。对这一点笔者不能赞同。"一""二""三""四"是一种抽象的指向。"刃""本"这种指事字，还有上、下方位的指向，虽然是抽象的，但是指出了范围。而"一""二""三""四"指出了什么呢？所以讲它们是指事字就比较困难了。

2. "象形者，画成其物，随体诘诎，日月是也。"② "诘诎"，就是重视物体之状，不敢省简。象形是画成其物，文字线段随着这个形体而行进变化，比如说"日月是也"——太阳和月亮。因为许慎用了"象形"一词，造成人们对汉字有无象形文字或图画文字的困惑。笔者认为像埃及等国家或地区有古老的图画文字、象形文字，后来成熟的埃及文字里面，已经加上了一些音素的内容，也不完全是图画文字了，汉字没有经过图画文字阶段。

清代学者段玉裁举例说眉毛的"眉"也是象形字，这是说明眉毛在眼睛上面这一位置范围③，而这用会意似乎也能解之，"牛""马""羊"等字也属于象形字，"人"也属于象形字。如果按照逻辑的排序，象形一类应该在第一，放在第二不妥当。指事也是在具体的形上给予指事，作为造字之说也可以解释。

---

① ［汉］许慎：《说文解字（附检字）》，中华书局，1963年，第314页。
② ［汉］许慎：《说文解字（附检字）》，中华书局，1963年，第314页。
③ "有独体之象形，有合体之象形……合体者从某而又象其形。如眉从目而以象其形。"参见［汉］许慎撰，［清］段玉裁注：《说文解字注》，上海古籍出版社，1981年，第755页。

有些象形字,如"人""女""首""木""自""齿""月""日""云""雨""水""山""目""鼻""牛""羊""虎""兔",等等,属于自然象形;"鼎""鬲""壶""卤""爵""车""舟""弓""矢""戈",等等,不是自然象形,而是人造物象形。这些人造物可以说明汉字体系的象形造字法一直活跃到青铜时代的商周时期,这么完整的器物,尤其是金属质地的器物是新石器时代所没有的。许慎所讲的象形,不是具象的画,而是指大轮廓的表达意象的形。会意字和指事字的基础是象形字,没有象形字就无所谓会意字,也无所谓指事字。

3."形声者,以事为名,取譬相成,江河是也。"① 形声字基本上由两个部分组成,一个作为形的符号,一个作为声的符号。这些符号有的是来自单个字,有的是由多个字合成的;反之,也有截取某字的某些部分作为形的符号或声的符号。在殷商甲骨文中的象形字有的笔画多、区别大,写起来不免有困难。后来简化,加一个声符,便成了形声字,例如"鳳""雞"二字,形体不同,它们的"凡""奚"二声符是后加的;也有先用假借字后加形符的,如启明的"启"后加日旁作"晵","翌"日的"翌"先假借羽字,后加形符而有"翊"和"翌"。由于时间地域之推移,语音不同,文义变异,形声字又有增加声符或形符之例。形符、声符并不限于象形字,指事、会意、形声字都可以做形符也都可以作声符。中国古籍中有很多解释,历史上汉字经过几次整理,使得汉字中"飞禽即须安'鸟',水族便应著'鱼',虫属要作'虫'旁,草类皆从两'屮'"②,等等,这也增加了形声字的数量。从商周时代起,形声字成为汉字滋育之主要方法,在《说文解字》中,形声字约占文字总数的90%。在汉字之后的发展中,形声字的比例更是不断扩大。形声字既然是形符和声符各占一半,那么制造或整理汉字者应当对于形和声的符号的部位有所规定,可是实际上他们却未注意及此,历朝历代都没有规定,于是有了:左形右声、左声右形、上形下声、上声下形、内形外声、内声外形,种种结构任意、复杂多变,使人们在实际的学习、研究中面临着诸多不便。

---

① [汉]许慎:《说文解字(附检字)》,中华书局,1963年,第314页。
② [唐]陆德明撰,张一弓点校:《经典释文·条例》,上海古籍出版社,2012年,第3页。

形声字非常复杂,因为有的形声字表示声音的那一部分兼有部分意义,还有省声,就是用来作声符的那个符号省掉了一些结构。在做古文字研究的时候,人们往往要寻找这个结构,使它能够恢复省略的那个部分。汉字进入形声字造字阶段以后,汉字构造的科学性充分体现,汉字的字数能够无限地膨胀。如果造字规律不科学的话,它的文字、组词是极其有限的。从这一点来说拼音文字是非常科学的,语言怎么发展,按声音直接就拼出来,单词数量无限。汉字走上表意这条路以后,笔者认为是形声字救了它,有了形声的方法以后,汉字就能够不断地"繁衍"下去。

4. "会意者,比类合谊,以见指㧑,武信是也。"① 会意字是指两个或者两个以上的意符在一起形成一个新的意思。这些意符可以是单字,也可以是某个单字的一部分,按类把意符的意义合在一起便可见新字的正确的字面意。例如"武",下方是一个"止",原意是脚趾,代表行进,上方是一个"戈","武"会意为武装军队行进,后来,受早期儒家学说影响,把"止"读为最后停止的"止"(可能和假借有关),便有了"止戈为武"的不尽准确的解说。又例如"信",人言为信,意思很清楚,言是从口中发出来的信息,人必须讲话算数。当然,仅就这两个例字而言,学界还有诸多不同的解释。

5. "转注者,建类一首,同意相受,考老是也。"② 许慎把转注排在会意之后,说明在当时对字的认识还是以意为主。"同意相受",戴震解为"互训",因为《说文解字》说:"老,考也","考,老也",考老互训。③ "建类一首"则指部首。有些学者主张必须同部互训才是转注,例如草部有"蓸,苗也","苗,蓸也";"蓸,苗也","苗,蓸也"。同意相受从情理上讲是可以说得通的。到现在为止,转注是"六书"里面最难讲清楚的一项,有的研究者认为转注应当包括音训转注。转注也许是许慎曾经讨论过的一种用字现象,在造字层面没有太大意义,能举出来的例子也不多。

---

① [汉]许慎:《说文解字(附检字)》,中华书局,1963年,第314页。
② [汉]许慎:《说文解字(附检字)》,中华书局,1963年,第314页。
③ [清]戴震:《答江慎修先生论小学》,见[清]戴震著,赵玉新点校:《戴震文集》,中华书局,1980年,第64页。

6."假借者,本无其字,依声托事,令长是也。"①假借字之发生有几种情况:一是字义不容易在字形上表现,取同音字代用,不做新字,如"我""汝""其""来"之类;一是文字当使用时不够用,借字来顶替。许慎所举"令长"是秦汉职官,"令"是施令,"长"是首长,皆属字义的引申,虽非本义,但不能称为假借。另一种情况是本有其字,写字的人提笔忘字,用同音字代替,只要音同便可假借,但是不免"人用其乡,同言异字、同字异言于兹遂生矣"②。古籍中这种现象很多,学习文字的人应当理解。假借是造成了后来汉字繁化的原因之一,一些字久借不归,于是就再加符号形成新字(既有意符,也有声符),这就牵涉到造字了,这就是一些繁体字的由来。

从许慎开始,"六书"成为研究汉字的专门之学,一千多年来,凡是研究中国汉字的学者决不能忽视许慎的里程碑式的成就。许慎非常了不起的创见是他对大量汉字的整理,以及在此基础上试图找出汉字的科学发展规律的天才想法,这对于后人具有永恒的启迪作用。由于得到许慎的启示,后来研究汉字的学者常从分析偏旁(即有关符号)入手,取得了很好的成绩。

许慎的成就无疑是伟大的,但他的"六书"学说也有着明显的不足。第一,他把汉字的造字和用字混淆了,界说含混、互相纠扰,象形、指事、会意、形声大致属于造字,转注、假借属于用字,假借之后又会产生繁体字的造字。《说文解字》一书所收的九千多个单字,也没能按照"六书"严格分类,书中对文字结构做了说明的,多是象形、形声两类,却又与指事、会意两类彼此牵缠。第二,关于"六书"的排序问题,在已知的三种"六书"名目中,刘歆(一说班固)的"象形""象事""象意""象声""转注""假借",对于汉字的造字、用字,似乎在逻辑上更为合理一些;如果用许慎的"六书"名目,则调整为按照"象形""指事""会意""转注""假借""形声"的次序会更加合适一些。第三,受到资料的局限,《说文解字》成书于公元100年,许慎探索中国文字之构造,却无法见到最早的汉字资料,他所依据的资料主要是秦汉时期的篆书文献以及部分先秦时期秦国籀文和战国古文文献,这样在分析解说时自然不免有不足或

---

① [汉]许慎:《说文解字(附检字)》,中华书局,1963年,第314页。
② [唐]陆德明撰,张一弓点校:《经典释文·条例》,上海古籍出版社,2012年,第2页。

错误的地方。当然,这是不能苛求古人的。如今,拥有大量陶文、甲骨文、商周金文、战国秦汉竹简帛书等资料的研究者,对汉字的产生和发展自然会有一些新的科学的认识。

二、后世的挑战

一千多年以来,许慎和"六书"在汉字研究领域实际上造成了一些"迷信"。例如,中古时期学者崇拜许慎太过,揣摩附会,作茧自缚,如郑樵《六书略》,支离破碎,几无用处。许慎的"六书"的缺点在于义例复杂烦琐,使人迷惑而不得要领,分析概括出的汉字结构的要义,被湮没在许多纠缠细碎的条目之中。汉"六书"由于定名不准确、条例不严密,不能据以清晰地分析古汉字的结构形式。对这些方面,后来的研究者有多次的改革性的探索。下面对此做一些简要介绍:

1. 戴震等人的"四书说"。由清代学者戴震提出来,他认为:"指事、象形、形声、会意四者,字之体也。转注、假借二者,字之用也。"① 把"六书"分为造字和用字是戴震首先提出来的,对造字而言显然只剩下了四个词目。段玉裁基本上接受了戴震的观点,王筠也在《说文释例》里面讲,象形、指事、会意、形声,这四个是经,是造字之本也;转注、假借为纬,用字之本也。② "四书说"影响非常大。

2. 唐兰的"三书说"。这是现代最具排比意义的开启性的学说。1934 年唐兰在《古文字学导论》中将"三书说"用以代替传统的"六书"理论。他说:"六书说的缺点,第一是不精密,我们不能把它来分析一切文字;第二是不清晰,我们很难知道它们确实的意义。这种学说是早应当废弃的。"③ 又说:"我把中国文字分析为三种,名为三书。第一是象形文字,第二是象意文字,这两种是属于上古期的图绘文字。第三是形声文字,是属于近古期的声符文字。这三种文字的分类,可以包括尽一切中国文字,不归于形,必归于义,不归于义,必

---

① [汉]许慎撰,[清]段玉裁注:《说文解字注》,上海古籍出版社,1981 年,第 755 页。

② "象形、指事二体……即会意、形声二体也,四者为经,造字之本也。转注、假借为纬,用字之法也。"见[清]王筠:《说文释例·六书总说》,北京市中国书店,1983 年,第 3 页。

③ 唐兰:《古文字学导论》,齐鲁书社,1981 年,第 402 页。

归于声。"①唐兰"三书"有如下新条例：（1）文字只有形符、义符和音符，即象形、象意、形声。（2）象形只象实物的形，除形以外表示别的意义，便非象形字。（3）象意字画出一切事物的动态或静态，凡象意字都是一幅简单的图画，见画可知其意，所以图形尽可以省略，意义不可以曲折。凡违反这例的，便非象意字。（4）凡象意字变为形声字的是声化形声字。（5）凡两个以上的偏旁组合起来，其中有一个表音的，是形声字。

3. 张世禄的"三书说"。这是他在 20 世纪 40 年代提出来的，发表于 1941 年《中国文字学概要》。他的"三书"是讲造字的方法，即"写实法""象征法""标音法"三项②。

4. 陈梦家的"三书说"。1956 年，他在《殷墟卜辞综述》中，根据甲骨文讨论汉字的结构，批评唐兰"三书"理论的问题：（1）象形、象意都是象形文字，没有分成两种不同结构形式的必要。（2）在以文字为语言符号的意义上，在象形过渡到形声的过程以及形声本身的发展过程中，象形作为语言的代音或注音字（即所谓假借）是极其重要的。在这里，被假借的象形字实际上是音符。假借必是文字的基本类型，它是文字与语言联系的重要环节，不可被简单地视为用字之法而被排斥于汉字结构方式之外。（3）形声字的构成。形符与声符居于同等的地位，所以不能称形声文字为形符文字。陈梦家在批评唐氏"三书说"的基础上，提出了另一个"三书说"，即"象形""假借""形声"三项③。

5. 裘锡圭的"三书说"。发表在 1988 年《文字学概要》中，表达为"表意""假借""形声"三项。他同陈梦家不同的地方是没有象形，但是有表意。④在彼此有一定关系的唐兰、陈梦家、裘锡圭三家的"三书说"中，裘锡圭的较为晚出，也最为简洁且贴合实际。

6. 林沄的"三书说"。他的"三书说"发表在 1986 年出版的《古文字研究简论》之中，他提出汉字构造具有"以形表义""以形记音""兼及音义"三项⑤。

---

① 唐兰：《古文字学导论》，齐鲁书社，1981 年，第 402—403 页。
② 张世禄：《中国文字学概要》，文通书局，1941 年，第 165—188 页。
③ 陈梦家：《殷虚卜辞综述》，中华书局，1988 年，第 76—83 页。
④ 裘锡圭：《文字学概要》，商务印书馆，1988 年，第 106—107 页。
⑤ 林沄：《古文字研究简论》，吉林大学出版社，1986 年，第 14 页。

7. 詹鄞鑫的"新六书说"。发表在1991年出版的《汉字说略》中，提出"象形""指示""象事""会意""形声""变体"六项①，克服了混淆汉字的造字与用字的缺陷，都是基于造字层面。但是显然除了部分和许慎用的词目不同以外，他实际上也是跟着许慎的思路走的，"变体"这一词目就由他提出来，但不是太好解释。

8. 王凤阳的"新六书说"。发表于2018年版的《汉字学》。他大略将汉字的发展归结为四个阶段：一是图画阶段，二是象形表意阶段，三是记号表意阶段，四是变革文字阶段。②图画阶段在夏代以前，象形表意阶段是从夏代一直到秦代，记号表意阶段是从秦代一直到今天，变革文字阶段在近现代。他认为第四阶段对汉字的变革并没有完成。他将汉字的发展再细分为"象物""象事""象意""标示""形声""会意"六个阶段。他提出的"六书"其实没有什么更多的、更进步的地方。

9. 王元鹿的"五书说"。发表在1988年出版的《汉古文字与纳西东巴文字比较研究》。"五书说"是比较肯定许慎"六书说"的，他对"六书说"进行了一些修正，他的"五书"分别是"象形""指事""会意""假借""形声"五项③。他把"转注"剔除了，因为"转注"不是一种独立的造字法，这是他进步的地方。

10. 张玉金、夏中华的"新四书说"。发表在2001年出版的《汉字学概论》。"新四书"分为"表意法""表音法""音义法""记号法"四项④。

11. 王力的"二书说"。出自在1981年出版的《古代汉语》。他指出："今天我们对于汉字的构造可以做更科学的说明，首先应该认为转注、假借和汉字的构造无关；其次，对于象形、指事、会意、形声还可以做更合理的分类：一类是没有表音成分的纯粹表意字（包括象形、指事、会意），一类是有表音成分的形声字。"⑤

上述各家论说都是针对许慎的"六书"的或是革命性的，或是改良性的意

---

① 詹鄞鑫：《汉字说略》，辽宁教育出版社，1991年，第171页。
② 王凤阳、张世超修订：《汉字学》，中华书局，2018年，第284页。
③ 王元鹿：《汉古文字与纳西东巴文字比较研究》，华东师范大学出版社，1988年，第43—44页。
④ 张玉金、夏中华：《汉字学概论》，广西教育出版社，2001年，第162—171页。
⑤ 王力：《古代汉语》上册第一分册，中华书局，1962年，第144—145页。

见,基本上都完成了革除对许慎的迷信的任务。他们各家的共同的长处是,基本上不考虑用字法,以造字为中心,各尽所能,提出了一些可能比许慎更加准确的说法,这些说法更加符合汉字的造字实际。但是,各家学说也都存在着一些问题:除了没有将旧说定义不清、纠缠琐碎的缺点彻底解决,还都不约而同地说"允许例外",其中的例子也不能包括全部汉字,这就是一个很大的缺陷。既然找到一个事物的整体规律,就不应当允许有例外。比如说"人"这个基本概念,人都由母体所生,如果不是生于母体就不是人,人都会死亡的,不死亡的也不是人,这就是生物的"人"的基本概念,不允许例外。拱玉书、颜海英、葛英会曾经指出:"旨在革除传统六书种种弊端而创立的新三书(尤其是陈梦家的三书理论),采用宽泛粗疏的条例,消弭了传统六书象形、指事、会意三书的界限,把三者之间原有矛盾掩盖起来,因而它不是真正解决矛盾的办法,与传统六书相比,应该是一个退步。"[1]他们的这一认识,比较偏激了一些,没有考虑到诸家在打破许慎"六书"迷信方面的积极作用,但大体也算批评到点子上了。

三、二书运动说

就研究汉字的构造而言,许慎"六书说"的创立有重要意义,但是他的"六书说"确实也存在一些不足。前面已经介绍了,许多研究者提出了修正的意见,这可以看作汉字构造理论探究的不断进步。笔者学习了许慎的"六书说"之后,又受到唐兰、陈梦家、王力、裘锡圭诸家的影响,在拜读了他们的学说之后,想做出进一步的探索,交出一份自己的思考答案。于是,笔者在20世纪80年代多年教授的文字学课程大纲的基础上,于1995年在《汉字艺术》这本书里面,初步提出了"二书运动说"[2]。近年来,在讲授文字学课程时,又有所改进。现在,借研究秦文字的机会,再一次简略陈诉。

所谓"二书"是指汉字的意、音两个要素,可是"二书运动说"并不是一般的、平面意义上的意、音分析的"二书说"。笔者认为,讨论汉字的造字的原

---

[1] 拱玉书、颜海英、葛英会:《苏美尔、埃及及中国古文字比较研究》,科学出版社,2009年,第254页。

[2] 周晓陆:《汉字艺术——结构体系与历史演进》,贵州人民出版社,1997年,第10—11页。

则，其中有一个关键动词就是"造"，就是研究如何去造。笔者强调应当以动态的角度来观察汉字的创造和发展。所谓"二书运动"，当然是汉语言、汉字的意、音不断交互运动，推动了汉字的发展。"二书运动"的表现是复杂的，"二书运动"的规律是明确的。

（一）先从"意"谈起

最原始的汉字，应当是完全服从于意的。单纯的意来源于客观的形，是对于人们理解了的事物的客观表达。笔者在此提出两个概念："具象的意"和"抽象的意"。所谓"具象的意"的概念就大致相当于"六书"中的象形，是非常具象的，如"人""牛""马""羊""鸟""虫""山""水""林""土""石""木""火""草""花"，等等，这些概念，在许多古老民族中是可以用图画文字表达的。中华大地上极少见到图画式的原始文字，早期汉字是类似线条符号化的文字。在许多古老民族生活的具体地域之内，图画文字的读法和当时实指物的语言发音是一致的；而最早，类似线条符号化文字的汉字的读法，与当时黄河中游中原地区实指物的语言发音是一致或相近的。中国大陆早期文字的个性，在于一开始就确定了是符号化的、线条化的，没有非常具象的图像化符号的文字体系。在中国目前还找不到早期图像化的文字体系，但是在商周青铜器里却有个别的、孑遗性的图像化文字保存着。比如，青铜器上的文字中有非常具象的羊、牛，甚至人物的形象，但是数量很少，这是汉字体系之外的又一套古老文字的遗存在此时融入了汉字的应用之中，用以表达族属，以及一些社会组织、神祇等。早期汉字用符号化、线条化的文字来表意，这说明农业文明高度稳定，生存生活状态高度一致的古老民族具有高度概括性的共同认知的能力。

在具象的意之外，还有抽象的意，这就大致相当于原来"六书"中的指事中的非实体符号，例如"上""下""本""末""未""才"等字中的一小横，"刃"字的一小点。至于"一""二""三""四"等计数文字，一个定居的农业民族具有高度抽象的能力，作为生活实际的例子就是分配粮食，分配的时候要一、二、三罐、盆、掬等，对此，人们用抽象的可视意念来表达，所以"一"就是一横，一个单元，"二"就是两横，到了"五"就"拐"起来了，这类似的做法，在全世界原始文字中都有醒目的存在。对于方位的"上""下""左""右"等其他方面，还有一些符号的更进一步展开。具象的意相当于它的象形，而抽象的意可以不具备象形，而只是一些特定的符号，但必须是能够表达意象的。一个高度稳定的民族互相传递消息，到了相当一致的时候就用到了抽象的、符号化、线段化的方法，比如对羊群的计数，没有必要一个一个地画出非常形象的羊，可以用符号的、线条的方法。在商业交换时，可能一开始牛就画一个牛头，羊就画一个羊的形象，再加上数字。

这样看来，所谓象形、指事，就是一个表意的问题。原先讲的会意，顾名思义，就是把之前用的包括象形、指事的单字、符号，再汇集组合一次，成为新的文字。会意不仅仅"一加一"，还会出现多个符号单元相加的情况，于是，几个符号之间，会出现偏意、延伸意、引申意的使用问题。

象形、指事、会意不太好理解的地方就是具象的意和抽象的意的认识，关键点在这里。当然，有的抽象意的符号使用范围很广，看它用在什么地方。外观一样的符号，因为搭配的方式不同，或说不同的字含有同样的符号成分，这些字的字意就可能不同。

（二）关于音的问题

人类语言主要是发声语言，汉字是为汉语服务的。汉语本身一词一音，不用或极少用复声母，这些与较后产生的汉字的一字一词一音是契合得很好的。最原始的汉字，虽然纯粹表意，但是在当时比较小的区域之内，其字形获得了具体的读音，长久就成为约定俗成的现象，人们便认为有些字是应当如此读的。汉字天生有其读音的这种习惯性的认识一直延续至今。应当指出，表意文字在一开始对发声的处理比表音文字要宽泛、复杂得多。

研究中国的汉字时，不要把字典上汉字的普通话读音看得非常神圣。目前，汉字和其读音的关系还是非常复杂的。历史地看，汉字的读音是很难统一的，从先秦到秦代，人们都知道，秦始皇帝、李斯、程邈所推进的"书同文"是一定要形意统一的。前面讲过，由形得意，对于音他们就"放了一马"。看一下各个地域的方言就知道了，他们没有讲出具体的标音方法，这样使同一个字不能被读成同一种声音。

西汉的扬雄写了一本书——《方言》，记录了一个词在各地的不同读音，表现了汉字读音的不一，也有一些是字的不一，往往是以读音的不一表现出记录文字的不一（用中原拟音来记录）。这是一个很困惑的选择，因为汉字长期以来没有字母，只是用汉字表现出来。汉代的汉字到现在读什么本身就是个问题，同一个字在汉代的中原和在当时周围地区的读音是不是匹配，更是一个大问题。所以扬雄《方言》说到底是对汉字词汇解意的作用大一些。

认读汉字在魏晋隋唐之前,大致用过两大类方法。第一类方法为直读、谐声(音)、急读、读似、读如、读若等。这类方法先假定读者已经认识此字,直接读,或者假定读者求 A 字的读音,但他知道 B 字读音,就直接模仿读 B 的音,或者假定 A 字读法近 B 字,而在稍微变一点(如急些、缓些)的条件下读出。这一类标示读音的方法,显然是一种便宜的模仿,谈不上科学,起不到改变方言、统一汉字读音的作用。第二类方法,即反切法(有人将其称为中国古代拼音),就是当人们要读一个汉字 A 时,取用前一个 B 字的声(略相当于声母)和后一个 C 字的韵(略相当于韵母),拼起来读出 A 的音。这是一个古老的拼音方法,笔者认为它的出现不晚于西汉。因为汉字一字一音,所以汉字才能够这样做,这里面暗含着秦代"书同文"的成果,即大批量的汉字字形已经固定,这使得选 B、C 以拼读 A 成为可能。这种拼音的方法可能是其他民族、地区的人没有使用过的。

这两大类的方法解决不了方言所引发的汉字读法、读音不同的问题,因为即使是反切,它所依据的 B、C 两个例字的读法仍然是方言化的,其反切的结果所表达的那个 A 字,还是不会有大区域统一的读音。用第一大类方法来读汉字的结果更是这样。

到了魏晋南北朝时期,为了诗赋的创作,也为了佛经的翻译,汉字研究中吸收了梵文的拼音理念,其时,专门的音韵学著作大量出现,汉字的定音、拼音水平进一步提高。在这一时段,南朝沈约、隋朝陆法言、唐孙愐、五代时期的守温、宋陈彭年等学者,都做了大量探究。关于四声的总结,三十(后补为三十六)声母的确定,从二百余到一百零六韵部的认识,使汉语、汉字发音学水平有了大幅度提高。《切韵》《唐韵》《广韵》《集韵》等著作的出现,标志着中国古典的对于汉字读音的认知以及对于拼音法的探索,进入了理论和实践相对成熟的阶段。但是,正如《颜氏家训·音辞》所谓"音韵锋出,各有土风,递相非笑"[①],他们的工作虽然由经验感知渐渐地走向了系统科学,但是基于面积广大、人口众多、时风多变、方言歧出的现实,他们多年来的工作还是建筑在"土

---

① [南北朝]颜之推著,夏家善、夏春田注释:《颜氏家训》,天津古籍出版社,1995年,第 201 页。

风"基础之上的,因此,汉字还是不会有大区域的、统一的读法或读音。从这点而言,汉字依旧是表意文字或者是演进了的意音文字(意在先,音相佐),不具备独立表音的功能。

宋元之后,文字学家、音韵学家在继续努力。到了明代,西方传教士也加入了有关的工作。尤其从 19 世纪后期开始,通过大力推进汉语拼音的发展,汉语拼音字母由罗马型、汉字草书型,过渡到现代比较通用的拉丁型,拼音字母可以用来正音,即达到对汉字的一致的读法。汉语拼音的基本成功,使得汉字站在了统一正音的门槛之上。作为一个大国语言的母语,汉语应当有基本一致的发音。因此,在 20 世纪初叶,在时代丕变、工商发展、交通便捷、资讯发达、现代教育启动、人际交流频繁的大背景之下,就有了关于国语——普通话的实际要求,以及相关的探讨与实践。据说,辛亥革命之后,关于确定国语,有三家地方语言发音候选,即南京话、广州话、北京话,最后北京话入选。国语——普通话是在以北京话为基础的北方官话上进一步改造的。所以普通话实际上是一种有人工改造痕迹的现代汉语语音,它不同于原本的老北京话。对于中华民族而言,推广普通话的实践是正确的,其意义是伟大的。笔者认为,汉语拼音的正确的科学实践,加之普通话的大面积推广,才使得汉字有可能成为比较彻底的意音文字。

从笔者的上述论述可以看出,汉字长期以来并不具备表音的功能。汉字首先是从意出发,但是它是要服务于汉语这一发声语言的。语言是主动的,它随着社会生活的丰富而不断发展。对于记录语言的表音文字来说,解决这个问题不太复杂,只要保证文字拼音和读音的一致性,再符合语法、词法规定就可以了。汉语有一字一音一义的特点,至今汉语拼音拼出的文字也还缺失复声母的单字,所以汉字一出来就可以一字一词一音一义,这实际上为汉字单字赋音做了准备。在汉字这样的表意文字日益成熟,同时又日益显得不够用的情形下,在中原地区汉字读音的约定俗成的基础之上,逐渐给汉字定上或者加上有关音的要素,使得纯粹的表意文字走向了意音文字(以形声字为代表),走向了汉字无限发展的可能。从历史进程来看,大致上,汉字首先是用的假借的方法,后来是用的形声的方法,基本解决了这个问题。

(三)假借和形声

"六书"的所谓假借,其原点是"音借","本无其字,依声记事"。假借的具体情况比较复杂，一开始，应当属于用字的现象，后来也发展为造字的现象，两种现象长期并存。假借就一字一意出发，有名词借名词、动词借名词、数词借名词、虚词借实词、形容词借名词。有的久借不归，于是再造字，不惜重屋叠架，增加繁体字，有借形声字，或借形声字的一部分，有借大略相当的会意字，或借会意字的一部分。在有些研究中可以看到，在大约属于转注的字例之中，有的实际是假借，还有复杂的、有待细辨的汉字音假通转、对转等现象。在用字、造字方面，为了补充、扩大汉字的数量，可以用假借的方法。尽管分析复杂，涉及多端，但利用假借法扩充汉字还是有边际、有限的。

于是，还是利用造字与用字结合，形成了"六书"的所谓"形声"之法。这种造字方法，简单地说，即用 A 字作为表意偏旁（或符号），用 B 字作为表音的偏旁（或符号），形成 C 字。其中 A 比较容易理解，而 B 这种表音是习惯性的、约定俗成的而不是绝对的。由此，汉字造字的基本方法逐渐成熟，这也是取得最大优势的造字方法。汉字分为独体字和合体字，独体字是汉字中最早出现的一批文字，有人认为它们是源自图画式的象形字和指事字。笔者认为，象形也好指事也好，都已经脱离图画甚远了，它们是汉字成为表意文字的坚实基础。合体字是以独体字为基础构成的，包括了"六书"提到的会意字和形声字，它以表意的符号合成一字，或者以表意符号的一部分和约定俗成的表音符号合成一部分。在汉字当中合体字字数占九成以上，经过长期发展，合体字之中又以形声字占绝大多数。合体字中形声字的形态比较复杂，张政烺曾经总结了形声字的六种不同的形式：

1. 左形右声（如"惊""糊""裸""纲"）。
2. 左声右形（如"鹉""救""雌""刚"）。
3. 上形下声（如"茅""氅""竿""霖"）。
4. 上声下形（如"案""悠""姿""梨"）。
5. 外形内声（如"圆""衷""裹""固"）。
6. 外声内形（如"阙""闻""问""辩"）。①

高明归纳出形声字的"亦声说""省声说""复形复声说"②，值得进一步

---

① 中国大百科全书总编辑委员会：《中国大百科全书·语言文字》"六书"词条，中国大百科全书出版社，2002 年，第 260—261 页。

② 高明：《中国古文字学通论》，北京大学出版社，1996 年，第 51—54 页。

考虑、讨论。形声字造字法的确立,使得汉字造字功能再也不会衰竭,做到了绵延无尽。

(四)复合词和外来语问题

有声汉语不断丰富,为了应对此局面,汉字的总量也在不断扩大。汉字本身有两个基本方法可以实现字、词的扩张,一是继续造字,二是造出复合词。继续造字,是肯定一词一音一字的汉字的基本属性,前面讨论所谓的意、音造字问题,是古已有之的实践。复合词是指两个或者两个以上汉字组成的词。复合词的出现不晚于"三代",对于当时的由多个汉字组成的词汇,人们还可以清晰地看出每个字的独立意义,如"文王""甲子朝"。其中,有些体现了音的作用,有的同声,如"仿佛""忐忑",有的叠韵,如"徘徊""彷徨"。汉字复合词在东汉以后越来越多,在数量上,复合词逐渐地超越了单字单词,但是人们在复合词中,仍然能看出原来单字的意义,并且能指出词中的关键字。如有关键字在词尾的"西红柿""黄桃""小孩",如有关键字在词头的"饼干""男人""房子",如有关键字平均在每个字的"书本""铜矿""街道",等等。但也有在一些复合词内单字失去关键作用,必须组合在一起才有意义,如"土豆""电脑"。其实,对于使用者的海量复合词来说,这样的分析至多只有寻找词汇的字根上的意义,这些大部分还是意在音先的意音文字。

不晚于汉代,汉字当中或多或少有一些外来的词是用其字音来表达的。汉语当中的外来词的数量也是不断增多的。先谈及现代汉语词汇当中的日语,现在的汉语词汇中很大一部分是来自日本人造的词汇,例如"艺术""文字""哲学""干部""事物""阶级斗争""共产主义"等,其中大部分是照顾了汉字原意的。还有语源在欧美的,如"沙发""坦克""巧克力""卡通""摩托""优盘"等,就是由音译出发,再获得民族认知承认,拥有了自身的意,加入了汉语词汇家族。

再看两个比较极端的例子:例一,阿拉伯数字"1""2""3""4""5""6""7""8""9""10"在书写形意上和历史上的汉字完全不是一回事,读音和汉字相关意思也不对应,但是知道他们本身的意思之后,就能明白它们和汉字的"一(壹)""二(贰)""三(叁)""四(肆)""五(伍)""六(陆)""七(柒)""八(捌)""九(玖)""十(拾)"相同,单字和单字能够对读;可是,再往后读法就大变了,如"99"汉语读作"九十九","8964"汉语读作"八千九百六十四",

"9002"汉语读作"九千零二"。汉字有"10"即"十(拾)"的概念,但长期以来没有"0"的概念,后来汉字用假借法用了"零"字。这样,如果在中文汉字文献、一般序数的场合,阿拉伯数字参加进去,也就成了汉字的一员。例二,在现代中国城镇,常常可以看到"卡拉 OK"店铺,这是一个夹杂有汉字单字和拉丁字母的年轻词汇,它从字面上是无解的,但组成词汇之后,经典性的解说是:"20 世纪 70 年代首先出现在日本的一种音响设备,日语的意思是'无人的乐队';现也指利用这种音响设备进行娱乐的方式,即将预先录制的音像资料,通过卡拉 OK 设备在电视或电脑屏幕上放映,娱乐者可以一边欣赏影像,一边跟着播出的音乐和字幕演唱。"①这个词还派生出"卡厅""K 歌"等新词,这些词包括拉丁字母在内,已经成为汉字词汇的一部分。

(五)"二书运动"的解说

笔者在以上的文字之中,多处地方实际已经说到了"二书运动说"的本质和运动方式,即汉字的造字由表意文字出发,不断以多种手段,以意、音的不断的运动(有正面可以得见的简单运动,有循环往复的运动,也有内外颠倒的复杂运动),使得汉字不断发展。其中有许多在前人研究中已有发现,可是在以前各家的研究中,由于将诸多要素分析置于平面,虽然也考虑到形、音、意等方面,但界说不明,例如所谓指事字、会意字、形声字,都有再深入分析考量的需要。以往,往往避不开似是而非、纠缠驳杂、莫衷一是,或者总是停留在非此即彼的选择之中,当某个概念涵盖不及时,就要另开小范畴,结果,支离破碎、繁复无序。最后,只好祭出"可以例外"的法宝。在"二书运动说"面前,连阿拉伯数字也可以入汉字词汇体系,"卡拉 OK"这样的词汇也能入汉字词汇体系,并且能够被合理解释,那么,汉字体系内的每一个成员都随着汉语发展而进步,就没有什么"例外"了。

人类生活是鲜活的,人类语言是鲜活的,人类文字虽然相对于生活、语言是后起的、被动的,但由于文字是人类思维和语言的延长,因此,文字本质上也是鲜活的。人们已经认识到汉字创造中意、音这两个最基本的要素,那么,就不要胶着于其他具体的、过多的、人为的概念。

---

① 李行健:《现代汉语规范词典》"卡拉 OK"词条,外语教学与研究出版社、语文出版社,2004 年,第 727 页。

笔者常拿推的磨子作为比喻：磨子底下的磨盘不动，上面一个磨盘是动的，中间由一个轴心贯穿。这个轴心就是汉字意和音的不可分割规律，是由汉字最早的一字一词一意一音的规律，过渡到一字一音的最基本轴心。意是底下不动的盘子，音是上面动的盘子，社会的需要就是加进去的各种料，这个磨子（意和音）在互相运动当中造出来了无限的汉字，这两个因素的互相运动造成了汉字数量的汩汩不绝。例如在 2017 年 5 月，中国科学院、国家语言文字工作委员会、全国科学技术名词审定委员会，正式向社会发布四个新元素的中文名称，113 号的"nǐ 鿭"，115 号的"mò 镆"，117 号的"tián 鿬"，118 号的"ào 鿫"，就是很好的例子。

所谓社会的需求和功用，就是汉语使用的社会范围。以往的例如"象形""指事""会意""假借""形声"等专业名词，都可以用于分析，安置于意或者音，或者是偏意，或者是偏音。一些极端的例证，如阿拉伯数字、"卡拉OK"，也毫无例外，完全适用于"二书运动说"的分析。在历史长河之中，汉字非意即音、非音即意、亦意亦音地运动着，成为独具特色的意音文字。

在普通话未得以普及时，长时期以来汉字就是通过这般运动产生的。在普通话普及之后，汉字的造字就更为方便了，其原因就是字有了一致的读音，至少有了科学的、大部分人认可的拼音、正音的方法，从而尽可能地避免了实际存在着的方言的对于造字的干扰。汉字是以表意为主干，以记音为枝辅，意一般比音稳定，于是有一字不同读音、不同声调的现象，历史上甚至还有一些失音的汉字。汉字的发展就是意音结合运动的产物，即便是现在的"新式"的汉语词，也符合这个规律。当然，总的"二书运动说"架构，要细化到每一个字的分析，还要具体指出每个字的意、音的成分，介入方式，介入之后的作用。若要将十万汉字都加以分析，这将是一个巨大的工程。

（六）余言

本书为什么要用较大的篇幅来讲"六书"问题呢？因为凡是探讨、研究汉字的作品，无不尊重许慎和"六书"的权威性，人们甚至对其有一定迷信。多年来，虽然一些研究者对于许慎和"六书"提出了挑战，可是，由于许慎之学是立足于探讨汉字构造之源流，因此，人们对"六书说"不得不尊重思考、认真细读、分析研究，并批判地继承。许多学者都是带着批评和发展"六书"的目的研究汉字，最终还是在他们的研究结果中或多或少地留下许慎"六书"的痕迹。笔者认为，无论是对于研究商代甲骨文、西周金文,还是晋唐以后的楷书,乃至在电脑时代的对于中文汉字构成的探索,都绕不过对"六书"的认识和研究。那么,面对距离许慎和"六书"时代相对比较近的秦汉文字,面对这一在汉字发展史上具有枢纽地位的文字的研究,更需要关注各家对于"六书"的理解和认识。

本书不是体系性地讨论汉字结构的,只是借用"六书"的讨论,再次提及笔者的"二书运动说"。通过以上对于"六书"问题的讨论,人们会越来越清醒地认识到,汉字造字、用字的问题不过就是一种对表意文字体系的意音处理的问题。汉字原本是比较彻底的表意文字,只是具象或抽象地表达字意。因为汉字要服务于大批量汉语的使用,加之汉语词汇不断增长,汉语语法日益复杂,于是,比较纯粹的表意文字——早期汉字,就远远不够用了。因此,汉字在继续造字的过程中,先从某些假借的汉字由"用"而定,这时候字音的要素已经在起作用了,这扩大了文字的数量,实际又已经混淆了用、造之区别。这个事情反过来,有相当一部分字"久借不归",就重屋叠架地再"造"出一些字,直到其成为约定俗成的可以规定的某些表意、表音的汉字或符号。形声字造字法的形成,是一种造字的科学规律所致,汉字的发展再也没有数量的限制了,汉字体系实际上成为一种比较彻底的意音文字体系。在这种认知里面,抓住了由意向音假再向形声的飞跃(同时也保留比较纯粹的表意文字),抓住了反复运动的蓬勃过程,就抓住了汉字构造演进的"牛鼻子",汉字发展到形声的阶段,数量上的膨大可以做到无须停止了,这是其他地区和民族应用图画文字、象形文字或表意文字都没有形成的科学的造字体系,也是所有的表音文字无须考虑的一种造字体系。

笔者提出的"二书运动说",只是反映了数千年汉字构造史的客观事实。"二书运动说"源于"六书说"以及之后的各说,又改变了以往"六书""诸书"之说被动的平面化的解说,而可以主动面对所有汉字。抽象、具象、意音、以音代意的汉字,已经多层转折、多层借用的汉字,外来语甚至拉丁字母形成的汉语词汇,都是汉字意音运动即"二书运动"的结果。至于秦文字,早已经完成了上述"运动"的全过程,在秦由隶代篆的重大变更中,"二书运动"显示了其重要的作用。

再强调一下,这里不是关于"二书运动说"的全面、系统、细致的阐述,而是一次简略的汇报,也是对学习许慎"六书说"的多种学说的一次探讨和心得体会的表达。直至现在,"二书运动说"仍然不能算是已经圆满了的理论,它还有待修正、改错、发展，尤其是有待对大批量汉字的全面的检验。笔者在讨论秦文字时谈及这些，一方面是指出秦文字已经是长期"二书运动"的成果，是在汉字历史关键点上的相关的典型表现；另一方面是阐明秦文字在汉字字形整理、统一方面有巨大贡献，为笔者及同仁们在讨论"二书运动说"时提供了脑洞一开的基础，提供了大量可靠的证据。

第五节　汉字的前途

在本章的最后，笔者想谈谈汉字的发展前途。瞿秋白、鲁迅等人，都曾在不同场合提出过汉字的灭亡问题，认为中国的落后和中国人使用的汉字有关系。就连汉字学家高明也认为，汉字的发展前途，是应该放弃现在这种传统的方块字体，改用世界共同使用的拼音文字。他们的意见不是完全没有道理，但是笔者并不认同。一个农业定居、高度稳定、持集体主义价值观的国家，国人的思维、语言的确和其他地区有所不同，文字不必求同。而且，笔者对汉字的前途持乐观态度。原因有以下几点：第一，汉字和汉语结合得非常好，汉语不灭则汉字不灭；第二，汉字的结构体现着国人的宇宙观，深入国人的灵魂；第三，按照笔者上文提及的文字稳定性原则，汉字使用的时间久远，空间范围极大，使用人口多，因此过于稳定，不能遽改；第四，书法是以汉字为基础的，即使有一天汉语文字不再使用了，汉字作为一种艺术的表达还会存在。行笔至此，中国文字、汉字的起源和汉字的发展历程，已经有了大致的轮廓。仍以郭沫若的比喻作结：中国早期的各种文字如同黄河上游的星宿海，最终归入汉字发展和繁荣的洪流之中，生生不息。

研究语言与文字的关系，研究文字的基本定义，研究汉字的起源、发展和基本属性，细化到秦文字的起源、发展和"书同文"的合理性。在西周的第一次大一统实践失败后，秦以地缘政治再次统一了国家，文字方面也随之有了一次大整理、大一统是非常合理的，秦王朝在这一领域的实践是相当彻底的。由于历史传统的韧性，秦末社会的复杂性（当时既有农人对于徭役的反抗，也有被亡六国贵族势力的反扑），所以，西汉以郡县制的架构继承了秦地缘的统一，又以分封诸侯保持了血缘统一的特点。尽管尖锐的血缘矛盾引发了动乱和削藩等事件，但地方郡县和诸侯国的二元政治却长期地延续下来。可是，在应用汉字的表现上，可以说，西汉全面继承了秦文字的发展脉络。可以说在此之后，在以现代电脑技术处理汉字之前就没有很大规模的汉字整理与变革了。

汉字的发展史大致经历了两个阶段：第一个阶段可视为古文字（篆）阶段；第二个阶段为今文字（隶楷）阶段。在这两个阶段进程中，笔者以为汉字经历了三次大的系统整理。第一次大整理，就是商代对汉字的整理。汉字发展史上第二次大整理，大致处于西周晚期。汉字史上的第三次大整理的成果就是大家较为熟悉的秦始皇帝二十六年（前221）的"书同文"。"书同文"的具体措施就是：第一，"罢其不与秦文合者"，凡是不合于秦的文字形式，都不再使用。这里面合与不合，实际上是以小篆作为标准的。第二，秦对自己的文字"或颇省改"，实际就是对从西周继承的大篆进行省改。有研究者认为，这使得小篆标准化。笔者以为，秦实际上是以小篆对大篆及以前的字体做了整理和总结，更以隶书的推广和传布，完成了又一次文字的整理和字形的统一。笔者以为这次整理，使汉字从古文字阶段进入了今文字阶段。

笔者认为现在看到的汉字，在历史上实际上经过了五次简化浪潮。第一次是甲骨文，甲骨文当中简体字很多；第二次发生在西周后期的金文；第三次是关于战国文字到秦文字的整理；第四次在魏晋南北朝时期，魏晋南北朝时期的汉字影响到敦煌，从北朝的后期一直到唐宋时期有大量的简体字，有人将这些字叫作"书体字"，也有人将其叫作"俗字""手头字"，等等；第五次始于清末民初，现在仍然在进行中。这一过程是有规律的，比如说假借的规律和草书的规律，还有从视觉上简化以后，不影响认字识意的规律，等等。同样，汉字也有繁化的过程，应当说无节制地进行汉字繁化是反科学的。为什么？在汉字的基础上无限制地加符号的行为，与文字的工具性是抵触的。古文字不等于繁体字，古文字当中有相当清晰的简体规范化的倾向。文化应当是面向大众的文化，应当是朴实的底层的文化，这是社会交流的需要。作为工具应当是越简单越好。文字的工具性是第一位的，所以在20世纪末进行有关讨论的时候，笔者旗帜鲜明地支持汉字科学的、实用的、美观的、为大众所用的简化。

第三章　先秦文字

人们在讨论秦文字的重要地位的时候，恐怕是离不开讨论它是如何继承夏商周以来汉字发展的成就，也不能忽略这些成就在先后三次的汉字大整理时的重要表现。秦王朝完成了"书同文"，开启了汉字的今文字阶段，这是一个不争的事实。但是这些历史性成就的多种要素，都要从汉字出现和使用的源头找起，也就是说，汉字中多种积极的因素、科学的要素，通过秦人之手，得到了弘扬与发展。

本章讨论"先秦文字"，基于中国历史学对于先秦时代的认知，"先秦"一般是指在古代中国，从阶级国家的出现，直到统一的秦王朝之前的一段时间。习惯上，将先秦时代大约地视为夏、商、西周时代与东周（含春秋战国时期）时代这样前后相续的两大段。所以，本章讨论的先秦文字，是指夏、商、西周、东周时代的汉字。

本章首先要讨论略早于夏的，以及夏、商、西周时代汉字的发展。"夏文化"时期汉字基本成熟，面貌已经基本清晰；商代的汉字经历的第一次大整理，使得汉字大面积、成体系地为统治阶级应用；到了西周，因为汉字应用地域范围的进一步扩大，汉字在西周宣王时期经历了第二次大整理，使用重心从最高统治层下垂到了宗法诸侯统治层。这些迹象，都表明了汉字在巩固自身工具化的基本属性，克服历史造成的缺点和弱点，一波又一波地持续向前发展，成为古老的中华民族的一种本质的文明的表现。因此，到了东周时期，汉字已经成为不可能再从根本上改易的一个重要的文化现象也就不足为怪了。一言以蔽之，夏、商、西周时代汉字的发展是秦文字发展的重要基础，也是不可忽略的一个前提。

在本章，其次要讨论东周时代汉字的发展，也要论及古代巴蜀地区受汉字影响但不属于汉字体系的文字情况。本章的逻辑安排有些需要说明之处，因为东周时代其他国家的文字，在时间上并不能视为早于秦文字的存在，尤其不能视为早于东周的秦国的文字，它们是和秦文字比肩的"兄弟"。换言之，东周的秦文字实际上也是东周文字的成员之一。可是，在汉字的古文字系统向今文字系统演进之时，只有秦文字完整地完成了前后相续的这一过程，好似"接力"而未"掉棒"者，属于今文字的秦隶书是属于古文字的秦小篆的逻辑继承者，这点非常重要。于是笔者：（1）将秦小篆看作汉字古文字系统的逻辑殿军；（2）也将秦隶书看作东周文字——秦小篆的逻辑继承者；（3）同时也将秦隶书看作汉字今文字系统的逻辑开启者。这样一来，在讨论秦文字资料之前，先讨论东周文字，也就说得过去了。至于秦文字本身，也就不在本章讨论了，本书的下一章将专门讨论出土和传世的秦文字资料。在本章之中除了必要的比较，就不多论及秦文字本身了。

第一节　最早的汉字

本书讨论的是秦文字，但是必须关照汉字发展的前源后续，这样才能凸显秦文字的历史地位。过去，一旦谈起汉字的起源，人们往往会联系到殷墟遗址出土的商代晚期的甲骨文。但是，按目前考古学发现的情况看，无论是当时甲骨文字的巨大数量，还是汉字完整成熟的程度，都足以证明商代甲骨文绝不是汉字起源时候的状态。上一章在讨论汉字起源时，笔者已经基本将之确定在新石器时代的中晚期，更加具体一些就应当在河南龙山文化晚期、"夏文化"的早期（"夏文化"是中国考古学的有关时空和社会状况与性质的研究性术语，与中国历史学上的夏王朝并不完全一致）。再强调一遍，新石器时代文字的起源，与汉字的起源，是两个有关联的不同范畴的问题。在新石器时代，除大汶口文化、崧泽-良渚文化里的一些现象可能和最早的汉字有一定的关系外，这时要早于龙山文化的晚期，整个中国新石器时代出土的能够确认的属于汉字的文字资料并不多见，还有不少就在模棱两可之间。直到山西襄汾陶寺遗址的重要文物出土，才使得这一现象有了根本的改观。

一、陶寺的发现

人们现在能够见到的最早的比较明确的汉字资料，是山西临汾襄汾陶寺遗址出土的一件残破的陶制扁壶上的文字[①]（图25）。在陶壶壁上，有朱书的两个字或三个字（李学勤认为是三个字）。第一个字是"文"，在识读上已经基本没有什么问题，大家没有什么歧义。第二个字，有研究者认为是"尧"，依据是他们认为陶寺遗址就是"尧都"所在；有的研究者认为是"邑"或者"命"字。笔者认为第二个字当为"易（阳）"，"文易（阳）"可能是地名，当然，以"文易（阳）"昭告天下，以文字而灿然文明，对于最早的汉字和词组而言，真是何等浪漫的表达。一说遗址之中还发现骨刻文"辰"字，这点尚存争论，有待进一步对标本深入考察。

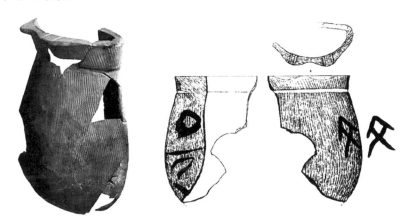

图25　襄汾陶寺遗址陶制扁壶及其上文字摹本

陶寺遗址本身就非常值得重视，它有着280万平方米之巨大面积，有着规模空前的城址，城内有大型的宫殿基址，有着具有明显等级区别的墓葬地，有着突出的具有古天文学意义的特殊建筑，有着独立的仓储区和手工业作坊。随着墓地和居址的发掘，手绘陶龙纹盘、陶鼓、鼍鼓、大石磬、玉器、铜铃、铜容器、彩绘木器等大批精美的文物出土。这里有巨大的"王陵"，以 M22 为例，这座大墓为竖穴土坑墓，墓圹为圆角长方形，开口长5米，宽3.65米，深约7米。

[①] 李健民：《论陶寺遗址出土的朱书"文"字扁壶及相关问题》，《中国书法》2000年第10期。

墓室的四周共发现 11 个壁龛，用于放置随葬品。随葬品丰富，棺内残留 46 件，扰坑出土 20 件。墓室未扰动部分出土 72 件（套），包括彩绘陶器 8 件、玉石器 18 件（套）、骨镞 8 组、漆木器 25 件、红彩草编物 2 件、猪 10 头、公猪下颌 1 件。在墓室的东壁中央的显著位置，立有一具完整的公猪下颌骨，其最突出的特点就是暴露的粗壮的獠牙，或即《周易·大畜》所言之"豮豕之牙"。以该下颌骨为轴两侧对称各排列放置 3 件彩漆木柄玉石兵器。"豮豕之牙"及围绕它布置的玉石兵器共同表达的恰是"其豕之牙，成（盛）而不用者也"，体现了墓主卫兵弗用、修兵弗战的和善意识。M22 中这些迹象表明了墓主以和为主，崇尚文德的思想。就相关的文化因素而言，M22 墓中出土的玉石器如玉琮、玉璧、玉钺、石钺、双孔石刀，以及玉兽面等，均非源自陶寺遗址所在的晋南本地。玉琮、玉璧等大多为年代早于陶寺文化的长江下游地区的良渚文化所常见，陶寺此类玉器很可能源于良渚文化地区；玉石钺与双孔石刀则是含有明显的黄河下游地区大汶口、龙山文化元素；而玉兽面与常见于长江中游江汉平原的后石家河文化时期的钟祥六合、天门肖家屋脊遗址出土的玉兽面形象十分相似，有些标本的造型又与天门石家河遗址新近出土的玉人头像面部造型特征相似。

陶寺遗址考古发掘者认为，在这里大致展现出中国史前邦国时代作为政治中心的都城的完整实例。都城功能区划全部齐备，并且从早期到晚期，有着比较完整的兴衰变化的过程，对于后世中国的王朝都城发展历史产生了重大而深远的影响。陶寺遗址的考古发现与研究，不仅诠释了最初"中国"的概念，同时也初步建立起一条比较完整的证据链，证明陶寺可能即为文献记载中的"尧都"，使得尧、舜、禹走出传说，逐渐成为信史。

就陶寺文字看，目前可以认可这么几点：（1）从结构形态来看，陶寺出现的这几个字已经是较为成熟的汉字了，它们不是图画文字，是线段型的表意文字，并且可能组成了词组，已经不再是汉字起源时的"端点状态"了。（2）陶寺遗址时代相当于"夏文化"早期或者稍早于夏的中原龙山文化晚期，这进一步支持了笔者关于汉字起源时间的观点。（3）应当指出的是，尽管按照后来的汉字字样，将陶寺文字可以试读作"文""阳""尧""邑""命""辰"，等等，但这里的"读作"是视觉意义上的，它们在声音上真正读作什么，目前尚无法明确。后来，汉字成为意音文字了，意音文字中标志性的假借、形声等现象并没有出现，换言之，此时的汉字，还处于比较单纯的表意文字阶段。（4）陶寺遗址出土的文字,是以毛笔朱书于陶质器皿上,反映了和后世书写的基本一致性。
(5)早于陶寺文字的汉字,是可能存在的,在更早的资料没有被发现之前,将陶寺文字视为最早的汉字遗存,是可以说得过去的。

陶寺文字首字是"文",秦小篆"文"字远绍之。第二字或"易"或"尧""邑""命"等,都能够以秦汉时期文字学现象与理论解释。因此,将秦文字看作最早汉字的后代,应当是没有什么问题的。

二、"夏文化"的汉字问题

中国的夏王朝是否存在,是历史学、考古学讨论研究中的重大问题。笔者对此采用了比较审慎的态度,用从河南龙山文化晚期的二里头文化、"夏文化",以及早于商而晚于河南龙山文化的考古学遗迹的这些概念来叙述相应的空间、时间问题,显得比较合理。在没有更多的实物、文献资料出土之前,贸然肯定夏王朝的存在,是有一定危险的。可是,当时在中原地区黄河中游和下游,山东半岛地区,甚至内蒙古高原以东、以南地区已经出现了早期古方国和较大规模的阶级国家,这应当是可信的事实。这些地域和这些早期古方国并没有形成大一统的王朝,所以从其中找出理想化的、为商周直接继承的所谓夏王朝,是一种中国传统历史学的理想建构,但在史实求证上还是很困难。在这些早期古方国的遗址和遗物当中见到文字是比较普遍的现象。这些文字中的一些与后来的汉字似乎没有什么联系,例如在石峁遗址的发现,还有在长江中下游地区的某些发现;有一些似乎和后来的汉字在造字原则上有类似的地方,例如大汶口文化、龙山文化、良渚文化的某些遗物上之所见;有些则和汉字有直接关系,例如陶寺遗址所出的文字。必须指出,在这个时间阶段汉字已经诞生,但还是初级阶段,目前在数个遗址所见的汉字的数量有限,在地域上有待认真划定,其影响力与本时期的其他文字相比,并没有形成特别突出的优势。

在普遍认为是"夏文化"的河南二里头文化,已出现了城址、宫殿遗址,出现了大型的墓葬,有了比较发达的青铜冶铸业,制陶、制玉、制骨角的技术也达到了很高水平,这已经是一个成熟的早期阶级国家。在二里头遗址出土的陶质大口尊的内口沿,目前发现有24种刻划符号[①]。这些是文字(图26)应该

[①] 方酉生:《河南偃师二里头遗址发掘简报》,《考古》1965年第5期。

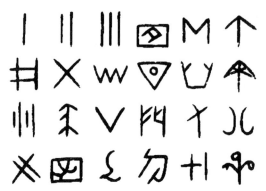

图 26　二里头文化文字摹本

没有问题,但它们是不是汉字,还存在着争论。笔者认为,目前在其中可以明确指认的汉字有:"一""二""三""四""宜""禺""右""曰""甲""井"等。由此可以推知,这些都应当是早期汉字体系的成员,其他未识者与商周未识文字具有同样性质,不必苛求必须马上认出。假以时日,"夏文化"中或者某个相应遗址中更多的汉字资料出土就是意料之中的事情。

二里头文字或"夏文化"的汉字有如下要点:(1)线段笔道形的汉字体系化地出现,文字数量在增加,但是还没有达到"井喷"式出现的程度。(2)目前尚没有辨认出词组和句式。(3)这些文字由当时的最高统治阶级使用。(4)应当指出,和陶寺文字(汉字)相仿,对于二里头文字(汉字)的"明确指认",是视觉意义上的,它们在声音上读作什么,目前无法知道。在二里头汉字之中,目前也没有看到假借、形声等现象出现。即便二里头的汉字已经接近之后商代的汉字,但目前看来还是没有进入意音文字阶段,还是处于比较单纯的表意文字阶段。但是仅就这一点,人们还是要极为密切地关注单纯表意文字向意音文字飞跃的起始点。

在资料积累到一定的量后,应当指出二里头文字(汉字)到二里岗商代早中期文字(汉字)到殷墟商代晚期文字(汉字)的连续不断的发展关系。在这样的基础上,指出秦文字是"夏文化"汉字的继承者,也就是不言而喻的了。

第二节　商代的汉字

一、概况

在中国历史文献的记载上,商(晚期迁首都于殷之后,又称为殷商王朝)是继夏以后的中原王朝。单就时空而言,考古学发现也支持这一点,表现为商代早期遗存，比如，二里岗文化晚于"夏文化"（在河南西部、山西南部，晚于二里头文化）。商朝是中国上古史上一个伟大的王朝，具备了古老王国阶段最高级别的性质，手工业十分发达，管理生产能力非常强，虽然可能还不是完全"以农立国"，但是对农业、手工业有着非常有效的管理。商不仅向内统治族内的自由民，还对族外的奴隶资源进行强力的管控利用，对这些奴隶是战争性利用还是农业手工业性利用还不能充分地确定。商朝不是典型的奴隶社会，这已经是中国史学界的大致共识。尽管没有看出商朝最高统治者的具体的指令作为，但商的东征西伐在客观上统一了相当大的区域的文化，到了晚期，商也最终在扩张中耗尽国力、四面树敌而迅速崩溃。

商王朝在早期就已经继承、接受了汉字。商王朝早期的文字资料，既有从当时统治的中心地区出土的，即今河南郑州出土的少量二里岗文化时期陶文、金文和数量有限的甲骨卜辞资料，还有从今河北、山东、江西出土的。商代早中期各遗址出土资料所见文字中汉字占有最大比例，也见到非汉字体系的其他文字的孑遗。这些陶文、甲骨文主要是刻划而成，少量的是书写于陶器、骨片之上，青铜器上已经出现了少量铸造出的金文。

商代最后一个首都殷，位于今河南安阳殷墟遗址，跨洹河两岸，建都于殷的时期是商最为强盛的时期。殷墟的小屯村附近有数以万计的刻铭甲骨卜辞出土，这是汉字古文字资料迄今为止的最大的批量性收获。商代甲骨文是先书写后契刻，还是直接契刻的？笔者认为大多以直接契刻为主，亦存在着少数先书后刻的现象，这说明当时甲骨文的契刻者对于数以千计的汉字笔画、结构已非常熟悉，这已是汉字流行了相当长时间的结果。同地还出土有相当数量的铸造的青铜器金文、刻划的陶文、玉石器刻铭，以及比较罕见的在陶片上、甲骨上、玉石器上的书写文字和极少量陶文中可见的印章盖印文。近些年也发现了商代的文字印章实物，但是数量比较少。在首都殷以外，在今河南、河北、山东、山西、陕西、安徽、湖北、湖南这些商晚期地方城镇遗址也出土有相当数量的青铜器金文、陶文、玉石刻文和少量甲骨刻辞，但是这些地方的文字资料在数量和内容上，都不足以与安阳殷墟出土的商代文字资料相抗衡。

从古籍的明确记载来看，"唯殷先人，有册有典"[①]，即商代有竹简木牍，

---

① 慕平译注：《尚书·多士》，中华书局，2009年，第228页。

从甲骨文的相关字形的解读也可以肯定这一点。可是，由于时间久远，商代竹简木牍上的文字，可能大多数已经朽坏无存，至今在考古当中仍然没有关于它们的发现，这对于全面地了解商代书写文字，是一个不小的遗憾，这一遗憾期望由未来的考古发现给予补充。商代文字，以甲骨文为代表，已经是线条性表达及抽象性表达了，其中少部分似乎能看到早期图画形式，但已经远远脱离了图画文字的阶段，是线条化的抽象表达。据此也可以知道，以甲骨文为代表的商代文字已经经过了系统的、全面的整理。

二、文字资料

到了商代的晚期，汉字的表达已经非常丰富了。目前，就其表达的内容丰富程度，用字的数量等方面，商代的其他载体的文字都不能与甲骨文相抗衡。殷墟甲骨文字的单体字达到了万字左右，其中可以准确辨识的已经超过一千字，还有许多有争议的文字，其数量则更为庞大。这样，商代甲骨文就为中国早期汉字的研究准备了充足的资料。关于商代甲骨文的分期，有多家的意见，有"三期""四期""五期"说，甚至还有依照晚期商王的世系的多期说。目前看来，还是董作宾的"五期说"比较为大多数人所接受。

商代殷墟甲骨文的"五期说"的分期有多种标准，其中，文字造型上的演变分析是分期的重要依据之一。"五期"如下：第一期（图27），是盘庚到武丁时期。这个时期的殷商王朝极为强盛，甲骨文在风格上显示出了刚强开张、雄健宏伟的力度之美，此时文字纵横开阔，沉着而不乏动感。在这期当中也有一些字字体比较小，它们秀丽端庄、雍容典雅。这一期的甲骨文的章法布局严谨奇崛，字体大度雄强且自信，章法上疏密得当，可见出一定的立体感。第二期（图28），为祖庚、祖甲时期。祖庚、祖甲是守成之主，所以这一时期的甲骨文基本上遵循着前面的规范，字迹比较严谨、整饬，字体内敛，有静穆、温润、俊逸之态。第二期甲骨文的章法工整规矩，但是缺乏变化。第三期（图29），是廪辛、康丁时期。本期的部分作品可能和第二期的风格相差无几，可能是对第二期的继承。还有许多文字，一方面，在风格上趋于孱弱，表现出荒率之感，文字之间甚至出现了一些颠倒的状况，整个章法舒缓潦倒；另一方面，也表现出了一种不经意的、自由自在的气韵。第四期（图30），是武乙、文丁时期。这时期的甲骨文出现了"复古"的气象。有的文字字迹突然放大，似乎与第一期有所

图 27　甲骨文第一期　　　图 28　甲骨文第二期　　　图 29　甲骨文第三期

图 30　甲骨文第四期

关照，字体比较凌厉险峻、干净俊俏，文字的结构偏于内敛，没有第一期的文字那么大度。第四期甲骨文字的章法比较洒脱。第五期（图31），是帝乙、帝辛时期，这个时候已经到了殷商末期。这个时候的甲骨文字迹大多数很小，已经没有什么气势可言，字法有的细如蝇首、俊秀严整、一丝不苟；有一些也涣散不经，游刃过于荒落；也有少量的大字作品。这时期甲骨文的章法大多数比较严谨，但是行气在离合之间，还见到了少量模仿书法笔意的刻契作品。总体来说，殷商时代的甲骨文基本上没有受到同时代的书法以及金文的影响，坚持着自己的设计、契刻套路和面貌。

商代晚期青铜器的金文，除了可以辨别

早晚，尚不能像甲骨文那样进行较细致的分期。商代金文已经明显见到了两种基本的表达，或者可以叫作文字流派的表现，一种是雄强宽博，比较忠实地体现了原先写于陶质模范上的书法表现，笔画起重收轻，波折点宕充分表现。请注意这一派，它保留的毛笔书写笔意，实际上在后来隶书的书写中得以"复活"。另一流派是比较收敛、清秀典雅的，字形经过一定的修整，这一传统在西周金文直至秦小篆之中有所保存。但是，这些还不足以论及商代金文的前后发展体系以及字形的变化规律。

三、汉字史上第一次大整理

商代是汉字发展史上的重要阶段。距今一百余年之前，发现了数量巨大的商代甲骨文，这使得有些人至今误认为汉字是在殷商时代起源的，这点在学术界已经得到了的匡正。但是，就面世数量而言，商可以看作迄今为止可以看到的，古代汉字大量出现的第一个时代，或许叫作"第一个王朝"更恰当。

图 31　甲骨文第五期

通过商代的甲骨文，加之部分同时代的金文、陶文，人们可以看到这么几个问题。第一，汉字的数量在商代猛地增长起来，这是汉字诞生以后，第一次发展和使用的高峰。第二，商代汉字主要的使用地区以首都为最中心部分，在边鄙地区也有发现，但数量很少。第三，商代汉字基本上为王室和大贵族、贞人所用。第四，在这一时期，尤其是在商晚期，汉字经过了整理，这次整理的基本动因是统治阶级的文字需要，更具体地说，主要是王室占卜和记载大贵族们活动的需要。这里面给予人们一个重要的启示，就是商代以甲骨文为代表实际上进行了中国汉字的第一次大规模的字形整理。

在商代的甲骨文遗产之中，见到有多例"习刻"的作品，师傅们的谨严、徒弟们的认真，从单字的体量、笔画的安排到刻字的笔顺，从"教材内容"（以甲子为主）的选定、章法行气的认真到全篇的谋划讲究，可以认定商代是有着甲骨文教育的。这是古代汉字第一次大整理的必然的官方平台，也是中国古代汉字教育、书法教育的开端。

商代的甲骨文当中，还有较多到现在为止尚不能确认读出的文字，这些文字的偏旁以及字意可以被大致认出来，比如说人名、地名、祭名、事物名，等等，但是这些单字没有完整地在汉字体系当中留存下去。也就是说，商在优化文字使用的同时，在第一次大整理的期间，一边肯定、固化了一些文字，一边也淘汰了一些文字。

商代甲骨文在书写的行气上，基本规定了由上而下，由左而右的基本行次，也有一部分因为龟甲的限制，出现了由上而下，由右而左的行次。这一规定使汉字的基本书写方法延续了几千年之久。直到20世纪上半叶，主要是由于洋装书籍的出现，汉字阅读物才基本上改为按由左向右，由上向下的章法排列。结合语言、语法的发展，商代的甲骨文和商代的金文形成了目前人们可以看到的最早的成批量的带有完整句式的书面文字，这在中国语言文字史上也是值得重视的。

从商代早期开始到商代晚期完成，古代汉字经历了第一次大整理，第一次大整理的成就主要表现在如下方面：（1）殷商时期在二里岗阶段少量见到，直至殷墟阶段"井喷"式出现的万余个汉字单字，在殷墟甲骨文五个发展时期中，连续不断、基本稳定，这必然是经过整理且付诸教育的规范化成果。（2）规定了汉字的基本构字方法。这是线段式的表达，其中极少数为简单的一个线段的表达，绝大多数为多个线段的组合表达。这区别于图画性表达，也不是拼音文字字母性表达，汉字凭借视觉理解的表意特征完全显现。（3）规定了大部分汉字的偏旁符号。此时大部分汉字属于后世称呼的"形旁"，少量属于"声旁"，汉字的基本"零件"从原则到范例都得以确认。（4）凡东汉许慎"六书"所囊括的对文字的创制现象也好，使用现象也好，在商代甲骨文中基本上都可以找到例证，尤其是假借字、形声字。这样，黄河流域古老民族习惯性的读音和汉字表意内容、一定的字形的结合，首先使汉字初步到达了意音文字的阶段。（5）大体上规定了成文句式的行气走向，出现了汉字较早的、大批量的章法规定。（6）汉字的书写、契刻方法基本成熟，古代汉字的载体也基本成熟。（7）到了商代，汉字科学性的造字原则得以肯定和发展，汉字数量大幅度地增长。当然，相对于汉字造字的最后最成熟的形式，线段型终将发展为笔画型，偏旁符号也将被进一步整理、肯定，形声字、假借字的数量还会合理地增加，章法问题也在被不断修订，这些也都有待进一步发展，这也是汉字历史发展的必然。

商代对早期汉字进行了肯定、继承与发展，那时的人们已经清醒地意识到文字需要被整理、需要被认真对待。实际上，上述这些，秦文字在精神上、原则上是有所继承的，并最终一直影响到秦文字"书同文"的实践。

第三节 西周汉字

一、概况

周曾经是商王朝"西土"的一个地方藩属，但又不直接隶属商王朝，西周武王继承了西周文王的遗志，联合起全国众多的诸侯藩属，最终完成了灭商的"革命"。西周是直接继承商王朝的又一个伟大王朝，但是，西周在立国理念上、政治管理上与商王朝有了很大的区别。周人源自具有稳定的农业传统的古老民族，了解农业的发展对政治架构稳定性的重要性。西周明确提出了"宗法制"，以宗法分封的血缘制原则，以大宗、小宗辐辏的形式完成了中国历史上第一次政治大一统。西周实际上已经摆脱了古代王国的规制，统治的视野大为扩大，但是还没有达到古代帝国的规制，因为帝国的规制要基本摆脱血缘制而达到地缘制的政治统一。

西周王朝宗法分封制度与欧洲的古代封建分封制度不同，这是东方式的古代封建制度。西周的这种宗法制度设计，在世界其他地方没有彻底地实行过。可以这么说，西周的初代统治者们的思虑更为深远，眼界更为开阔，考虑到了血缘亲情，统治面积也比商更为广阔。西周是中华民族第一次提出明确的大一统思想的王朝，他们用血缘统一的方式，依血缘远近次第分封，实现大宗、小宗的阶梯式统治方式，基本确立了黄河流域（且影响到的辽河流域、长江流域）的大一统的格局。现代的人们在看到西周王朝的版图时，实际上可以看到它是和秦帝国的大一统的版图基本叠映的，这从一个角度反映了"秦承周制"的情况。国家大一统的形式，为一代又一代中华子孙尤其是统治者们所拥护、认可。

在灭商建朝之前，西土周人即已经了解并使用汉字。灭商之后，西周王朝全面继承了商代对于汉字的应用。随着西周王朝大一统的血缘制的宗法分封制度推向更为广大的地区，汉字也随之大面积地流播。这一时期的汉字资料的重点发现地区还是在今天的陕西宝鸡、陕西西安、河南洛阳等中心都邑,但文字资料的实际散布范围已经到达今山西、河北、辽宁、内蒙古、宁夏、甘肃、四川、湖北、湖南、江西、安徽、山东、江苏、浙江、福建,以及上海、北京等广大地区,其中也包括少量的非汉字的文字。西周时期汉字资料的表达仍然比较丰富,除了铸造的金文之外,还有契刻的金文、甲骨文字、陶文、瓷器文字、玉石文字、印章文字,还有抑印陶文、书写文字,等等,目前还是没有见到这一时期的竹木简牍帛书文字。反映西周时期汉字发展的最为重要、数量较大的资料,当属铸造的金文,这和西周时期的宗法分封制度有关,也就是说,大批的高级、中级和下级贵族都可能掌握了文字,他们通过获得并铭记分封的青铜礼器进行某种文化认同的表达。

二、文字资料

西周文字以铸造的金文最为典型,相比之商,西周出现了长篇的金文铭文,借助文字,可以看出西周时期的文句、文学、文献水平超过了商代。笔者主要从文字形态出发,将西周金文大致分为四期。以下,粗略地梳理一下汉字在西周时期的发展:

第一期,处于西周初期,具体王世在武王、成王、康王、昭王时期。此时的金文一般还继承着商代金文的余绪,保留有相当浓厚的书法笔意,首尾出锋、垂捺等笔画有明显的波折,点如水滴,但是从气势上不如商代第一期的字有汪洋恣肆的磅礴气象,而比较接近商代第二期的那种比较收敛的气象。具有代表性的有天亡簋铭文(图32)、利簋铭文、何尊铭

图32 天亡簋铭文

文(图33)、小盂鼎铭文,以及宜侯夨簋铭文等。

第二期,处于西周早期,具体王世在昭王(文字与前一期风格不同,王世在时间上有重叠,下同)、穆王、共(龚)王时期。此期金文书写的笔意还是存在,但是在渐渐地消失,文字更注意中宫收紧,字体显得比较匀称结实,铭文已经注意到了行气的严整。穆王时期,金文已经基本摆脱了商代文字和西周初期文字的神秘感和书法感,具有代表性的有荣仲方鼎铭文(图34)、静簋铭文(图35)、长囟盉铭文(图36),以及趞尊铭文等。

第三期,处于西周中期,具体王世在共(龚)王、孝王、夷王、厉(剌)王时期。此时期的西周金文显然派别分歧、丛出很多,既有比较舒

图33 何尊铭文

图34 荣仲方鼎铭文

朗活泼的,也有比较严谨刻板的。此时,由于铭文的铸造方式多样,既有在模子上刻成的,也有在模子上刻了以后再印在范上的,手法比较多样。金文的玉箸体开始出现,具有代表性的有默簋铭文(图37)、趞曹鼎铭文(图38)、休盘铭文(图39),以及逆钟铭文等。

第四期,处于西周晚期,具体王世在宣王、幽王时期。这一时期主要通过将模范上的文字,进行修整,使早先已经出现的玉箸体在此期定型,书写笔意基本消失。这个时候的文字的线条显得非常均匀,形成了西周金文特有的美感,本期文字的章法行气也特别严谨,具有代表性的有毛公鼎铭文(图40)、虢季

图 35　静簋铭文

子白盘铭文（图41）、吴虎鼎铭文（图42）、颂壶铭文（图43），以及遇鼎铭文等。第四期的金文风格一直延续到了东周时代的春秋初叶。

三、汉字史上第二次大整理

西周王朝的文字主要继承了商代以来的汉字，从西周的金文、甲骨文、陶文中都可以看得出来。西周同时还少量使用卦画文字，少量使用某些主要用于族徽、姓名等的画像文字（画像文字非汉字，但仍然是表意文字的一种）。西周早期文字在形态上还基本是商代文字的忠实继承者，在字意、字形上都有所表现。商代到西周早期，也就是汉字发展的早期阶段，

图 36　长囟盉及其上铭文

图 37 㝬簋铭文

图 38 趞曹鼎铭文

图 39 休盘铭文

图 40 毛公鼎铭文

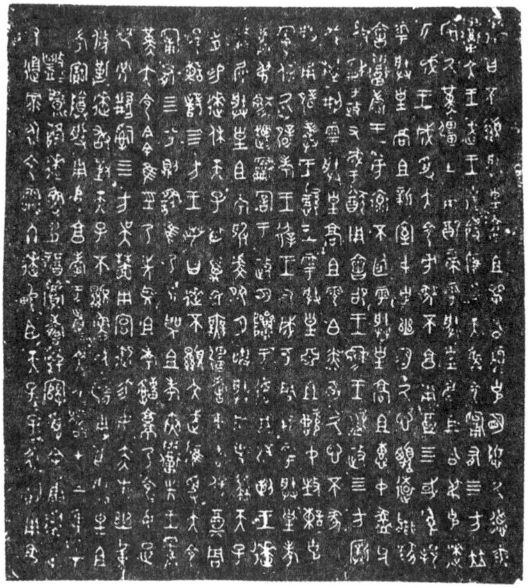

图 41　虢季子白盘铭文

图 42　吴虎鼎铭文

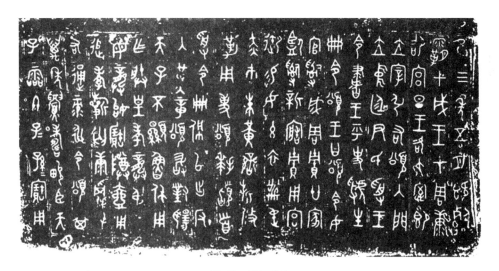

图 43　颂壶铭文

对文字行气的关照、对文字笔画的安排部署都是不够严谨的，但这对统治阶级最上层和贞人集团文字应用没有造成很大妨碍。但是随着小宗诸侯离开宗周，远去他乡，汉字应用的重心由最高统治阶级向着统治阶级的较下阶层下垂，这一过程中，如果汉字行气紊乱，则一定会产生识别和认识上的障碍，所以西周中后期，人们刻意地将汉字调整得美观易读。整个西周时期，政治上也是动荡不已的，有殷移民的反抗，有大宗、小宗的矛盾，有中原和其他地区的对峙，有各个民族间的冲突，这在汉字资料上也可以看得出来。大宗由上而下的管理，小宗之间的交流，多次对于各地的"平叛"，都需要政令、军令通达，这也促使汉字向整齐、易读、易理解的方向发展。

到了西周中晚期，迎来了"宣王中兴"。正是在宣王时期，古代的汉字经历了第二次大整理，留下了丰厚的遗产。《汉书·艺文志》载："史籀十五篇。"唐颜师古注："周宣王太史作大篆十五篇。"①《说文解字·叙》称周宣王太史为"太史籀"②。在北京故宫博物院所藏的西周宣王时代的青铜遇鼎上找到了"史留"的名字，笔者认为"史留"即"太史籀"，"留"应当是本名，从"竹"表示竹木质简牍，从"扌"表示写字的动作，继而组成了"籀"，这基本证明了这段记载确为事实，又说明了汉字史上所谓的"籀文"出现的原委。

西周中晚期的金文作品出土较多，风格也比较一致，人们可以据此看得出来，这一时期的汉字整理大概做了这么一些工作：第一，这次整理是由周太史主持，这就成了"政府行为"，这也是后来秦代官方以行政手段推行"书同文"的先声。第二，这次整理实际上约束了汉字的使用字数，使得汉字数量不能够任意、无序地增大。汉字科学的造字原则在商代得以肯定，汉字的延展性使汉字数量可以变得无穷无尽，但是，文字的工具性特质，在文化交流中的作用以及学习教育的规制又不可能任其无限扩大，这点在西周时期为人们所认识。所以，西周中晚期的绝大部分汉字已经可识、可读，改变了商代有大量的字很难识、不可读的状况。第三，对于汉字的偏旁已经有了一些基本的规定，已经形成了汉字的偏旁符号体系。有些偏旁是作为形旁，表达汉字的意思，有一些成为质旁，表达一个单字自身的性质。形旁符号当中也出现了一些声旁符号，一些辅助性的表音的偏旁出现了，形声字的数量比商代有所增加，巩固了汉字作为意音文字的成果。第四，规定了汉字正方偏长的基本式样，使汉字字形更加匀称美观，这种式样一直影响到现今。第五，西周晚期的金文比以往任何时期都注意到了汉字的行气问题，有了严格整饬的要求。所谓行气又可以称作章法，其

---

① ［汉］班固：《汉书》，中华书局，1962 年，第 1719 页。
② ［汉］许慎：《说文解字（附检字）》，中华书局，1963 年，第 314 页。

首先表现了汉字文献的严肃性，同时体现了汉字作品的审美特点，这点在西周中期之前已经出现，商代某些甲骨文和金文中也有体现。极少数人传看的文字作品，是可以允许行气紊乱的，但是阅读的人越多，传播的地域越广，行气就必须严谨起来。很明显，到了西周晚期，对汉字的统一整理让更多的人可以迅速、准确地阅读文字作品。第六，笔者观察到，在西周中晚期铸造金文修范时，工匠们普遍会把范上笔墨书写痕迹修去，形成形体一致、字画柔美的玉箸体，即籀文现象，这反映了汉字规范化、审美化的要求，后来的秦小篆做法与此则非常接近了。至于西周甲骨文、陶文的做法，还是继承了商代的手法。陶文上见到西周时已有了玺印文字的应用，可能已出现了泥封文字。西周见到少量的朱书、墨书文字作品。

与西周王朝的政治格局和生产发展相适应，当时汉字整理是适应于西周以血缘统一、以大小宗表达为主的汉字应用；当时汉字应用范围的进一步扩大，使用的重心虽然有所下垂，但是仍然是一种贵族辟体的意识形态的工具。由于血缘贵族们有一致的政治要求和经济要求，所以他们也在文字上提出了更加趋于统一、更加便于把握的基本要求。西周晚期文字的大整理适应了这样的要求，但是这次大整理并没有使汉字应用的重心下垂到平民阶层。

西周中晚期汉字的第二次大整理的成果为秦文字全盘接收。与秦文字同时的其他文字系统，例如三晋、燕、齐鲁、楚国文字在东周早期也是对籀文有所遵循的，但是很快就离散开去，不像秦仍然保有着旧有的籀文格局。所以第二次大整理的成果实际上被秦文字所继承，直接影响着秦文字的发展。后来，通过秦文字的转达，推动了以小篆对汉字古文字系统进行整理总结的实践。这是需要十分注意的。

第四节　东周汉字

一、概况

到了西周幽王之时，宗周动乱，犬戎入侵，关中沦陷，天子被杀，平王东迁，西周灭亡。这次大动乱是对西周时期以宗法制血缘纽带完成的政治大一统的否定。西周王朝式大一统的内部矛盾是不可解决、必然爆发的。西周灭亡和东周的建立对于中华民族未来的发展,影响是极其深刻的。

东周时期汉字字形的逐渐的变化非常复杂。在东周早期,由于血缘统治大小宗的实际存在,各个诸侯国家基本还沿袭西周文字体式,尤其是西周晚期的籀书的基本规定。春秋中晚期以后,对大宗的否定和是否自立为大宗(或盟主)的混乱认识,大一统的政治架构愈发离散,汉字的字体、字形和文句行气日趋纷乱。这种纷乱的文字表现,还是属于汉语言和思维的可见体系。纷乱的文字表现是为了建立地域性政治集团的识别系统,是诸侯国用来固定自我和区别排他的,所以各国之间越来越自觉地产生了文字的形体、笔画的分歧,越来越表达出一种文字行用上的壁垒、隔阂。

到了战国时期,所谓的大宗、小宗,血缘宗法制的设计已经实质上荡然无存,于是从整个黄河流域、长江流域来看,汉字也进一步地"肆意紊乱"。字形的紊乱首先是从字的体态笔画变化起的,接着就影响到偏旁符号了。从总体上看,各国文字发展到偏旁任意复杂化和省略化,偏旁位置随意致用、重屋叠架,文字的繁简、笔画的安排毫无统一的规矩的地步。这是各个诸侯国几乎同时"有意为之"的,它们所使用的文字虽然依旧同属于汉字体系,但是在各国之间,各自为政,表达了越来越明显的差异。从另一方面看,在一个国家之内,生产关系的变化、自由民阶层的崛起,加之生产管理和赋税劳役,军事命令和军功爵赏,要求社会各个阶层都能识字、用字,汉字的使用重心下垂彻底,在具体的一国之内字体、字形是基本一致的、不紊乱的,这点也必须确认,全国的无序和列国国内的整饬是同时并存的汉字现象。虽然缺乏当时明确的文献记载,但是东周文字的混乱异化应当使当时各国之间的政治、经济、军事、外交都产生了不便。许慎在《说文解字·叙》中提到东周时代"诸侯力政,不统于王。恶礼乐之害己,而皆去其典籍。分为七国,田畴异亩,车涂异轨,律令异法,衣冠异制,言语异声,文字异形",于是当此地的概念和意识用一国的文字表达,不足以使其他地域人们所了解时,就可能造成滥用音假来沟通,随意将汉字进行繁简化来用于表达,混乱地处理偏旁,这样,对两千余年之后人们研究东周时期文字造成了许多困难。

东周晚期,各个国家政治、经济、文化、军事自成体系,具有相对独立的国格,这些国家之间文字的不同表达造成的不便是有限的,不足以作为秦文字统一的根本前提。秦国及后来的秦帝国在大一统进程中对汉字进行第三次大整理的根本原因在于秦国贯彻的耕战国策。秦为了把由拓展进而统一的理念普及到社会更多阶层，于是就把文化、文字的重心积极地下垂到了最下层，由此，文字的更为广泛的社会作用不断凸显。秦"书同文"实践的基本动因，首先在于需要不断扩大秦文化的影响力，文字既是意识形态的符号标志，也是实际社会生活必需的工具性表达方式；其次，是需要在客观上打破东周各国文字的壁垒，促进海内归一。这也是笔者借助本书提出的一个新的观点，应当说无论是否有详尽记录，秦国到秦帝国的"书同文"实践是一次民族性的"大扫盲"，这种"扫盲"是由东周后期多个国家启动，由秦国的大一统实践彻底得到实现。又由于秦帝国的"短命"早亡，这一使命便由后来的西汉帝国承担，但是西汉也是有条件、有选择地进行了继承。

西周王朝奠定了中华文明的重要基础。周代已经形成了比较完备的"以农立国"的政治制度。周也是礼乐文化的集大成者，完成了礼乐文明之邦的建立，奠定了中国的文化根基。尽管周人来自西土，但周的疆域北至长城内外、南至长江中下游地区，文化上既体现了各地的差异性，又体现了民族共性，周的疆域相比夏商时期的疆域要大得多，中国政治、经济、文化的核心区域在此时基本形成。

东周国家先是继承了西周时期的统一的母体文化，又随着秦、楚、晋、燕、齐、吴、越、宋等国家疆域的开拓，各国地域文化迅速发展。在区域文化拓展的同时，这些国家把西周王朝母体文化和一些共性的东西也同样拓展到周边广大区域，各个国家也把核心区域共同文化因素带到了周边。其时，使用的文字基本上是统一的，比如商朝使用甲骨文，西周和春秋早期使用金文，虽然当时和现在一样存在着异体字的情况，但大部分人都是使用"规范字"。然而，从公元前5世纪开始，中国进入战国时期，几百年的战乱带来了诸侯割据的分裂局面，就连文化建设也开始"各自为政"。许慎所谓"诸侯力政不统于往，恶礼乐之害己，而皆去其典籍……衣冠异制，言语异声，文字异形"，就是指其时各个诸侯国都不愿意服从周王室，并纷纷将之前统一的文化进行修改，欲打造一个个独立的系统的现象。

从考古发现来看，尽管东周时期各个国家地域文化有自己的特点，但各个国家的基本礼制也是非常接近的，只不过是在一些器型、器类上有一些差异。

东周各国的文字虽然有差别，但是基本上还是属于汉字的古文字系统，大致上是统一的，基本上都可以辨识，只是字体的字形、偏旁位置、笔画增减之类存在着变化，增加了辨识的困难而已。由此表明东周时期地域文化之间的联系和共性是第一位的，日益凸显的个性还是第二位的。战国文字确实存在个体字符和字体风格的差异，而且不能说这种现象与国别、政体、地理区域毫无关系，但是无论叙述分区也好、分系也好，如果只是为了论述的方便，且将看起来散乱无纪的战国文字资料按地区范围统系起来，依次分别予以介绍，或者综合考察各系资料所反映的文化特征，那应该是切实可行的。李学勤等人的分域初衷可能正是这样，因为他的题铭概述是将"历史学、考古学和器物学的成果结合起来"，也就是综合运用了考古、历史、地理、历法、器物、行款、名号、语言文字等多方面的知识，并非单就关注文字本体而言。但是也有人没有将文字资料与文字本体区别开来，以为既然可以按综合性的文化特征将文字资料分为若干系，那也就意味着战国时代的文字形体甚至文字体系也可以分成若干系，每个系都具有各自不同的、鲜明的地域特色。

这些东周列国的文字，实际上也是秦帝国统一的文化基础、文字基础，这个基础也就是对周基本疆域、核心文明、意识形态和民族文化的认同。正是因为有这样一个文化认同的基础，诸子百家才能够在各个国家游走，能够在不同文化区域进行交流。表现在历史中，人们可以看到，这一时期虽然政治上四分五裂，但各国的外交往来、文化交流十分密切，文化的传播也比过去更为广泛，并没发现战国时期各国在文字上完全不能交流的记载。

二、文字资料

这一时期，考古发现的文字资料非常之多了。东周文字，原本应当包括秦文字，但是本书是秦文字的专论，因此将用专门的篇幅来讨论。在这里，笔者对东周文字分系（暂且不包括秦文字）做一些简略的介绍：

（一）晋系文字

主要涵盖晋国（春秋末期分裂为韩、赵、魏三国）以及郑、卫等小国的文字，其文字风格或包含或影响着像中山国及淮河以北一些国家的文字。三晋地区的文字主要有石刻文字、铜器铭文（铜器铭文当中也包括兵器文字、货币文字、玺印文字），还包括书写文字。

书写文字载体的数量不多，但是文字数量较大，春秋末期最为著名的书写文字作品就是《侯马盟书》（图 44）、《温县盟书》（图 45）等。它们可以作为三晋书写文字的典型代表，属于汉字古文字体系，但是在一笔一画间已经出现了最早的书写隶意，这点值得重视。在这里，笔者可以看出明显的书者的书写风格。书写文字的间架结构基本上保留着西周后期至春秋早期的风格，但是值得注意的是，在这里已经出现了左右比较开张的写法，而且出现了很明晰的起笔和落笔遗痕，这点就和以前铸造在青铜器上的金文和某些石刻文字有了明显不同。笔者认为这是汉字隶书的最早的发端，虽然人们可能还不能同意将其称为古隶，但后来以秦、楚为代表的古隶的某些笔法风格在这里已经渐渐形成，这与汉字的书写功用是相一致的。中山王䜭墓出土的玉片上的书写文字，是一种将盟书发展，并受到楚文字影响的字体，笔者认为其属于古隶范畴，或者是带有隶意的古篆。

图 44　晋系《侯马盟书》及其摹本　　　　　图 45　晋系《温县盟书》

晋系青铜器铭文也比较多，春秋时有栾书缶铭文（图 46）、赵孟介壶铭文（图 47）、智君子鉴铭文（图 48）、晋叔家方壶铭文、荀侯匜铭文、黄成戟铭文，

图46 晋系栾书缶铭文　　图47 晋系赵孟介壶铭文　　图48 晋系智君子鉴铭文

等等，其字体结构修长，字的间架亦有松散趋势，笔画细劲。战国时期晋系的金文有厵羌钟铭文、土匀钅此铭文、中山王诸器铭文（图49），等等。中山王诸器上的文字装饰意味很浓，其美术字化的倾向冠于战国文字之林，应当是受到三晋地区和燕国的共同影响，但是由于在铜壶上的特殊用途，这些文字写得更为修美。其他青铜器铭文以及韩、赵、魏的大量兵器铭文，风格直接简率，文字多异体，任意繁简现象非常多见。

晋系玺印文字（图50）谨严精致，宽边细文，多阳文小玺，和其他国家玺印相比特征明显。目前可见到的晋系泥封不多。晋系货币有布币、刀币和圆钱，货币文字（图51）多有地名以及计重文字，显得舒朗肯定，朴素浑

图49　中山诸器之一铭文

图 50　晋系玺印及玺印文字

茫，有很强的立体感和铸造感。晋系陶文，内容简单，多地名、仓廪内容。晋系石刻文字——中山王陵守丘刻石文字（图 52）与同时代的金文相仿。

三晋文字的数量很大。从青铜文字来看，除了货币文字和玺印文字外，在金属器皿上渐渐地放弃

图 51　晋系货币文字　　　　　图 52　晋系中山王陵守丘刻石文字

了铸造的手法，直接用刀镌刻，因此文字显得挺劲秀美。这些文字发展到战国中晚期，出现了草化的倾向。战国时期三晋文字在字形上和原有的西周、春秋时期的文字差别很大，出现了大量的简化字，也有部分文字出现了繁化，文字的偏旁挪动随意，出现了合文（将两个或两个以上的文字合为一个文字）现象，这些文字有的被加上了合文符号。在东周文字辨识的角度上来看，三晋文字是辨识困难较大的一种文字。

（二）燕系文字

燕国位于华北东部，包括了现在的辽宁与北京，以及河北的一部分和内蒙古的一部分。燕国受封于西周初期，西周燕国青铜器铭文不少，从春秋后期开始燕国文字形成了自己的风格，其文字风格和三晋地区的文字风格有相近的地方，比如在偏旁的处理、简化字的处理和合文的处理等方面有相似之处。燕国文字在战国时期又受到一些齐国文字的影响，但是比起三晋地区的文字，齐国文字显得拘谨、整饬。

燕国地区的文字种类主要有青铜器文字、玺印文字、陶文（包括刻划陶文和戳印陶文）。在战国时期青铜器用字比较多见，铜器铭文，如公孙竃壶铭文和左关鋘铭文（图53），其文风格散漫，受到晋系文字的影响。兵器铭文很有特色，多为铸铭，整饬内收，显得拘谨、规范，并不潦草，但异体较多。货币（图54）有布币、刀币等形式，文字受到了晋系和齐系货币文字的一些影响，比较内敛。燕国玺印文字形式多样，既受到晋系、齐系的一些影响，又有自己独特风貌，玺印文字的风格大体与三晋地区接近，但是有燕国本身的处理方法，某些字形成了富有自己特色的样式，少部分与齐国的玺印文字接近，这与燕国和齐国之间

图53　左关鋘铭文

图54　燕国货币

爆发过的大规模战争以及互相影响有关。燕国玺印文字（图55、56、57）以铸造为主，少量为镌刻而成，有文字粗犷的巨印，也有笔画精妍的公印。条形印、气势磅礴的巨印为其他地域所罕见。燕国有一些泥封文字（图58）。燕国的陶文（图59、60）很多，陶文以戳印陶文为主，它既有由方形印章打出来的戳印陶文，也有由条形印玺打制而成的，这是其他国家所不见的。长条形专门制陶印的陶文主要为地名记录、陶工记载。燕国也有刻划陶文但是数量不多。

图55 燕系玺印文字之一摹本

图56 燕系玺印文字之二

图57 日庚都萃车马（燕系巨印文字）

图59 燕系陶文之一

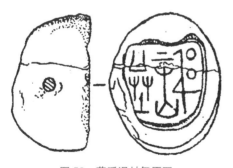

图58 燕系泥封复原图

图60 燕系陶文之二

（三）齐系文字

齐系文字主要分布在今太行山以东、淮河以北，以及山东半岛地区，有些影响到今苏北、豫东、皖东北地区，这里的齐系文字主要是指齐国文字和鲁国的部分文字。这两个国家的文字也有些区别，一般来说，鲁国文字偏于简质拙朴,而齐国文字偏于整齐和美观。两国的文字又影响了邾、滕、薛、莒、杞、纪、祝、倪、任等小国。

西周和春秋时期的带有铭文的鲁国铜器比较多,春秋时期的有:鲁伯大夫簋(图61)、鲁正叔盘(图62)、鲁封孙宅盘,以及鲁伯车鼎。这些青铜器上的铭文体现出比较保守的宗周籀文面貌,但笔画温婉细化了。

齐国从春秋时到战国时的金文资料比较多,著名的青铜器有:齐侯匜(图63)、齐萦姬盘(图64)、陈侯午敦(图65)、陈曼簠(图66)、陈璋壶、

图61 齐系鲁伯大夫簋铭文

图62 齐系鲁正叔盘铭文摹本

图63 齐系齐侯匜铭文

图64 齐系齐萦姬盘铭文

图 65　齐系陈侯午敦铭文

国差𬭚、黏镈。异体字繁多，使用了装饰笔画，有转向严整纤细化的倾向。

齐系文字中有大量兵器文字（图 67），比晋系要庄重一些。齐系货币（图 68）文字和三晋地区的货币文字有所区别，颇具特点。其中，刀币文字之精美、宽博、劲朗，冠绝当时，和三晋地区的货币文字有所区别，具有自己的特色。

齐系玺印文字（图 69）极有特色，旁凸的处理仅见于齐系玺印。玺印文字显得古朴、开阔、萧散而壮阔，以阴文为主，阳文为辅。其公印除了一些较大、较小的例子，大部分边长 2 厘米至 2.3 厘米，为秦汉时期的印章规制打下了基础。齐系文字有一定数量的泥封文字（图 70）。其中有

图 66　齐系陈曼簠铭文

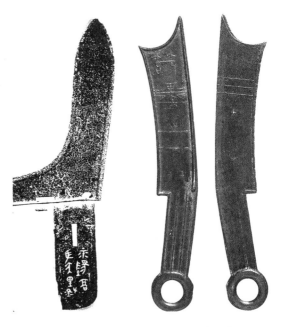

图 67　齐系兵器文字　　图 68　齐系货币

图 69　齐系玺印文字

图 70　齐系泥封文字　　图 71　齐系陶文

大量陶文（图 71），内容丰富，有记地、记人、记陶工、记迁徙，等等，字迹有阴有阳，有刻划为之，也有玺印抑盖，还有陶玺刻字再抑盖。戳印陶文中少量文字和传世的齐系玺印文字能够吻合，而大量的是一种多字型戳印陶文，文字刻划显得奔放、强劲，颇有特色。

齐系文字的繁简现象依然大量存在，但是表现得并不复杂，可以分析出其繁化部分和简化部分。另外，其偏旁部首也排列得比较合适，没有出现大量挪移紊乱的情况。齐系文字与宗周地区、三晋地区、吴越地区和燕国地区的文字都有很大的差异。鲁国文字发现的比较少，目前来看，鲁国文字还保留着质朴圆润的宗周遗风，但也向齐国文字的风格靠拢，且相关的长篇文字作品比较少。

（四）吴越系文字

吴越系文字比较芜杂，应用于吴、越、徐、蔡、宋，以及一些江淮之间的小国。吴越地区的文字辨认有一些难度，因为从春秋晚期到战国时期，吴国就已经不存在了，就只剩下越国，而越人之前经过早期的发展，他们的文字比较纠缠复杂，再加上徐国文字，总的来说，淮河流域和长江流域偏东南部的文字风格面貌并不一致。

位于当时的吴国地区的西周土墩墓出土的早期青瓷器的底部往往刻有文字，这些文字有的属汉字体系，有的未必属汉字体系，还有的可能是记事、计数的符号性文字，这些对汉字的影响并不是很大。这里附带指出，一部分研究者认为吴国最早的带铭青铜器是宜侯夨簋，实际上是宗西器，是由迁往东南的西周人士带来吴地的。吴国从春秋时期开始系统地接受了汉字，这主要集中表现在金文上。总的来说,吴国的金文内收严谨,有少量的鸟虫书和装饰字体,而大部分显得质朴,偏旁处理也比较严谨。把大量的鸟虫书的创造归于吴国是不恰当的,吴国出现的鸟虫书并不是很多。

越国的文字情况比较复杂,表现多样,比如说金石学上的巨迹——岣嵝碑(又称禹王碑)(图72),被认为是越人的作品,这是早期鸟虫书的卓越代表。越国文字在战国时期的各类文字中颇有特点,和吴国有很大的不同,只有少量的青铜器上保留着与吴国相近的文字表达。繁缛的错金鸟

图72　吴越系岣嵝碑局部

虫书和剑戈上的复杂文字才是越国文字本身的特点。在吴国和越国地区至今没有发现陶文,也没有发现简牍、帛书文字。

淮河左近、东南地区这一范围之内还有徐国。徐国文字的风格,应当说是和吴国大体一致,还受到了三晋文字的某些影响,主要是在青铜器上有所表达。青铜器主要是青铜容器和青铜兵器,徐国青铜器铭文字体也以秀丽朴素为基本特点。目前为止,还是很难确认徐国有大量鸟虫书的创作。目前很难确认徐国、吴国、越国这三个国家有玺印文字和货币文字的创制。

吴越系青铜器铭文有:者减钟铭文(图73)、北山四器铭文、吴王光鉴铭文(图74)、徐王义楚诸器铭文(图75)、蔡侯诸器铭文(图76)、能原镈铭文(图77)、者汈钟铭文、越王者旨于赐钟铭文,等等。铭文大多规矩内敛,体现了这些器物诚为一时之重器。应当注意,能原镈铭文是由印章式的阳文单字钉打在铸模上,再浇注到青铜钟上显现,这样,倒是由玺印的间接遗痕填补了所谓吴越系文字没有发现印章之阙。

吴、越、蔡、宋,都见到带铭文兵器,其中有些和吴王、越王、蔡侯、宋公有关。春

图73　吴越系者减钟铭文摹本

秋时期的兵器文字精致，风格谨严。战国时期的兵器文字有鸟虫书（图78）做法，有镶嵌金银的做法。

图 74　吴越系吴王光鉴铭文

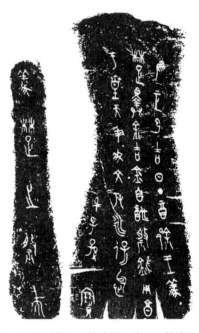

图 75　吴越系徐王义楚诸器之徐王义楚耑铭文

图 76　吴越系蔡侯诸器
　　　之申鼎盖铭文

图 77　吴越系能原镈铭文

图 78　吴越系越王勾践剑
　　　上的鸟虫篆

吴国和越国可能使用了与中原地区相差很大的方言，这在他们诸位国王的名字上就能体现出来，他们用汉字记录读音，有的是疾读仿似，有的是用了类似拼音的办法，这在早期的汉字史上、汉语史上，是个值得注意的问题。

（五）楚系文字

楚国文字流行在春秋时期至战国时期，其地域大致在今湖北、湖南，随着其后期的发展，逐渐传播到长江下游、淮河流域，甚至到了黄河下游。楚国文字向北以秦岭为界与秦文字相对峙，今河南南部也是楚文字流行的地区。春秋后期到战国时期是楚文字蓬勃发展的时期，由这一时期留下来的楚系文字资料也非常丰富，这些文字资料分布于当时楚、曾等国以及江、汉、淮水区域的一些小国。

春秋至战国时期的带有铭文的楚系青铜器很多，如曾侯乙诸器（图79）、王子申盏盂（图80）、王孙遗者钟（图81）、鄂君启节（图82）、寿春楚王诸器、楚屈子赤角簠、楚王领钟，还有一些楚系兵器文字（图83）。春秋楚系文字字体颀长，比较规矩，到了战国时期文字风格大变，直追书写体，多用波折，四面展拓，往往刻划极浅而猛利，字向左右开张，字的个体不求竖势而求横势发展，有着鲜明的特征，表现出向汉字今文字系统迈进的趋势，楚系金文也有鸟虫书做法。

图79 楚系曾侯乙诸器之曾侯乙编钟铭文

图80 楚系王子申盏盂铭文

图81 楚系王孙遗者钟铭文

图 82　楚系鄂君启节铭文

图 83　楚系兵器文字

图 84　楚系玺印文字

楚系玺印文字（图84）比较有特点，文字与书写文字近似，但是要整饬一些，玺印文字在面积上和部分做法上受到齐国的影响，这主要是指公印。少量的私印，也受到三晋地区的影响。楚国的玺印与秦国的玺印互相的影响比较大，但是，楚国的玺印从总体风貌来看更质朴、自由。见到一些楚泥封文字（图85、86）。楚国在绢帛上留下了玺印的钤印痕迹（图87），这点来说非常重要，这很可能是中国遗存的最早的用砾钤印实例。当然笔者也讨论过，像三

图 86　宝山二号战国楚墓发现的泥封文字

图 85　江陵天星观一号楚墓出土的泥封文字

图 87　江陵马山一号楚墓丝织品上的朱色印文

晋地区的一些阳文小玺原来的作用也应当为钤印，但由于钤印对象——绢帛的腐烂消失，印迹没有留存下来，楚国的情况正好补充了这一点，这也是中国玺印钤印的一个早期的重要例证，大大地向前推进了中国玺印的钤印史。

楚国货币文字富有特点，楚的货币文字中刀币和布币文字的风格介于齐和三晋之间，但是楚国蚁鼻钱（图88）上的铭文的风格又有自己的特点，其文字以阴文为主。金版郢爰（图89）、陈爰等为楚国独有。楚国的陶器文字极少，很难举出例证，这也许与楚地不在陶器上刻划或戳印文字有关系。

图88　楚国蚁鼻钱　　　　　　　　　　　图89　郢爰

楚系文字当中最醒目的是书写文字，目前发现的楚国系写文字资料比其他列国的都要多。楚系的书写文字主要是书写在简牍或绢帛上。绢帛上书写的文字主要是指长沙子弹库出土的《楚帛书》（图90），这是一份纪年、纪实，与宗教崇拜和神鬼信仰有关的重要文字资料，反映了楚国的意识形态。由《楚帛书》已经发展出了一门专门的学问。笔者在这里主要讨论它的字体，其字体和战国时期楚国金文的字体极为相像，笔画非常纤劲，以线条为主，而少见波磔，反映了楚人在绢帛上写字仔细认真的状态。楚系书写文字的另一个重要部分是简牍，目前出土的数量很多，其中保留了重要的文献，包括了楚国的历法、风俗文献，以及曾国、楚国一些文书，等等。这些文字是楚系书写文字的代表，尤其是古隶出现的标志，较为著名的有曾侯乙墓竹简（图91），长沙五里牌楚简（图92），长沙仰天湖楚简（图93），慈利石板村楚简，江陵望山一号墓、二号墓楚简（图94），江陵天星观楚简（图95），荆门包山楚简（图96），荆门郭店楚简（图97），还有北京大学、清华大学、上海博物馆藏楚简。这些是充满书法意味的作品，早期的可以称为"篆骨隶表"，战国时期的书写文字基本上进入了古隶的范畴，这是汉字史上很重要的现象。笔者认为古隶就是在战国后期为今隶奠基的一种隶书书体，它不再是篆书体系当中的文字，而是后来隶书体系的先声。楚系文字自信而且充满动感，是写字者的心态和写作内容的完美结合，可以看作早期书法的杰出代表。楚的书法风格流利华滋，恰和秦的敦厚朴实形成了对比。

图90 《楚帛书》

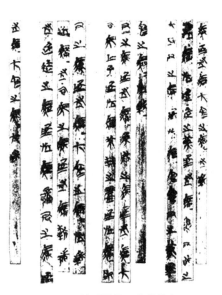

图91 楚系曾侯乙墓竹简文

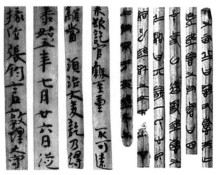

图92 楚系长沙五里牌楚简文　　图93 楚系长沙仰天湖楚简文

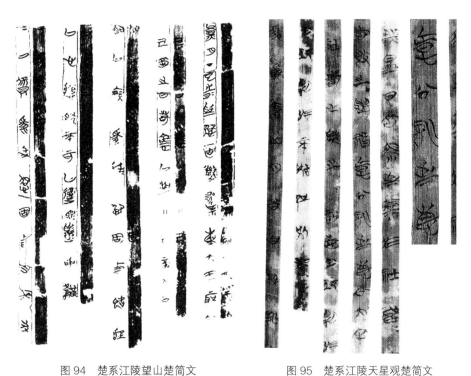

图 94　楚系江陵望山楚简文　　　　图 95　楚系江陵天星观楚简文

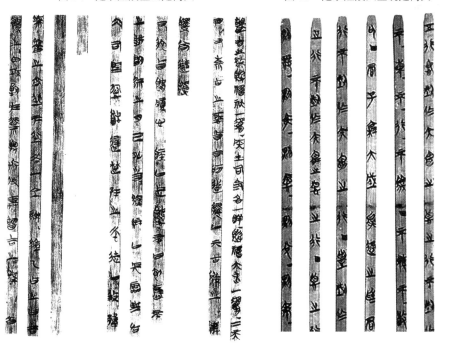

图 96　楚系荆门包山楚简文　　　　图 97　楚系荆门郭店楚简文

（六）巴蜀文字

巴蜀文字就是现今四川东部和重庆地区的巴文字以及四川西部的蜀文字的合称。学界目前对这部分文字无法全面通读，除了部分意义的了解之外，对字形隶定、字音释读了解偏少，但笔者可以认识到，巴文字和蜀文字还是有区别的。大致可以看到两点：（1）蜀、巴民族是异源的，蜀文字和巴文字的地域区分比较清楚，蜀文字流行于成都平原，巴文字流行于川东山地，都基本上灭亡于秦国大一统战争时期，蜀灭亡要早一些。（2）从属于蜀文字范畴的某些图章可以看出当中有祭祀、会盟、战争、咒越等内容，有比较具象的符号，但是不能读出它的确切意思。蜀玺印文字当中，发现了几例借用汉字的情况，他们所借用的汉字的形体主要取自秦文字，这给人以启发，蜀文字在当时可能与秦文字有部分相通、对读的现象。巴文字是一种线条型结构的文字，缺乏具象的符号，未发现其与汉字间的交流。蜀文字和巴文字是否是汉字体系以外的一支或者两支民族地区用字？对它们的起始时代、内容、意义甚至单词的读法目前都在研究当中，有些问题可能成为绝学，沦入历史的尘霾再也得不到解决。

目前所知道的巴蜀文字包括青铜器（图98）铭文（图99）、石刻文字（图100）和玺印文字（图101），其中，以玺印文字为大宗。其青铜器铭文当中有一些出现在青铜容器上，也有一些出现在兵器上。其他的文字载体上的文字，包括简牍文字、陶文等，目前还很难区别。

图98　巴蜀青铜器　　　图99　巴蜀青铜器铭文

图100　巴蜀石刻文字　　　图101　巴蜀玺印文字

四川荥经蒲江战国船棺的出土将大量战国巴蜀的生活物品、作战工具带入公众视野，其中数件青铜兵器竟然刻着"成都"两个文字，矛的另一面还有一个类似"公"的文字。有研究者认为，秦灭巴蜀后，秦国实行"羁縻政策"（中央王朝笼络少数民族，以维系中央集权制度统治的手段），让掌握秦国文字的巴蜀贵族统治当地，这应该是巴蜀兵器上出现金文的原因。刻上"成都"应该是说明兵器制造地。

以上，简单地回顾了东周时期的列国文字，从这些文字可以看出，列国为了寻求政治上的独立，逐渐以文字为敏感的工具，在形体处理上越来越脱离传统，形成自己的面貌，越往战国时代去，此风越为强烈。这是一个各国人为的行政命令造成的过程，还是自然而然离心而形成多中心的过程，目前并不十分清楚，但是从当时以及后世的政治发展情况来看，人为命令的成分应该是比较多的。正如王凤阳在他的《汉字学》中所说："标准字体必然是一个时代的政府或朝廷的法定字体，是被政府用政治力量来维持和推行的字体。"历代的统治者也要根据语言文字交流和社会治理的需要，大力提倡、推行当时社会的标准字体，各个时代所编写的字书以及正字文书就是很好的证明。

但是，这种在一定的区域之内，按照国君或者诸侯的要求秉承一定的、有自身特色的写法来书写的汉字，并没有影响汉字大体系的地位。除了巴蜀地区以外，这些地区的文字并没有造成对汉字体系的彻底破坏并形成一种新的文字体系，当然巴蜀文字也没有在更大的地域流行。当然这种实际上的对商周汉字体系的破坏，假以时日，是否会造成质变性的革命，目前已无法讨论；但是，是秦文字中止了这种日渐深刻的变化，秦的文字统一并不是不同文字的统一，而是在一个统一的文字体系当中，对不同的书写方式的进一步统一，因此用"整理""厘定"一说可能比"统一"要表达得更为准确一些，或者还可以说是秦用小篆来整理规范汉字，做到了对汉字古文字系统的总结和标准化，紧接着以隶书在全国范围完成了实用文字的统一，启动了汉字今文字系统。

三、与秦文字的对比

按地域区别楚系文字、齐系文字、晋系文字、燕系文字、吴越系文字、巴蜀文字，等等，只是按有关资料分布的地域范围的分类，并不是文字体系上的整体性、区别性分类，其中，巴文字、蜀文字属于例外，它们大多依然都属于汉字大体系。所谓的东周时代各国"文字异形",只是在这个体系之中有各种带有不同地域特点的书写、铸刻等风格。当然,存在着比较普遍的异写、异构现象,而这正是东周文字所共有的特点。这种现象对于长时期的汉字体系本身的发展,是会产生瓦解性危害的。现代应当庆幸,东周时代经历了500余年的动荡,由秦帝国又一次完成了汉字史上的大整理,因为这次整理是伴随着大一统的战争进行的,因此人们常常把秦帝国在汉字上的动作也称为"秦始皇帝统一文字""汉字大统一""书同文",等等,这也没有什么不可以。

通过对比研究考古出土的大批秦、楚文字资料,可以发现楚文字在审美趣味上表现出较重的工艺性、装饰化特点,其字形繁复、风格诡异、大波大折,富有浪漫气息,有强烈的个性。而秦文字却呈现规范化、整饬化的特点,结构匀整,风波不惊,平稳趋方,指明了文字书写便捷化的方向,遵循着共性化的发展方向。虽然说在东周已经出现了楚文字的古隶作品,但是:(1)楚文字较早地切断了与宗周文字的延续,风格"突变",这样,楚文字难以获得大面积的文化传统上的认可与接受;(2)大一统的任务毕竟是由秦国完成的,必须承认历史必然性的作用;(3)秦楚之间边界线很长,交往也非常频繁,可以相信,在秦文字隶变的过程中,或多或少受到楚系文字的影响,也受到楚系文字使用重心下垂的启发。

对比分析晋系、齐系、燕系、吴越系文字的构形,就会发现,尽管不同地域文字材料总字量不同,繁简处理也有不同,但其基础构件、结构模式、功能模式、功能类别等还是基本相同的。字形的差异和用法的不同是针对个体字符而言,书写、刻契风格的区别也只适用于局部材料或局部属性,都不能作为统一的标准来划分总体文字。由此可见,不同地域文字的"异形"只是一种表象,它们仍然属于同一文字体系,而这些国家采用的对文字进行大拆大变的做法,为秦文字所不取,但是东周各国文字的"动感"、社会功用重心的下垂,也会给予秦文字以良性的刺激。

对比分析秦文字与蜀文字的关系,可以看出秦对于蜀的影响要大一些,蜀存在着北向接受的现象。目前看不出巴文字与秦文字的关系。

秦统一文字并非把不同体系、不同类别的地域的文字统合为一,而是对同一汉字体系内部的异写异构字加以规范整理,这样做使得汉字不仅将多民族的中华大家庭联系在一起,形成文化认同感和共同的民族心理特性,表现着中华民族的精神世界和审美情趣，成为中华优秀传统文化的基因和标识，而且将汉字艺术（包括书法艺术、印章艺术、刻石艺术等），从战国时期的纷乱颓废"拉"回到平正简直的道路上。

战国后期开始，金文篆书伴随着青铜时代的基本终结而逐渐淡出，这又开拓了秦代文字日常手写体的新的独立发展道路——隶变。隶书随着实践需求而在竹木简牍、丝帛、石片上大量出现，也为从先秦开始以篆书为主导的古文字书写系统转换为秦汉以来以隶书为基础的今文字书写系统奠定了基础，造就了汉字丰富多变的结构样态和空间形状，促进了旧有字体的解体、变造和新书体的萌发、形成。这样，人们不由得肯定东周时期文字字形纷乱对于解体汉字古文字系统的积极意义。

自春秋初叶始，秦人晋升为诸侯，得以立国，文字则沿用西周宣王时太史籀所整理的大篆字体，使用的文字字形规范稳定，书体变化不大，同东南各国文字差别明显。从传世及考古资料看也可以发现周秦金石题铭坚持使用正体大篆，日常手写很少异体。而六国文字字形基本结构大体相同，但字体繁简、偏旁位置都有很大差异，日渐草率，严重侵蚀了金文正体、装饰性书体的传统领地，文字异形现象十分普遍。相比于这些国家和地区的文字，可以发现秦文字更多地继承了西周文字的遗风，比较稳定，这也是秦统一之后"书同文"政策在较短的时间内得以完成的基础条件之一。

这些都说明，如果过分强调各国文字的"异"处，容易给人们造成一种错觉，使得人们往往无意之中夸大不同区域文字之间的差异，而忽视了不同区域文字主体相同的事实。人们必须抛开"文字异形"的绝对化的固有认识，寻找不同区域的文字地域特点的共性。从文字的发展规律来看，任何时代的文字，都会有发展演变的过程，各时代的文字总具有密切的传承关系，并且常会与其他文字发生千丝万缕的联系。因此，研究秦文字与东周列国文字，除了要把它们与同期古文字进行比较外，更重要的是把它们放到不同时代的古文字体系中进行对比研究，辨其异同、析其关联，寻找它们的发展演化迹象，最终得出比较符合实际的结论。按照这一规律，秦文字与东周列国文字都在规范化、程式化又个性化地发展着，进而将汉字艺术推向了各臻其美的境界。然而，由于时代久远，确凿可信的文献材料缺乏，秦文字与东周列国文字之间的复杂关系仍无法得到全面、深刻的解析，成为悬而未决的文字学问题。

到了秦王嬴政二十六年（前221）统一天下，"言语异声""文字异形"的局面，直接影响到秦王朝政令的下达和郡县的上奏。《史记·秦始皇本纪》记载："天下之事无小大皆决于上，上至以衡石量书。"古时每石60千克，就是说，当时秦始皇帝每天要审阅60千克的用竹木简写成的官文书，再加上各种官事繁多，官书浩繁，民事杂沓，实现文字书写的统一，不仅关系到工作效率，更关系到国家政令的统一与下达，"书同文"的问题便提上了国家政治议程。于是，秦始皇帝采纳了丞相李斯的意见，采取一系列包括"车同轨""书同文""行同伦"在内的政治、经济、文化措施来巩固其集权统治，秦文字也在"书同文"政策的影响下获得了空前的发展。秦王朝把小篆新书体作为区别于既往和其他地域性文字的书体颁行，小篆作为汉字古文字系统的正体总结，宣告了夏商周以来汉字古文字日常使用的终结；同时隶书成为通用书体，成为全国范围内使用的统一的文字，为汉字今文字系统奠定了基础。

第五节　小结

汉字自出现后，又经历商代、西周时期的发展，尤其是在商代晚期经历了汉字史上的第一次大整理，在西周后期经历了汉字史上第二次大整理。东周时期秦文字又与列国文字比肩互动，经历了500余年的发展。在一定意义上，秦是汉字古文字系统的终结者，又是今文字系统的开启者。

目前见到最早的汉字作品是略早于"夏文化"的陶寺文化的文字作品，虽然它还不是汉字的"端点"之作。可能汉字的"端点"之作会浮游在例如大汶口文化、龙山文化、崧泽-良渚文化等远古遗迹之中，寻找汉字的"端点"是近来孜孜追求的事情了。但是到达了陶寺文化时期，汉字已经进入文字架构的成熟阶段。可以看出数千年之后，秦人的文字不过是它的远远的继承者。"夏文化"遗留文字不太多，但是其主体应当属于汉字体系，笔者对于见到更大量的"夏文化"文字充满信心，并且相信这将会对最终解决夏王朝是否存在、如何存在的问题，提供关键性的帮助。

商代汉字以甲骨文、金文、陶文为代表，显示了汉字在商代中晚期的迅猛发展。面对如此丰富的成果，知晓汉字在历史上经历了第一次大整理，是理所当然的事情。商代，人们在进行汉字大整理的时候，清醒地意识到主要是工具性的文字需要被整理、需要被认真对待，他们对文字的某些处理原则和处理方法，在秦文字这里得到继承，并且影响到秦"书同文"的实践。因为商文字是国王、贞人等最高统治者的意识形态工具，那么，秦多通碑刻、石刻，用的是当时最为高级的字体——小篆，并没有用士农工商皆使用的秦隶，这说明汉字各种字体在被使用时，在一定时代，在一定的社会阶层，在一定场合，还是有一定区别的。

西周汉字以金文为代表，随着大宗之安排，小宗次第分离远播，汉字分布的地域远比商代大得多，文字的使用重心自然地有所下降。随着宗法制不可解决的内在矛盾影响到了作为意识形态工具、管理工具的文字的时候，周宣王时期开展了汉字的第二次大整理，这次大整理的结果，也跨越了时空，传向远方，例如三晋、燕、齐、鲁、楚、吴、徐等国在春秋早期也是基本遵循第二次大整理的成果，守着西周晚期籀文的基本规制的。但是，由于政治、经济、军事发展的不平衡，从春秋后期到战国时期，宗周籀文在这几个国家很快地离散，即所谓"诸侯力政，不统于王，恶礼乐之害己，而皆去其典籍，分为七国，田畴异亩，车涂异轨，律令异法，衣冠异制，言语异声，文字异形"。西周后期汉字第二次大整理的成果为秦文字全盘接收，由不其簋铭文、秦子诸器铭文、石鼓文、秦景公编磬铭文、秦公钟铭文、秦公镈铭文而多次表达出来，最后却导致了用小篆替代了籀文的总结性整理，这是需要十分注意的。西周后期汉字第二次大整理前后，汉字使用重心的不断下垂，实际上给予秦文字以深刻的启发。

秦文字在战国时期的影响比较广泛而深远，且并不局限于一时一地。战国时期的文字从俗、从简，照顾手写习惯的迹象愈加明显。秦文字与列国文字都有结构处理相类似的例子存在。但是，在繁简、正俗种种变化的具体体现上，秦文字与东周列国文字又有着明显的差别。东周列国文字（包括秦文字）是同源异体、同核异态的存在。在时间上，东周列国文字与秦文字"摩肩接踵"。秦文字与它们有着如下异同：（1）都曾经选择了宗周籀文为基本字体。可是，其他国家在不断离散，逐渐一发不可收拾，最后使籀文面目全非；秦文字基本上在按部就班地发展，直到小篆阶段，还是能够看出籀文的血脉所在。（2）因为社会生活现实的需要，列国文字包括秦文字都选择了让汉字重心不断下垂，直到士农工商等社会下层,所谓"物勒工名",仓廪之用、兵器之用、校量之用、商货之用,货币文、陶文、兵器文、符节文、玺印泥封文、漆器文,林林总总,不一而足,这是中国文化史上第一次全民族的汉字"大扫盲"。这里面当然有历史的必然性,最彻底的汉字重心下垂、最彻底的"大扫盲"的重任历史地交到了秦人手上。(3)东周列国文字结构比较活跃、简单,秦文字结构较列国文字更厚重、复杂,此与汉字的发展运动情况有关。战国时期,汉字变化剧烈,解断传统,主要趋向于随意简化,各地域、各种用途的文字与籀文具有显著的差异,具有繁简的不同。反观秦文字,由籀文出发步向小篆乃至秦隶,脉络清晰,步履扎实,稳进徐行。(4)从文字的形体上来看,秦文字与战国列国文字结构完全相同的并不多见,相较而言,与春秋早期各国金文更加类似。秦文字字体比较规范严谨,而东周列国文字显得随意,这主要由社会动乱、时代变迁、文字用途等原因造成。(5)为了文字工具性的充分发挥,为了使汉字在大一统的进程中发挥决定性的作用,又是自然而然地由秦人从古隶出发,创造使用了崭新的字体——隶书,至此"古文由此而绝矣",这是汉字发展史上一个空前的进步,其积极意义一直延绵到21世纪。

以下是笔者深刻注意、反复玩味的几段早期对秦文字字体、字形进行研究的文献。《说文解字·叙》当中曾经指出:"秦始皇初兼天下,丞相李斯乃奏同之,罢其不与秦文合者。斯作《仓颉篇》,中车府令赵高作《爰历篇》,太史令胡毋敬作《博学篇》。"这大抵可以相信,是所谓"皆取史籀大篆,或颇省改,所谓小篆者也"。《汉书·艺文志》中也指出:"秦始皇时始造隶书,起官狱多事,苟趋省易,失之于徒吏也。"西晋卫恒《四体书势》中指出:"秦既用篆,奏事繁多,篆事难成,即令隶人佐书,曰隶字。"东汉蔡邕则认为,隶书是秦始皇帝时期,狱吏程邈所创,称其"删古隶文"。这些可以和秦政治管理的"以吏为师"结合考虑。众所周知,古隶在秦国早已出现,楚地也有出现,甚至在更早的春秋晚期的《侯马盟书》当中也出现了隶意。秦始皇帝时期,文字只不过是在古隶的基础上,逐渐向今隶推进。两汉时期,今古文经之争,导致了学术界对秦小篆和秦隶书起源问题的空前重视,其中最重要的成果就是《说文解字》及其对秦文字的初步理解与认识。许慎的《说文解字·叙》是目前所见最早系统论述有关汉字发展问题的材料,其中指出:"仓颉之初作书,盖依类象形,故谓之文;其后,形声相益,即谓之字。……及宣王太史籀,箸大篆十五篇,与古文或异,至孔子书六经，左丘明述春秋传，皆以古文，厥意可得而说。其后，诸侯力政，不统于王，恶礼乐之害己，而皆去其典籍，分为七国，田畴异亩，车涂异轨，律令异法，衣冠异制，言语异声，文字异形。秦始皇帝初兼天下，丞相李斯乃奏同之，罢其不与秦文合者。……皆取史籀大篆，或颇省改，所谓小篆者也。是时，秦烧灭经书，涤除旧典。大发吏卒、兴役戍。官狱职务繁，初有隶书，以趣约易，而古文由此而绝矣。自尔，秦书有八体。一曰大篆，二曰小篆，三曰刻符，四曰虫书，五曰摹印，六曰署书，七曰殳书，八曰隶书。汉兴有草书。"从"一曰"到"八曰"，许慎的研究，在逻辑上是十分畅达、基本准确的。

这些文献虽然比较简短，却为汉字史和秦文字的研究定下了基调，特别是有关战国文字"异形"和秦始皇帝"同之"的论述，对于后世的影响可谓巨大，至今为人们所遵从。在此以后的很长时期内，对秦文字的表述大致都依循《说文解字》的表达。

说到底，"秦文字"是一个不是十分精确、不十分科学的提法，只是因为秦文字是在汉字史的发展阶段上是极为重要的存在，所以才将其提出来加以重点研究。同样的认识，仿佛也可以使用在六国文字之上，目前，也有专门的著述对六国文字分别研究。可是，六国文字只是汉字的地域性的表达，它们并不是几种单独的文字，只是在汉字大体系当中，由于书写表现和形体表现的一些区别才出现了样式的不同。后来，六国文字也没有形成具有"全国"影响力的文字。于是，六国文字没有像秦文字那样，值得被专门提出来由地方到全国加以全面深入地研究。秦文字恰恰是在东周文字的大环境当中，在所谓的六国文字的环绕之下，坚韧不拔、勇猛精进，而逐渐凸显出来的，它最终影响到了全国，覆盖到了六国故地，秦文字很好地完成了历史赋予它的使命。

秦文字与东周列国文字从根本上来看仍然是一个大体系，只是在这个体系的内部有比较多的个体字符差异和局部风格的不同。战国文字使用的分裂现象并没有造成汉字大体系的分裂。笔者这一论断，在理论上应当是很有意义的，它从一个侧面说明了政治的分裂不会从本质上影响民族文化的统一。作为表意文字的汉字不但是汉语发声语言的载体，也是民族文化的载体。在政治发生分裂的时期，文字沟通文化、传承文明的作用更为重要，而且只要文字确实还担负着文化交流的历史使命，那么这个文字体系的统一大概是永远不会受到本质性的破坏的。

我国地广人多，各地方言迥异，后来历史上又多次出现分裂割据的局面，文字的统一就成为维系中华民族历史发展进步的根本纽带。长期以来，我国古代社会经济高度发展，文化曾经屹立在世界文明的前列，这与秦大一统的开创之功有着不可分割的联系，与汉字"书同文"的战略决策有着不可分割的联系。文字的统一标志着民族文化的内在一致性，"书同文"的文字统一政策决定了汉字发展的统一方向，顺应历史潮流，遏制了汉字的无限异化、分化的倾向，中止了东亚大陆上文字体系分裂的可能，这也正是笔者讨论汉字发展时必须借鉴的由秦文字留下的宝贵的历史经验。

第四章　秦文字

以往有关秦历史文化的研究，主要依赖于一些传世不多的文献记载，这显然是不足的，这给科学的、完整的秦史、秦文化研究带来不小的难度。现当代考古学的发展，使得一批又一批埋藏于地下之秦文字文献资料和文物得以重现，这对于研究秦史、秦文化提供了极大的便利。在今天，人们可以这样说，离开了考古学的发现与研究，深入地、科学地研究秦史、秦文化是行不通的。笔者可以引申言之，在今天，离开了出土的秦文字资料，深入地、科学地研究秦史、秦文化也是行不通的。

平王东迁，秦襄公护驾有功而受封诸侯，秦始立国。秦国当时拥有了西周故地，经过春秋时代的发展，称霸西戎，及至战国时代商鞅变法，秦国已十分富强。秦定都咸阳，挥戈向东，兼并六国，包举海内，统一天下。秦人这一史诗般的历程，通过历史文献以及近现代考古出土的文献资料，为人们所知。秦从早期地处边隅、进驻关中，历经秦族、秦国、秦帝国三个大的发展阶段，在漫长的发展历程中，以实用主义为主导，吸收、整合先进的西周文化及其他先秦时期戎狄的多元文化，创造了自己独有的富于创新、开拓精神的秦文化，为中华民族整体文化的形成奠定了政治、文化基础，最终完成了中华民族历史上又一次也是影响最为深刻的一次大一统。

在国家政治架构上，秦奠定了大一统的国家形式和大一统的民族国家观念，开创了专制主义中央集权制度，推行中央的"三公九卿"制度和政治地理上的"郡县"制度，这些基本上都为后世王朝统治者所沿用。秦摒弃血缘政治而要用比较彻底的地缘政治统治。

在社会生产经济上，秦规定了"重农抑商"的基本国策，固化了我国古代社会以农为本，重农抑商，以家庭或家族式小生产单位为主的"男耕女织"的基本自然经济模式。秦工商业在国家指导下得以发展，秦建立了庞大而缜密的工官、商贸体制,形成一种复杂而高效的古代经济管理格局。

在意识形态、思想文化上,秦一直坚持实用主义的立场,直到战国时期以明里法家路线治国、暗里包容百家,开创了"皆决于咸阳",即服从于皇权统治的文化专制主义的先河。这些以潜在的方式影响着中国古代社会的政治实践,成为中国传统文化的一部分积淀下来。

在功用性文字上,秦文字上承商周文字,在发展演变过程中,秦不断融入自身民族的风格和文化,在春秋早期逐渐产生了具有地域风格的秦文字,到战国时期基本形成了小篆和隶书。从文字发展史来看,秦文字既是中国汉字古文字的终结,也是汉字今文字之发端,是中国文字发展史极为关键的转折、枢纽,因此秦文字的研究在汉字史领域就显得格外重要。

秦文字原本作为东周文字的一个重要分支,在战国中期以前与其他六国在文字上存在的差别并不很大,主要是在一些具体写法上有所不同。而到了战国中期以后,逐渐形成自己的风格,秦文字与六国文字开始向不同方向演变。秦文字向整饬、规范、简省的方向发展,但并未出现大量的异体字;而六国文字向着繁化、简化等多方向发展,并出现大量的异体字。战国以后,秦文字逐渐产生了结体庄重、规范的秦小篆和书写便捷、笔画趋于方折平直的秦隶书。秦小篆的形成、秦隶书的产生,是汉字发展史上的两个重要的事件。小篆成为对数千年汉字古文字系统的完满总结,在刻石铭功之时,秦将之作为皇家榜书的标准体。隶书是"书同文"的标准字体,在"以吏为师"的国策之下,迅速普及全国,直至"黔首百姓",这是汉字史上带有早期"扫盲"意义的空前之举。在汉字由异形到统一,由古文字阶段发展到今文字阶段的重要关节点上,所谓战国文字的范畴,也就逐渐容纳不下秦文字了。

秦文字在对以往总结的基础上,进一步确定了汉字发展的方向。战国时期,秦国和其他国家一起,做了汉字发展史上第一次全国性的"大扫盲",使得汉字的使用重心下垂到社会的最底层,当然,秦国的效果更为切实,这直接推动了秦王嬴政发动的大一统的进程。秦始皇帝的"书同文"的汉字规范化运动,实际上是汉字的第三次大整理,相比于汉字的第一次、第二次大整理,它对于汉字未来的影响和作用更为深刻。秦文字中主要是隶书部分,为西汉时代统治者直接采用,并被普及到社会各个阶层。经历两汉之际今古文经争论,学界意识到秦小篆的文字学价值,东汉时期许慎的《说文解字》依然试图用秦小篆写出部首、字头，就是明证。秦代之后两千余年汉字的演进，可以认为是沿着秦文字所开辟的"航道"不断前行。

秦文字在汉字学史上起着承上启下的作用。从前面两章可以知道，秦文字出土资料的发现与研究，大致肇始于隋唐时期，历经宋、元、明、清至近代，对秦文字资料的研究逐渐有发展为独立学科的趋向。20世纪中期以后，随着秦文字资料的不断发现，尤其是大批秦简、泥封文字资料和大量青铜器、兵器铭文的接连发现，以及有关秦文化遗址、墓葬的考古发现，出土的秦文字文献资料在数量上有了很大的积累，也由此带动了包括秦文字在内的战国到西汉初叶文字学、文献学的研究。

作为本书的主要章节之一，本章任务是客观地梳理传世与出土的秦文字资料。这样的著录已经有过一些，尤其是王辉、王伟的《秦出土文献编年订补》[①]，王辉、陈昭容、王伟的《秦文字通论》[②]，丰富详明，查寻方便，是秦文字研究不能绕过的府库。本书当然是抱着虔敬学习的态度，向这些重要著录汲取大量的营养。

对于秦文字资料的分期分节，笔者主要以五点要素作为基本依据，按其要素的重要程度分为：（1）内容；（2）字体、字形；（3）所出土的考古学"单位"；（4）器型载体的分析；（5）与非秦文字资料的比较。笔者将西周末年到统一的秦帝国这一时段的秦文字资料分为三期七小节，这种综合分析的分期、分节方式在以往的研究中好像并不多见。

对于秦文字资料的梳理、分类，本书和其他相关著作有所不同，本书提出笔者自己的分期意见和分类方法。关于秦文字资料的分类，既考虑了以往研究者惯用的通过文字的载体进行表达的因素，例如陶文、金文、货币文、简牍文、泥封文，等等，还介入了一些文字的具体表现方式因素，比如说书写方法、契刻方法、模印方法，等等。在此需要强调这样一种基本认识——秦文字遗迹是一种"手工制品"，是人们手下的劳作，这些劳作反映了文字在波动性地变化发展，也反映了其在不同载体上的表现的差异。本章将以铺陈秦文字资料的形式，介绍笔者的"复合分类法"。

---

① 王辉、王伟：《秦出土文献编年订补》，三秦出版社，2014年。
② 王辉、陈昭容、王伟：《秦文字通论》，中华书局，2016年。

本章最后设有一节，讨论汉字的第三次大整理，这次大整理是"秦文字运动"的总结性尝试。其中既有关于东汉许慎提出的"秦八书"问题的讨论，也有对秦时汉字的第三次大整理的成果分析，还有对秦文字和西汉文字之间关系的探讨。通过对秦以后的文字发展进行研究不难发现，西汉王朝在政治上"汉承秦制"，近年亦有研究者提出在文化上"汉承楚制"，但是在文字上西汉是坚定的"汉承秦字"，这是一种非常有意义的现象，据此也可以看出秦文字对其后两千多年汉字发展的重要影响。

第一节　秦文字的分期问题

在历史学、考古学的认知范围内，对于任何一件事物，必须要把握其存在的时间、空间。在讨论秦文字资料时，是以分期的研究把握其时间、空间的存在的。

秦文字是一种历史的客观遗存，它在数百年的发展进程中，不可能是按照人们事先预设的期、节而存在的，所以说到底，所谓秦文字的分期是后来人研究时一种人为的学术行为，这只是为了认识、研究和利用的方便。于是，在大量的资料面前，任何一种分期都不可能是完美无瑕的，在笔者以下围绕秦文字的分期的讨论之中，或有缺点甚至是错误，这些仅算作一种学术的尝试吧。

一、秦文字分期方法

对秦人的远古历史无论是取"东来说"还是"西来说"，"来"了之后，在"保西垂"之前，秦人还是一个逡巡于渭河上游的半游牧部族。秦人最初聚居于西垂是相当艰苦的。农耕经济时代开始，秦的活动仅局限在渭河上游、陇山以西的河谷地带。秦于东周立为诸侯国，不断东迁发展，"遂霸西戎"，其间，多次迁移都城；春秋时期秦在"汧渭之会"及关中平原壮大发展，建都雍城，为强秦的鸿基大业奠定了坚实的根据地；及至战国，秦则进一步东进占领河西，最终徙经栎阳，建都咸阳，开拓兼并，统一海内，由此，秦文化由西土、关中的地域性文化，成为大一统的帝国文化。

讨论秦文字分期，必须结合秦人—秦国—秦帝国的历史学分期以及考古学分期来进行。但是，目前我国的考古学界、历史学界对秦文化的分期并不一致，多则有十余期之说，少则有三四期之说。各种分期法有的是根据秦人的社会发展的阶段，有的是根据秦国都城迁徙的情况，有的是根据出土陶器的分期、青铜器的分期和墓葬形制的分期情况，等等。这些分期都有它们各自的学科依据，表达得并不一致。

秦文字分期无论就服务于文字学、历史学、考古学、文物学、艺术学等学科而言，还是就向一般的观众、读者解说而言，都是必须进行的工作。人们应当意识到，秦文字分期和秦文化的历史学的分期、考古学分期有所关联，又有所不同。首先，它和历史学、考古学的分期是有关系的，它们发展进程的基本逻辑也应当是一样的，某些时间节点，例如秦帝国的统一和秦始皇帝"廷议"，是会对秦文字的分期产生一定的作用。但是，较之漫长的历史，文字学的分期和社会史的分期、考古学-器物学的分期，就会有一定的差异。

思维、语言、历史事件和作为记录符号的文字相比，不是绝对同步的，世界各地从古至今历来如此。一般来说，文字的表达会滞后一些，文字所要表达的形象，即文字作品本身，又可以向后滞留一段时间。这样，就造成了汉字文字学的分期（包括秦文字分期）存在一定的模糊性和不确定性。所以，本书在这里讨论秦文字分期，只是一种逻辑发展的分期、分节工作。为此，笔者在各个分期、分节中，将会指出其间的重要人物活动、重大历史事件、都城的重大迁徙情况，但是并不能说这些重要人物活动、重大历史事件、都城迁徙等，就和秦文字的发展有绝对的对应关系，尽管这些的相互影响是存在的，但是就文字这种语言和思维的工具来说，它不一定是环环对应的。

至迟到宋代以来，因为学者们对带有文字的秦文物要进行时代的介绍，即所谓"断代"，所以秦文字分期工作实际上一直在进行之中。应当说，秦文字分期研究的长足进步是在1949年以后。由于田野考古工作的发展，地下出土的秦文字资料越来越多，相关遗址、墓葬与带有文字的秦文字比较明了，人们对秦文字的关注与重视程度也就大大地超过了以往各代。古文字学界也逐渐纠正了前期东周列国文字研究与秦文字研究相对立的局面，秦文字分期和东周列国文字的研究共同发展。

在进行秦文字研究，包括分期问题的探讨时，有以下三方面要求：（1）考古出土的秦文字资料的出土状况要基本准确（所谓"基本准确"是指1949年之前，有些资料的出土情况是不很清楚的，即便是1949年之后，亦有部分资料的出土详细情况也不很清楚），以求全面客观；对于"传世"的秦文字资料，对比考古出土的标杆式典型器，提出自己的比较明确的意见。（2）相关资料的时段基本连贯，可供比较、分辨先后、找出规律。（3）同一时间层面的资料基本收罗殆尽，分期得到"量"的支撑，以求"透字见人"，从鲜活的角度研究秦文字。基本达到了以上这三方面要求的研究成果，目前看到有以下三部：（1）王辉《秦出土文献编年》[①]（收集了自1999年以前出土秦文字资料，这是一个开创性的工作）。（2）王辉、王伟《秦出土文献编年订补》[②]（继续收集、订补了自2011年以前出土秦文字资料），两编上起秦庄公即位（前821）前夕，下止秦二世三年（前207），涵盖前后共约600年的秦铜器铭文、竹木简牍文字、陶器文字、石刻文字（包括石鼓、石磬、摩崖、碑刻文，等等）、玺印泥封文字、货币文字、漆器文字、其他杂器文字，等等，秦出土文献资料4282目。书中对每条资料均做了编年说明，除了对每一件器物进行识读，有的还有简短的考释，还详细说明了器型、收藏地、图文著录情况，并以按语的形式说明其编年理由和国内外有关研究情况等。（3）及至王辉、陈昭容、王伟《秦文字通论》[③]一出，相关资料的收集下延至2013年5月之前，秦出土文献资料条目也有了明显增加，著录、考证、研究也更为深入，这些著录、考释、研究对于秦文字分期研究有着十分重要的作用。

　　笔者在讨论秦文字分期的时候，不准备过多地讨论与秦文字相关的社会、历史进程等方面的问题，也不准备过多地讨论秦文字资料中所涉及的政治、军事、经济、职官、地理等方面的具体内容，这不是本书的任务。可是，秦文字资料所涉及的各种内容，包括王世、纪年、人物、事件、职官、地理，等等，是会直接或间接地影响到秦文字本身的分期、分节，有的甚至具有绝对断代的意义。关于秦文字的字体、字形发展，虽然没有绝对的分期关键点，但是可以从前至后地看出它们的发展轨迹，提供分期、分节的可视标准。甚至某些文字的载体，

---

① 王辉：《秦出土文献编年》，新文丰出版公司，2000年。
② 王辉、王伟：《秦出土文献编年订补》，三秦出版社，2014年。
③ 王辉、陈昭容、王伟：《秦文字通论》，中华书局，2016年。

如陶、泥封等，也能看出分期分节的某些要素。

以往学者们进行秦文字分期工作时，可以依据的要素大概有两个方面：第一个方面，是指结合历史文献，针对其王世、纪年，明确时代的人物、历史事件等的文字内容的应用研究。这些都是可信的要素。与东周各国文字相比，秦文字的相关资料算是比较多的，有的时间指向十分明确。第二个方面，是对秦文字字体、字形的研究。如果把握得准确，在逻辑上这些也是相对可信的要素。除了要遵从以上两方面，目前，根据考古学提供的田野资料，还可以再加上三个方面，接上面顺序介绍如下：第三个方面，含有秦文字资料的，时间比较清晰的遗址、墓葬等旁证资料是相对的要素，它们一般指出了相关文字资料的时间下限。但是还要注意到，在秦代的遗址和墓葬中，会有早于之的战国秦文字；同样，在西汉初叶的遗址和墓葬中，会有早于之的战国时代或秦代的秦文字资料。研究者对这些都要加以认真辨析。第四个方面，在器物本体和铭文文字的关系方面，像不其簋与其上铸铭这样的"一次性"关系，比较好处理，器物时代和铭文时代是一致的，但是，秦文字和载体的关系比较复杂，有"战国器＋战国非秦铭＋秦铭"者，例如私官鼎，有"战国秦器＋秦国铭＋秦帝国铭"者，例如高奴禾石权，有"战国秦器＋秦国铭＋秦帝国铭＋汉铭"者，例如赟共鼎（又名槐里鼎、赟阳鼎）。所以，遇到这些一器刊有不同时代文字的情况，也要细心处理，梳理安排，有的可能分析出特殊的有关器物与置用地移徙的重要信息。第五个方面，与早于之、同于之、或者晚于之的非秦文字资料进行比较研究，例如，秦不其簋与虢季子白盘的比较，战国时期秦文字和同时期的楚文字、三晋文字、齐文字、燕文字的比较，西汉马王堆墓中出土的可能的秦文字与西汉文字相比较，等等，也是个相对的标准。简而言之，如前文所述，秦文字分期、分节的基本依据，按其要素的重要程度分为五个方面：（1）内容；（2）字体、字形；（3）所出土的考古学"单位"；（4）器型载体的时代分析；（5）与非秦文字资料的比较。

正如笔者反复谈到的，采用铸造方法制作的不其簋为秦庄公即位（前821）前数年的器物，由此说明，至迟到西周晚期秦文字已经正式出现。秦人自秦非子被西周孝王封为附庸开始，到公元前771年秦襄公正式被东周平王列为诸侯，共经历5代君主；自秦襄公被列为诸侯到公元前221年秦始皇帝统一六国，建立秦王朝，共经历包括秦始皇帝在内31位君主。其中，在位期间最长的是秦昭襄王，共 56 年；在位最短的是秦孝文王，仅 3 天。西周末期到春秋早年，秦族一直延续第一时期由西向东的总体迁徙趋势，秦文公居于汧渭之会，秦宪公迁于平阳。秦德公元年（前 677），迁都雍。战国前期，有秦灵公徙都泾阳（今陕西泾阳西北）之说。秦献公二年（前 383），迁都栎阳。到秦孝公十二年（前 350），最后迁到咸阳。根据考古材料能够发现，秦都邑可以分为三种：（1）是早期封地，有中心聚落性质，如西犬丘、秦。它们已有代表统辖治理权力的宫室，如西犬丘有"西垂宫"。（2）百年以上的长期性都城，如雍城、咸阳。（3）为了一定的经济、军事目的而设置的短期的、临时性都城，如汧、平阳、泾阳，其中还有建立固定首都的前期尝试，如泾渭之会、栎阳，这前后共计有 600 余年发展历史。迄今为止与这一时期相关的秦文字资料的出土数量已经不少。但是，秦文字资料的面世有明显的特点，就是早期的资料偏少，后来越来越多。对这些资料进行分期研究，明晰秦文字各个时期发展变化的轨迹，对了解汉字历史有着十分重要的意义，当然这对于秦史、秦文化的研究也有着特殊的作用。

在具体分析秦文字的分期、分节之前，必须指出从商代到西周时期的秦人或者秦部族，应当是一个掌握了文字的民族或者部落，但是现在笔者没有证据证明哪些是最早的秦文字，有一些可能就混同在当时的商周文字当中，或者反过来说，这时的秦人，还是使用商周文字的秦人。所以，目前对"最早的"秦文字尚无从谈起，在谈秦文字的所谓前期、中期、后期的时候很难标出所谓第几期或者第几节的绝对的开端或煞尾，只能模糊化。秦文字的前期是以西周晚期的不其簋作为开端的，目前只能这样做，将来新的资料出现了，"前期"的起点是可以向前挪动的。

目前，笔者考虑把秦文字的发展分成前、中、后三个大的时期。前期大致在西周后期到春秋早期，是在迁都雍城之前，所以又叫作"前雍城时期"；中期在春秋中晚期到战国早期，大致是在秦的都城建立在雍城时，所以又叫作"雍城时期"；晚期大致是在秦商鞅变法和定都咸阳以后，这是从战国晚期到统一的秦王朝建立的时期，这段时间不长，但资料太多，内容丰富，意义重大，所以笔者又将之分为"栎阳时期""咸阳时期"和"走向全国时期"。在前、中、后三个大期之中，又分有若干小节。分期是人为的工作，各种分期法都或有不准确之处，这里只求逻辑的顺畅，尤其是前后不要颠倒即可。

二、秦文字前期

秦文字前期大约从西周后期开始到春秋早期,从约公元前900年到公元前678年,历时220余年。这一时期秦先后经历了秦非子、秦侯、秦公伯、秦仲、秦庄公、秦襄公、秦文公、秦静公、秦宪公、秦出子、秦武公等早期部族领袖或国君。若以秦的都城的地理位置来界定时间,这一时期应是在迁都雍城之前,所以又可以叫作秦文字的"前雍城时期"。

秦文字前期的文字,因为先是附属于西周文字,后开始形成自身特点,所以笔者将本期分为两节。

表1 秦文字前期王公世系及重要文字标本表

称号	国君名字	在位年份	在位年数	大事略	重要标本
秦非子	秦嬴	约公元前900年—公元前858年	40余年	居犬丘,善驯养马及畜。约公元前900年周孝王封嬴非子于秦邑(今甘肃清水县),"分土得名",始建秦国	不其簋
秦侯	—	公元前857年—公元前848年	10年	—	
秦公伯	—	公元前847年—公元前845年	3年	—	
秦仲	嬴也	公元前844年—公元前822年	23年	周宣王以秦仲为大夫,令攻西戎,后秦仲战败而死。秦人始有车马礼乐侍御之好	
秦庄公	嬴其	公元前821年—公元前778年	44年	周宣王七年(前821),秦庄公率兄弟五人以及周朝兵马七千人,败西戎,宣王封庄公为西垂大夫,封大骆犬丘(今甘肃礼县)之地。居西犬丘	

续表

称号	国君名字	在位年份	在位年数	大事略	重要标本
秦襄公	嬴开	公元前777年—公元前766年	12年	幽王时乱，犬戎攻镐京，襄公以兵救周。平王东迁，襄公出兵护送，以功封诸侯，为秦国列为诸侯的第一代君主，立西畤。公元前766年，秦襄公阵亡，葬西垂	甘肃礼县大堡子山出土的秦公器，宝鸡太公庙村出土的秦公及王姬编钟、镈钟，秦子戈，石鼓
秦文公	—	公元前765年—公元前716年	50年	文公率700人田猎于汧渭之会。建立新都城邑。十六年（前750），文公派兵败西戎，地盘扩展到岐沣，收周之余民。五十年（前716），文公去世，葬西山	
秦静（竫）公	—	—	未即位	文公四十八年（前718），太子即静（竫）公去世，赐谥号为静（竫）公	
秦宪公（《史记·秦本纪》作秦宁公）	嬴立	公元前715年—公元前704年	12年	宁公二年（前714），自郿邑（今陕西眉县东北）迁都平阳，同年派兵下亳戎荡社（今陕西西安）部落。在位十二年而卒，葬西山大麓，其臣下废太子（后为秦武公），立幼子秦出子	
秦出公（一曰出子）	嬴曼	公元前703年—公元前698年	6年	—	
秦武公	嬴说	公元前697年—公元前678年	20年	势力扩张到华山，初设县	

（一）前期第一节

约从公元前900年至公元前778年，从西周晚期到春秋早期。这一时节先后经历秦非子、秦侯、秦公伯、秦仲、秦庄公5位部族领袖与国君。西周宣王七年（前821），秦庄公率兄弟5人以及周朝兵马7 000人，击败西戎，周宣王封庄公为西垂大夫，封大骆犬丘（今甘肃礼县）之地。

这一时段，秦文字以少量青铜器铭文的形式陆续登上舞台。采用铸造方法制作的不其簋大致为秦庄公即位（前821）之前数年的器物，由此说明，记载秦人政治军事历史的秦文字文献在西周晚期已经正式出现。王国维、陈梦家、李学勤、王辉等人都认为不其簋是最早的秦器。不其簋的铭文讲的就是秦庄公破西戎的战役，即西周宣王时西北强族猃狁进犯周人西部边境，王命虢季子白率军，包括不其的所属御敌于高陵（甘肃陇南略阳川水，即今皋兰山一带），三战全胜。不其因功受赏的史实也可以参见西周宣王时期的虢季子白盘铭文（图41）。其铭文的文风和文字的风格与西周时代宣王、幽王时期的青铜铭文极其相似，此器物及铭文出现在秦受封为诸侯国的前夜。

秦人原为西周王室的附庸，秦襄公送平王东迁有功，得以受封立国，据有周人岐西之地，秉承了西周文化，自然也从周人手里接过《史籀篇》和大篆的传统。准确反映这段史实的秦文字资料尚未被发现。内忧外患不能不使保守的秦人开始接受外来影响，但是由于秦僻居西土，很少与中原往来，因此秦国字体受他国影响较小。当时的秦文字和这一时期的周文字没有什么区别，这点非常重要。这从考古学出土实物证明了秦文字实际上脱胎于西周文字。目前，秦文字的上限、开端是很难确定的。目前尚没有更多的关于这一时段的秦文字资料发现。

（二）前期第二节

大约从公元前777年至公元前678年，相当于秦襄公、秦文公、秦静公、秦宪公、秦出子、秦武公在位时期，大致属于春秋时代的早中期。

秦庄公之后的秦襄公在位12年，秦襄公也是在秦国被列为诸侯后的第一代君主。在此之后，司马迁《史记》记载："及文公踰陇，攘夷狄，尊陈宝，营岐雍之间。"① 秦文公即位后制订了礼仪，发展文化，为秦国后来的发展兴盛奠定了良好基础，至文公十三年（前753）"初有史以纪事，民多化者"；文公十六年（前750）伐戎，"收周余民而有之"。社会的动荡、外来因素的侵入带来周人的加入，对秦文化的发展应该有所促进。秦武公钟和秦公簋的铭文比较

---

① ［汉］司马迁：《史记》，中华书局，1959年，第685页。

规范,字式稍涉繁复,书体也有所进步,和周金文相近,大约就是延及春秋早、中期《史籀篇》的籀文样式,可以推断此时秦文字与书法沿用《史籀篇》字书和大篆,且已自成系统。

这个时期有一套著名的秦石鼓文(图 2、3),对它的断代,从唐代以来就没有定论,多名研究者将这一时间范围定为,早到西周时期,晚到北朝时期。现在人们认为它属于秦文字,已成为共识。即便如此,也有人认为石鼓是春秋、战国,甚或是秦始皇帝时器物。继宋代郑樵直指石鼓文为秦篆之后,清末震钧将石鼓文的时代断为秦文公时,现代学者郭沫若断为秦襄公时,王辉通过与秦景公编磬铭做比对认为此物在秦景公时,韩伟认为在秦武公时,李仲操认为在秦宣公时,马衡认为在秦穆公时,罗君惕认为当是秦惠文王、秦始皇帝之间制作,刘星、刘牧认为为秦始皇帝时,李学勤认为它的时代可能早到春秋中期,陈昭容认为"石鼓文的制作应稍晚于秦公簋,早于《诅楚文》(312B. C.),更具体的年代宜在春秋晚期到战国早期之间,距秦公簋近些,离《诅楚文》远些。以目前的条件,尚不足为石鼓订出绝对年代"①。裘锡圭则认为石鼓文是春秋晚期或战国早期,也可以说是公元前 5 世纪(如认为秦公簋非景公器,而是桓公或共公器,便可以说在公元前 6 世纪晚期至公元前 5 世纪晚期之间)的秦人所刻的一组秦襄公时代的诗。美国学者马几道指出:"结合石鼓文的语言和字体的早期和晚期特征来看,并考虑到在中国刻石的风气似乎出现得比较晚,我们倾向于把石鼓时代定于前五世纪。"②笔者认为石鼓文的时代断为秦文公时为宜。有关石鼓文时代问题的讨论还可以继续下去。

这一时期的青铜器上都有"秦公"铭文,另外还出现过多件秦子戈。有研究者认为甘肃礼县大堡子山出土的一些带"秦公"铭文诸器,和西周晚期的青铜铭文风格是一致的。其实,甘肃礼县大堡子山秦公墓出土的秦公诸器,包括鼎、簋、壶、钟、盉等,其上的铭文与西周晚期的铭文相比已经有了一些区别,虽然它们在整体的结体和字形上和西周晚期的文字有着相像之处,但是笔画更为整饬、粗细均匀,而且有趋向于偏细、偏线条化的倾向,这些应当反映了秦人的文字风格。这一批秦器的年代应在秦文公到秦宪公时。

---

① 裘锡圭:《关于石鼓文的时代问题》,《传统文化与现代化》1995 年第 1 期。
② 裘锡圭:《关于石鼓文的时代问题》,《传统文化与现代化》1995 年第 1 期。

从 1978 年陕西宝鸡太公庙村出土的 5 件秦公及王姬编钟、镈钟上的铭文可以看出，铸刻时起刀重落刀轻，落刀处纤细而尖锐。这些铭文是目前所见最早的秦国青铜器刻铭，成为这一时节秦文字的典范，这也是已发现的春秋时期秦国铜器中最重要的一批。秦公钟铭文记述了秦襄公"赏宅受国"，即被周王赏以宅、授以国之事，以及文公、静公、宪公治国兴邦的业绩，是研究秦国早期历史的原始资料。钟铭还记述制器者秦武公（前 697—前 678 在位）朝夕虔诚祭祀祖先、纳聚贤才、励精图治，具有重要的史料价值。秦公钟出土于宝鸡、眉县和岐山相邻处的阳平镇之西，汧河和渭河在其西交汇。根据地理位置和历史记载，这里当为春秋早期秦都平阳。文献记载在平阳建有平阳封宫等宫殿，秦公钟应是平阳封宫或宗庙遗物。平阳为秦都仅 38 年，秦公钟的出土为考察其地望提供了重要线索。

（三）结语

自秦襄公立国之后，进入了春秋时代，这时是秦国以诸侯的身份崭露头角，秦文化得以大力拓展的时代。可以看出，秦国对于都城、长期聚居地的战略性选择，目标是明确的。《史记·货殖列传》把全国分为"山西""山东""江南""龙门碣石北"四个区域，"山西"的特点是"饶材、竹、谷、纑、旄、玉石"①，当时所谓山西乃泛指函谷关以西，关中盆地和泾渭北洛上游西至黄河皆在其内，"自汧、渭以东至河、华"②的关中盆地是一个"好稼穑，殖五谷"③的农业区域，同时还拥有"竹、谷、旄"等林牧业特产，这一带的林牧业在当时很是发达的，这为之后秦国长期的"耕战"国策的固化和发展提供了充分的物质基础。这就在关中及其西部创造出一个极为稳定的经济生活环境，这样不仅进可攻、退可守，而且有利于发展农业生产，保证经济不断增长、军力迅速增强、政治架构更加稳定。秦文化便是在这样一个摇篮里发展壮大的。

秦文字的前期历时两百余年，可以称为"前雍城时期"。第一小节的不其簋铭文从文体到字形都还是属于西周文字之一部，籀文之一体的。目前看来，它虽然是秦文字整体的开端者，但是自身尚没有强烈特点。

---

① ［汉］司马迁：《史记·货殖列传》，中华书局，1959 年，第 3253 页。
② ［汉］司马迁：《史记·货殖列传》，中华书局，1959 年，第 3261 页。
③ ［汉］司马迁：《史记·货殖列传》，中华书局，1959 年，第 3261 页。

在前期的第二小节，文公时的石鼓文整体面貌偏早期风格，是东周早期石刻文字的最为杰出的代表，在同时代列国之间几乎无可与之比肩者。从文公到宪公时的秦公诸器，到秦公钟等器上的铭文，可以作为早期秦文字成熟的代表。这一节的文字资料数量大增，秦文字虽然比较忠实地继承着西周文字的风格，但又向着朴素、圆润、纤细、内敛、整饬的方向发展，实际为秦小篆开启了道路，同时，也与春秋时期其他国家的文字拉开了距离，秦文字自身的面貌已经显露。与秦国日后的国家制度、政治生活都基本遵循秦文公制定的政策发展相似，秦文字也由本期，尤其是第二节的传统，有序地发展着。

在秦文字的前期，虽然文字的使用已经由宗周天子、近臣、同宗大贵族下垂到了新封异姓诸侯，但是从文字内容和字体来看，文字仍然是高级贵族的意识形态工具，与百姓的生产生活还是没有什么密切的关系。

三、秦文字中期

秦文字发展的中期阶段为公元前 677 年到公元前 385 年，历时 290 余年，从春秋中期到战国早期。这一时期先后经历秦德公、秦宣公、秦成公、秦穆公、秦康公、秦共公、秦桓公、秦景公、秦哀公、秦夷公、秦惠公、秦悼公、秦厉共公、秦躁公、秦怀公、秦灵公、秦简公、秦惠公、秦出公，共 19 位国君，笔者称之为"雍城时期"。

秦文字中期资料不多，但颇具特点。为了研究方便，笔者将秦文字中期暂分为两节。

表 2　秦文字中期王公世系及重要文字标本表

称号	国君名字	在位年份	在位年数	大事略	重要标本
秦德公	嬴嘉	公元前 677 年—公元前 676 年	2 年	即位后将国都迁往雍城，后数百年，秦以此为都。秦国的各项制度在秦武公、秦德公在位时期大体有了雏形，国家开始迅猛发展，国力增强。这为秦穆公时期秦国的兴盛并进而与中原各国争霸奠定了基础	秦景公编磬、盨和钟、秦公簋

续表

称号	国君名字	在位年份	在位年数	大事略	重要标本
秦宣公	嬴恬	公元前675年—公元前664年	12年	秦宣公始与晋国接战。秦国势力到达黄河。秦宣公在位十二年而卒,葬平阳墓区(今陕西宝鸡阳平镇)	秦景公大墓编磬、盠和钟、秦公簋
秦成公	嬴载	公元前663年—公元前660年	4年	—	
秦穆公	嬴任好	公元前659年—公元前621年	39年	春秋五霸之一。秦穆公重视人才,获百里奚、蹇叔、丕豹、公孙支等辅佐。助晋文公回国复位。攻晋,灭梁、芮,伐西戎,"灭国十二,开地千里",被周襄王任命为西方诸侯之伯,遂霸西戎	
秦康公	嬴(罃)	公元前620年—公元前609年	12年	秦晋冲突不断,秦处弱势	
秦共公	嬴稻(貑、和)	公元前608年—公元前604年	5年	—	
秦桓公	嬴荣	公元前603年—公元前577年	27年	公元前594年7月,秦桓公伐晋,两军在晋地辅氏(今陕西大荔)恶战。"麻隧之战"秦军大败	
秦景公	嬴石	公元前576年—公元前537年	40年	"联楚攻晋",恢复国力,不断将秦国势力推向中原。其墓1976年在陕西凤翔南指挥村被发现	
秦哀公(毕公)	嬴籍	公元前536年—公元前501年	36年	楚申包胥入秦求救,三次败吴,复楚	

续表

称号	国君名字	在位年份	在位年数	大事略	重要标本
秦夷公	—	未继位	—	—	秦景公大墓编磬、盉和钟、秦公簋
秦惠公	嬴宁	公元前500年—公元前491年	10年	三家分晋,魏国遏制秦国向东扩张。秦向秦岭以南发展	
秦悼公	嬴盘	公元前490年—公元前477年	14年	时值秦国大乱,后来大将伍封大败秦、巴、蜀三国联军,平定秦国之乱	
秦厉共公	嬴剌	公元前476年—公元前443年	34年	向南发展。进剿大荔戎、义渠戎	仲滋鼎、陕西凤翔出土的陶器
秦躁公	嬴欣	公元前442年—公元前429年	14年	义渠戎卷土重来,直至渭水蒿域,被秦军击退	
秦怀公	嬴封	公元前428年—公元前425年	4年	即位时,国政被旧贵族所操纵。秦怀公四年(前425),秦庶长晁联合其他贵族逼秦怀公自杀	
秦灵公	嬴肃	公元前424年—公元前415年	10年	居泾阳	
秦简公	嬴悼子	公元前414年—公元前400年	15年	秦怀公之子。夺其侄嬴师隰位,自立为秦王。在位期间曾在洛水西岸修筑长城,用以自守,史称"堑洛长城"。令吏"初带剑",行初租禾	
秦惠公	嬴仁	公元前399年—公元前387年	13年	在位第十三年(前387)对蜀国发动进攻,攻占南郑	
秦出公	嬴昌	公元前386年—公元前385年	2年	即位时两岁,由母主持朝政,重用宦官外戚,"群贤不说自匿,百姓郁怨非上",第二年(前385)左庶长嬴改发动政变,将出公、太后沉到渭水,迎接被嬴悼放逐的嬴师隰回国都雍城,是为献公	

（一）中期第一节

秦文字中期第一节以春秋时期为主，大约为公元前677年至公元前477年，其间，秦德公、秦宣公、秦成公、秦穆公、秦康公、秦共公、秦桓公、秦景公、秦哀公、秦夷公、秦惠公、秦悼公先后在位。这一时期，自德公即位以后秦国发展生产力，并将国都迁至雍，为此后数百年秦稳定基业的开端。

宋代陕西华阴出土的穆公鼎，这个实际上是西周厉王时期的鼎，所以这个资料不能采信。

这一节最重要的资料是20世纪80年代出土于陕西凤翔秦景公大墓的秦景公大墓编磬铭（图8），铭文中有"惟四年八月初吉甲申"句，可知此磬为秦景公四年（前573）八月之初作器。这批磬铭对研究春秋时期秦国历史、文化及秦文字演变情况意义重大。铭文是此节的标准，反映了由西周晚期的籀文（大篆）向小篆过渡的一种表现形式。

这一节重要的资料有宋人记载的"盠和钟"①（又称秦公钟、秦公镈钟、秦铭勋钟）铭文，还有1917年出土于甘肃天水西南乡间的秦公簋铭文。秦公簋和盠和钟铭文内容非常接近，为同一代秦公所作。秦公簋铭文均由单字戳印、翻模铸就，制作方法新颖，在古代青铜器中为少见之例，开创了早期活字模印文字之法。自发现秦公簋以来，柯昌济、王国维、冯叙伦、罗振玉、郭沫若、商承祚、吴其昌、冯国瑞、王辉等人都对其上的铭文进行过研究，但对于铭文所涉及的内容，长期以来难以得到一致的结论。结合秦景公大墓编磬铭的考察，将秦公簋和盠和钟的时代断于秦景公左近，或为允当。秦公簋铭文较诸西周金文，笔画稍细而流畅，字体稍短而多变化，可以看作秦石鼓文字形的继承者。

（二）中期第二节

中期的第二节，自公元前476年至公元前385年左右，大致相当于由春秋时代末期到战国时代的早中期，其间，秦厉共公、秦躁公、秦怀公、秦灵公、秦简公、秦惠公、秦出公等7位国君先后在位。与这一时段相关的出土了的秦文字资料极少，这可能和这一时段为秦文化发展的相对低谷期有关。

1976年，陕西凤翔八旗屯A区9号墓曾出土春秋晚期错金铭文"吉为乍

---

① ［宋］吕大临、赵九成：《考古图・续考古图・考古图释文》，中华书局，1987年，第134页。

元用"剑。通长 35.3 厘米,刃宽 3.5 厘米。剑身窄长,断面呈菱形,剑锋及剑叶均开刃,茎作长条形。剑身近茎端脊的两侧各有错金铭文五字,曰"吉为乍(作)元用"。笔者认为其有可能是晋器,其上文字不属于秦的文字。

1990 年,陕西永寿县出土的仲滋鼎当为秦地贵族仲滋所作"征行"之用,笔者认为这是战国早期器,其上铭文共 15 字,字形已经比秦公簋铭文字形显得更萧散。

《秦陶文新编》所录的第 3136—3144 标本,出土于陕西凤翔南指挥村秦墓,时间在春秋末期到战国早期,多为单字刻铭,字数虽然不多,但可以作为本节的典型,字体依然是篆书,但契刻开始草率、疾劲。这也是目前所知的秦国陶文之开端。

(三)结语

秦文字的中期,时间范围在春秋中晚期到战国早期。本期秦国的都城建立在雍城,在秦文字上可称为"雍城时期"。秦主要以雍城作为中心据点,迅速强大,称霸西戎,成为"春秋五霸"之一,秦国的势力明确地向东推移。

东周平王将秦封为西土的诸侯,目的是帮助周王室讨伐、震慑西边的戎族,周平王赐给了秦可以西扩的权利,算是确认了秦政权的合法性。在本期之前,秦国历代君王都为秦国的霸业做出过一些贡献。自此,秦常常与西戎接战,砥砺兵甲,增强势力,扩大地盘。长年发展使得秦所在的西部成为一块易守难攻的腹地。

秦穆公时期,秦国就是凭借着这块腹地来与中原大国争锋的。秦穆公在秦国的历史上起到了承上启下的作用,他称霸西戎,使秦国的国土扩张千里。穆公十五年(前 645)与晋战于韩,虏获晋君,占"河西之地",这是一个重要的转折点,此地是秦国政治、经济得到大力发展的新根据地,在战略上处于极其有利的地位。秦的西面、北面没有强敌,南有秦岭,与楚国、巴蜀相隔,东依黄河、函谷关天险,将各诸侯国拒之关外。至此,秦国才在列国中具有了举足轻重的地位。当然也就是在本期,秦国的政治、军事也受到一些挫折,反映为秦文化的发展进入低谷。

秦桓公因为背离了秦前期"发展西部、稳定东部"的策略,麻隧之战秦军大败,结果秦桓公抑郁而死。秦景公继位后急于带领秦国走出麻隧之战的阴影,于是联楚攻晋,对秦国的发展产生极大的促进作用。秦景公在位约 40 年,是春秋后期在位时间最长的君主,秦国的势力在其在位期间得以恢复与发展。人们可以看到,巨大的秦景公大墓虽然曾多次被盗,可是在残墓之中,依然发掘出土了 3 000 余件极为精美的金器、玉器、铁器、石器和骨器,这反映了当时秦国的富庶与强盛。

这一时期,秦人的主要活动区域东起函谷关、西达陇中、南至秦岭,北至贺兰山,其中心地区已经在今陕西关中西部、汉中一带。《汉书·地理志》记载:"秦地,于天官东井、舆鬼之分壄也。其界自弘农故关以西……《禹贡》时跨雍、梁二州,《诗风》兼秦、豳两国。"①文中所说的"雍、梁二州",即崤山或华山以西的广大地区,这一地区作为秦文明的发祥地是古代中国最富庶的地区之一,曾经被称为"陆海"。此时,这片土地上的秦已不再是保边陲的部族、诸侯,在与东方诸国的接触中,秦人逐渐接收了中原文化,但是却并未养成东方诸国骄奢淫逸的生活习惯,仍保持了质朴务实的精神。秦穆公曾和戎夷使节由余探讨"何以为治",由余认为戎狄部落因为没有"诗书礼乐法度"才有"圣人之治",秦比诸东部文明较高的国家和地区具有更加淳朴的社会风气和较强的战斗力。

这一时段的秦文字传世资料相当少,一些考古出土的资料相当重要,为人们了解这一时期秦文字的基本情况提供了依据。秦景公大墓编磬铭和陕西凤翔南指挥村秦墓陶文,秦公簋铭文和仲滋鼎铭文,恰好两相对比,可以看出秦文字开始摆脱商周文字之影响,已经形成了自身的特点,并且与其他诸侯国的文字有了区别。此期的秦文字属于汉字古文字系统,处于由籀文向秦小篆过渡,秦小篆浮出水面的阶段;这一时期虽然陶文还有随意、疾劲之感,但还是在古文字系统范畴,还是篆体而不是隶书。

本期的秦文字仍然是诸侯国统治阶级的意识形态工具,还不是一般平民所用之工具。可是从仲滋鼎铭文、南指挥村秦墓陶文可以得知,文字的使用重心开始下垂,已由国家的大贵族向一般贵族下垂。

四、秦文字后期

秦文字后期,从公元前 384 年到公元前 207 年,历时 170 余年,即大概从战国中晚期秦献公迁都栎阳,秦孝公任用商鞅进行变法、移都咸阳,秦始皇帝

---

① [汉]班固:《汉书》,中华书局,1962 年,第 1641—1642 页。

统一海内、建立帝国，一直到秦王朝灭亡这一时段。此期有秦献公、秦孝公、秦惠文王、秦武王、秦昭襄王、秦孝文王、秦庄襄王、秦始皇帝、秦二世皇帝、秦王子婴 10 位君王在位。秦王朝灭亡之后，秦文字的一些影响一直延续到了西汉初叶。在考古发掘中，这一时期的秦文字资料大规模出现。这一时期秦文字"紧锣密鼓"地经历了"栎阳时期""咸阳时期"和"走向全国时期"。

这一时期没有前、中期时间长，可是这一时期资料之丰富，远远超过了前、中期。因此，笔者将秦文字的后期分作前、中、后三节。

表 3　秦文字后期王公世系及重要文字标本表

称号	国君名字	在位年份	在位年数	大事略	重要标本
秦献公	嬴连（师隰）	公元前 384 年—公元前 362 年	23 年	"止从死"，迁都栎阳，实行"户籍相伍"，初行为市	商鞅诸器、秦骃祷病玉版、秦宗邑瓦书、杜虎符、《诅楚文》、高奴禾石铜权、十二年上郡守寿戈、二十九年漆卮、太后车害、军市印
秦孝公（平王）	嬴渠梁	公元前 361 年—公元前 338 年	24 年	秦孝公 21 岁正式登基，这时，秦不为各国重视。孝公谓："诸侯卑秦，丑莫大焉。"秦孝公做了两件大事，其一是支持商鞅变法，其二是迁都咸阳。秦国日益富强，为后来的统一六国奠定了基础	
秦惠文王	嬴驷	公元前 337 年—公元前 311 年	27 年	秦惠文王任用贤能，推行法制，不断拓展领土。公元前 325 年，惠文君称王，随后韩、赵、燕、中山和宋也都先后称王。公元前 316 年，采用大将司马错的建议，出兵灭蜀，随后又灭掉苴和巴，使得秦"擅巴蜀之饶"，为秦以后的发展积累了雄厚的物质基础。初行钱	
秦武王（悼武王、武烈王）	嬴荡	公元前 310 年—公元前 307 年	4 年	置左、右丞相。欲"车通三川，以窥周室"	

续表

称号	国君名字	在位年份	在位年数	大事略	重要标本
秦昭襄王	嬴稷（侧）	公元前306年—公元前251年	56年	其为中国史上在位时间最长的国君之一。先后胜三晋、齐、楚等国，取得魏的河东和南阳，楚黔中和楚都郢。公元前266年，拜范睢为相，改行"远交近攻"的策略。公元前262年，以白起为将，发动长平之战。公元前255年秦灭东周，取九鼎，周王朝亡。山东六国再无敌手，秦统一指日可待	商鞅诸器、秦骃祷病玉版、秦宗邑瓦书、杜虎符、《诅楚文》、高奴禾石铜权、十二年上郡守寿戈、二十九年漆卮、太后车害、军市印
秦孝文王	嬴柱（式）	公元前250年—公元前250年	1年	初封安国君	
秦庄襄王	嬴异人，又名子楚	公元前249年—公元前247年	3年	以吕不韦为相。公元前249年，东周君联络诸侯，谋划伐秦。异人获悉，立即派吕不韦统领10万大军，一举攻灭了东周7邑，迁东周公于阳人聚。东周王朝的最后残余被铲除。接着，秦军继续蚕食三晋，又攻占了大片土地	二年寺工壶、雍工敀铜壶、二年上郡守冰戈、新郑虎符、寺工矛、寺工之玺、半两钱
秦王	嬴政	公元前246年—公元前222年	25年	13岁即位，21岁时在故都雍城举行冠礼，"亲理朝政"，公元前230年至前221年，先后灭韩、赵、魏、楚、燕、齐六国，39岁时完成了统一大业，建立了中国历史上第一个统一的、多民族的、实行地缘政治的，中央集权制国家——秦帝国	

续表

称号	国君名字	在位年份	在位年数	大事略	重要标本
秦始皇帝	嬴政	公元前221年—公元前210年	11年	建立中央集权"三公九卿"制度。分封，行郡县制。廷议，号始皇帝。统一法律、货币、文字、度量衡，修直道，筑长城，建阿房宫、骊山墓，"焚书坑儒"，行游天下	二十六年蜀守武戈、始皇诏铜方升、二十六年诏版、秦二世元年诏版、阳陵虎符、泰山刻石、琅琊台刻石、会稽刻石、峄山刻石、阎良石川河发现的秦刻石、秦始皇帝陵附近出土的乐府钟、皇帝信玺
秦二世皇帝	胡亥	公元前209年—公元前207年	3年	矫诏，为二世皇帝，被赵高所控	
秦末王	嬴子婴	公元前207年	47天	杀赵高，降于刘邦	

（一）后期第一节

秦文字后期第一节从秦献公、秦孝公、秦惠文王、秦武王、到秦昭襄王时期，从公元前384年至公元前251年左右。

秦献公时期有令"止从死"，实行"户籍相伍"制度，秦国社会关系有了重大改变。当时"初行为市"，官营及私营的手工业、商业活跃起来，秦国最早的玺印——工师之印、军市印等出现。这一时期秦泥封是否存在还需要探讨，笔者认为不能排除已经有泥封的存在。除了刻划陶文，因为"物勒工名"，所以今人可以见到秦国最早的戳印陶文，如"栎市"等。最近据秦栎阳考古负责人刘瑞研究员介绍，发掘陶片见"高甘来请"四字戳印，这是四个单字印打在陶坯上组合而成的，这使人想到秦文字前期第二节秦公簋铭文均由单字戳印在模范上的例子。刘瑞研究员还介绍了秦最早的瓦当文字，当面奔鹿之上明显隐起小篆体"公"字，为目前所见最早的中国瓦当文字标本。

这里谈一下商鞅诸器：十三年大良造鞅戟（图102），是秦孝公十三年（前349）所造器；成都某氏藏十四年大良造鞅造殳镦，为秦孝公十四年（前348）所造器；据云"出于洛阳"的十六年大良造庶长鞅造雍矛、十六年大良造庶长鞅造铍、十六年大良造庶长鞅造戈镦、成都某氏藏十六年大良造庶长鞅造殳镦，皆是秦孝公十六年（前346）所造器；十七年大良造庶长鞅造殳镈，是秦孝公十七年（前345）所造器；十八年大良造鞅方升，是秦孝公十八年（前344）所造器；1995年陕西咸阳塔尔坡战国秦墓出土的十九年大良造庶长鞅造殳镈，为秦孝公十九年（前343）器；大良造庶长鞅造殳镈（没有纪年）。商鞅诸器开创了战国中后期重臣冠名器物的先河，客观上有助于秦青铜器尤其是兵器的编年，当然直接有助于后期秦文字的编年。商鞅诸器文字大体可以分为两路：（1）以十八年大良造鞅方升刻铭为代表的文字，字体娟秀、笔道纤细、行款章法严谨，作为国家法定度量衡文字，代表了秦孝公时代秦文字最高水平，已是典型的小篆；（2）以刻铭为代表的诸多兵器（包括以下本小节介绍的兵器）上的文字，文字运笔娴熟奔放，笔画刚健有力，行气恣肆孔武，直可视作草篆。这些，可以清晰地窥视到商鞅变法时期秦文字的面貌，也为研究当时秦国的政治、经济、军事制度提供了重要的实物资料。

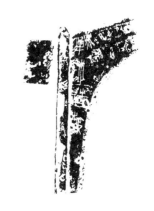

图 102　十三年大良造鞅戟

　　据不完全统计，从秦孝公之后直到秦昭襄王之时，还有如下一些冠有重臣的名字的器物：相邦樛斿戈（图103）一件，相邦张义（仪）戈（图104）两件、戟一件，樗里疾（先上郡守，后相邦）戈六件，内史操戈三件，上郡守匽氏戟一件、戈三件，上郡守閒戈两件，丞相奂殳戈一件，相邦薛君、丞相殳漆豆一件，上郡守寿戈三件，魏冉（先丞相，后相邦）戈七件、高陵君鼎一件、弩机一件，丞相触戈一件，上郡守司马错（遺、瘠、厝、趞）戈五件，蜀守若戈一件，上郡守庆戈两件、上郡守白起戈两件、上郡守龜戈一件，等等。此外，还有刻有地名的杜虎符、吾宜戈、广衍矛、上郡戈、丞广戈、廪丘戈、广衍戈，等等。这些绝大多数是兵器，且大多数都有明确的纪年，"透字见人"，人们可以由此看得出秦国在富国强兵的道路上的坚定步伐。

　　值得注意的是，20世纪80年代，四川青川出土了《更修田律》木牍，时代

图 103　相邦樛斿戈

图 104　相邦张义（仪）戈

在秦武王时，这是迄今可见的较早的秦牍。木牍文字为秦人书法，已基本摆脱了篆意而体现出古隶的风格。稍后，可能还有属于秦昭襄王之时的、享有盛名的湖北云梦出土的睡虎地秦简，其上文字是早期秦隶书的典型代表。秦墨书文字大为增加，少量的墨书文字甚至出现了楷意。

近年发现的重要秦文字材料秦骃祷病玉版铭文中，秦君自称"有秦曾孙小子骃"，或即为惠文王自称，记载了秦人为求无灾无病，向华山之神祭祀祈祷的事。铭文四分之一是刻铭，四分之三是书写文字，反映了篆隶之间的文字风格。秦惠文王时期还有著名的秦宗邑瓦书，1948 年出土于陕西西安鄠邑，现藏于陕西师范大学。这是刻铭最多的陶文，以篆意为主，有部分隶意。

北宋时先后发现三块有《诅楚文》的刻石，其内容为秦王祀神制克楚兵，复其边域，每告一神即刻一石，原石早佚，现存摹刻在《绛帖》和《汝帖》上的虽已失原形，但骨架犹存，可以看出其上文字与小篆的渊源。郭沫若作《诅楚文考释》，主张《诅楚文》作于秦惠文王更元十三年、楚怀王十七年（前 312）；杨宽认为其作于事关秦楚两国兴衰的大战前；王美盛《诅楚文考略》（2011 年 12 月版），根据文字断代结合史实考订，认为其作于公元前 208 年 8 月，为秦国赵高书。

出土于陕西西安阿房宫遗址的高奴禾石铜权是秦昭襄王三年（前 304）制作的秦度量衡标准器。它用了比较少见的阳文款识，字形在小篆的基础之上已经见到明显的隶意。

1979年《文物》第十二期，发表李学勤《论美澳收藏的几件商周文物》，文中介绍了商承祚《长沙古物闻见记》中首次著录，现在收藏于美国旧金山亚洲艺术博物馆的二十九年漆卮的铭文中有"太后"二字，裘锡圭指出该漆卮为秦器。太后车害与该漆卮同时，二者都是宣太后所用器物，宣太后薨于秦昭襄王四十二年（前265），当为这两件器物制作时间的下限。

秦惠文王时期始铸半两钱，字体为秦小篆。

（二）后期第二节

从秦孝文王、秦庄襄王，到秦王政二十五年是秦文字后期发展的第二节，大约为公元前250年至公元前222年。这一时段的著名器物有二年寺工壶、雍工敀铜壶、三十斤权等。

出土的秦庄襄王到秦王嬴政时期的兵器仍然较多，据不完全统计，其中带有重臣名字的有：上郡假守暨戈（图105）一件，上郡守冰戈三件，属邦守蕈戈一件，相邦吕不韦戈八件、戟六件、矛三件，寺工訾戈两件，上郡守锜矛两件，丞相启颠戈一件，蜀守颠戈一件，丞相启状戈一件，临汾守曋戈一件，蜀守武戈一件，弋丘令癰戈一件，等等。此外，还有铭刻有中央官署名的：少府戈五件、矛三件，寺工铍二十件、矛四件，诏使矛一件，属邦矛一件，少府杏陵戈一件，等等。还有铭刻有地方及地方官署名的：新郪虎符一件，栎阳戈一件，葭萌戈一件，莒阳铜斧一件，法丘弩机一件，上党武库戈一件、矛一件，屯留戈一件，阏舆戈一件，涉戈一件，鲁阳戈一件，中阳矛一件，成固戈一件，白水戈一件，上郡矛一件，高奴矛一件、戈一件、枸矛两件，蜀西工戈三件，石邑戈一件，武都矛一件，漆垣戈两件，高望戈一件、矛两件，泥阳矛一件，阳周矛一件，平周矛三件，栎阳武当矛一件，洛都剑一件，郁郅戈一件，卢氏戈一件，法丘（即〈赵〉二十三年）弩机一件，等等。同样，这里面绝大多数依然是兵器，大多数

图105　上郡假守暨戈

都有明确的纪年,其人名、地名、官署名,以及级别的覆盖,比前一节都有所扩大,人们可以由此看出秦国在"兼并诸侯"战争中的武装规模。

新郪虎符(图106)用以调兵。其铭文结合兵符需要,呈现出威严庄重的笔意特征。布局严谨整饬,对称性、秩序感、填密性很强,用笔上方折与圆融并用,横竖笔画平直刚健,刻划深峻,体现出稳重凛然的气象,亦可明显看出文字演变轨迹,表现了对上一节杜虎符的继承,是秦小篆的庄严之品。这一节的兵器铭文情况比较复杂,极少数上面的地名、职署名用铸铭,也有可能是錾戳,其他大部分为刻铭,由上一节一脉相传,还是以篆体为主,但是出现了明显的离散篆意,疾浅肆意。这一节,还有在缴获的燕、三晋等国兵器上加刻秦铭的做法。

图 106　新郪虎符及其上铭文

这一节的墨书文字资料有甘肃天水出土的放马滩诸文书、地图,湖北云梦出的土龙岗简牍等,这些都是秦隶书逐渐成熟的代表。

这一节的秦玺印发展很快,总的说来私印的数量多于公印,作为见诸文献记载的中国古代印章的专用字体——摹印篆已经成熟。湖北云梦秦墓出土"泠贤"同文印两枚(图107、108),一枚上的文字是摹印篆,另一枚上的文字具有鲜明的隶意,这真是千载难寻的标本,反映了篆隶同存、容或弃取的机缘。早期的秦泥封应当在此时大量出现,有待细加辨别。

秦陶文在这一时期获得很大的发展,戳印陶文(图

图 107　泠贤印之一

图 108　泠贤印之二

109)的地位越来越醒目,戳印陶文已经分布到秦的雍城、栎阳、咸阳一带,覆盖今陕西淳化、铜川、渭南、宝鸡,甚至达到湖北、四川、甘肃等地。秦瓦当文字出现,"日月山川,利""来谷"应当是这一节的代表作。

这一节秦货币"半两""两甾"的出土地点比较多,为秦货币文字的成熟时期。

(三)后期第三节

图 109　戳印陶文

第三节从秦始皇帝二十六年(前 221)统一大业完成,到秦二世皇帝、秦王子婴时期,即处于统一后的秦王朝及其推行"书同文"之后十余年间,在公元前 221 年至公元前 207 年。

考古发掘中,这一节的秦文字资料大规模出现,这也是秦文字发展的最晚的时段。随着秦统一战争的推进以及大一统的完成,秦文字的使用范围也越来越广:由咸阳为中心,北达今天的吉林、辽宁、内蒙古,还有北京;东达山东、江苏;南达广东、广西,甚至到达越南北部;西南达贵州及川渝之地;西达宁夏、甘肃的广大区域;最终扩展到秦帝国的版图内。

这一节的秦文字有金文,石刻文,陶文(陶文又分成刻划陶文和抑印陶文),简牍文字,玺印、泥封文字,瓦当文字,货币文字,漆木器文字。几乎所有秦文字的表达的载体,在这一时期都已经出现了。本节和秦文字后期的第二节紧密相连,有些器型载体、文字形体,实在是难以区别。那么,划分出后期的第三节,是不是就没有意义呢?不是的,这一节有完成大一统之后的秦文字的表现,有秦始皇帝主持"廷议"推动"书同文"之后、褒扬程邈之后秦文字的进一步发展,有中国历史上仅见的为了度量衡制度的统一而铭刻的两位皇帝的诏版文字,有秦始皇帝、秦二世皇帝巡游各地时留下的空前的石刻文字,所以秦文字后期的第三节还是应当别出,并被加以悉心考察、研究的。下面介绍一些反应本节的问题和资料,其他延续明显,字体、字形上没有新意的就不做介绍了。

1972 年出土于重庆涪陵秦墓中的蜀守武戈为秦始皇帝二十六年(前 221)器物,这是秦刻铭武器的最后代表了,因为秦始皇帝曾经下令销毁天下的兵器,将其铸为咸阳"金人"。尽管秦始皇陵陪葬坑也随葬有兵器,但是像本期

第一、二节看到的那样大量制造兵器，并且在兵器上清楚地铭刻时代、主办人、职署工官、地名的情况，已经戛然而止了。阳陵虎符、栎阳虎符都有"皇帝"字样，反映了大一统之后的用语特点，成为秦虎符的殿军。

秦始皇帝二十六年的（前221）诏书为秦始皇帝统一度量衡的历史见证，文曰："廿六年，皇帝尽并兼天下诸侯，黔首大安，立号为皇帝，乃诏丞相状、绾，法度量则不壹，歉（嫌）疑者，皆明壹之。"十余年之后，秦二世于元年（前209）诏书发布，文曰："元年制诏丞相斯、去疾，法度量，尽始皇帝为之，皆有刻辞焉。今袭号而刻辞不称始皇帝，其于久远矣，如后嗣为之者，不称成功盛德。刻此诏故刻左，使毋疑。"关于这两通诏书的资料，传世和出土的竟以百计，数量相当大，可以再讨论于下：（1）这两通诏书有在金属器上直接刻铭的，也有刻在一个铜片（称为诏版）（图110、111）上，再镶嵌或钉缀在器身上的，还有二十六年诏书附于陶量上的。没有见到附有元年诏书的陶量，陶量刻铭比较少，戳印文比较多，常用阳文四字印章，依序接连抑印而为，印出的成了阴文。《秦陶文新编》介绍有一件陶质阳文的二十六年诏书。（2）诏书常出现在量器（升、斗、筩）、衡器（权）上，目前尚未见到带诏书的度器，按理应当有之，有待出土，另又见一铜簋敛刻有二十六年诏书。（3）有多件战国铜权再加刻二十六年诏书和元年诏书的现象。除了商鞅方升之外，战国量器再加刻二十六年诏书和元年诏书的现象少见；权、量上仅刻二十六年诏书或者元年诏书的不少；同时附有二十六年诏书和元年诏书的也不少，称为"两诏"权、量，或者"父子"权、量；在一件加刻"右大厩、宫厩"字样的石权上，刻有两通二十六年诏书（一通磨泐，另一通后刊）和一通元年诏书，为特例。（4）陶量戳印皆为摹印篆，金属二十六年诏书和元年诏书刻铭比较复杂，有小篆、有刻符、有篆隶，有极为严整的，有带行草意的，也有近隶书的，极少数有错字漏字。对于父子两诏同照的现象，有先刻始皇帝二十六年、后刻二世皇帝元年铭者；有二世时同刻父铭与子铭者；有始皇帝铭磨泐，二世皇帝再刻父并子铭，形成三诏的现象。

战国后期到秦王朝，有一些刻铭的黄金制品，比较重要的有：江苏盱眙出土的重达九千克的今豹形权，铭文在篆隶之间，两字曰"黄六"；江苏盱眙出土的马蹄金，底刻铭两条曰"上ⅠⅠⅠ＝""斤十两廿三朱"；内蒙古准格尔出土的虎豕咬斗金牌，共两件，每件有一条刻铭，其一为"一斤二两廿朱少半，故寺，虎豕三"，其二为"一斤五两四朱少半"；陕西临潼出土的金饼，底刻铭"益两半"；

图 110　二十六年诏版及其拓片

图 111　元年诏版及其拓片

陕西兴平出土的金饼，底刻铭"寅"；秦始皇帝陵附近出土的乐府钟，有错金"乐府"二字。

陶文，包括刻划陶文和抑印陶文。依旧处于大发展的阶段，绝大部分与上一节没有什么区别。秦始皇帝陵陪葬兵马俑身上的陶文，有刻划的也有抑印的，印文原刻在陶片上，再加盖在兵马俑身坯上，单印比较大，为他处所不见。秦始皇帝陵出土建陵工人陶瓦墓志，记载地名、姓名、爵称，等等，共十八例，字迹较大，酣畅草率，这是我国古代较早的墓志，为他处所罕见。

秦瓦当，本期本节的瓦当有陕西凤翔出土的"竹泉宫当""橐泉宫当""华市"字瓦当等，还有陕西商州出土的"商"字瓦当。笔者认为十二字（"维天降灵延元万年天下康宁"）瓦当，虽然出土于西汉遗址，但可能是统一之后的秦的作品，是"秦瓦汉用"所致。"海内皆臣，岁登成，熟道毋饥人，践此万岁"的砖文，字体近乎小篆，或为秦代之物。

石刻文字见于秦统一之后的泰山、琅琊台、会稽、峄山等多处刻石（图112、113、114），有秦始皇帝时期和二世皇帝时期的，均由丞相李斯撰写，表现了秦小篆的典型书体，是秦王朝重要的政治文献。2010年，于西安阎良石川河道发现的秦刻石铭文和详细记录了制作石刻的工匠、刻石尺寸，以及刻石拟安放的位置等信息，此刻石当是

图112　琅琊台刻石文　图113　会稽刻石文

图114　峄山刻石文

秦始皇帝陵建筑用石材，其上铭文字体为篆而兼有隶意，当是新发现的这一节的石刻文字。

考古出土的本期本节的简牍文字内容极为丰富——湖南龙山里耶出土的简牍、湖北荆州关沮出土的简牍、岳麓书院藏简等，其中的法律文书、日书、历谱、信件，体现官吏情况、数学情况、物资转运情况，等等。书体基本上都为隶书，少许略存篆意。湖南长沙马王堆三号汉墓出土的帛书文字中，有《足臂十一脉灸经》《阴阳十一脉灸经甲本》《脉法》《阴阳脉死候》《五十二病方》（图115），时代为战国秦晚期到秦始皇帝时期，为规模最大、最为重要的汉以前中国古代医药学著作，字体皆为篆，少许略存楚国古隶意味。2013年，湖南益阳兔子山遗址中发现了秦二世胡亥即位后的文告、秦益阳县公文等，其中"始皇帝"三字换行顶格书写，开后世此类文书体例的先河。

本期本节，在简牍文字、帛书文字、陶文等当中，见到更多的字带有楷意。

图 115　《五十二病方》

（四）结语

秦献公早年流亡魏国，回国继位之后徙栎阳，在秦国国内实行了包括废止人殉、"初行市"（扩大了手工业生产和商业活动）、编制户籍和进一步推广县制等重要的改革措施，并且数次发动收复河西失地的战争，为秦孝公时期的商鞅变法打下了基础，是秦国实现再度崛起的奠基人。秦孝公支持的商鞅变法是战国时期秦国进行的一次彻底的变法改革运动，商鞅变法壮大了秦国国力，为秦统一天下做了根本性的准备，这对中国历史的进程产生了极为重要的影响。正是在此时，秦文字发展进入"栎阳时期"，汉字的使用频度猛然提高，秦小篆已经成熟，由于汉字使用重心的大幅度下垂，汉字的隶变也在加速。

商鞅变法之后，行之十年，秦民大说，道不拾遗，山无盗贼，家给人足。民勇于共战，怯于私斗，乡邑大治。秦国的经济、文化出现了飞速发展的局面。公元前350年，秦将国都从栎阳迁到咸阳，秦文字的发展进入"咸阳时期"。《史记·商君列传》载："作为筑冀阙宫廷于咸阳，秦自雍徙都之。"这次具有战略意义的迁都对于秦的大一统事业起着关键的作用，秦文化自此迅速攀向巅峰状态。秦国的扩张使得其占地资源愈见优越，司马迁在《史记·货殖列传》中说道："关中自汧、雍以东至河、华，膏壤沃野千里。"除关中地区外，秦国在惠文王时期又获取巴蜀，获得了向南部开拓的重要战略地区，从此中原地区和巴蜀地区密不可分，《战国策》云："天下莫强于秦、楚"，"秦之所害"，"莫如楚，楚强则秦弱，楚弱则秦强"。若得巴蜀，"巴蜀亦沃野，地饶卮、姜、丹沙、石、铜、铁、竹、木之器"，"其国富饶，得其布帛金银，足给军用"。张仪曾经以秦据有蜀地这一优越的地理位置威胁楚王："秦西有巴蜀，方船积粟，起于汶山，循江而下，至郢三千余里。舫船载卒，一舫载五十人，与三月之食，下水而浮，一日行三百余里；里数虽多，不费马汗之劳，不至十日而距扞关；扞关惊，则从竟陵已东，尽城守矣，黔中、巫郡非王之有已。"在秦人积极地开拓疆土时，秦文化亦得到了多元化的充实发展。在秦人大一统的事业即将完成的前夕，秦文字的发展到达了"咸阳时期"，秦隶书成熟，汉字使用重心彻底下垂，秦文字成为最高统治者与最底层的士农工商贯通、掌握、使用的工具。由著名的帝相"延议"事情可以得知，"书同文"政治措施的颁发与得以完善实现，秦文字在秦的大一统事业中发挥了无可替代的重要作用。

秦始皇帝从公元前230年到公元前221年先后灭掉了关东六国，又一次完成国家的大一统，后北击匈奴，南服百越。秦首创皇帝制度，实行以"三公九卿"为主要内容的中央集权制，在全国推行郡县制。秦始皇帝使得中国历史出现了全新的面貌：由王国时代步入了帝国时代，以先进的地缘制统治管理替代了落后的宗法血缘制。秦三世而亡，就嬴氏政权而言，就二世、三世乃至万世的梦想而言，秦帝国仿佛只是划过天际的耀眼的流星，但是秦王朝奠定了中国两千年的基本政治格局，对于全世界历史进程也产生了重大的影响。在中国历史上，秦的政治地位确乎前无古人、后无来者。

秦实现大一统之后，秦文字进入了"走向全国时期"——最高统治者亲加关注，黔首百姓普遍使用，在东亚大地上有文字以来，"汉字运动"在广大地域范围内到达了峰巅时代。此时，出现了整饬、规矩的秦小篆作品，与秦始皇帝和秦二世皇帝有关的石刻更是小篆的最高典范。这一段，有大量的简牍帛书、陶文、金文为证，秦隶书虽然还没有达到"汉隶八分"那么醇美的阶段，但已经摆脱了篆意，完成了汉字的隶化。笔者认为秦的"书同文"主要在这个时期完成，和秦代统一的进程是同步的。这一时期秦文字的面貌一直影响到秦汉之际、楚汉战争之时。毋庸讳言，在这个时期，"焚书坑儒"这样极为恶劣的事情，大大摧残了文化；也正是在这个时期，秦小篆完成了对汉字古文字系统的总结，秦隶书以开启了汉字今文字系统的作为，完成了中华民族久已有之的"书同文"的理想，在中华文化中，留下了远远超过了商代文字、西周文字，更是超过了东周各国文字的深刻印记。

第二节　秦文字分类方法探讨

分类是一切事物研究的一个基础的科学方法，秦文字的分类方法也是研究秦文字资料必须面对和重视的问题。

所谓分类，是人们研究客观事物的一种方法，把本质或者表达相同、相近的归为一类，和其他的区分异同，"同则同之，异则异之"。对于同样一种、一群事物，为了解决不同的问题，人们可以采取不同的解析分类方法。下举三例：（1）对于中国历史研究，可以采取社会形态的分类方法，可以采取朝代的分类方法，可以采取时代的分类方法、国际历史比较的方法，甚至也可以采用地域史、民族史、专门史的分类方法。（2）对于中国古代俑类，可以根据其所处朝代的不同分类，分为汉代的俑、魏晋南北朝的俑、唐代的俑、宋代的俑，等等；可根据其社会身份不同分类，分为男俑、女俑、老人俑、小孩俑、文官俑、武士俑，萨满巫师俑，胡俑，等等；也可以根据其材料或工艺的不同进行分类，分为陶俑、瓷俑、金属俑、墓志俑、捏塑俑、模制俑、铸造俑，等等。（3）对于中国印章文物，可以以用途分为实用印、随葬印、艺术流派印，等等，或分为公印、私印、宗教印、农民起义用印，等等；以时代字样分为商周文字印、东周文字印、秦摹印篆印、汉缪篆印、蟠条篆印、隶书印、楷书印，画印（肖形印）、画押印、民族文字印，等等；以材质分为金属印（青铜印为主）、玉印、石印、竹木骨角牙印，等等。这些不同的分类方法，反映了研究角度的不同，显然，分类法是服从于研究工作的人为之作。

一、以往的分类工作

秦文字的分类就是指在秦文字范畴之内对文字的一个分类。援引了上面三种分类方法可知，对于秦文字资料也可以采取多种分类的方法。以往学者们在介绍秦文字资料时，主要采用了以下几种分类方法：

1. 按照时序展开介绍，这是一种分类体现。秦文字资料按秦文字早期、秦文字中期、秦文字晚期等发展阶段分；或者说，按秦立国之前、秦立国之初、秦立国之中、秦立国之后期、秦统一时期，即按时期进行分类，并在每一期加以小结。此外，还有的并不刻意加以分期、分节，只是以时间为序，一贯到底，这也是时序分类法之表达。这种方法的优点在于时间脉络清晰，框架结构合理，再增添新材料比较容易，分类的客观性很强，避免了主观因素的干扰；缺点在于对于单项研究而言，显得不是很方便，在表达一些具体要素上不够详明。这种按照时序编撰秦文字资料的最重要代表作为王辉、王伟编著《秦出土文献编年订补》[①]。

2. 比较单纯的具体类项的介绍（和载体、带铭器的性质有关），这实际上也

---

① 王辉、王伟：《秦出土文献编年订补》，三秦出版社，2014年。

是一种分类。例如，研究秦陶文的著作有袁仲一、刘钰编著《秦陶文新编》①等；研究秦金文的著作有王辉编著《秦铜器铭文编年集释》②，孙慰祖、徐谷甫编著《秦汉金文汇编》③等；研究秦简牍文字的著作有睡虎地秦墓竹简整理小组编《睡虎地秦墓竹简》④，湖北省荆州市周梁玉桥遗址博物馆编《关沮秦汉墓简牍》⑤，陈伟主编《秦简牍合集》⑥，里耶秦简博物馆著《里耶秦简博物馆藏秦简》⑦，朱汉民、陈松长编著《岳麓书院藏秦简》⑧等；研究湖北省秦玺印泥封的著作有萧春源编著《珍秦斋藏印·秦印篇》⑨，周晓陆、路东之编著《秦封泥集》⑩，傅嘉仪编著《秦封泥汇考》⑪，赵熊编著《风过耳堂秦印辑录》⑫，张小东编《戎壹轩藏秦印珍品展》⑬等；研究秦度量衡文字的著作有熊长云编著《新见秦汉度量衡器集存》⑭。这种方法的优点是非常单纯，为深入研究某一类带铭文的文物提供了方便。一般这种方法也都考虑了同一类文字的前后分期，这种方法为大家所熟悉，缺点在于没有考虑整个秦文字体系化的研究。

3. 综合分类的方法。以王辉、陈昭容、王伟编著的《秦文字通论》为重要代表，在同一部综合性大型著作之中，秦文字分为"秦金文"["礼乐器""兵器（附虎符）""度量衡器""车马器""杂器"]、"秦石刻"（"秦公大墓编磬""怀后磬""石鼓文""诅楚文""秦骃祷病玉版""秦始皇刻石"）、"秦简牍"（"睡虎地秦简牍""放马滩秦简牍""龙岗秦简牍""关沮秦简牍""岳麓书院藏秦

---

① 袁仲一、刘钰：《秦陶文新编》，文物出版社，2009年。
② 王辉：《秦铜器铭文编年集释》，三秦出版社，1990年。
③ 孙慰祖、徐谷甫：《秦汉金文汇编》，上海书店出版社，1997年。
④ 睡虎地秦墓竹简整理小组：《睡虎地秦墓竹简》，文物出版社，1990年。
⑤ 湖北省荆州市周梁玉桥遗址博物馆：《关沮秦汉墓简牍》，中华书局，2001年。
⑥ 陈伟：《秦简牍合集》，武汉大学出版社，2014年。
⑦ 里耶秦简博物馆：《里耶秦简博物馆藏秦简》，中西书局，2016年。
⑧ 朱汉民、陈松长：《岳麓书院藏秦简》，上海辞书出版社，2010年。
⑨ 萧春源：《珍秦斋藏印·秦印篇》，澳门文化康体部，2000年。
⑩ 周晓陆、路东之：《秦封泥集》，三秦出版社，2000年。
⑪ 傅嘉仪：《秦封泥汇考》，上海书店出版社，2007。
⑫ 赵熊：《风过耳堂秦印辑录》，中国书店，2012年。
⑬ 张小东：《戎壹轩藏秦印珍品展》，西泠印社，2015年。
⑭ 熊长云：《新见秦汉度量衡器集存》，中华书局，2018年。

简""王家台秦简""里耶秦简牍""青川秦牍""岳山秦牍")、"秦漆木器""秦玺印封泥""秦陶文"("秦封宗邑瓦书""赵背户村出土墓志瓦文""秦代官营和私营制陶业的陶文"等),以及"秦货币文字"等几大类。在"秦玺印封泥""秦陶文""秦货币文字"等节还有总论性文字。[①]他们真正做到了纲举目张、博大汪茫。事非经过不知难,笔者粗粗涉猎,就感觉到三位作者是下了大功夫,见了真功夫,可是,读来还是让人感觉到有不甚完满之处。例如,金文之类下有分项,那么对于金属玺印、金属货币怎么办?例如,金文之类以下再分小项,方法可取,可是石刻之类、简牍之类以下一层次,是具体器物名称而不是小项。例如,石刻之类包含的"秦骃祷病玉版"其甲、乙两版共有四面文字,除了甲版正面为铭刻文字,其他三面均为朱书文字,那么它究竟应归入石刻文字,还是简牍文字(古代简牍有玉简)?例如,陶文之类以下一层次,既有单个文物条("秦封宗邑瓦书"),还有文物群体条("赵背户村出土墓志瓦文"),又有内容归纳条("秦代官营和私营制陶业的陶文"),体例显得不一致。例如,仅在"秦玺印封泥""秦陶文""秦货币文字"之类有总论性文字,其他各类也应设有为宜。当然这是笔者吹毛求疵之举,即便笔者自己做,也感觉到十分之为难。

4. 根据秦文字的具体表现方法进行分类。这种方法在一些文论之中出现。例如,用毛笔书写的文字,用刻、凿等方式表达的文字,用铸铭表达的文字;用抑印(包括戳印、模印)表达的文字,烙印——烙漆、烙木所表达的文字。这种方法要结合时代、内容、载体综合考虑。

5. 根据秦文字资料的字体进行分类。这种方法在一些研究专论之中出现。例如,有依照东汉许慎《说文解字·叙》中所言"秦书有八体,一曰大篆,二曰小篆,三曰刻符,四曰虫书,五曰摹印,六曰署书,七曰殳书,八曰隶书",将秦文字资料对号入座。也有依照近现代的认识,将秦文字按照篆书、隶书、楷书进行类分。

6. 将秦文字按使用的人群分类,分为宫廷使用、贵族使用、平民使用和军中使用等,但是目前做这样的肯定性区分是很困难的。

用传统的第二种分类方法表达比较容易,第三种方法对于文字形成的外在

---

① 王辉、陈昭容、王伟:《秦文字通论》,中华书局,2016年。

结构、文字风格等表达比较容易。

二、秦文字资料的"复合分类法"

对于秦文字资料的分类工作，这不但是基于秦文字资料本身形体的区别和分析，更是基于秦文字的发展历史、使用载体、使用方式等多方面的不同而进行的分析。时间、地域、使用人群、使用场合，以及内容等方面的不同，引起字形字体的变化，而这些变化在当时可能是不自觉的，或者是没有专门规定的。时隔两千多年，人们再来探讨这个问题时不得不人为地将秦文字划分为不同类型，这完全是出于研究的需要。

在介绍秦文字资料时，笔者采用了"复合分类法"，就是要将秦文字资料分为几个基本的层次，再复合考虑：第一个基本层次是指秦文字的各种载体。这一点和许多研究者的分类想法是比较一致的，也就是分为陶器上的文字、玉器上的文字、简牍上的文字和铜器上的文字，等等。这一分类方法大家比较熟悉，而且寻找和对照原始资料也比较容易。但是笔者在设计时，又考虑了一些因素，这就和大家有所不同了，例如：将铜器上的文字再分为钱币文字、兵器符牌文字和印章文字，等等；将陶文分作刻划陶文和抑印陶文，并且将戳印陶文分出，置入玺印泥封文字；将秦骃祷病玉版的甲 a 面列为玉石契刻文字，将甲 b、乙 a、乙 b 三面纳入简牍（玉简）书写文字。

第二个层次是时间要素，依据就是前面提到的三期七节。

第三个层次是研究者们比较缺乏了解的，笔者在这里提出了一个"做法"的层次，所谓做法，就是这些文字的具体表达方式。这些文字有的是铸造出来的，有的是契刻出来的，还有一部分是书写出来的。做法的层次笔者会在第一个基本层次中分类列举，比如说在铜器上的文字中分为铸造的有哪些，契刻的有哪些，书写的有哪些，等等。这样可以使大家在同样的载体里分析出由于不同的做法而可能造成的字形上的不同，这一点请读者们详加品味，这种方法对了解秦文字，甚至对整个汉字史与汉字艺术的分类和处理，都可能是具有一定意义的。

第四个层次是字体层次。简单说就是以所谓篆书和隶书、楷书分类，这点在秦文字研究当中是非常重要的。这个分类是指秦文字的主体表达是属于小篆以前的风格，小篆的风格，还是基本属于隶书。另外，在某些作品中还有篆隶杂糅的现象，笔者经过分析又可以将它们分为篆隶和隶篆两种。顾名思义，所谓篆隶就是篆的成分多一些而隶的成分少一些；所谓隶篆就是隶的成分多一些而篆的成分少一些。这个方法是不是科学，笔者也不是完全有把握，但是笔者想通过这样的分类指出这一现象，尤其想指出在秦文字的发展过程中，篆书是如何向隶书过渡的，少量的楷书又是如何出现的。这样的分析对于篆、隶而言可能相对准确，在所谓的"篆隶"和"隶篆"上来看可能就见仁见智了，笔者的分类也就不是那么强求准确了。

本书拟采用这种复合分类法。这种方法基于秦文字的基本表达，首先铺开十余项，再在每一件、组、群的标本下以"【 】"加注分期、分节、做法、字体来做进一步说明。先看十余项：

1. 玉石文字。是指石质、玉质器物上的凿刻、砣碾文字。比较多见的是直接凿刻。因为玉石文载体的特殊性，此玉石文栏不包括石质兵器车马具文、玉石质玺印文、玉简文，而另将其"存目别出"。

2. 刻划陶文。是指陶器上的刻划文字。因为秦文字陶质载体的特殊性，抑印陶文、瓦当文字另立项；陶器上的书写文字，都"存目别出"。

3. 抑印陶文。是指陶器上的抑印、戳印文字。因为秦文字陶质载体的特殊性，刻划陶文、瓦当文字另立项。

4. 瓦当文字。是陶质秦瓦当上的文字，主要指当面的模印文字。瓦当上的刻划文字、抑印文字都"存目别出"。

5. 简牍帛书文字。比较多的是直接墨书，也见少量朱书。包括了竹、木、玉石简牍文字，也录入其他载体的书写文字。与简牍文字或有紧密关系的泥封文字（例如《里耶秦简》与泥封同时发现），不包括在内。

6. 金属器文字。是指金属器上的铭文，分为铸造显现于或者凿刻于金属质载体之上者。金属器以青铜器为主，包括金、银、铁器等。因为秦文字金属载体的特殊性，此金文栏不包括度量衡文字、兵器文字、车马器文字、玺印文字、货币文字，这些都另立项；金属器上的书写文字"存目别出"。

7. 度量衡文字。主要录入青铜质度量衡具上的文字。

8. 兵器文字。主要录入青铜兵器上的铭刻文字，凡玉石类兵器、兵器书写文字"存目别出"。

9. 车马器文字。主要录入青铜车马具上的铭刻文字，凡书写文字"存目别出"。

10. 玺印泥封文字。秦玺印比较复杂，有公印、私印，有金属印（以青铜为主）、玉石印、陶印。秦印章文字的做法比较复杂，有铸造成印文的、有凿刻成印文的。印章钤印成泥封，其中印章的本体既有铸造的，也有凿刻的，这些情况就相对比较复杂。包括金属玺印、玉石玺印，还包括泥封。

11. 货币文字。

12. 漆器文字。漆器文字有针刻、书写和印烙的三种做法。

13. 其他文字表现。

这种复合分类法就兼顾了多种分类，指出在一种物质载体的大项目之下有什么具体的表达，其实，这只是一些说明的固化，如果不是围绕秦文字，这种复合分类法法的冗余不当就毕现了。这种分类方法在秦文字分类中只是一个尝试，这种尝试结果如何，还要看读者们的反应，也希望将来有更为明显、更为直接、更为有效的秦文字分类表达方式。

第三节 秦文字资料

秦出土及传世的文字资料究竟有多少条，至今没有确切的数字，《秦出土文献编年订补》录有4 282条[1]，《秦文字通论》录有335目，超过8 000条[2]，《秦陶文新编》录有3 424条[3]。据笔者不完全统计，秦泥封存世超过两万枚，品种超过2 000品，其中以公印占大多数；现存世的公私收藏秦玺印超过千枚，其中私印占大多数；至于秦货币，尤其是半两钱，更是难以计数。尚有公私收藏的尚未披露的秦文字资料。此外，在记录"条"时，有一物多条的现象，这在铜器上有、陶器上有、简牍上有，甚至泥封上也有，这就造成了各家之间计条数的可能的不一致。笔者认为秦（东周秦国、秦帝国）出土及传世的文字资料应当超过3

---

[1] 王辉、王伟：《秦出土文献编年订补》，三秦出版社，2014年。
[2] 王辉、陈昭容、王伟：《秦文字通论》，中华书局，2016年。
[3] 袁仲一、刘钰：《秦陶文新编》，文物出版社，2009年。

万条。这些资料群体性地反映了秦文字的分期、分类、性质、内容、作用等多方面的问题。

本书不是秦文字资料的全集，所选取的标本大部分都公开发表过，一小部分是首次披露存目。结合以往学者的研究，借此从时间、载体、做法、字体等方面做一些讨论，也少量地涉及标本的内容。本节按照复合分类法记录，每一项之下的每一类标本或是一件，或是一组，因此，标本之前的数字只有排序意义，并不是数量统计。

以下所讨论的秦文字资料或标本（仅涉及分类的前十二项），大部分取自《秦出土文献编年订补》《秦文字通论》和《秦陶文新编》，本书在定名和断代上，可能与原作有些不同。凡是不采自上述三著的秦文字资料，均在标本名称之后加"※"符号说明。

一、玉石文字

秦的石刻文字资料（或标本）从东周时期一直到秦帝国统一时期都有发现，大致包括：秦景公大墓编磬刻石、怀后磬刻石、石鼓文、《诅楚文》，以及秦统一之后的峄山、泰山、琅琊台、之罘、东观、碣石、会稽等石刻文字，还有田野考古发现的秦始皇帝陵的石刻构件。以下为一些较重要的文字资料或标本。

（1）石鼓文（图2、3）【前二·刻·篆】，一共有十枚，为鼓形的纪念碑文。为刻在鼓形碑碣上的十首四言诗，反映了秦国君王驾车狩猎的情景。现陈列于北京故宫博物院，字残漫较多，以致有一鼓已经不见文字。镌刻，字体为大篆（籀文）。石鼓，唐代初年发现于天兴（今凤翔地区），曾经被命名为秦雍邑刻石、陈仓石鼓、陈仓石碣、岐阳石鼓、猎碣等。石鼓文的时代一直是学术界争论的热点，有"西周宣王说""秦献公之前襄公之后说""秦襄公说""秦景公说""秦惠王之后始皇帝之前说"，尚无定论。笔者认为定秦文公时代为宜。

（2）怀后磬【中一·刻·篆】，原石已佚，被载于宋吕大临的《考古图》卷七、薛尚功《历代钟鼎彝器款识法帖》（图116）卷八，怀后磬共有57个字。有的学者认为怀后磬和秦景公大墓的出土地点相近，疑为同时之物。李学勤认为，怀后磬可能出土于秦公夫人墓中，它的主人应是春秋时期第一代秦公夫人。

（3）秦景公大墓编磬【中一·刻·篆】，秦景公大墓即秦公一号大墓，1982年—1985年，经考古发掘，一共出土有残编磬26枚，经过比对和补充，可

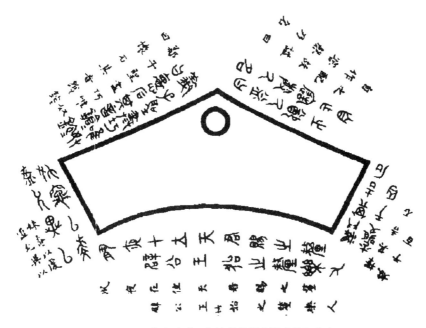

图 116　薛尚功《历代钟鼎彝器款识法帖》摹本

以知道一枚完整的磬上应当存有文字 37 个。石磬是秦景公后期的作品,其上铭文(图 8)为镌刻,字体为大篆(籀文)的后期。

(4)秦駰祷病玉版·甲 a(图 6)【后一· 刻· 篆隶】,出土于陕西,现收藏于上海博物馆。共有甲、乙两块,玉版正反面都有文字,甲 a 面为契刻文字,甲 b、乙 a、乙 b 三面为朱书文字。其内容是为秦惠文王駰祷病。这块玉版的时间应该在秦惠文王称王之后,镌刻,字体为秦小篆带有隶意。

(5)《诅楚文》刻石【后一· 刻· 篆】,《诅楚文》(图 4)是战国中晚期,秦楚交恶时期秦人向三位神灵祷告以诅咒楚王的文字,共有 3 件,约在北宋中叶出土,北宋之后三块石头都已亡佚。其中巫咸石 326 字,湫渊石 318 字,亚驼石 325 字,三石除了祷告的神明不同以外,语句都基本相同。由于其原石已经亡佚,所以关于《诅楚文》有真伪之辨,它在文字形体研究上的价值也因此打了折扣。

(6)向里做臼刻石【后二· 刻· 篆】,李学勤曾记载过,北京某市藏有一个石臼,早年出自关中,上面有"秦二十二年向里做臼"几字。镌刻,篆体。其时代有春秋晚期、秦始皇帝称帝之前五年的不同说法。

(7)四百十一玉璧【后三· 刻· 隶篆】,湖南长沙左家塘一号秦墓出土,谷纹玉璧郭侧刻有"四百十一"四字，字体为带篆意的隶书。

（8）秦始皇帝刻石【后三·刻·篆】，据有关文献记载，秦始皇帝一共七次刻石。秦始皇帝二十八年至三十七年（前219—前210），曾先后到峄山、泰山、琅琊台、芝罘、东观、碣石、会稽等地巡视并"立石刻，颂秦德，明得意"。现在存世的有泰山刻石残件、琅琊台刻石残件、《峄山刻石宋翻刻本》《会稽刻石宋翻刻本》。相传这些石刻文为李斯的手笔，是秦小篆的典型代表。

（9）秦二世皇帝刻石【后三·刻·篆】，这是秦二世皇帝巡游之时，以诏书形式加刻在秦始皇帝泰山刻石、秦始皇帝琅琊台刻石、秦始皇帝东观刻石、秦始皇帝碣石刻石、秦始皇帝会稽刻石的下部和秦始皇帝峄山刻石背面的。相传也是李斯的手笔，是秦小篆的晚期的典型代表。

（10）秦始皇帝陵刻石 ※【后三·刻·篆隶】，20世纪后期，在西安临潼出土，文字比较少，内容是"右角，右校，泰右东十八"等，与秦的官署、工匠、方位有关。镌刻文字，秦小篆而带有隶意。

（11）工谨石堂刻石 ※【后三·刻·篆隶】，《文物》2019年第1期发表的孙伟刚文章《西安阎良新发现秦石刻及相关问题研究》公布了2010年西安阎良石川河道发现的一块刻铭为秦小篆文字的刻石，一面刻"纳右中部工谨，石堂勾施木，卅六袤九尺广，二尺九寸后二尺，五寸输纳旁丙廿九"，一侧面刻"纳右中部，袤九尺广，二尺九寸后二，五尺寸堂，勾施木卅六，左谨，丙廿九"等（图117）。这些刻铭详细记录了刻石的制作工匠、刻石尺寸及刻石拟安放的位置等信息。据研究，此刻石当是秦始皇帝陵建筑用石材。镌刻，秦小篆而带有隶意。

图117　工谨石堂刻石文

（12）秦明琼【后三·刻·篆隶】，于秦始皇帝陵园被发现。石质，博具或酒令具。在磨出的十二个面上，刻有"一"到"十"，"骄""驠"，时间为秦代。镌刻，秦小篆而带有隶意。

（13）内西七石板铭【后三·刻·篆隶】，又称晏南石板刻文，于秦始皇帝陵园被发现。石质，上镌刻"内西七"三字，秦小篆而带有隶意。

（14）秦始皇帝陵马饰铭【后三·刻·篆隶】，出土于秦兵马俑二号坑，有四枚刻字"乙十八""丁六""丙七三""癸廿七"等，字体在篆隶之间。

（15）秦始皇帝陵石甲胄及砺石铭【后三·刻·篆隶】，1999年秦始皇帝陵K9801陪葬坑出土大量石甲胄，甲胄片上刻"工"及计数字。2001年—2003年秦始皇帝陵新丰井址出土甲胄片及砺石，刻有"监"及计数字，字体在篆隶之间。

*秦骃祷病玉版·甲b、乙a、乙b（存目别出，转"简牍文字"项）。

二、刻划陶文

秦文字当中，前期或者称为"前雍城时期"的陶文极为少见；"雍城时期"是秦陶文开始批量出现的时期；"栎阳时期""咸阳时期"是秦陶文大发展的时期，其时秦陶文可能已有随着统一战争东向走出了函谷关，南向跨过了秦岭。"走向全国时期"，即秦王朝大统一之后，秦陶文走向了全国，在多省区均有发现。袁仲一、刘钰著有《秦陶文新编》，收录的时代为春秋晚期至秦王朝时期的秦陶文及刻符多达3 370件，这为秦陶文研究提供了便利，加之在不断的挖掘发现中，秦陶文的数量在不断地增加，人们对它的认识必将随着新材料的不断出土而更加深入。

秦陶文有其特殊之处，在商鞅变法前后，秦抑印或戳印陶文越来越多地涌现出来，这实际上是秦玺印文字用法的一种表达，因此，本书对大量戳印陶文，另立"戳印陶文"专项。秦的瓦当文字均为陶质，因为其面貌非常专门化，已经立"瓦当文字"专项表达。少量书写的陶文"存目别出"，转"简牍文字"项。

秦后期刻划陶文则多出土于秦始皇帝陵以及秦都咸阳附近，遍于关中，很难计数。秦统一之后，秦陶文更是远播辽河、黄河、淮河、长江、珠江流域的众多地区。秦陶文内容包括地名、官署、工匠姓名、纪年，以及与计数、度量衡有关的文字，等等。秦代的"物勒工名"制度，使得当时的工匠为后世留下了大量陶文实物。这些陶文大多为工匠在砖瓦或者陶器入窑烧制前泥坯未干时,用尖状物信手刻划的文字。秦后期陶文大部分刻得疾浅,隶意鲜明,以至于篆意渐渐消失。请读者注意,因为标本量太大,下面在介绍时适当分群,这与实际数量没有什么关系。

(1)南指挥村刻符陶文(图118)【中二·刻·篆】,秦都雍城遗址凤翔南指挥村秦墓出土了为数不多的陶文,为《秦陶文新编》所录第 3136—3144 标本,时间在春秋末期到战国早期,多为单字刻铭,字数虽然不多,但可以作为本时段的典型。字体依然是篆体,但契刻草率、疾劲。这也是目前所知,秦国陶文之开端。

图 118　南指挥村刻符陶文

(2)栎阳刻划陶文(图119)※【后一·刻·篆】,中国社会科学院考古所刘瑞见告,在相当于献公、孝公时代的地层中的瓮、罐、缶类陶片上,见到刻划"栎阳,宫""栎"等文字,为栎阳时期文字的代表之一,另在瓦唇边缘有更为复杂的待释文字,开启了稍后"咸阳时期"刻划陶文大量出现的先河。目前见到的种类不多。小篆字体,在方折处见有隶意。

图 119　栎阳时期陶文之一

(3)秦宗邑瓦书(图120)【后一·刻·篆】,出土于陕西西安鄠邑,时代在秦惠文君四年(前334),现藏于陕西师范大学博物馆。这件瓦书为长方形,通长 24 厘米、宽 6.5 厘米、厚 0.5—1 厘米。瓦书表面光滑,文字为先在泥坯上刻字,再入窑焙烧而成,两面刻字,字划涂朱,正面竖刻 6 行 92 字,背面竖刻 3 行 27 字,共 119 字,字体为小篆。瓦书铭文为"四年,周天子使卿夫=(大夫)辰来致文武之酢,冬十壹月辛酉。大良造庶长游出命曰:'取杜才(在)鄭邱到滴水,以为右庶长歜宗邑。'乃为瓦书。卑司御不更顝硕封之,曰:'子=(子子)

孙=（孙孙）以为宗邑。'頵以四年冬十壹月癸酉封之。自桑障之封以东，北到桑匽之（以上正面，以下背面）封，一里廿辑。大田佐敖童曰未，史曰初，卜蛰，史羁手，司御心，志是霾封"。这反映了战国时，周天子致胙和封宗邑划疆界的经过，是非常重要的历史文献。字行严骏，反映了秦文字由篆向隶的过渡。

（4）青川陶釜文【后一·刻·篆】，出土于四川青川郝家坪战国秦墓，陶釜肩部刻小篆"赵志"二字。

（5）记容量秦陶文（图121）【后二、后三·刻·篆隶、隶】，在战国秦后期到秦王朝时期陶文中经常见到，一般刻在较大容器例如陶瓮、陶缶、陶罐之上，常见"地名+姓氏+容量"的格式，亦有简化，字体为带有隶意的篆书，或者为隶书。例如陕西凤翔高庄秦墓出土的陶瓮、陶缶，见刻有"隐成吕氏缶，容十斗""北园吕氏缶，容十斗""北园王氏缶，容十斗""下贾王氏缶，容十斗"等文字。陕西咸阳红旗乡秦墓出土陶罐刻"王氏廿斗"。陕西

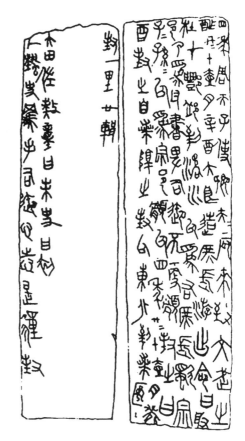

图 120 秦宗邑瓦书摹本

图 121 记容量秦陶文

西安尤家庄秦墓，出土陶缶刻"杨氏十……"，陶罐刻"……一斗二升"，陶缶刻"中……王氏十斗"。陕西西安茅坡秦墓，出土陶器刻"西兔苏氏十斗""冯氏十斗"。陕西西安潘家庄秦墓，出土陶器刻"杜氏十斗""杜氏容十斗""乐定王氏九斗""南阳赵氏十斗""李氏九斗二升""易九斗三升"。陕西西安北郊秦墓，出土陶瓮刻"六石"。秦始皇帝陵，出土陶盘刻"丽二升半，八厨""丽山茜府一斗二升"，陶器刻"丽邑五升""丽邑九升"，壶盖刻"丽邑五斗崔""丽山食官壶反一斗""左厩容八斗""大厩四斗三升""丽山饲官"。陕西铜川秦墓，出土陶瓮※，刻"濒七石"。陕西淳化秦墓，出土秦陶瓮※，刻有"禾，平里一石二斗进仓亭并"。这批陶文，除了秦始皇帝陵出土陶器刻值应当为实测，其他皆为随葬品虚语，虽然对于度量衡的单位面貌有存目价值，但没有什么实测的意义。

（6）其他刻划秦陶文（图122）【后二、后三·刻·篆隶、隶】，在战国秦后期到秦代陶文中经常见到，一般刻在各种陶器上，其内容也多种多样，有数字、方位、地名、人名、器用，以及不太明白其内容的简化表达。例如陕西凤翔高庄秦墓出土陶器，见刻有"甲乙己""仓""上官""雍崇里"等字。

图122 其他刻划秦陶文

（7）秦始皇帝陵兵马俑刻划陶文（图123）【后三·刻·篆隶、隶】，在秦始皇帝陵兵马俑身上见刻划陶文，都是在陶俑坯件未干时随手刻划，字迹草率、大小不一，有篆体在方折处带有隶意，也有近隶体。共发现超过500件，品种过百。大体可分为以下几类：编号数字，有"一""二""三""四""五""六""七""八""九""十""十一""十二""十三""十四""十五""十六""十七""十八""十九""廿""二二""二三""二五""卅""三二""三四""卌""卌一""四一""卌二""四二""四三""四四""卌六""卌九""五三""五四""五五""五六""五七""五八""五十九""六十""六四""六五""六六""七二""七五""八十""八五""八七""八八""九十""十十""十十三""十十八""十二七"

"十四十三""十一卅二""四四一""二千",等等。方位及干支内容,如"中""北""丁""丙""甲""申""辰""辛""己""巳""丁未",等等。编号数字加前缀,有"咸"字或解为"咸阳","弋"字或解为"弋室","稚十四"见"咸稚"估计为咸阳工匠名,其他不好解,例如"稚一""氏四""咸五""封八""产八""矿十""稚十四""弋六八",等等。宫字刻文,见"宫系""系""宫得""得""宫欤""欤""宫穑""宫庄""宫颇""朝(抑印陶文中有'宫朝')""宫",等等,其内容均见于同地点抑印陶文。地名及带地名工匠名,例如:"咸阳""咸阳口忌""咸阳亲""咸阳衣""咸衣""咸阳危""咸阳午""咸午""午""咸阳野""咸野""野""咸阳笱""咸阳秸""咸秸""咸行""行""咸敬""咸阳敬""咸阳庆""咸庆""庆""咸阳高""高""咸㜊""㜊""咸渭""咸稚""稚""咸处""栎阳重""临晋薪""安邑口""越悍""越""悍",等等。其他工匠名,例如"禾""脾""秸""尚""不""谈留""王""小遨""次遨""大遨""大羟""屈""由""安""田""吴""从""文""捍""杏""早早""小辰""车""胥""示""矿""其""铫""春""胈""矢""山""少""斗""爻",等等;可能与官署有关,如"右衣""右""匠",等等。

图 123　秦始皇帝陵兵马俑刻划陶文

(8)秦始皇帝陵区刻划陶文(图 124)【后三·刻·篆隶、隶】,秦始皇帝陵范围内出土陶文资料,1949 年以前就有发现,1974 年秦始皇陵考古队进驻后,先后在陵园和秦兵马俑坑发现了大批砖瓦和陶器上的陶文资料,数量和内容远远超过秦都雍城和秦都咸阳遗址出土陶文,但是抑印陶文数量要大于刻划陶文。目前所见刻文有:"丽山饲官右""丽山饲官左""丽山口厨""丽邑丘向""小厩""宫厩""中厩""困""中""杨""马""六""井""北",等等。以小篆为底,见隶书影响。

图 124　秦始皇帝陵区刻划陶文

（9）秦始皇帝陵建陵人墓志（图125）【后二、后三·刻·篆隶、隶】，临潼晏寨乡出土墓志瓦文，时间跨秦王政亲政之后到秦二世皇帝时，为建陵工匠的墓志，这也是我国除山东战国墓志之外，迄今为止发现最早的一批墓志文，对研究墓葬史有着十分重要的意义。18件墓志瓦文合计112字，这里仅举7件为例："赣榆得""平阳驿""东武宿契""东武居赀上造庆忌""博昌居此（赀）用里不更馀""杨氏居赀武德公士契必""阑（兰）陵居赀便里不更牙"。墓志文字以篆为本，透出浓厚的隶意。

图125　秦始皇帝陵建陵人墓志

（10）陶量刻文（图126）【后三·刻·篆、篆隶】，山东、辽宁、内蒙古地区有所出土，它的性质与本项（5）条有所不同，（5）条是实用或随葬陶器上，刻划有容量的内容。本条涉及器物是秦王朝真实使用的量器，是研究秦度量

图126　陶量刻文

衡的重要标本，但是完整的陶度量衡器很少见。在秦陶量上，以抑印秦始皇帝二十六年诏版为主，刻划的比较少，刻划的有篆书者，也有篆隶之间的，不如抑印诏版整齐。

（11）秦二世陵陶罐铭※【后三·刻·篆隶】，在西安南郊西安财经大学神禾塬校区发现的四墓道帝王级陵墓，笔者认为是秦二世皇帝陵，其中陶器上刻有"宜春园""北司""私官"等字样，为篆书带有隶意。

（12）咸里绿碥（图127、128）【后三·刻·楷】，这四字刻于陕西咸阳秦墓出土的陶罐肩部，已脱离隶意，表现为楷体，是极为重要的标本。

三、抑印陶文

戳印或抑印陶文是秦陶文当中特征鲜明的一种，形式多样，内容复杂，笔者曾经想到将其从陶文分出，按其抑印之遗蜕性质置入"玺印泥封"项。可是，戳印或抑印陶文所用之印，与大部分用于泥封的秦印不类。陶器因为经火烧过，与抑印泥封的表现也有不同。况且，戳印或抑印陶文所用之印本身，可以再分出若干类。考虑到秦陶文戳印、抑印现象的复杂多样，考虑到其内容之重要，故专立一项"抑印陶文"。

图 127　咸里绿磁

在秦陶文之中，刻划陶文基本上是一次性形成，但是抑印或戳印陶文，必然是用印多次加盖抑出的，因此，抑印陶文的内容要更具普适性、广泛性。就同是较短的刻划陶文和抑印陶文相比较，后者在人们了解战国后期秦国与秦帝国政治、社会生活这一方面的文献价值要更高一些。

图 128　咸里绿磁（复原）

（1）栎阳抑印陶文 ※【后一·抑印·篆】，中国社会科学院考古所刘瑞见告，在相当于献公、孝公时代的地层中，见到抑印陶文"栎市"（图 129），原印至少有三种样式；另外还见到"高甘来请"四字抑印，细分析或为四个单字印聚合抑印在陶器坯上。从这几枚抑印痕迹可见，原印都应当是铜质阳文印，在秦印发展史上具有特殊地位，其上印文也是栎阳时期文字的代表之一。

（2）中央官署抑印陶文（图 130）【后二、后三·抑印·篆隶、隶】，见于秦都咸阳遗址、秦渭南宫区（包括阿房宫）遗址、秦始皇帝陵区，出土有中央官署抑印陶文，有的在职署后加上人名。大致可以分为：①"宫"之属，如"宫水""宫戊""宫廿六""右宫""左宫""北宫"，等等。②"左右司空""左右水"之属，如"左司""左戎""左巷""左索""左癸""左嘉""左禹""左贝""左

图 129　栎市印文

图 130　中央官署抑印陶文

丛""左周""右贸""右迁""右角""右齐""右得""右禾""右如""右反""右校""右如""右伋""右胡""右廿六",等等。③"大匠""寺工"之属,如"大石""大匠乙""大水""寺水""寺涉",等等。④其他,如"北司""都船""安台居室""右乘""右段",等等。反映了秦始皇帝时期进行大规模建筑时,中央官署内烧造砖瓦的工匠情况。

（3）咸阳亭里陶文（图131）【后二、后三·抑印·篆隶、隶】,前缀有"咸阳""咸"字样的陶文,有很大一批标本,超过千件,主要见于跨渭河两岸的咸阳宫一带以及关中地区,以抑印为多,刻划较少,多数抑印在各种陶器上,也有少量出现在砖瓦上。抑印者原印有金属质地（尚未发现）、木质（尚未发现）,以及

图131　咸阳亭里陶文

数枚陶质印体,印面以长方为主,亦有正方形。"咸安新盼"为阳文,其原印是标准的田字格阴文铜印,此例为极少数,大多数为阳文无田字格专用陶印,在陶文上显示为阴文。印文以两排为主,极少为一排,印上主要有四字、六字,少数例外,文字比较严谨,为摹印篆,也有近小篆、近隶书的风格。具体可以分为以下几式：①直书"咸阳""咸亭""咸原""咸邑"之属："咸阳市""咸阳亭""咸亭"；"咸阳市于""咸阳市得""咸阳市久""咸阳市牛"；"咸阳巨臣""咸阳巨戏""咸阳巨文""咸阳巨鬲"；"咸阳成章""咸阳成洛""咸阳成申""咸阳成石""咸阳下欣"；"咸原小婴""咸原少豫""咸原少公"；"咸邑如戉""咸邑如顷"；等等。②"咸某里+人名"之属："咸郦里善""咸郦里台""咸郦里寔""咸郦里且""咸郦里就""咸郦里组""咸郦里夸""咸郦里逋""咸郦里赴""咸郦里荟""咸郦里绶""咸郦里杲""咸郦里某""咸郦里爽""咸郦里句""咸郦里南""咸郦里尼""咸郦里信""咸郦里段""咸郦里致""咸郦里驵""咸郦里壮""咸郦里贝""咸郦里道""咸郦里强""咸郦里玢""咸郦里角""咸郦里举""咸郦小有""咸郦小颖""咸郦里高"；"咸完里奢""咸郊里昧""咸完里黄""咸郊里夫""咸郊里欣"；"咸沙里突""咸沙里疢""咸沙里卫"；"咸高里午""咸高里昌""咸高里熹"；"咸蒲里奇"；"咸直里缭"；"咸

反里遝";"咸甘里广";"咸戎里旗";"咸白里公";"咸沃里辰""咸沃平羹";"咸芮里喜""咸芮里臣";"咸商里宣""咸商里若";"咸闾里昡";"咸广里高";"咸武都□";"咸安处捍";"咸重成邀""咸重成枚""咸重成突""咸重成页";等等。③"咸（亭）+某里+人名+某器"之属："咸亭郿里綮器""咸亭完里丹器""咸亭泾里忿器""咸亭东里倕器""咸亭沙里荥器""咸亭燓阳丑器""咸亭当柳昌器""咸亭阳安吉器""咸亭阳安驻器""咸亭郿里芮器""咸亭泾里偾器""咸亭沙寿□器""咸亭直里广器"，等等。④"还有一些无所归属："衣""更""周""征""丘""泉""弋左""敬事""五工左"，等等。这类陶文，在栎阳时期地层没有发现，在咸阳时期及大统一之后多见，在秦统一之前的，主要见于陕西咸阳秦都遗址附近，统一之后的扩大到陕西西安、渭南、宝鸡、铜川、延安等地。

（4）其他地名亭里市陶文（图132）【后二、后三·抑印·篆、篆隶】，在秦统一前后，许多地区出现了抑印有关郡县亭里市内容的陶文，除去首都与地方的区别之外，它们与咸阳亭里陶文性质基本相同，并且表达要简略一些。这些陶文的原印以铜制阳文为主，半通形略多于正方形，也有长方形的，以一、二、四字为多，也有三、六字的。有的抑印于陶器上，有的抑印于砖瓦上。以下举例：陕西凤翔高庄战国秦墓出土的陶罐各有"亭"字圆形戳记，时代略偏早；西安出土有"市""丽市""丽亭""频""频阳""栎市""奠亭""高市""杜""杜亭""杜市""莔""槐里市久""将行内者"，等等；陕西淳化出土"云市""云亭"等；陕西渭南出土"栎""栎市""宁秦"等；陕西陇县出土"阿亭""亭"等；扶风县、眉县出土"牦亭""美亭"等；陕西商洛出土"雒市""楚里孙"等；陕西清涧出土"杜市"；黄龙出土"雕阴"；甘肃崇信出土"亭""市""卤市"等；河南洛阳出土"河市""河亭"等；河南三门峡出土"陕亭""陕市"等；湖北安陆出土"安陆市亭"；内蒙古赤峰出土"亭印"；山西侯马市，翼县、夏县、朔县出土"降亭""安亭""马邑市"等；河北邯郸市永年区、河北容城县出土"邯亭""易亭"

图132 其他地名亭里市陶文

等,有圆形抑印;山东济阳、邹平、巨野、兖州、滕州出土"安阳市""市""亭久"等;还有出土地点不明的标本"临亭""淄亭""临淄市""临淄亭久""代市""襄阴市""荥市""许市""曹市""茌市""都市""东武市""南乡之市""新绛亭久",等等。

（5）秦始皇帝陵兵马俑抑印陶文（图133）【后三·抑印·篆、篆隶】,在秦始皇帝陵兵马俑身上见到的抑印陶文,都是在陶俑坯件未干之时抑印上去的,这和一次性、一过性的刻文不仅在表现上有所不同,也在使用性质上有所不同。它们没有更多类别,主要是"宫"字系列,例如:"宫强""宫系""系""宫得""得""宫欤""宫宫欤""宫臧""臧""宫穙""宫颇""颇""宫巍""宫朝""宫口""宫",等等,当为宫廷派遣监工之用。其中"得"印文有复品17件,其他也有重复,可见原印的使用频度。关于内容"宫系""系""宫得""得""宫欤""欤""宫穙""宫庄""宫颇""朝""宫"亦见于刻划陶文。应当指出,这批文字的原印,都是随手刻在陶片上,再用于抑印,原陶片大小、形状不一,文字比较粗率印上所刻文字不是标准的摹印篆,有的近小篆,有的略带隶意。原印有阳文者,也有阴

图133　秦始皇帝陵兵马俑抑印陶文

文者,甚至原印有正字,抑印出来为反字。这批抑印文字的标本数量不大,时间、使用对象都极为集中,在中国印章史上具有很独特的风貌。

（6）秦始皇帝陵区抑印陶文（图134）【后三·抑印·篆、篆隶】,在秦始皇帝陵区陶片、砖瓦上见到的抑印陶文,现举部分例子:①前缀"宫"之属:"宫水""宫丁""宫瓦""宫炟""宫烙""宫错""宫出""宫章""宫进""宫毛""宫甲""宫瓦""宫谷""宫奇""宫春""宫顺""宫涑",等等。②"左右司空"之属:"右司空婴""右司空尚""右宜""右币""右冗""右司""左司涓瓦""右司陉瓦""左悁""左午""左穙""左司""左水""右弱""右滦""左水""右水匠""左

图134　秦始皇帝陵区抑印陶文

司高瓦""左司空""左司""右司空系""右司空谈""右司空眛""右角""右尚""右司空䢼""司贵",等等。③"大匠"之属:"大匠""大羍大颠""大""大水""大瓦""泰沈",等等。④"都水""都船"之属:"都昌""都仓""都船""都船工疕""都船掩""都船笔""都共工洴""都欧",等等。⑤"寺工""居室"之属:"寺系""寺水""寺婴""寺颠""寺眛""寺居室""寺工毋死""公",等等。⑥南北宫、东园之属,如"北司北昜""东园",等等。⑦"咸阳""丽山"之属,如"咸阳工崖""丽器",等等。⑧其他地名、人名之属:"芷阳癸""芷阳工癸""芷阳工乘""杜秦""杜徐""杜建""杜虔""频阳工处""频阳状""频沽""蒲反""杨工穯""上邦工明""下邦""安邑皇""安邑禄""安邑工头""安奴""高阳工乌""新城义渠""新城邦""新城章""新城如虖""枸邑书""犬亭""美阳工仓""蓝田""西道""西处""临晋翏""临晋廖""宜阳肆""郅阳共""汧南""乌氏工昌""乌氏援""好畤□□""当阳克""当阳颤""商昌""降获""降高""宜阳工武""泥阳""废丘□□""冀稚""漆状""皮氏卯""安未""安米""安出""陕礼",等等。⑨工匠名之属:"参""寇""欻""得""未""多""汪""䎽""示""向铅""阋""卫""园""甘""阳""丰""百""美""禾""成""中""状""王""丁""武",等等。

(7)陶量印文(图135)【后三·抑印·篆、篆隶】,山东、辽宁、河北、内蒙古地区出土。其性质与"刻划陶文"项(5)条有所不同,"刻划陶文"项(5)条是实用或随葬陶器上刻划有容量的内容,本条印文的器物是秦王朝真实使用的量器,是研究秦度量衡的重要标本,但是完整的陶度量衡器很少见。在秦陶量上,抑印的秦始皇帝二十六年诏版比较多,刻划的比较少,抑印诏版行气整齐,它们基本是一个接一个的四字印,每印都是阳文,接连抑印成文表现在陶量坯上,字体为摹印篆。此外,《秦陶文新编》披露一品秦始皇帝二十六年诏版全文阳文陶版,它是如何使用的待考。

图135 陶量印文

四、瓦当文字

秦盛行动植物纹样瓦当以及云纹、网纹瓦当,很少见秦文字瓦当。秦文字瓦当的意义在于，它作为先源，为汉文字瓦当的蓬勃发展奠定了基础，从当面文字风格和做法看，汉文字瓦当是对秦文字瓦当的直接继承。以下将举一些较有特点的标本为例。

（1）"公"字瓦当（图136）※【后一·模印·篆】，刘瑞研究员见告，近期出土于秦栎阳宫遗址，当面主体为隐起鹿纹，在鹿纹背部凸出隐起一"公"字，这是目前见到的最早的秦文字瓦当。

（2）日月山川利瓦当（图137）※【后一·模印·篆】，藏于北京古陶文明博物馆，为战国秦圆瓦当，早年采集于陕西凤翔。几个字藏于当面的葵纹之中，"利"字比较明显，篆体；对于其他四字的读法学者有不同意见，有读作"日月山川"，也有建议将前四字不作为文字，而作为纹样对待。

（3）华市瓦当（图138）【后一·模印·篆】，为战国圆秦瓦当，早年出土于陕西凤翔。两篆字左右排于当面草叶纹之中。

图136　"公"字瓦当

图137　日月山川利瓦当

图138　华市瓦当

（4）商瓦当（图139）【后二·模印·篆隶】，为战国半秦瓦当（亦有怀疑为圆瓦当残半），出土于陕西商洛。

（5）蕲年宫瓦当（图140）、橐泉宫瓦当、竹泉宫瓦当、来谷宫瓦当（图141）等【后三·模印·篆】，为秦王朝建立前后作品，出土于陕西凤翔孙家南头遗址秦地层，篆书呈四扇面平均分布于当面，这是经过正式考古出土的秦文字瓦当，西汉四字瓦当风格与之非常接近。

（6）来谷瓦当、棫阳瓦当、大吉羊利瓦当等※【后三·模印·篆】，为秦王朝建立前后作品。前二品为陕西凤翔采集，文字都以小篆体集中表达在当面四分之一的小格之中。后一品为陕西咸阳采集，篆体四字藏于网状纹样中。

（7）十二字瓦当（图142）※【后三·模印·篆】，这是大名品，版式多样，小篆文曰"维天降灵延元万年天下康宁"，作三行排列，周边缀以草叶纹。20世纪中期之前，十二字瓦当一直被认为是秦王朝遗物，后来在西汉早期宫殿和武库遗址地层版本出土，现在一般认为是西汉遗物。笔者仔细观察版本和字体，还是将其认定为秦王朝遗物，至于在汉初遗址见到，甚至为汉初建筑使用，并不足奇，应当是"秦瓦汉用"之例。

图 139　商瓦当　　图 140　蕲年宫瓦当　　图 141　来谷宫瓦当　　图 142　十二字瓦当

五、简牍帛书文字

在新石器时代彩陶上即见到毛笔的作为，其中有一些符号具有原始文字的性质。在汉字最早之例——陶寺文化的"文易"两字，也是由毛笔书写。在钢笔、圆珠笔等书写工具出现之前，毛笔一直是最重要的汉字书写工具。秦简牍文字是秦人用毛笔书写的文字，我国有毛笔是秦代的蒙恬将军发明的传说，所以秦书写文字应当被后世格外关注。透过这些秦毛笔书写文字，可以清楚地看到汉字古文字系统向今文字系统演变的细节，看到汉字由篆而隶而楷的演变过程。

裘锡圭曾经指出，在整个春秋战国时代里，秦国文字形体的变化，主要表现在字形规整匀称程度的不断提高上。秦简牍文字构形是"点线平行均衡列置"。单字内点线一般作平行、等距列置，同类、同方向点线平行排列，如横势画、竖势画、斜势画分别平行、匀齐列置；点线间常作等距离、匀齐布置。秦人这种理性的、讲求匀整的文字构形意识与同时期其他国家的书风有很大不同，晋盟书、楚简书的点线多作非平行列置，点线走向规律性差、充满动态，甚至恣肆布置，楚简单字内点线常作四射状，缺乏秦文字强调的点线同向、平行、均衡。经过隶变之后，汉字书写更加实用、便捷了。在隶变的过程中，秦人并没有停止对汉字的审美追求。从秦简牍文字对字形的改造可以看出，他们不但达到了简约、便捷的实用目的，同时也实现了对文字艺术的审美追求。

在本项之中，不仅包括了简牍帛书，也包括书写玉简、书写陶文，以及书写金文，等等。

（1）秦景公大墓漆简墨书【中一·墨书·篆隶】，铭文只四字"寂之寺簪"，揭示此器是祭天时所持用的笙竽类乐器,篆书,已见隶意。

（2）秦骃祷病玉版·甲b、乙a、乙b【后一·墨书·篆隶】,出土于陕西,现收藏于上海博物馆。一共甲、乙两块,正反面都有文字,甲a面为契刻文字,甲b、乙a、乙b三面为朱书文字,字体在篆隶之间。其内容是为秦惠文王骃祷病。这块玉版的时间应该在秦惠文君称王之后。

（3）青川木牍（图143）【后一·墨书·隶】,1979年—1980年出土于四川青川郝家坪战国秦墓,有木牍2枚,其中一枚字迹清晰,为古隶,另一枚字迹模糊。学者们将这篇文字定名为《为田律》,主要反映了秦武王以后的土地制度,青川木牍的大致时间应该在秦武王二年（前309年）。

（4）王家台秦简（图144）及王家台式盘题字【后一·墨书·隶】,1993年荆州博物馆相关人员在楚都纪南城王家台发掘战国晚期秦15号墓,出土一批竹简,竹简经研究者编号能达到813号,多为残简。据报道,其主要内容有《日书》《归藏》《效律》《政事之常》《灾异占》等,皆为隶书。同墓出土木质式盘一面,盘外周墨书二十八宿之名,内中书五行之名和份月,字为隶书。

图143 青川木牍

（5）放马滩秦墓竹简（图145）文字及放马滩秦木板地图【后二·墨书·隶】,放马滩秦墓竹简是1986年在甘肃天水东南放马滩秦汉墓当中发现的。其中的第一号秦墓出土有竹简461枚,木板地图6块,还有与书法有关的带笔套的毛笔,等等。其时代大约为秦王嬴政八年（前239）。这批出土的竹简内容主要有《日书·甲种》《日书·乙种》,以及一种志怪性质的故事——《丹记》。木板地图绘有山川走向,其中还有一些地名的标注。文字皆为隶书。

（6）睡虎地秦墓竹简（图146）【后二、后三·墨书·隶】,睡虎地秦简出土于1975年12月,在云梦县睡虎地秦代的15号墓葬中出土了1155枚完整的简牍和80余枚残片。墓主人生于秦昭襄王四十五年（前262）,卒于秦始皇帝三十年（前217）。通过整理,这批简牍目前来看有十种。早于秦统一的有《语书》,晚于秦统一的有《编年记》,其他如《秦律十八种》《效律》《秦律杂抄》《法

图 144　王家台秦简　　　　　图 145　放马滩秦墓竹简

律答问》《封诊式》《为吏之道》《日书·甲种》《日书·乙种》书写年代大约在秦昭襄王五十一年（前256）到秦始皇帝三十年（前217）之间。睡虎地秦简出土以后，激发了海内外学者们的研究热情。它涉及秦的纪年、秦的政治（尤其是吏治管理）、秦的法律文书、以及秦隶书等的重要发现，其中还有关于秦地理、政治、民俗、税负等的一系列记载。文字皆为隶书。

（7）綊绳朱书题字【后三·朱书·隶】，秦始皇帝陵二号铜车马綊绳末端有朱文字"镳三。镳八……车第一"。文字为隶书。

（8）岳山岗秦牍【后三·墨书·隶】，1986年，湖北江陵县岳山岗墓地第36号秦墓出土了2枚秦简牍，内容是《日书》。一枚正面256字，背面220字；另一枚正面92字，背面11字文字为隶书。

（9）岳麓书院藏秦简文字（图147）【后二·墨书·隶】，湖南大学岳麓书院珍藏的秦简为2007年从香港抢救性采购所得。这批竹简编有2 100余号，其中比较完整的超过1 300枚。2008年香港收藏家又捐献70余枚与这批竹简形制、书体和内容形同的竹简，其中较完整者30余枚。这批秦简的内容大致有《质日》《为吏治官及黔首》《占梦书》《数》《奏谳书》《律令杂钞》，等等。它的时代大致为秦始皇帝后期。文字皆为隶书。

（10）里耶秦简牍、里耶秦泥封匣文字及里耶笥牌文字【后三·墨书·隶】，2002年湖南龙山里耶镇古城遗址清理了三口古井，其中第一号井第五层出土数枚战国楚简，五层和其他层共出土数万枚秦代简牍。里耶秦简（图148）的最主要的内容是当时迁陵县政府的档案，涉及面比较广。简牍的抄写时间在秦王嬴政二十五年至秦二世三年（前222—前207）期间。这批简牍数量相当大，涉及秦的政治、地理等多方面的内容，目前还在整理当中，全部报告还有待披露。里耶共出土泥封匣200余枚，少数泥封匣有书写文字，可分为两类：一类是书写始发地点和发往地点，一类是物品名称和数量的记录。目前已经整理出笥牌文字文件，为藏物笥箱之挂牌，上记时间、物品、职官、地点等内容。皆为隶书。

图146　睡虎地秦简

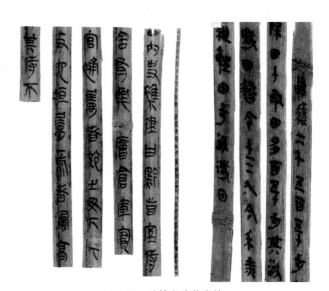

图147　岳麓书院藏秦简

图148　里耶秦简

（11）关沮秦简（图149）【后三·墨书·隶】，1992年—1993年在湖北荆州沙市关沮乡周家台发掘的第30号秦墓出土有竹简389枚，木牍1枚。389枚竹简当中有14枚不见文字。它的主要内容有《二十八宿占》《日占》《五行占》《秦始皇帝三十四年历谱》《病方》《祝由术》《占卜术》《农事》，等等，皆为隶书。

（12）龙岗秦简（图150）及龙岗秦牍【后二·墨书·隶】，出土于1989年—1991年发掘的湖北云梦县龙岗15座秦汉墓当中，其中，第六号秦墓出土有竹简150余枚，木牍1枚。这座墓地出土的秦简具体时间，有秦二世三年（前207）和汉高祖三年（前204）的不同说法，从内容和字迹上看，断代为秦二世三年（前207）比较合适。龙岗秦简主要的内容是和秦代的禁苑管理有关的法律条文。

（13）杨家山秦简※【后三·墨书·隶】，1990年在湖北江陵杨家山135号秦代墓出土竹简75枚，为随葬遣册，字体为隶书。

（14）《医书五种》及《天文气象杂占》※【后三·墨书、朱书·隶】，1973年湖南长沙马王堆3号汉墓出土秦帛书文献《医书五种》（图151），包括《足臂十一脉灸经》《阴阳十一脉灸经甲本》《脉法》《阴阳脉死候》《五十二病方》，时代为战国秦晚期到秦始皇帝时，抄录于一高约24厘米的帛书上，现存医方总数283个，用药达247种，书中提到的病名有103个，所治包括内、外、妇、儿、五官各科疾病，为规模最大、最为重要的汉以前中国古代医药学著作。《天文气象杂占》作者在高约48厘米的帛书上用朱、墨两色绘出云气、晕虹、恒星、彗星等图像，并附有占文，反映了战国楚地天文气象学成就，其书写时代当为秦代。几部著作的文字皆为隶书。

图149 关沮秦简

图150 龙岗秦简

图 151　马王堆汉墓帛书《医书五种》(部分)

六、金属器文字

金文源自商周时代，"金文"一词的原意，本当指金属器首先是指在青铜器上铸造或契刻的文字。秦金文包括金、银、铁等载体上的文字，包括铸铭与刻铭两类。由于秦金属器以及铭文的复杂性，笔者已将玺印、兵器、车马器、度量衡器，货币等独立分项。东周时期大部分国家和地区的金文，逐渐摆脱了西周青铜器宗法制影响下的，近乎格式化的祭祀追孝、册命训诰等特点，直接记事、记用。在这方面，秦器尤其简质朴素，比较准确地反映了汉字使用重心的不断下垂的现象。秦金文相对于简牍帛书文字、刻划陶文，在由古文字系统向今文字系统迈进时，显得比较保守。秦金文是秦文字的重要组成部分，贯穿了秦文字发展的始终。下面将举一些重要标本为例。

（1）不其簋【早一·铸·篆】，传世器物有中国国家博物馆藏不其簋盖，该盖高 8.2 厘米，口径 23.2 厘米，盖缘饰一周无目窃曲纹，盖身饰瓦纹圈足形提手，盖顶饰鸟纹，盖内铭13行，152字，重文3字。不其簋出土于山东滕州市后荆沟村一西周墓中，通高26厘米，腹深13厘米，口径23.2厘米，重8.7千克。器身椭圆，子母口带盖，盖呈腹盘状，盖顶有圈足形提手，腹部铸有对称兽首附耳，有珥。圈足外铸三个伏兽形足。盖及器身饰瓦纹和窃曲纹，顶饰蟠龙纹，圈足间饰重环纹。器内底部铸铭文12行，共151字，其中重文3字传世。不其簋盖与滕州出土的不其簋口径完全吻合，簋盖铭文除比器铭多一"搏"字外，其内容、字体完全一致（图152）。不其簋应为秦庄公即位（前821）前数年的器物，铭文依不其簋盖录如下："唯九月初吉戊申，白氏曰：'不其，驭方严允（玁狁）广伐西俞（俞），王命我羞追于西，余来归献禽（擒），余命女（汝）御追于咢（洛），女（汝）以我车宕伐玁允（玁狁）于高

图152 不其簋及不其簋盖铭文

陶，女（汝）多折首执讯。戎大同，杢（永）追女（汝），女（汝）及戎大敦戟（搏）。女（汝）休。弗以我车函（陷）于艰。女（汝）多禽，折首执讯。'白氏曰：'不其，女（汝）孛（小子），女（汝）肇海（敏）于戎工。锡（赐）女（汝）弓一、矢束，臣五家、田十田，杢（永）用乃事。'不其拜稽手休，用作朕皇祖公白（伯）、孟姬尊簋，用匄（丐）多福，眉寿无疆，永屯（纯）灵冬（终），子子孙孙其永宝用享。"不其簋铭文为秦文字开篇之作，其史实可以和虢季子白盘铭文对考，字体属于西周晚期籀文，即大篆。

（2）大堡子山秦公铜器【前二·铸·篆】，甘肃礼县大堡子山为重要的秦公陵园所在，1993年前后被盗掘，出土一批青铜器，关于这批秦公器的时代问题，有秦仲、庄公、宪公、襄公、秦文公说等多种意见，以襄公、文公说较近实。这些秦公器上的铭文都是刻划而成，刻划的线条比较深刻。其上文字不仅继承宗周又有所发展，又与其他诸侯国文字不类，秦文字自身风格开始显现，"秦"字有"春下加两禾""春下无臼加两禾"两体。这批青铜器的经历比较复杂，有的经过考古发掘出土，有的被盗掘而散落到其他地方，为博物馆或收藏家收藏。大概有以下这些：

①秦公鼎七件，藏于甘肃省博物馆。铭文为"秦公乍（作）铸用鼎"（图153）。

②秦公鼎四件，藏于上海博物馆。其中A、B两件铭文是"秦公乍（作）宝用鼎"，C、D铭文为"秦公乍（作）铸用鼎"。

③秦公鼎三件，藏于美国范氏。铭文为"秦公乍（作）宝用鼎"。

④秦公簋四件，藏于甘肃省博物馆。铭文为"秦公乍（作）铸用簋"。

⑤秦公簋两件，藏于上海博物馆。两件铭文都是"秦公乍（作）宝簋"。

⑥礼县获秦公簋，现存礼县公安局，铭文为"秦公乍（作）铸用簋"。

⑦秦公簋盖两件，藏于北京大学塞克勒考古与艺术博物馆，铭文为"秦公乍（作）铸用簋"。

图153 甘肃省博物馆藏秦公鼎铭文

⑧秦公簋两件，藏于美国范氏。铭文为"秦公乍（作）铸用簋"。
⑨秦公钟一件，藏于上海博物馆。铭文为"秦公乍（作）铸龢钟"。
⑩秦公钟四件，藏于日本MIHO美秀美术馆。铭文为"秦公乍（作）铸龢钟"。
⑪秦公壶两件，藏于美国纽约古董店拉利行。铭文为"秦公乍（作）铸壶"。
⑫秦公壶一件，藏于英国伦敦克里斯蒂拍卖行。铭文为"秦公乍（作）铸壶"。
⑬秦公壶一件，台湾刘雨海藏。铭文为"秦公乍（作）铸壶"。
⑭秦公壶一件，藏于香港某氏。铭文为"秦公乍（作）铸尊壶"。

除以上所录之外，可能还有数件藏于博物馆或个人。

（3）大堡子山秦子铜器（图154）【前二·铸·篆】，据云亦来自甘肃礼县大堡子山秦公陵园。这几件秦子器的时代应当比前列秦公器偏晚一些。王辉认为秦子是春秋早期即位的某位秦国幼君，这样来看秦宪公、出子、宣公则都有可能，出子可能性大；有人认为宣公可能性大；有人认为"秦子"是秦襄公没有称公以前的称谓；有人根据秦子姬簋盖的铭文，认为秦子为春秋早期文公的太子静公。这批器物大概有以下这些：

①秦子簋盖一件，澳门萧春源藏。在这件簋盖记录铭文（图155）的后半，曰："……畤。又（有）婴（柔）孔嘉，保其宫外。昷（温）龚（恭）囗（穆？），秉德受命屯（纯）鲁，义（宜）其士女。秦子之光。邵（昭）于夏四方。子子孙孙，秦子姬用享。""秦"字从二"禾"。本铭首先出现了秦人祭祀场所"畤"。

图154 大堡子山秦子铜器铭文

②秦子镈钟，共三件镈、八件钟，藏于甘肃省文物考古研究所。最大一件镈有铭文（图156），曰："秦子乍（作）宝龢钟，已（以）其三镈，毕（厥）音鍴雍，秦子眈（畯）黔才（在）立（位），眉寿万人（年）无强（疆）。""秦"字从三"禾"。

③秦子编钟，一套四件，藏于日本MIHO美秀美术馆。铭曰："秦子乍（作）

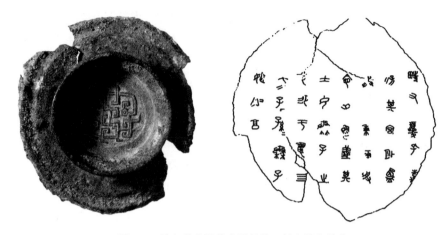

图 155　澳门萧春源藏秦子簋盖及其上铭文摹本

图 156　礼县大堡子山出土秦子器及其上铭文

宝龢钟，乎（厥）音镪镪雍雍，秦子眈彖才（在）立（位），眉寿万人（年）无疆。""秦""字从三禾。

④秦子盉一件，香港某氏藏。铭曰：""秦子乍（作）铸用盉，其迈（万）寿子子孙孙永宝用。""""秦""字从二禾。

（4）永用鼎【前二·铸·篆】，香港徐氏藏。内底铭曰""万年子子孙孙永用""，不见器主名，时代约为文公时。

（5）宝用鼎【前二·铸·篆】，北京大学赛克勒考古与艺术博物馆藏。内底铭不清,见二字"宝用",时代约为文公时。

(6)秦公及王姬铜编钟、镈钟【前二·刻·篆】,计有五件编钟和三件镈钟,陕西宝鸡阳平太公庙村出土,宝鸡中国青铜博物馆藏。这几件青铜器的文字刻划得也十分深刻整齐。钟、镈铭文(图157)行款有异,文一致,曰:"秦公曰:'我先祖受天命商(赏)宅受或(国),剌=(烈=)邵(昭)文公、静公、宪公不豖(坠)于上,邵合皇天,以虩事蠻(蛮)方。'公及王姬曰:'余朴(小子),余夙夕虔敬朕祀,以受多福,克明又心。盭龢胤士,咸畜左右,趩=(蔼蔼)允义,翼受明德,以康奠协朕或(国),盗百蠻(蛮),具即其服。乍(作)厈龢钟,䨻音鎗=雝=,以匽(燕)皇公,以受大福,屯(纯)鲁多釐,大寿万年。'秦公婴眈龢才(在)

图157 秦公及王姬铜编钟、镈钟铭文

立(位),雁(膺)受大令(命),眉寿无强(疆),匍有四方,婴康宝。"器主秦公应当在宪公之后,应当是武公、德公和出子之中的一个人,目前的学术界一般认为是武公。

(7)秦公簋【中一·铸·篆,又后二·刻·篆隶】,1923年出土于甘肃天水西南乡,现藏中国国家博物馆。簋盖、器身共有铭文(图158)105字,曰:"秦公曰:'不显朕皇祖受天命。鼏(宓)宅禹责(蹟),十又(有)二公,才(在)帝之坏。严龏夤天命,保鑁(乂)氒秦,虩事䜌(蛮)夏。余虽小子,穆=帅秉明德,剌=(烈=)起=(桓=),迈(万)民是敕。咸畜胤士,趚=(蔿=)文武,锓(镇)静不廷,虔敬朕祀。乍(作)盄宗彝,以受屯(纯)鲁多釐,眉寿无疆,眈(畯)疐才(在)天,高弘又(有)庆,竃(肇)匍(有)四方。'宜。"铭文均由单字印模制范,在古代青铜器中极为罕见,开创了活字模印原则之先河,铭文字体整饬严谨,微曲中求劲健,表现出强悍雄风,在籀文、小篆之间。盖和器上又有后加战国秦国刻款18字,盖外刻"西一斗七升大半升盖",器外刻"西元器一斗七升奉簋"。篆文带隶意。原器主秦公曾有德公、成公、穆公、康公、桓公、景

图158 秦公簋铭文

公、哀公,等等诸说,结合秦景公大墓编磬铭研究,定为秦景公时器为宜。

(8) 盄和钟【中一·铸·篆】,北宋吕大临的《考古图》与薛尚功《历代钟鼎彝器款识法帖》已有记载,此钟铭文(图159)有142字,文曰:"秦公曰:'不(丕)显朕皇且(祖)受天命,窑(肇)又(有)下国。十又(有)二公,不豕(坠)丄(才或于之残)上,严龏夤天命,保辥(乂)氒(厥)秦,虩事縊(蛮)夏。'曰:'余虽小子,穆=帅秉明德,叡尃(敷)明井(型),虔敬朕祀,以受多福。协和万民。唬夙夕,剌=(烈=)趄=(桓=),万生(姓)是敕。咸畜百辟胤土,趞=(蔼=)文武,银(镇)静不廷,醿(柔)燮百邦,于秦执事。乍(作)盄和□(钟?),氒名曰䈞(叶)邦。其音鏽=雍=孔煌,以邵(昭)䇂(各)孝享,以受屯(纯)鲁多釐,眉寿无疆,畯疐(极)才(在)立(位),高弘又(有)庆,甸又(有)四方。永宝。'宜。"它和前面介绍的秦公簋时代和器主相同。

(9) 仲滋鼎(图160)【中二·铸·篆】,出土于陕西永寿。这是春秋中期秦国的铜器,器主为仲滋,铭为"仲滋正(?)衍(行),器良铁黄。盛旨羞,不□□□"。其中"衍(行)"字与石鼓文《銮车》中"隹(惟)以衍(行)"相同。

(10) 鞅字茧型铜壶【后一·铸·篆】,藏于甘肃省文物考古研究所。底部铸一"鞅"字。时代约在战国时期。

(11) 宁秦铜灯※【后一·刻·篆隶】,见于陕西华阴。灯盘下六字铭曰:"宁秦,五斤六两。"《史记·秦本纪》载,惠文君六年"魏纳阴晋,阴晋更名宁秦",西汉改名华阴。此灯铭文字构造较早,估计在秦惠文王时。

(12) 青川铜鼎【后一·刻·篆隶】,四川青川战国墓出土,约为秦武王时。铜鼎

图159 盄和钟铭文摹本

图160 仲滋鼎铭文

口沿刻有"壴""长"两字。

（13）宜阳铜鼎（图161）【后一·刻·篆】，高美斯、黄新兰捐，秦始皇帝陵博物院藏。有秦铭文："宜阳，咸，一斗四升，一上，黾仓。"又有西汉加刻铭文："临晋厨鼎一合，容一斗四升，盖重一斤十四两，下重十斤八两，并重十二斤六两，名卅九。临晋。"（图162）此鼎应当属于战国晚期器。

图 161　宜阳铜鼎（局部）

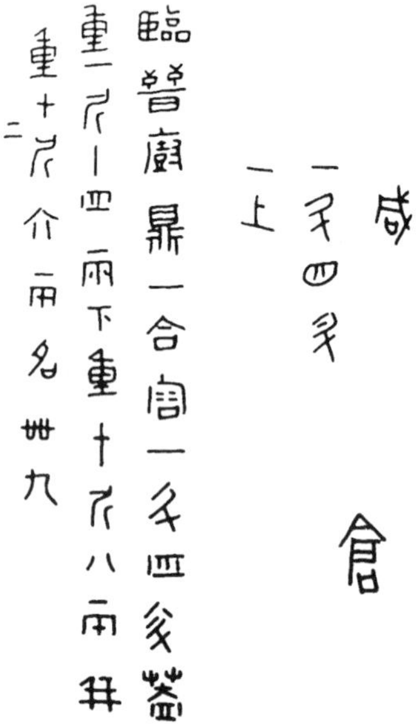

（14）高陵君铜鼎【后一·铸·篆】，陕西陇县板桥沟出土，现藏于陇县博物馆。鼎上有刻铭（图163）有19字，铭文为："十五年高陵君丞趞，工师游，工□。一斗五升大半。"高陵君是秦昭襄王的同母弟公子悝，此鼎制作于昭襄王十五年（前292）。

（15）廿五年铜容器（图164）【后一·刻·篆】，陕西历史博物馆藏。上刻铭9字，铭文为："廿五年，□□，一斗八升。"此器制作于昭襄王二十五年（前282）。

（16）三十四年工师文甗【后一·刻·篆】，陕西历史博物馆藏。口沿外有刻铭（图165）纤细如丝，17字："卅四年，工匠（师）文，工

图 162　宜阳铜鼎铭文摹本

图 163　高陵君铜鼎铭文

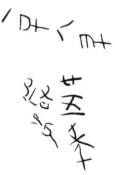

图 164　廿五年铜容器文字摹本

安，正十七斤十四两，四斗。"为秦昭襄王三十四年（前273）的器物。

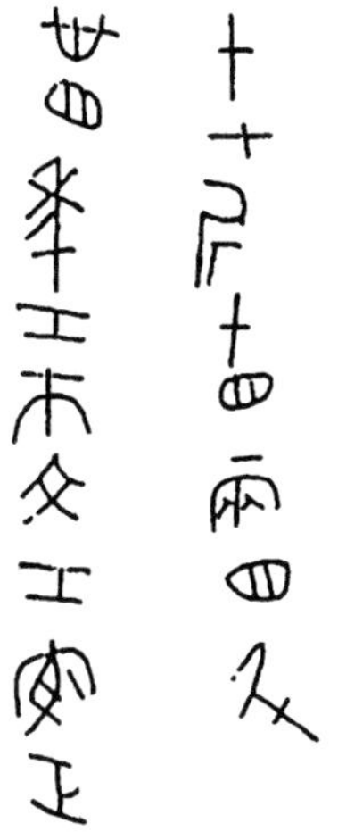

（17）三十六年私官鼎【后一·刻·篆隶】，出土于陕西咸阳塔尔坡，陕西历史博物馆藏。器口部刻有铭文20字，铭文为：卅六年，工帀（师）瘨，工疑，一斗半正，十三斤八两十四朱（铢）。"盖刻"厶（私）官"二字。它的主人可能是秦昭襄王的母亲宣太后。

（18）三十六年邦工师扁壶【后一·刻·篆隶】，随州博物馆藏。刻有铭文14字："四斗大半斗。卅六年邦工帀（师），工室□。"此壶为秦昭襄王时期作品。

（19）私官铜鼎【后一·刻·篆隶】，出土于陕西临潼，陕西历史博物馆藏。腹部刻铭"厶（私）官□"三字。它的时代与三十六年私官鼎相同。

（20）章台铜壶【后一·刻·篆隶】，陈直《读金日札》记。刻铭14字，曰："大官，四斗，朝盆，茜。廿五斤二两。章台。"约为秦惠文王到秦昭襄王时器。

（21）银耳杯【后二·刻·篆隶】，山东临淄商王墓出土银质耳杯两件，①卅年耳杯，刻16字："卅（四十）年，左工，重一斤十二两十四朱（铢）。名曰三"。②卅一年耳杯，刻铭文曰："卅一年，工右狃，一斤六两六朱。寅，工一。"皆为秦昭襄王时器。

（22）金村银器足【后二·刻·篆隶】，河南洛阳金村出土，共两件。工右舍器足有秦刻铭12字："卅七年工右舍，重八两十一朱（铢）。"又在之后有周刻铭1字："右。"中舍器足有秦刻铭若干字："卅年中舍，四枚重□……"又在之后有周刻铭4字："中赓右佰。"为秦昭襄王时期的作品。

（23）高奴簋【后二·刻·篆隶】，陕西旬邑出土，铜川博物馆藏。口沿刻"高奴一斗名（？）一"（图166）。约为战国秦晚期器。

（24）筍鼎【后二·刻·篆隶】，铜川博物馆藏。一耳銴刻"筍廿"二字。"筍"为地名，旬邑县。约为战国秦晚期器。

（25）雕阴鼎（图167）【后二·刻·篆隶】，陕西黄龙出土，

图165 三十四年工师文罍铭文摹本

图166 高奴簋铭文摹本

收藏于陕西历史博物馆。鼎耳侧有"雕阴"二字。"雕阴",县名,秦属上郡,即今陕西富县。约为战国秦晚期时器。

（26）苋共鼎【后二、后三·刻·篆隶】,铭文六条,第一、二条约为战国秦时铭文:"李卿","苋共,六斤十二两。过"。第三、四、五条约为秦王政到秦始皇帝时段铭文:"六斤十一两","槐里,容一斗一升","百廿七"。第六条为西汉早期铭文:"鄠苋阳共鼎。容一斗一升,重六斤七两,第百卅七。"从战国秦国、秦王朝到西汉时期反复刻铭器,似不多见。

图 167　雕阴鼎铭文

（27）安邑下官铜钟【后二·刻·篆隶】,咸阳塔尔坡墓葬出土,现藏于咸阳博物院。腹部刻有魏襄王或魏昭王铭文(图168),有"安邑下官钟"字样。钟的口沿刻有"十三斗一升"五字,颈部则刻有一横记号,及"到此"两字,为入秦地后,按照秦的度量衡制度刻上的。

（28）府字鍪【后二·刻·篆隶】,藏于河南省宜阳县文化馆。肩部刻铭:"府。二斤十一两,半斗。"

图 168　安邑下官铜钟铭文

（29）二年寺工铜壶【后

二·刻·篆隶】，藏于咸阳博物院。刻铭（图169）："二年寺工师初，丞柑，廪人莽。三斗，北寝。"圈足刻"茜府"二字。这件器物的时间一般认为是秦昭襄王到秦始皇帝的过渡时期，时代为秦庄襄王二年（前248）。

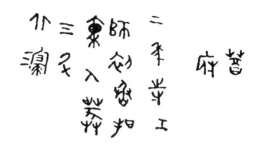

图169　二年寺工铜壶铭文摹本

（30）工敀铜壶与工敀铜鼎【后二·刻·篆隶】，两件，为同一人器，均藏于咸阳博物院。工敀铜鼎出土于陕西咸阳塔尔坡。①工敀铜壶，腹部刻"雍工敀。三斗。北寝"，圈足刻"茜府"二字（图170）。②工敀铜鼎，唇部刻"工敀□鼎。六斗"。工敀铜壶与二年寺

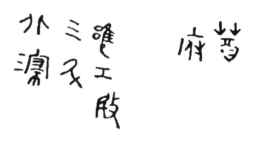

图170　工敀铜壶铭文摹本

工铜壶皆在"北寝""茜府"，量值皆为"三斗"，时代应当接近。

（31）平铜鼎（图171）【后二·刻·篆隶】，出土于陕西咸阳塔尔坡，藏于咸阳博物院。一耳外侧刻一"平"字。为战国晚期器。

（32）半斗铜鼎【后二·刻·篆隶】，出土于陕西咸阳塔尔坡，为战国晚期器，藏于咸阳博物院。盖上刻"半斗"二字，腹上近口沿有"半斗，四"三字。为战国晚期器。

（33）三年诏事铜鼎【后二·刻·篆隶】，首都博物馆藏。口沿处刻有铭文：

图171　平铜鼎铭文

"三年诏事,容一斗二升,朱候□官十一斤十四两。卌四。"约属于秦庄襄王三年(前247)或秦王政三年(前244)器。

(34)二十一年寺工铜库钥【后二·刻·篆隶】,刻铭:"二十一年寺工。"秦王政二十一年(前226)器。

(35)修武府耳杯【后二·刻·篆】,《文物》1975年第6期。在耳杯一耳阴面及同侧底盘上各刻"修武府"三字,篆书,时代为战国晚期至秦代。

(36)二十四年莒阳铜斧【后二·刻·篆隶】,山东沂南出土。刻铭:"廿四年,莒阳(阳)。丞寺,库齐,佐平,臧。"秦王政二十四年(前223)器。

(37)银盘※【后二·刻·篆隶】,两件,出土于江苏盱眙大云山西汉江都王刘非墓。第一件有三段刻铭,即"十一。五斤十五两。一斗九升""卅一年,左工名曰牛。五斤十四两十三朱(铢)""北私,今五斤十四两三朱"。第二件有三段刻铭,即"五斤五两□朱名田""北私今六斤十两""北私今五斤十四两十二朱"。两盘的第一段铭文当为战国晚期秦铭,第一件第二段铭文"卅一年"当为秦始皇帝纪年,为公元前年。后几段铭文时代一致。

(38)大官盉【后三·刻·篆隶】,出土于陕西咸阳窑店镇,现藏于咸阳博物院。大官盉器底铭"大官四升"四字,流右侧铭"四斤"二字,下腹铭"樛大"二字(图172)。这件器物约为秦统一后的作品。

(39)西廿罍(又名信宫罍)【后三·刻·篆隶】,珍秦斋藏。铭文两条,一秦一汉。秦铭曰:"西廿,左。十九斤。"汉铭曰:"四斗。古西共今左般。信宫左般。"这件器物应为秦统一后的作品。

图172 大官盉铭文摹本

(40)银盘【后三·刻·篆隶】,三件,均出于山东临淄的西汉齐王墓,现藏于淄博市博物馆。①御羞银盘(又名三十三年银盘),有秦铭两条,口沿铭曰:"三十三年左工,名吉七,重六斤十二两廿一朱,千三百廿二釿。六斤十三两。二斗。名东。"底名曰:"容二斗。重六斤十三两。御羞。工。"为秦始皇帝三十三年(前214)器。②左工银盘,秦铭一,汉铭一,腹部秦铭:"左工,一斤六两。"外底汉铭:"容五升,大官,南右般,朱。"③左工银盘,秦铭一,汉铭一,腹部秦铭:"左工,一斤二两。"外底汉铭:"容五升,朱,南般。"三器时代相近。

（41）乐府错金铜钟【后三·刻·篆】，出土于秦始皇帝陵园，是为祭祀秦始皇帝的饲官乐府之用。钮一侧刻"乐府"二字。其时代在秦二世皇帝时期。

（42）丽山园铜钟【后三·刻·篆隶】，秦始皇帝陵区出土，临潼博物馆藏，刻铭（图173）："丽山园容十二斗三升，重二钧十三斤八两。""丽山园"指临潼南秦始皇帝陵，其时代在秦二世皇帝时期。

图173 丽山园铜钟铭文

（43）咸阳壶【后三·刻·篆隶】，珍秦斋藏，腹部中间偏右刻"重十九斤四两，咸阳，四斗少半升"，左上刻"咸四斗少半升，名唐"。此壶应作于秦统一以后。

（44）咸阳鼎【后三·刻·篆隶】，宁夏固原出土，宁夏固原博物馆藏。近口沿处錾刻"咸阳一斗三升"，接近隶书。鼎之形制与秦始皇帝陵出土鼎相似，为秦代器物。

（45）北乡武里鼎【后三·刻·篆隶】，发现于安徽六安，刻铭文："北乡武里囗九，容二斗，重十六斤。"为秦代的器物。

（46）邵公私官盉【后三·刻·篆隶】，曾经藏于陶斋。刻铭（图174）20字，曰："邵宫私官。四斗少半斗。私=工感。廿三斤十两，十五。""厶官"两字已作"私官"，在时代上比私官盉与三十六年私官鼎要晚，时间下限为秦二世时期。

图174 邵公私官盉铭文

（47）信宫鼎（图175）※【后三·刻·篆隶】，鼎盖和腹底均刻有铭文，盖部的铭文为"信右佐宫鼎"，钮下的铭文为"示"字。腹底竖刻有铭文3行4字，其铭曰："卜，中，禾平。"时间下限为秦二世时期。

（48）北库铺首【后三·刻·篆隶】，出土于陕西咸阳长陵车站附近，该地在秦咸阳宫故城遗址范围内，现藏于陕西历史博物馆。铺首背刻"北库"二字，为秦代作品。

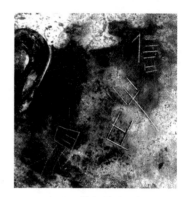

图175 信宫鼎（局部）

（49）少府铭虎形器【后三·刻·篆】，秦始皇帝陵区出土，现藏于秦始皇帝陵博物院，又名银蟾蜍，朱思红考证虎头形象，为秦人性生活用器，刻有"少府"二字。

（50）右游银盒【后三·刻·篆隶】，出土于广州西汉南越王墓，盖刻铭"三，一斤四两，右游，私官壹，三斗大半"，秦代作品。

（51）金饰牌【后三·刻·篆隶】，虎豕咬斗纹金饰牌出土于内蒙古准格尔旗，一件刻有"一斤二两廿（二十）朱（铢）少半""故寺虎豕三"；另一件刻文"一斤五两四朱（铢）少半"。

（52）金兽※【后三·刻·篆隶】，1982年出土于江苏盱眙南窑庄窖藏，出土时压盖在燕器齐铭陈璋圆壶上，壶内还有大量楚金版、秦金饼。金兽重达9 100克，是我国已发现的古代金器中最重的一件，为镇库之用。金兽其形似卧豹，顶部有环形捉手，底部刻有"黄六"铭文，为秦小篆风格。一说"黄"代表黄金，"六"应当是器物编号。

七、度量衡文字

秦在中国古代度量衡制发展史上，占有非常重要的地位，秦王朝在统一度量衡制之后，其影响达两千多年之久。到目前为止，极少发现与战国秦国和秦王朝直接相关的度器——秦尺，秦存世的衡器略多于量器。在秦的多种金属器、陶器上，刻有的秦衡量值铭文，间接反映了秦国度量衡的演进，对于研究秦度量衡制度很有帮助，但是这些器物不能算作专门的度量衡器。出土和传世的秦量器、衡器很多，主要分为两大类，即统一之前的作品和统一之后的作品。

秦王朝统一之后的权量作品的明显标志，是附有（或镶嵌有）秦始皇帝二十六年诏书（下简称始皇诏，内容为："廿六年，皇帝尽并兼天下诸侯，黔首大安，立号为皇帝。乃诏丞相状、绾：法度量则不壹歉疑者，皆明壹之"）以及秦二世皇帝元年诏书（下简称二世诏，内容为："元年，制诏丞相斯、去疾：法度量，尽始皇帝为之，皆有刻辞焉。今袭号，而刻辞不称始皇帝，其于久远也，如后嗣为之者，不称成功盛德。刻此诏，故刻左，使毋疑"）。单附有始皇诏者比较多，同时附有始皇诏和二世诏者称为"父子器""父子量"或"父子权"。父子器既有始皇诏先刻，亦有两诏实为二世之时同时刻成，极少见到单铭二世诏权量者，但是有单铭二世诏版。

应当指出的是，有不少统一之前的量器、衡器，附有统一前的战国秦国甚至他国铭文，沿用到秦王朝时，再附刻或附嵌有始皇诏和二世诏。这说明秦代沿袭了战国的相关度量衡制度，还有部分器附有置用地点和计量单位，所以秦权量器铭文比较容易释读，年代也不难推定。秦度量衡器的铭文大多出现在青铜器上，少量出现在铁器、陶器和石器上。

始皇诏和二世诏在秦晚期大量出现，以刻铭为大多数，也有铸铭。文字大多以小篆为本，带有方折隶意。因为本书是讨论秦文字的，所以对于数以百计的附刻有始皇诏和二世诏的权衡、升斗，还有清代、民国时期始皇诏和二世诏权量拓本但原器不知所在者，笔者就不再一一介绍，下面将举一些比较有特点的标本为例。

（1）商鞅方升【后一、后三·刻·篆】，藏于上海博物馆。右壁铭"十八年，齐遣卿大夫众来聘。冬十二月乙酉，大良造鞅爰积十六尊（寸）五分尊（寸）壹为升"，前壁刻"重泉"二字，右壁刻一"临"字，容量为一升，极为罕见地记有度值。这是秦孝公十八年（前344）所造器。在秦统一之后，内底加刻始皇诏。

（2）高奴禾石铜权【后一、后三·铸、又加刻·篆】，出土于陕西西安阿房宫遗址，陕西历史博物馆藏。铜权正面铸阳文铭文（图176）"三年漆工邳，丞诎造，工隶臣牟。禾石，高奴"。是

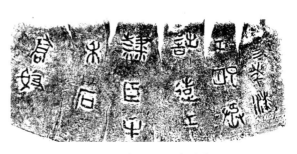

图176 高奴禾石铜权铭文

秦昭襄王三年（前304）制作的秦度量衡标准器。它用了比较少见的阳文款识，字面在小篆的基础之上，已经见到明显的隶意。背面加刻始皇诏及"高奴石"三字，还加刻二世诏。

（3）带握手铜甬 ※【后一、后三·刻·篆、篆隶】，西安某氏藏。带一对柱状握手，甬身完整，口部有四个等距离的缺口，当为校量之用。身有战国铭文若干，待释。测值达19 651毫升，约合秦10斗、1甬（1石），是目前所知战国秦时最大的完整量器，沿用至秦二世时。其身加刻始皇诏和二世诏。

（4）虢鏊铜量【后一·刻·篆隶】，藏于运城博物馆，腹刻"虢，一升半升"五字，字为秦风。"虢"在今山西霍州东北，原属魏，入秦则在秦昭襄王二十一年（前286）之后。

（5）宜工铜权（又称司工三十斤权）【后二·刻·篆】，出土于陕西西安阎良源头，陕西历史博物馆藏。刻铭"宜工（司工？）重卅（三十）斤"五字，篆书。为秦统一之前标准衡器，没有加刻始皇诏。

（6）戏字铜量【后二·刻·篆隶】，陕西历史博物馆藏。柄上刻"戏参分"三字，本器应当早于秦统一。"戏"为置用地，在今西安临潼东。

（7）北私府铜椭量【后二、后三·刻·篆隶】，出土于陕西礼泉，藏于陕西历史博物馆，左右壁刻始皇诏（图177），底刻二世诏（图178），二世诏上有四个勾识符号。柄上刻有"右，北私府，

右侧　　　　　左侧
图177　北私府铜椭量始皇诏

图178　北私府铜椭量二世诏

半斗，私"等字，这些字或为战国时作。

（8）武城铜椭量【后二、后三·刻·篆隶】，藏于中国国家博物馆。有刻铭（图179）始皇诏，短柄上浅刻"武城"二字，似早刻于始皇诏。

（9）铜箕敛【后三·刻·篆】，藏于山东博物馆。长21厘米，宽15.5—19厘米，高6厘米，约合秦时1/3斗，其一侧刻有始皇诏。

（10）铜十六斤权【后三·刻、铸·篆】，藏于旅顺博物馆。身刻有始皇诏，铸出阳文"十六斤"三字。

（11）铜八斤权【后三·刻、铸·篆】，藏于中国国家博物馆。身刻有阳文始皇诏，铸出阳文"八斤"二字。

（12）秦代铁石权（图180），目前已知传世或出土铁质石权共有11件，现重30.43—32.85千克，基本合秦制1石。均附有始皇诏，不见二世诏。

⑥（河南宝丰出土）※，⑨（内蒙古赤峰出土），⑩（江苏盱眙出土）三例【后三·铸·篆隶】，均为阳文铸出，字为篆书带隶意。

①（中国国家博物馆藏），②（原陶斋藏），⑧（河北围场出土B），⑪（河北围场出土C）四例【后三·刻·篆】，均为阴文刻于权身，比较潦草，字为篆体带隶意。

③（山西左云出土），④（山东文登出土），⑤（河北围场出土A），⑦（甘肃天水出土）※四例【后三·刻于铜版镶嵌·篆】，均为阴文刻于铜版再镶嵌于权身，字为篆书。

（13）甬量铜箍※【后三·刻·篆】，安

图179　武城铜椭量铭文

图180　秦代铁石权铭文

阳博物馆藏。残长18.5厘米，宽3.5厘米。刻有始皇诏，小篆，残剩"下诸侯黔首大安"7字，"首"字上有镶嵌用附耳，耳上有穿，据熊龙氏复原，量值大约与（3）带握手铜甬相近，约合秦10斗、1甬（1石）。

（14）右大厩铜权（又名宫厩铜权、三诏权）【后三·刻·篆隶】，出于华阴，西安某氏藏。底内凹，内灌铅，底裂为四瓣。约32千克，基本合秦制1石。刻有两通始皇诏，在始皇诏A磨涣之后，加刻始皇诏B和二世诏，成为极为罕见的三诏权。此外，权上加一方框，内刻"右大厩"，约与始皇诏A同时，钮旁又刻"宫厩"2字，约与始皇诏B和二世诏同时。

（15）出字铜权（又名两诏半权）【后三·刻·篆隶】，藏于中国国家博物馆。身刻有始皇诏和二世诏，在两诏之间，又刻有半截始皇诏，为刻时挪让不洽所致，底有刻铭"出"字。

（16）右字铜权（又名阴阳权）【后三·刻、铸·篆隶】，出土于秦始皇帝陵西侧，藏于秦始皇帝陵博物院。身刻有始皇诏，二世诏为阳文铸出，又有一"右"字。

（17）平阳铜权【后三·刻·篆隶】，藏于上海博物馆。身刻有始皇诏和二世诏，在两诏之间，又刻有"平阳斤"三字。

（18）美阳铜权（图181）【后三·刻·篆隶】，据《考古图》云："河东

图181　美阳铜权铭文

王氏藏。"身刻有始皇诏和二世诏,钮左右刻有"美阳"二字。

（19）铜椭量 ※【后三·刻·篆隶】,出土于江苏东海双店,藏于连云港市博物馆,实测630毫升。先刻始皇诏。再刻二世诏时,将量的口缘下剪,磨约0.5厘米,已损伤了始皇诏的部分文字。这种再次校量、减量的情况,极为少见。

（20）大字诏版（又名反字诏版）【后三·刻·篆隶】,曾经藏于窓斋。正面反书刻铭始皇诏,背面刻一"大"字。史树青说此为诏版的铜范,又云铸出的诏版可能有悬挂布告的用途,而并非用于度量衡器上。

（21）咸阳亭半两铜权（图182）【后三·刻·篆隶】,藏于上海博物馆。一面刻"咸阳亭"3字,一面刻"半两"2字,重7.6克。这是迄今所见最小的铜权。

（22）咸亭半两铜权【后三·刻·篆隶】,见于《北京匡德2013年秋季艺术品拍卖会图录》。一面刻"咸亭"二字,测值与咸阳亭半两铜权相当。

＊陶量（存目别出,转"抑印陶文"项）。

附1. 枸邑两诏铜权,呈八角棱体、腹空。权身有始皇诏、二世诏,顶部横梁左右有阳文篆书"枸邑"二字。疑伪。

附2. 大骉两诏铜权（图183）,与枸邑两诏铜权极似,顶部横梁左右有阳文篆书"大骉骆"二字。疑伪。

图182 咸阳亭半两铜权铭文

图183 大骉两诏铜权铭文

八、兵器文字

中国古代兵器文字始见于商周时期，秦兵器铭文是秦文字资料当中很突出的一项。秦兵器的铭文出现比较晚，在春秋中后期才开始出现，但是数量并不是很多，有铸铭和刻铭并存的现象。秦国"物勒工名"的题铭制度是商鞅变法的产物。秦长期以来施行耕战政策，"栎阳时期"以后，尤其在孝公时期商鞅变法之后国富兵强，秦军更是挥戈东向、南下。到了发动统一战争的时代，秦的兵器迅猛发展，这一时期秦的带铭文兵器远远多于其他国家。秦兵器铭文在秦文字中有醒目的地位。

秦国兵器题铭与燕国、楚国"物勒工主"的兵器题铭形成鲜明的对比。如燕国的兵器仅铸上"郾王喜钛"铭文，既不见督造者，也没有铸造官署和工匠名字。而秦兵器题铭既有兵器铸造年代、督造者，还有铸造官署与工匠的名字。这既有利于检查兵器的质量，也有利于兵器的收藏与管理，极大地促进了秦国兵器的生产与管理，为秦国的统一战争提供了足够的武器装备。

秦的兵器有中央官府制作、有郡县制作。秦兵器文字的使用一方面表现了"物勒工名"，一方面也间接地反映了秦的军事制度。秦兵器上还有一器数名的现象，一般分为两种情况：一种是秦攻占了其他国家土地之后，在其他国家的铭文上再刻以自己的铭文；一种是在官吏所属变换以后，以及地名变换以后，再加刻上一次铭文。东周兵器文字当中，秦文字表现得比较突出。

秦兵器铭文还存在一个重要现象，就是各地方铭文在秦大统一之后戛然而止，秦统一以后，在兵器上除了"寺工"铭文，其他铭文就非常罕见了。统一之后，除了秦始皇帝陵兵马俑坑内，其他地方出土的兵器铭文资料也极少。这个现象和秦始皇帝收拢天下的兵器改铸为巨大"金人"的行为应当有一定关系。

笔者将"兵器文字"项从金文中分离立项，集中讨论。秦兵器文字标本数量很大，必须整理，笔者以为，目前以王辉《秦文字通论》所做的工作最为合理，因此，本书依循他的方法进一步分类，略做调整、增加，记录于下。

（一）中央制作

1. 秦君、太子、封君监造

（1）秦子戈【前二·铸·篆】，6件。①广州博物馆藏，铭文15字："秦子乍（作）遗（造）公族元用，左右匝（师）□用逸宜。"②中国国家博物馆藏，铭文15字:"秦子乍(作)造(造)中辟元用,左右匝(师)鉱(旅)用逸宜。"③甘肃某地出土,铭文4字:"秦子元用。"④珍秦斋藏(图184),铭文15字:"秦子乍(作)造(造)左辟元用,左右匝(师)鉱(旅)用逸宜。"⑤香港某氏藏,铭文15字:"秦子乍(作)造(造)左辟元用,左右匝(师)鉱(旅)用逸宜。"⑥香港某氏藏(图185),铭文14字:"秦子乍(作)造(造)公族元用,左右匝(师)鉱(旅)逸宜。"时代约在秦静公到秦出子。

图184 珍秦斋藏秦子戈

图185 香港私人藏秦子戈

（2）秦子矛【前二·铸·篆】，容庚原藏，铭文15字："秦子□□公族元用，□右匜（师）鈗（旅）用逸宜。"时代同秦子戈。

（3）卜淦□高戈（图186）【前二·铸·篆】，1987年4月陕西陇县边家庄12号墓出土。秦子矛通长21.6厘米，援长14厘米，内长7.6厘米。直援，上部微凹，呈三角形锋，中胡二穿，有栏，栏侧铸双翼。直内，内中部有一细长穿，内右下角有一穿，有缺口。近胡处铸铭文3行11字。铭曰："卜淦□高乍（作）铸，永宝用，逸宜。""永宝用"在兵器不多见，有礼仪性质。依"逸宜"词例，当与秦子戈基本同时。

（4）元用戈（图187）【前二·铸·篆】，两例。①甘肃灵台景家庄秦墓出土，有铭文："□元用戈。"②陕西宝鸡姜城堡东周墓出土，有铭文:"元用。"时代皆为春秋时期。

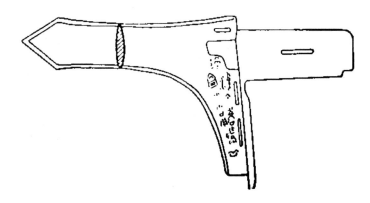

图 186　卜淦□高戈摹本

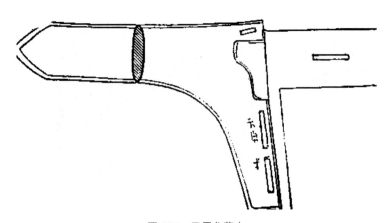

图 187　元用戈摹本

（5）伯丧戈【前二·铸·篆】，四例，传出于陕西宝鸡眉县常兴镇，珍秦斋现藏两件，北京某氏藏两件。有铭文（图188）："秦政（正）白（伯）丧，戜政西旁（方），乍（作）遣（造）元戈乔黄，竈（肇）专（抚）东方。匝（师）鲑（旅）用逸宜。"当为春秋时器。

（6）伯丧车矛【前二·铸·篆】，两例，传出于陕西宝鸡眉县常兴镇，珍秦斋现藏。有铭文（图189）："又（有）嗣（司）白（伯）丧之车矛。"时代同于伯丧戈。

（7）王兵戎器牌【中一·铸·篆】，天津博物馆藏。铭文（图190）4字，阳文"王兵戎器"。此器在许多著作中记为秦玺印，然其与秦玺印制度、标本均不合，又为正书，笔者认为是兵器符牌。

图188 珍秦斋藏秦伯丧戈铭文摹本

图189 珍秦斋藏有司伯丧车矛铭文摹本

图190 王兵戎器牌铭文

（8）杜虎符（图191）【后一·错金·篆】，陕西西安北沈家桥村出土，有铭文40字："兵甲之符，右才（在）君，左才（在）杜。凡兴士被甲，用兵五十人以上，必会君符，乃敢行之。燔燧之事虽毋会符，行殹。"秦惠文君时物。

图191 杜虎符

（9）阳陵虎符（图192）【后三·错金·篆】，山东枣庄临城出土，中国国家博物馆藏，左右各有铭文12字："甲兵之符，右才（在）皇帝，左才（在）阳陵。"秦始皇帝时物。

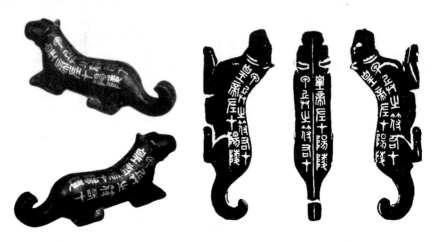

图192　阳陵虎符及其铭文拓片

（10）栎阳虎符【后三·错金·篆】，吴大澂旧藏，虎背左右各有铭文6字，共12字，现存6字："皇帝，左才（在）乐（栎）阳。"

（11）十九年高陵君弩机（图193）【后一·刻·篆】，洛阳理工学院文物馆藏，铭："十九年高陵君，工起金。"秦昭襄王十九年（前288）。

（12）新郪虎符(图106)【后二·刻·篆】，巴黎陈氏藏，铭："甲兵之符，右在王，左在新郪。凡兴士被甲，用兵五十人以上，必会王符，乃敢行之。燔隊（燧）事，虽毋会符，行殹。"秦统一前不久（前251—前221）。

图193　十九年高陵君弩机及其铭文、铭文摹本

2. 大良造、相邦、丞相

（1）十三年大良造鞅之造戟【后一·刻·篆】，现藏上海博物馆，有铭文：

"十三年大良造鞅之造戟。"秦孝公十三年（前349）。

（2）商鞅镦（图194）【后一·刻·篆】，见6例。①十四年大良造鞅造殳镦※，成都某氏藏，有铭文："十四年大良造鞅之造，咸阳右丈詹。"为秦孝公十四年（前348）造。②十六年大良造庶长鞅造戈镦，于省吾旧藏，有铭文："十六年大良造庶长鞅之造，雍，黾。"③十六年大良造鞅造殳镦※，成都某氏藏。铭："十六

图194 商鞅镦铭文

年大良造鞅之造，咸阳憎。"皆是秦孝公十六年（前346）造。④十七年大良造庶长鞅造殳镈，范炳南氏藏，有铭文："十七年大良造庶长鞅之造殳，雍爽。"秦孝公十七年（前345）。⑤十九年大良造庶长鞅造殳镈，陕西咸阳塔尔坡战国秦墓出土，有铭文："十九年大良造庶长鞅之造殳，牦郑。"秦孝公十九年（前343）。⑥大良造庶长鞅造殳镈，中国国家博物馆藏，有铭文："□造庶长鞅之造殳，雍骄□。"纪年不清。

（3）十六年大良造鞅铍【后一·刻·篆】，首阳斋藏，有铭文16字："十六年，大良造庶长鞅之造，毕湍侯之铸。"秦孝公十六年（前346）。

（4）四年相邦樛斿戈【后一·刻·篆】，于省吾旧藏，有铭文："四年相邦樛斿之造，栎阳工上造间，吾。"此为秦惠文君四年（前334）器。

（5）相邦义戈【后一·刻·篆】，3例。①王二年相邦义戈，洛阳文物收藏学会征集，有铭文（图195）："王二年相邦义（仪）之造，西工封。""义（仪）"即张仪，当为秦惠文王后元二年（前323）器。②十三年相邦义戈，原藏于天津市文化和旅游局，有铭文："十三年相邦义之造，咸阳工师田，工大人耆，工穑。"当为秦惠文王后元十三年（前312），一说也可能为秦惠文君十三年（前325）器。

（6）王四年相邦张义戟【后一·刻·篆】，西

图195 王二年相邦义戈铭文摹本

汉南越王博物馆藏,有铭文:"王四年相邦张义,内史□操之造□界戟,□工师贱工卯。锡。""张义"即张仪。当为秦惠文王后元四年(前321)造。

(7)相邦疾戈【后一·刻·篆书】,2例。①元年相邦疾戈,珍秦斋藏,铭:"元年相邦疾之造,西工师诚,工戍疵。明。"秦昭襄王元年(前306)。②六年相邦疾戈,董珊自藏摹本,铭:"六年相邦疾之造,西工师迷,丞宽,工贲。西,西。"秦昭襄王六年(前301)。

(8)七年丞相夋殳戈【后一·刻·篆书】,加拿大苏氏藏,铭:"七年丞相夋殳造,咸□<咸>工师豚(?),工游。公。沙羡。"秦昭襄王七年(前300)。

(9)丞相冉戈(图196)【后一·刻·篆书】,飞诺艺术品工作室藏,铭:"□□年丞相冉□(造?),雍工师广,隶臣骞。"秦昭襄王十年至十三年(前297—前294)。

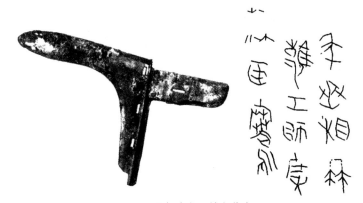

图196 丞相冉戈及铭文摹本

(10)相邦冉戈【后一·刻·篆书】,6例。①十四年相邦冉戈,于省吾旧藏(《双剑》上四十八),铭:"十四年相邦冉造,乐(栎)工师□,工禹。"秦昭襄王十四年(前293)。②二十年相邦冉戈【后一·刻·篆】,湖南省博物馆藏,铭:"廿年相邦冉造,西工师□,丞叟(?),隶臣□。"秦昭襄王二十年(前287)。③④二十一年相邦冉,中国国家博物馆藏,铭:"廿一年相邦冉造,雍工师叶。雍。怀德。"又,珍秦斋藏,铭:"廿一年相邦冉造,雍工师叶,工秦。武。"皆为秦昭襄王二十一年(前286)器。⑤三十二年相邦冉戈,珍秦斋藏,铭:"卅二年相邦冉造,雍工师齿,工兒(内正面)。武北廿(?)(内背面)。延行延阿(胡背面)。廿三年旱(得工),冶□。廿二。(柲帽)"秦昭襄王三十二年(前275)。⑥三十三年相邦冉戈,河南博物院藏,铭:"卅三年相邦冉造,右都工师首,工固。"秦昭襄王三十三年(前274)。

(11)丞相触戈(图197)【后一·刻·篆书】,《贞续》下22.2,铭:"□□年丞相触造,咸[阳][工]师叶,工武。"秦昭襄王十五年或十六年(前292或前291)。

(12)相邦吕不韦戈【后二·刻、铸·篆】,8例。①□年相邦吕不韦戈,珍秦斋藏,铭:"□年相邦吕不韦造,□□(寺工)詟,丞义,工豫(内正面)。寺工(内背面铸铭)。"秦王政元年至五年(前246—前242)。②三年相邦吕不韦戈,辽宁省博物馆藏,铭:"三年相邦吕[不韦]造,寺工□。寺工(内背面铸铭)。"秦王政三年(前244)。③四年相邦吕不韦戈,中国国家博物馆藏,铭:"四年相邦吕不[韦造],寺工詟,丞[义,工]可。"秦王政四年(前243)。④五年相邦吕不韦戈,中国国家博物馆藏,铭:"五年相邦吕不韦造,诏事图,丞[哉西],工寅(内正面)。诏事(内背面铸)。属邦(内背面刻)。"⑤五年相邦吕不韦戈,刘体智旧藏,铭:"五年相邦吕不韦造,诏事图,丞詟,工寅(内正面)。诏事(内背面铸)。"⑥五年相邦吕不韦戈,山西博物院藏,铭:"五年相邦吕不韦造,少府工室阴,丞冉,工九。武库(内正面)。少府(内背面铸)。"秦王政五年(前242)。⑦八年相邦吕不韦戈【后二·刻、铸·篆】,宝鸡青铜博物院藏,铭:"八年相邦吕不韦造,诏事图,丞詟,工奭(内正面)。诏事(内背面铸铭)。属邦(内背面)。"秦王政八年(前239)。⑧九年相邦吕不韦戈(图198)【后二·刻、铸·篆】,1987年9月在四川青川白水出土铜戈、矛各一件,铭文为"九年,相邦吕不韦造。蜀」守宣,东工守文,承武,工极,」成都"。秦王政九年(前238)。

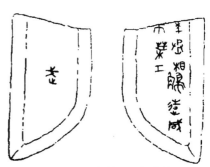

图197 丞相触戈局部摹本

图198 九年相邦吕不韦戈局部摹本

（13）相邦吕不韦矛【后二·刻·篆】，3例。①三年相邦吕不韦矛，乌兰察布博物馆藏，铭："三年相邦吕［不韦，上］郡假守定，高工□，丞申，工地。"②三年相邦吕不韦矛，抚顺市博物馆藏，铭："三年相邦吕不韦造，上郡叚（假）守定，高工龠，丞申，工□，徒淫。"秦王政三年（前244）。③四年相邦吕不韦矛，乌兰察布博物馆藏，铭："四年相邦吕不韦造，高工龠，丞申，工地。"秦王政四年（前243）。

（14）相邦吕不韦戟【后二·刻、铸·篆】，5例。①三年相邦吕不韦戟（图199），秦始皇帝陵博物院藏，刻铭："三年相邦吕不韦造，寺工詟，丞义，工沱（池）（内正面）。寺工。左（内背面）。寺工（矛）。"秦王政三年（前244）。②四年相邦吕不韦戟，秦始皇帝陵博物院藏，铭："四年相邦吕不韦造，寺工詟，丞我，工可。戟。文。寺工。寺工（铸铭）。"秦王政四年（前243）。③五年相邦吕不韦戟，秦始皇帝陵博物院，铭："五年相邦吕不韦造，寺工詟，丞义，工成（内正面）。午（内背面）。寺工（内背面铸铭）。寺工（矛）。"秦王政五年（前242）。④七年相邦吕不韦戟，秦始皇帝陵博物院藏，铭："七年相邦吕不韦造，寺工周，丞义，工竞（内正面）。壬（内背面）。寺工（内背面铸铭）。寺工（矛）。"⑤七年相邦吕不韦戟，秦始皇帝陵博物院藏，铭："七年相邦吕不韦造，寺工周，丞义，工同（内正面）。子（内背面）。寺工（内背面铸铭）。寺工（矛）。"秦王政七年（前240）。

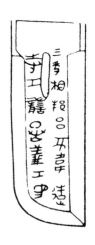

图199 三年相邦吕不韦戟及其摹本

（15）十二年丞相启颠戈（图200）【后二·刻、铸·篆】，彭适凡《秦始皇十二年铜戈铭文考》图一、二、三，铭："十二年，丞相启、颠造，诏事成，丞迨，工印（内背面）。诏事（内正面铸铭）。属邦（内正面）。"秦王政十二年（前235）。

（16）十七年丞相启、状戈【后二·刻·篆】，天津博物馆藏，铭："十七年丞相启、状造，郃阳嘉，丞兼，库［雁十］，工邪（内正面）。郃阳（内背面）。"秦王政十七年（前230）。

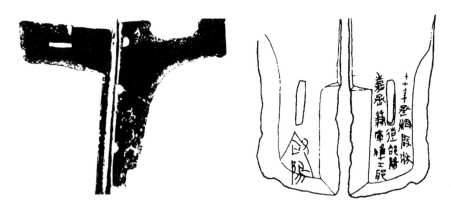

图 200　十二年丞相启颠戈及局部摹本

（17）元年丞相斯戈【后三·刻·篆】，辽宁宽甸满族自治县出土，辽宁省博物馆藏，铭："元年丞相斯造，栎阳左工去疾，工上（内正面）武库（内背面）石邑（阑下）。"秦二世元年（前209）。

（18）王二十三年家丞戈【后一?·刻·篆】，珍秦斋藏，铭："王廿三年家丞禹（?）造，左工丞阑，工老。""家丞"的主人可能是穰侯魏冉。秦昭襄王二十三年（前284）。

3. 寺工

秦的寺工器在战国晚期的器具中屡屡见到，主要器物有兵器、酒食器等。

（1）寺工聱戈【后二·刻、铸·篆】，2例。①二年寺工聱戈，端方旧藏，铭："二年寺工聱，丞角（内正面）。寺工（内背面铸铭）。"秦王政二年（前245）。②□年寺工聱戈【后二·刻·篆】，北京故宫博物院藏，铭："□年寺工聱，□工喜（?）（内正面）。寺工（内背面铸铭）。"秦王政二年至五年（前245—前242）。

（2）十年寺工丞杨戈【后二·刻、铸·篆】，秦始皇帝陵博物院藏，铭："十年寺工丞杨，工□（内正面）。寺工（内背面铸铭）。"秦王政十年（前237年）。

（3）寺工敏铍【后二·刻·篆】，12例，秦始皇帝陵博物院藏。①十五年寺工敏铍（图201），铭："十五年寺工敏，工黑。寺工。丙□。左。戊六。寺工。"②十五年寺工敏铍，铭："十五年寺工敏，工沱（池）。寺工。十六。子。寺工。"③十五年寺工敏铍，铭："十五年寺工敏，工沱（池）。寺工。五。戊三。左。"秦王政十五年（前232）。④十六年寺工敏铍，铭："十六年寺工敏造，工黑,寺工。子。戊三。寺工。"秦王政十六年(前231)。⑤十七年寺工敏铍,铭:"十七年寺工敏造,工沱(池)(身)。寺工(身另一面)。子五九(茎)。寺工(格)。"⑥十七年寺工敏铍,铭:"十七年寺工敏造,工沱(池)(身)。寺工(身另一面)。左。四工□(茎)。寺工(格)。"⑦十七年寺工敏铍,铭:"十七年寺工敏造,工沱(池)。寺工(身另一面)。子十。巳□。上(茎)。寺工。"⑧十七年寺工敏铍,铭:"十七年寺工敏造,工沱(池)。寺工(身另一面)。左(茎)。"⑨十七年寺工敏铍,铭:"十七年寺工敏造,工沱(池)。寺工(身另一面)。子壬五(茎)。"⑩十七年寺工敏铍,铭:"十七年寺

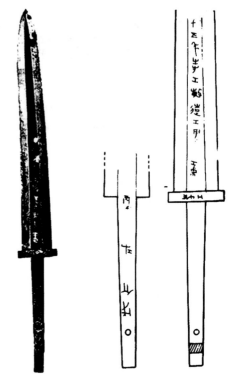

图 201 十五年寺工敏铍及局部摹本

工敏造,工沱(池)。寺工(身另一面)。子五丁十(茎)。"秦王政十七年(前230)。⑪十八年寺工敏铍,铭:"十八年寺工敏,工沱(池)。寺工。五三。"秦王政十八年(前229)。⑫十九年寺工敏铍,铭:"十九年寺工敏,工沱(池)。寺工。左,寺工廿。"秦王政十九年(前228)。

(4)寺工邦铍【后二·刻·篆】,8例,陕西秦始皇帝陵博物院藏。①十九年寺工邦铍,铭:"十九年,寺邦,工目。寺工。左。"②十九年寺工邦铍,铭:"十九年,寺邦,工目。寺工。八十七。"③十九年寺工邦铍,铭:"十九年,寺工邦,工目。寺工。左二。"④十九年寺工邦铍,铭:"十九年,寺工邦,工目。六。左。寺工。卅八。"⑤十九年寺工邦铍,铭:"十九年,寺工邦,工目。十。子乙六。"⑥十九年寺工邦铍,铭:"十九年,寺工邦,工目。七十八。寺工。"⑦十九年寺工邦铍,铭:"十九年,寺工邦,工目。左。八。寺工。"⑧十九年寺工邦铍,铭:"十九年,寺工邦,工目。子。六二。寺工。"秦王政十九年(前228)。

(5)寺工矛【后二·刻·篆】,多例。①二十年寺工矛,湖南岳阳文物管

理处藏,铭:"廿年寺工师攻(?),丞巨造,工囗(内正面)。上(后改为巫)郡武库(内背面)。"秦王政二十年(前227)。②寺工武库矛(图202)【后二·刻·篆】,北京市文物商店藏,铭:"寺工。武库受(授)属邦。咸阳。戊午。"约秦王政时期(前246—前221)。③寺工矛,北京故宫博物院藏,铭文"寺工"。此外,秦俑坑出土铜镦、镦约80件,其中多有刻"寺工"者。

(6)寺工铜(图203)【后三·刻·篆】,秦始皇帝陵博物馆藏,铭"寺工"。

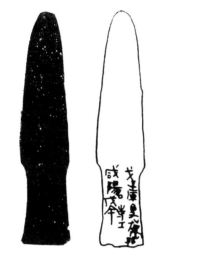

图202 寺工武库矛及铭文摹本

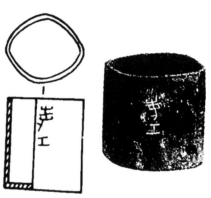

图203 寺工铜及其摹本

4. 诏事

"诏事"首见于《周礼·夏官·司士》:"司士……周知邦国、都家、县鄙之数,卿、大夫、士庶子之数,以诏王治:以德诏爵,以功诏禄,以能诏事……"在秦到西汉,执掌兵器制作。

(1)三十年诏事戈【后一或后三·刻·篆】,珍秦斋藏,铭:"卅年诏事。卅(内正面)。武库受(授)属邦(内背面)。中阳(胡正面)。"秦昭襄王三十年(前277)或秦始皇帝三十年(前217)。

(2)三十三年诏事戈【后一·刻·篆】,牛津大学亚士摩兰博物馆藏,铭(图204):"卅三年,诏事(内正面)。予(胡背面)。"秦昭襄王三十三年(前274)。

(3)五十年诏事戈【后一·刻·篆】,《武陵新见古

图204 三十三年诏事戈铭文摹本

兵三十六器集录》著录，铭："五十年诏事宕，丞穆，工中（内正面）。冀（内背面）。"秦昭襄王五十年（前257）。

（4）诏使矛【后三·刻·篆】，刘体智旧藏，上海博物馆藏，铭"诏使"二字。

5. 少府

"少府"为官名，始于战国，秦汉相沿，为九卿之一。掌山海地泽收入和皇室手工业制造，为皇帝的私府。

（1）少府戈【后一·刻·篆】，襄阳王坡东周秦汉墓出土铜戈，铭："少府（横刻）卅四年少工樗（竖刻）。"戈铭："少府去。"发掘报告以为"三十四年"是秦昭襄王三十四年（前273）。

（2）少府戈【后二·刻、铸·篆】，三例。①二年少府戈，河北博物院藏，铭："少府二年作。"秦庄襄王二年（前248）。②十六年少府戈，珍秦斋藏，铭："十六年少府工师乙，工毋。少府。"秦王政十六年（前231）。③二十三年少府戈，珍秦斋藏，铭："廿三年少工为。少府。"秦王政二十三年（前224）。④故宫藏少府戈【后二·刻、铸·篆】，北京故宫博物院藏，铭："少府（内部铸铭）。邦之□（胡部）。"战国末至秦代。

（3）少府矛【后二·刻·篆】，四例。①十三年少府矛，中国国家博物馆藏，铭（图205）："十三年少府工檜，武库受（授）属邦。"秦王政十三年（前234）。②少府矛【后二·刻、铸·篆】，河北博物院藏，铭："少府。武库受（授）属邦。"约与中国国家博物馆十三年少府矛同时。③少府矛，湖南省博物馆藏，刻铭"少府"二字。战国末至秦代。④少府矛，珍秦斋藏，刻铭"少府"二字。战国末至秦代。

（4）少府杏陵戈【后二·刻·篆】，洛阳市第二文物工作队藏，铭："少府。杏陵（倒刻）。"

（5）少府戟【后二·刻·篆】，中国国家博物馆藏，铭："少府，邦之□。"

6. 属邦

（1）属邦守蓐戈【后二·刻·篆】，绍兴博物馆藏，铭："三年属邦守蓐，工室建，工后。"秦庄襄王二年（前248）或秦王政二年（前245）。

图205 十三年少府矛铭文摹本

（2）十四年属邦戈（图206）【后二·刻·篆】，广州文物管理委员会藏，铭："十四年属邦工□□薯，丞□，[工]□（内正面）。属邦（内背面）。"秦王政十四年（前233）。

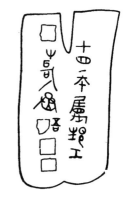

图206 十四年属邦戈局部摹本

（3）属邦矛【后三·刻·篆】，中国国家博物馆藏，铭"属邦"。战国末至秦代。

（二）地方制作（包括加刻）

1. 内史

（1）内史操戈【后一·刻·篆】，见2例。①八年内史操戈，珍秦斋藏，铭："王八年内史操左之造，[咸]昜（阳）二（工）匜（师？）屯（？）三。"②八年内史操戈，飞诺艺术品工作室藏，铭："王八年内史操□之造，咸阳工匜□。"秦惠文王后元八年（前317）。

（2）栎阳戈【后二·刻·篆】，西安市文物保护考古所藏，铭："高武（正面竖刻）。栎阳（反面横刻）。""高武"为高奴武库之省。战国晚期，下限为秦庄襄王三年（前247）。

（3）雍戈【后二·刻·篆】，珍秦斋藏，铭"雍"。其上有"卅一年郑令"和"四年春成左库"两处战国韩铭文，穿孔下缘刻秦铭一字，秦统一之际（前221前数年内）。

（4）法丘弩机【后二·刻·篆】，陕西历史博物馆藏，铭："法（废）丘（望山背面）。法（废）丘。"望山刻铭："三年大[将]吏[李]牧，邦大夫王平，象（掾）长（张）承所为，受事伐。"系战国晚期赵缪王三年（前233）作器，后为秦人所有并加刻废丘铭文。

（5）白水戈【后三·刻·篆】，尊古斋旧藏，铭："白水，明。"

（6）栒矛【后三·刻·篆】，共两件。其一为《贞松》12.2著录，其二为私人收藏，铭皆为"䅶"。"䅶"即旬邑。战国末至秦代。

（7）栎阳、武当矛【后三·刻·篆】，北京故宫博物院藏，铭："栎阳。武当。"战国晚期至秦代。

2. 上郡

（1）上郡守疾戈【后一·刻·篆】，3例。①王五年上郡守疾戈（图

207），陕西历史博物馆藏，铭："王五年上郡疾造，高奴工鬻。"②王六年上郡守疾戈，梁上椿旧藏，铭："王六年上郡守疾之造，笸礼。"③王七年上郡守疾戈，贞松中66，铭："王七（?）年上郡守疾（?）之造，□豊（礼）。"以上均为秦惠文王后元五至七年（前320—前318）器。

（2）十四年上郡守匽氏戈（图208）【后一·刻·篆】，2例。①珍秦斋藏，铭："十四年上郡守匽氏造。工鬻（内正面）。洛都（内背面）。博望（胡部）。"②飞诺艺品工作室藏，铭："十四年上郡守匽氏造。工鬻（内正面）。洛都（内背面）。博望（胡部）。"秦惠文王后元十四年（前311）。

图207　王五年上郡守疾戈

（3）十四年□平匽氏戟【后一·刻·篆】，珍秦斋藏器，铭："十四年□平匽氏造戟（内正面）"，"平陆（内背面）"。形制与西汉南越王博物馆藏王四年相邦张义戈及上戈全同，应是秦惠文王后元时器。匽氏作为人名见于"十四年上郡守匽氏造戈"，为上郡守之私名；作为地名则见于秦武王二年（前309）青川木牍。

图208　十四年上郡守匽氏戈

（4）上郡守閒戈【后一·刻·篆】，2例。①六年上郡守閒戈，河南登封八方村出土，河南省文物考古研究院藏，铭："六年上郡守閒造，高奴工师蓍，鬼薪工臣（内正面）。城阳。城阳（内背面）。□□（胡正面）。博望（胡背面）。"秦昭襄王六年（前301）。②七年上郡守閒戈（图209），山西长治屯留出土，铭："七年上郡守閒造，桼（漆）垣工师婴，工鬼薪带（内正面）。高奴（内背面下）。平周（内背面上）。平周（胡部）。"秦昭襄王七年（前300）。

（5）上郡守寿戈【后一·刻·篆】，3例。①十二年上郡守寿戈（图210），内蒙古自治区文物考古研究所藏，铭："十二年上郡守寿造，漆垣工师乘，工更长猗（内正面）。洛都。洛都。平陆（内背面）。洛都。广衍（胡正面）。欧（胡背面）。"秦昭

图209　七年上郡守閒戈

图210　十二年上郡守寿戈

襄王十二年（前295）。②十三年上郡守寿戈，见于香港坊肆，铭："十三年上郡守寿造，漆垣工师乘，工更长猗。"秦昭襄王十三年（前294）。③十五年上郡守寿戈，鄂尔多斯博物馆藏，铭："十五年上郡守寿之造，漆垣工师乘，丞鷽，冶工隶臣猗（内正面）。中阳。西都（内背面）。"秦昭襄王十五年（前292年）。

（6）□□年上郡守戈【后一·刻·篆】，北京故宫博物院藏，铭："□□年上郡守□造，漆垣工师乘，工更长猗（内正面）。定阳（内背面）。"约秦昭襄王十三年（前294）。

（7）上武矛（或称广衍矛）【后一·刻·篆】，与十二年上郡守寿戈同出，时代相当。约秦昭襄王十二年（前295）左右。铭："上武。广衍（䂎）。□阳（血槽内）。""上武"为上郡武库省称。

（8）十八年上郡武库戈【后一·刻·篆】，河北博物馆藏，铭："十八年柒（漆）工朐，丞巨造，工正（内正面）。上郡武库（内背面）。"秦昭襄王十八年（前289）。

（9）上郡守逜戈【后一·刻·篆】，4件。①安徽桐城出土，铭："十九年上郡守逜造，高工师黿，丞诸，工隶臣渠。"秦昭襄王十九年（前288）。②二十五年上郡守厝戈，河南登封出土，河南省文物考古研究院藏，铭："廿五年上郡守瘖造，高奴工师黿，丞申，工隶臣渠（内正面下）。阳城。卤（？）……（内正面上加刻）上（内背面阳文铸款）。□南。平周（内背面）。"③二十五年上郡守厝戈，朝鲜平壤乐浪郡遗址出土，铭："廿五年上郡守瘖造，高奴工师黿，丞申，工鬼薪诎（内背面）。上郡武库。洛都（内正面）。"皆秦昭襄王二十五年（前282）。④二十七年上郡守趞戈，北京故宫博物院藏，铭文："廿七年上守趞造，漆工师诸，丞恢，工隶臣积（内正面）。□阳（内背面）。"秦昭襄王二十七年（前280）。

（10）二十四年上郡守瘖戟【后一·刻·篆】，安徽潜山出土，安徽省文物考古研究所藏，铭："廿四年上郡守瘖造，高奴工师黿，丞申，工隶臣渠。徒□淫（？）。上。"秦昭襄王二十四年（前283）。

（11）上郡守庆戈【后一·刻·篆】，2例。①三十七年上郡守庆戈（图211），陕西历史博物馆藏，铭："卅七年上郡守庆造，柒（漆）工瞥，丞秦，工城旦贤。"为秦昭襄王三十七年（前270）。②三十八年上郡守庆戈，高平市博物馆藏，铭："卅八年上郡守庆造，柒（漆）工瞥，丞秦，工隶臣于。"

图211　三十七年上郡守庆戈及其铭文摹本

（12）上郡守起戈【后一·刻·篆】，2例。①中国国家博物馆藏，铭："[廿廿]年上郡守起[造]，□工师耤（？），丞秦，工隶臣庚（内正面）。□（东？）阳（内背面）。"②辽宁省博物馆藏，铭："卅年上郡守起造，漆工师□，丞绐，工隶臣窃（内正面）。平周。周（？）（内背面）。"秦昭襄王四十年（前267）。

（13）四十八年上郡假守竃戈（图212）【后一·刻·篆】，珍秦斋藏，铭："[廿廿]八年上郡叚（假）守竃造，漆工平，丞冠（内正面）。上郡武库。广武。（内背面）"秦昭襄王四十八年（前259）。

（14）元年上郡假守暨戈（图213）【后二·刻·篆】，珍秦斋藏，铭："元年上郡叚（假）守暨造，桼（漆）垣工壮，丞圂，工隶臣□。平陆。九。"秦庄襄王元年（前249）。

（15）上郡守冰戈【后二·刻·篆】，2例。①二年上郡守冰戈（图214），内蒙古准格尔旗文化馆藏，铭："二年上郡守冰造，高工丞沐□，工隶臣徒。上郡武库。"秦庄襄王二年（前248年）。②三年上郡守冰戈，上海博物馆藏，铭：

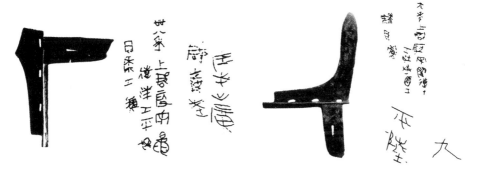

图212 四十八年上郡假守竃戈及其铭文摹本　　图213 元年上郡假守暨戈及其铭文摹本

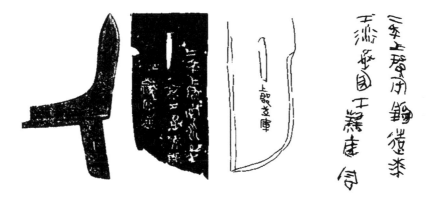

图214 二年上郡守冰戈及其铭文摹本

"三年上郡守冰造,桼(漆)工师□,丞□,工城旦□。"秦庄襄王三年(前247)。

(16)二年上郡守戈【后二·刻·篆】,疑为商承祚、于省吾旧藏,铭:"二年上郡守□造,桼(漆)工衍(?),丞圂,[工]隶臣周。"秦庄襄王二年(前248)。

(17)上郡守锜矛【后二·刻·篆】,2例。①二年上郡守锜矛,私人收藏,《中国古文字研究》(第十八辑)97页图一铭:"二年上郡守锜造,漆工衍,丞圂,工隶臣周。"秦王政二年(前245)。②三年上郡守锜矛,私人收藏,《中国古文字研究》(第十八辑)98页,铭:"三年上郡守锜造,漆工衍,丞圂,工隶臣周。"秦王政三年(前244)。

(18)三年上郡守戈【后二·刻·篆】,辽宁省博物馆藏,铭:"三年上郡□守□造,高[工]□,丞甲(申),徒淫。"秦王政三年(前244)。

(19)广衍戈【后一·刻·篆】,乌兰察布博物馆藏,铭:"广衍(内)。中阳(胡)。"广衍秦属上郡,约秦昭襄王时期(前306—前251)。

(20)廪丘戈【后一·刻·篆】,乌兰察布博物馆藏,铭:"廪丘(内正面)。五(内背面)。□□(上郡)武库(胡)。"约秦昭襄王时期(前306—前251)。廪丘为东郡属地,此戈"上郡武库"四字所刻时间当在"廪丘"之前,此戈亦可被命名为上郡武库戈。

(21)平周矛【后二·刻·篆】,3例。其一为北京故宫博物院藏;其一为中国国家博物馆所藏;其一收藏情况不明,见《殷周金文集成》11466。铭文皆为"平周"。战国末至秦代。

(22)九年戜丘令癰戈【后二·刻·篆】,收藏情况不明,铭:"九年戜(甾)丘令癰,工师翦,冶得(内正面,战国魏刻铭)。高望(内背面,秦刻铭)。"战国末至秦代。淄丘为战国魏地,在今安徽宿县东北三十公里。秦高望属上郡。

(23)高奴矛【后三·刻·篆】,2例,其一为奇觚室旧藏,其二为珍秦斋藏,铭皆为"高奴"。战国末至秦代。

(24)漆垣戈【后三·刻·篆】,辽宁省博物馆藏,铭"漆垣"。战国末至秦代。

(25)高望戈【后三·刻·篆】,河北正定文管所藏,铭"高望"。战国末至秦代。

（26）高望矛【后三·刻·篆】，2例，北京故宫博物院藏，铭文："高望、博。"战国末至秦代。

（27）阳周矛【后三·刻·篆】，北京故宫博物院藏，铭："阳周。"战国末至秦代。

（28）中阳矛【后三·刻·篆】，中国国家博物馆藏，铭："中阳（正面），囗（背面，或以为是'卒人'二字）。"中阳属上郡。

3. 汉中郡

（1）六年汉中守戈【后一·刻·篆书】，荆州博物馆藏，铭："六年汉中守[走军卅]（运）造，左工师齐，丞𤿥，工牲（背面）。公（正面）。"秦昭襄王六年（前301）器。

（2）成固戈【后三·刻·篆】，北京故宫博物院藏，铭："成固。"

4. 蜀郡

（1）二十六年囗囗守戈【后一·刻·篆】，宝鸡青铜器博物院藏，铭："廿六年囗囗守囗造，西工室阉，工囗。武库。"秦昭襄王二十六年（前281），从"西工"的设置来看，此戈疑为蜀郡所造，暂置于此。

（2）丞广弩机【后一·刻·篆】，与二十六年囗囗守戈同出一墓。铭："丞广。"约秦昭襄王二十六年（前281）。

（3）二十七年蜀守若戈【后一·刻·篆】，张家界三角坪M68出土，铭："廿七年蜀守若，西工师乘，丞囗禺。江武库。"秦昭襄王二十七年（前280）。

（4）三十四年蜀守戈【后一·刻·篆】，陕西历史博物馆藏，铭："卅四年蜀守囗造，西工师囗，丞囗，工囗（内背面）。成，十，邛，陕（内正面）。"秦昭襄王三十四年（前273）。

（5）王二年蜀假守肖戈【后二·刻·篆】，宜兴卢氏藏，铭："王二年蜀叚（假）守肖造，西工秉（？），丞囗（内背面）……（待补全）。"疑为秦王政二年（前246）。

（6）十三年蜀守颠戈【后二·刻·篆】，飞诺艺术品工作室藏，铭："十三年蜀守颠造，西工昌，丞背，工是。"秦王政十三年（前234）。

（7）二十四年葭萌戈【后二·刻、铸·篆】，《武陵新见古兵三十六器集录》著录，铭："廿四年囗穆（？）杏（？），丞半（？），库入（？），工囗（正面）。葭明（萌）（背面）。"秦王政二十四年（前223）。秦葭萌属蜀郡。

（8）蜀西工戈【后二·铸·篆】，湖南省博物馆藏3件，铭："蜀西工。"战国末至秦代。

（9）二十六年蜀守武戈（图215）【后三·刻·篆】，1972年涪陵小田溪M3出土，四川博物院藏，铭："武。廿六年蜀守武造，东工师宦，丞未，工囗。"秦始皇帝二十六年（前221）。

5. 河东郡

二十二年临汾守曋戈（图216）【后二·刻·篆】江西遂川出土，江西省博物馆藏，铭："廿二年临汾守曋，库系（？），工歇造。"秦王政二十二年（前225）。此戈既铭"临汾守"，临汾疑为郡名。董珊认为此戈为秦昭襄王二十二年（前285）时器。《史记·秦本纪》："（昭襄王）二十二年……河东为九县。"董氏以为临汾为河东重镇，设守令主管武库。

6. 上党郡

（1）上党武库戈【后二·铸·篆书】，《殷周金文集成》11054，铸铭："上党武库。"

（2）上党武库矛【后三·刻·篆】，罗振玉藏，《殷周金文集成》11500，刻铭："武库、上党武库。"

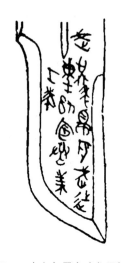

图215 二十六年蜀守武戈局部摹本

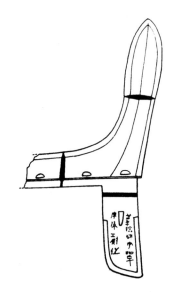

图216 二十二年临汾守曋戈摹本

（3）屯留戈【后三·刻·篆】，辽宁建昌石佛出土，朝阳博物馆藏，铭："屯留。"

（4）阏於戈【后三·铸·篆】，山西临县窑头村出土，山西博物院藏，铭："阏於。"

7. 邯郸郡

（1）涉戈【后三·刻·篆】，北京故宫博物院藏，铭："涉。"

（2）柏人戈【后二·刻·篆】，河北临城柏畅城遗址窖藏出土，铭："二年邘（邢）俞（令）孟束庆，□库工匠（师）乐参，冶明执齐（剂）（内部赵国刻铭）。柏人（胡部秦铭）。"柏人戈的"二年"不好确定，李学勤先生将十七年邢令戈定为赵孝成王之物，柏人戈也应是赵晚期物。

8. 南阳郡

（1）鲁阳戈【后三·铸·篆】，台湾古越阁藏，铭："鲁阳。"《汉书·地理志》记鲁阳属南阳郡，战国属魏，其入秦在秦王政二十二年（前225）之后。

（2）襄攀戈【后二·刻·篆】，珍秦斋藏，铭："廿一年舌（？）或下库工师既（？）工□（内正面部，魏国刻铭）。襄。攀（内背面）。义阳（胡部）。"战国末至秦代。此戈董珊《读珍秦斋藏秦铜器札记》读作"襄攀（牛）"，后王伟《秦兵器铭文地名考释（二则）》据"襄""攀"二字大小不一而分别读作两处地名，即《汉书·地理志》江夏郡襄县和南阳郡攀县。暂置于此。

9. 北地郡

（1）泥阳矛【后三·刻·篆】，北京故宫博物院藏，铭："泾（泥）阳。"战国末至秦代。

（2）郁郅戈【后三·刻·篆】，陕西省考古研究院藏，铭："郁郅。"约战国晚期至秦代。

10. 九原郡

武都矛【后二·刻·篆】，乌兰察布博物馆藏，铭："武都。"战国末至秦代。

11. 琅琊郡

二十四年莒伤（阳）铜斧【后二·刻、铸·篆】，沂南文物管理所藏，铭："廿四年莒伤（阳）丞寺，库齐，佐平，职。"秦王政二十四年（前223）。

12. 三川郡

（1）启封戈【后一·刻·篆】，辽宁新金元台出土，正面10字为魏国所刻，背面2字为秦人后刻："启封。"时代上限为魏襄王二十一年（前298，即秦昭襄王九年）或魏安釐王二十一年（前256，即昭襄王四十三年）。

（2）吾宜戈【后一·铸、刻·篆】，陈介祺旧藏，铭："吾（铸）、宜（刻，一说刻'宜阳'二字）。"约秦惠文王时器。宜阳秦属三川郡，暂置于此。

（3）洛都剑【后二·刻·篆】，北京故宫博物院藏，铭："洛都。"约战国晚期至秦代。

（4）卢氏戈【后二·刻·篆】，阜阳博物馆藏，铭："卢氏。"

（5）邢令戈【后二·刻·篆】，《奇觚室吉金文述》10.27.2 著录，铭："四年邢令辂，庶长工师郢□□□奠。"秦王政四年（前243）。邢国故城在今沁阳西北十五公里的邢台村，秦时当属三川郡。

13. 颖阳郡

（1）颖阳戟刺※【后二·刻·篆】，宿迁青墩遗址出土，铭："六年，塚（冢）子軙（韩）政，邦库啬夫軙（韩）狐，大官上库啬夫狢贾，库吏盱，冶䏁（尹）堪，散（造）🐛（端？）戟刺(正面)。颖阳(背面)。"正面刻铭为战国韩铭，背面"颖阳"为秦国加刻，戟刺的制作时代当为韩桓惠王六年（前267）。

14. 恒山郡

（1）石邑戈【后三·刻·篆】，达观斋藏，铭："石邑（胡部）。频阳（内正面）。频（内反面）。"战国末至秦代。石邑，战国时为赵地，秦时属恒山郡。

15. 其他

（1）廿三年弩机【后二·刻·篆】，马王堆汉墓出土，湖南省博物馆藏，铭："廿三年……"战国晚期。

（2）铜弩机刻文 46 件【后三·刻·篆】，秦始皇帝陵博物院藏，共 46 件，铭文内容为干支、数字等器物编号，一件悬刀刻有"武"字。

九、车马器文字

秦的车马器上的青铜器文字主要集中于秦末期到秦王朝建立时期，上面有计数、计时、计用等内容，由于它的专门性，笔者把它单列为一项。

秦车马器数量较多，其中包括了实用器和殉葬用的车马器，制作于昭襄王二十九年（前279）。

（1）太后车軎（图217）【后二·刻·篆】，咸阳博物院藏一车軎，铸"公"字，刻"大（太）后"二字。有学者认为其为宣太后秦器。

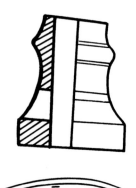

图217　太后车軎摹本

（2）二十一年寺工车专【后二·刻·篆】，陕西西安后围寨村出土。刻铭（图218）："廿（二十）一年寺工献，工上造旦。""廿一年"为秦王政纪年（前226）。

（3）秦始皇帝陵（下称秦陵）二号铜车马器（图219）【后三·刻、铸·篆隶】。铜车马为随葬之物，作于秦始皇末年，见文字多例。①秦陵二号铜车马当颅文字，秦始皇帝陵园出土，二号铜车马当颅背面铜垫片上刻有文字，其中右骖马当颅刻文"幔右一"，左马当颅刻文"幔四"，右服马当颅刻文"道二"，左服马当颅刻文"道三"。②车专文字，右专内侧刻一"丙"字。③御官俑文字，秦陵二号铜车马御官俑右臂铸"丁八"二字。④方壶文字，秦陵二号铜车马车后室内出上方壶铸"丙"字。⑤马俑文字，秦陵二号铜车马左服马左蹄刻"戊九"二字。

（4）一号兵马俑坑车马器【后三·刻·篆隶】，秦陵一号兵马俑坑东端五个探方内出土铜车马器甚多，有辖、𫘧、节约、络饰管、环、方策、亚腰形带扣等，其中十六件上有刻文："甲""丁九""中""八""下""壬""六十一"，等等。这些铭文应该是小件的编号。

（5）秦陵木车马金银泡【后三·刻·篆隶】，秦陵木车马金银泡也刻有文字，有"中""文""十"等。秦陵木车马银环上刻一"丙"字。

图218 二十一年寺工专铭文

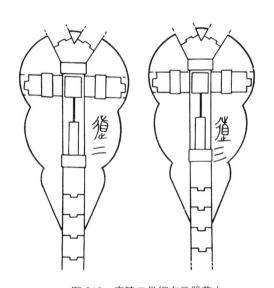

图219 秦陵二号铜车马器摹本

(6)秦二世陵车马器 ※【后三·刻·篆隶】,秦二世陵出土,刻铭,如"二十六年"等。

*秦陵二号铜车马辔绳朱书文字(图220):"锻八、锚三、囗车第一。"(存目别出,转"简牍文字"项)。

十、玺印泥封文字

目前所见最早的文字印章为殷商时物,早于殷商时代的印章现在还无法确认。商代到西周时期,玺印不断发展,到了东周时期玺印进入了蓬勃发展的时期。东周时期,相比于三晋地区、燕国地区,以及齐、楚等国,秦国的玺印可能出现较晚,但是这几年发现的这一时期的秦国玺印数量却越来越多。在过去长时间的研究中,秦

图220 秦陵二号铜车马辔绳朱书文字摹本

玺印常会和汉玺印混在一起,总称为"秦汉玺印"。随着秦玺印和泥封被明确辨认出来,秦玺印和泥封文字的研究也逐渐展开。第一次明确标出"秦印"一类的是清代学者陈介祺,陈氏在《封泥考略》中提出的秦印标准主要是,职官地理符合秦制,印文风格同石鼓文、李斯小篆,印面有十字界格等。研究秦玺印文字的发展非常重要。东周时期,春秋时代的秦玺印文字至今不能被指认。到了战国时期,相对比较晚的时候,也就是本书讲到的"栎阳时期",出现了比较成熟的秦玺印文字。

秦玺印文字在战国中晚期,无论从字形还是从字样,都显得比较粗犷,印面有块形、方形、折礜形,等等,以公印为主,私印为辅。秦玺印在战国中晚期出现了很大的分离,以方形带界格阴文刻出的铜质玺印为正宗,同时兼有阳文玺印而不带间隔的。战国末期和秦代,秦玺印文字井喷式出现,除了较多的公印,见有大量的私印。

秦的公印主要抑印在泥封之上,秦的私印虽然也有抑印在泥封之上的,但是似乎私印泥封数量并不是很大,结合考古发现,可见秦彩印也多用于随葬。秦泥封是秦印的必然遗蜕。20世纪后期以来,发现的秦泥封数量日益增多。据不完全统计,秦泥封现在存世已经超过2万枚,品种超过了2 000多种,这是秦地下出土文献的重大收获。比起秦的简牍、陶文、金文,秦玺印泥封文字更具备记录秦时职官、地理的目录式的效果。

战国末期到秦王朝时期秦的公印成为当时最为典型的玺印样式，甚至用字也有专门的规定，后来许慎在《说文解字》当中称之为摹印篆。这是中国印章史上第一次出现的专门用于制印，尤其是用于公印的文字。秦玺印的规范性、严整性为战国时期其他国家所不及，其基本制度和基本气韵为西汉玺印所继承，形成了中国古代玺印的基本风格，使中国印章艺术上有了"印宗秦汉"的特殊现象。秦印、泥封、戳印陶文主要收藏于西安博物院、上海博物馆、秦始皇帝陵博物院、北京古陶文明博物馆、西安中国书法艺术博物馆、咸阳博物院、西安交通大学博物馆、西北大学历史博物馆，等等，日本也有收藏。就数量而言，秦印、泥封更多是在民间收藏家处，而且更精致一些，笔者所知的收藏家有：萧春源（澳门珍秦斋）、路东之和董瑞（北京古陶文明博物馆）、杨广泰（北京文雅堂）、张小东（西安戎壹轩）、赵熊（西安风过耳堂）、许雄志（郑州鉴印山房）、任红雨（北京观斋）、李青（深圳盛堂）、刘凯（北京七砣山房）、孙辉（郑州椿农堂）、傅春喜（安阳一铢阁）、李广（北京汉唐阁）、谭洪波（济南普方居士）、闻涛（北京奉贤堂）、陆挺（南京艺兰斋），等等。

这里先要说明一下，由于秦印尤其是秦泥封的数量过于庞大，所以本书不再以列目的形式一一介绍其具体内容及所藏地，笔者只是把秦印、泥封做了基本的时代分析和品类举例，介绍于下。

（1）较早时期秦玺印【后一·刻、铸·篆】。虽然春秋时期秦青铜器上有类似单字出模铸造的铭文，可是目前还没有见到玺印实体，也没有见到玺印抑制的泥封、陶文等。目前可以看到的最早的秦玺印，大致在"栎阳时期"出现，不排除可能略早于之，栎阳之出土尚不能将之简单地视为秦印之源。在栎阳遗址出土的戳印陶文中也可以看到，较早的秦玺印出现在这一时期，出土地点主要在关中地区。此时印章的印面及文字处理都不尽成熟，印面没有"方寸玺"的严格规定，尺寸不太一致，有方形、块形、折磬形、曲尺形，等等，文字为篆字，接近摹印篆，大部分是刻出，少部分为铸出，有阳文印，有的有了界格，有的界格比较随意。秦印的基本形式还不稳定。目前没有可以确认的私印，也没有发现公、私内容的泥封。例见"工师之印"（图221）、"邦士"（图222）、"军市"（图223）、"仓吏"（图224）、"高陵车"（图225）、"尚匄玺"（图226）。至于秦"将军之玺"（图227），可能是受到齐国玺印的影响，一些印章也可能受到楚玺印的影响。

图 221　工师之印　　图 222　邦士　　图 223　军市　　图 224　仓吏

图 225　高陵车　　图 226　尚佝玺　　图 227　将军之玺

（2）战国晚期秦公印与泥封【后二·刻、抑印·篆】。这一时期的秦公印、泥封当在秦王政于咸阳执政时，或稍有提前。玺印、泥封出土地点仍然以关中地区为主，随着统一战争的进展，也逐渐波及关东地区。在玺印的尺寸、界格和布局上，秦玺印在一定程度上受到燕、齐、楚的影响，严格的"方寸玺"之制出现，伴以"半通印"之制，异形印比较少见。玺印文字形成自己的风貌，基于小篆所形成的摹印篆被全面使用。秦印的基本形式已经趋于稳定。战国晚期秦公印泥封实际就是战国晚期秦公印的遗蜕，这时的秦泥封井喷式地大量出现。这与商鞅变法之后，秦的政治、军事变化，以及社会组织、中央和地方的关系有了比较彻底的调整有关。秦公印的泥封的总体数量及其品种数目都远远大于秦公印的数量。秦公印存世数量相对而言较少，是由于种种原因造成秦公印本身存世不多。秦泥封以遗蜕形式，更为全面地表现了秦玺印的风貌。结合泥封，可以知道在风格上，这一时期的秦印和秦统一之后的秦印很难被区分，比较肯定的标志大约有四点：① 从君王到百官的玺印上，都可以后缀"玺"字专称，例如，印见"直玺"（图 228）、"戀玺"（图 229）、"家玺"（图 230）、"杨玺"，泥封见"客事之玺"（图 231）、"丰玺"（图 232）、"寺工丞玺"（图 233）、"邦尉之玺"（图 234），甚至有彩印也用"玺"字；② 用秦始皇帝二十六年（前 221）之前和之后纳入秦版图的郡县名为标准；③ 某些文字的标准，例如，泥封见"新壄丞印"（图 235）、"壄王丞印"（图 236）在秦统一之后应当改作"新野""野王"；④ 某些职官称谓的标准，例如，印见"邦司马印"（图 237），不避刘邦之讳，而且统一之后可能改称"郡司马"。

图 228　直玺　　图 229　繼玺　　图 230　家玺　　图 231　客事之玺　　图 232　豊玺

图 233　寺工丞玺　图 234　邦尉之玺　图 235　新埜丞印　图 236　埜王丞印　图 237　邦司马印

（3）战国晚期秦私印与泥封【后二·刻、铸，抑印·篆隶】。大约在栎阳时期之后，秦私印出现了。战国晚期秦私印数量比较多，存世多于公印，形式上以半通印较多，文字以摹印篆为主，这些有的用于泥封；私印有隶化、草率的作品，它们大约不是用于泥封，而是随葬志墓之用，这与公印、公印泥封的风格有着明显的区别。因此，私印及私印泥封用字有相当部分虽不能作为摹印篆的代表，却反映了篆隶之变。此外，私印泥封远远少于公印泥封。这一时期的秦私印、私印泥封与秦代的私印、私印泥封也很难被清楚地区分，一般用"玺"字的，大约在秦统一之前，例如，私印见"殷甲私玺"（图238）、"公孙娃玺""连䜌"（图239）、"任楙"（图240）。湖北出土的"泠贤"一篆、一隶同名的两枚印（图107、108），有着篆隶之变界标性的意义。泥封见"陆玺"（图241）、"田固"（图242）、"不疑"（图243）、"田达"（图244）。

图 238　殷甲私玺　　图 239　连䜌　　图 240　任楙　　图 241　陆玺

图 242　田固　　图 243　不疑　　图 244　田达

（4）秦代公印与泥封【后三·刻，抑印·篆】，秦印制度，包括泥封之制，在战国晚期即已定型，统一的秦王朝只存在了短短十余年，所以秦代公印、公印泥封用字、面形、界格与战国晚期秦公印、公印泥封极为相似，紧密相承，极难区分。它们的用字皆为标准的摹印篆，比私印及私印泥封要标准得多。目前仅秦代泥封在辽宁、内蒙古、山东、河南、安徽、湖南、广西等地，都有发现。发现秦的公印数量虽然不多，但其出土地已经超出了关中地区。玺印和泥封中，除了皇帝，不再用"玺"字，是一个标准，但是要注意，在这之前的公印中也有不用"玺"字而用"印"字的。秦始皇帝二十六年（前221）之前和之后纳入秦版图的郡县名使区分时代的标准更加准确，印可见"南宫尚浴"（图245）、"上林郎池"（图246）、"苍梧候丞"（图247）、"南海司空"（图248）、"恒山司空"（图249）、"清河候印""昌武君印"（图250）；泥封可见"左丞相印""东晦司马"（图251）、"东晦都水"（图252）、"即墨大守"（图253）、"济北大守"（图254）、"恒山候丞"（图255）、"恒山武库"（图256）、"清河大守"（图257）、"河间尉印"（图258）、"河间大守"（图259）、"巫黔丞印""东平陵丞"（图260）、"般阳丞印"（图261）、"梁邹丞印"（图262）、"下密丞印"（图263）、"秫陵丞印""新淦丞印"（图264），等等。根据里耶出土秦木方记载的"大如故，更泰守""法如故，更废官"等规定，可推知"太仓""太医"要早于"泰仓""泰医"，后者为秦代之物，"法丘"要早于"废丘"，后者为秦代之物。笔者认为现藏于日本的"皇帝信玺"（图265）泥封，出土的"丽山饲官"（图266）泥封，秦二世陵出土的"内史之印"（图267）泥封，都是秦二世时期的泥封，同样也是秦玺样式的最后代表。

图245　南宫尚浴

图246　上林郎池

图247　苍梧侯丞

图248　南海司空

图249　恒山司空

图250　昌武君印

图251　东晦司马

图252　东晦都水

图253　即墨太守　　图254　济北大守　　图255　恒山候丞　　图256　恒山武库

图257　清河大守　　图258　河间尉印　　图259　河间大守　　图260　东平陵丞

图261　般阳丞印　　图262　梁邹丞印　　图263　下密丞印　　图264　新淦丞印

图265　皇帝信玺　　图266　丽山饲官　　图267　内史之印

（5）秦代私印与泥封【后三·刻、铸，抑印·篆隶】，秦代的私印与泥封的印面、文字紧接着战国晚期的秦私印与泥封的印面和文字发展，它们极为相似，很难区分。虽然一般私印不再用"玺"字，但"婴玺"（图268）一印可能为最后的秦王子婴所用。印章有"上官贤"（图269）、"赵临"（图270）、"文胜之印"（图271）、"尤卫"（图272）、"君成"（图273）、"李唐"（图274）；泥封有"上官擥"（图275）、"昔齿"（图276）、"邓印"（图277）、"弁疾"（图278）、"郭延"（图279）。

图 268 婴玺　　图 269 上官贤　　图 270 赵临　　图 271 文胜之印

图 272 尤卫　　图 273 君成　　图 274 李唐　　图 275 上官擥

图 276 昔齿　　图 277 邓印　　图 278 弁疾　　图 279 郭延

（6）秦吉语印章及泥封【后二、三·刻、铸、抑印·篆隶】，在战国晚期的秦国和统一的秦帝国，吉语印章是秦印的特色品种，以阴文为主，少量为阳文，印面以方形、半通形为主，也有块形、折尺形，吉语印章泥封比较少见。印章有"安众"（图 280）、"相思得志"（图 281）、"中精外诚"（图 282）、"忠仁思士"（图 283）、"曰敬毋治"（图 284）；泥封有"和众"（图 285）、"忠仁思士"（图 286）、"思言敬事"（图 287）、"相思得志"（图 288）。

图 280 安众　　图 281 相思得志　　图 282 中精外诚　　图 283 忠仁思士

图 284 曰敬毋治　图 285 和众　图 286 忠仁思士　图 287 思言敬事　图 288 相思得志

（7）秦式印章和泥封【后三·刻、铸、抑印·篆隶】，在秦末到楚汉相争之时，甚至西汉初期，在山东、河北、广东、广西可以见到一些与秦印、秦泥封极为相似的遗物，公印有十字界格。笔者将它们称为秦式印章或泥封。其中，公印有"武平君玺"（图289）、"宣曲丧吏"（图290）、"左夫人印"（图291）、"彭城丞印"（图292）；公印泥封有"新城丞印"（图293）、"即墨太守"（图294）；私印有"王敬"（图295）、"华井"（图296）、"张池"（图297）；私印泥封有"成阑"（图298）、"郭武"（图299）、"王章"（图300）。

图289　武平君玺　　图290　宣曲丧吏　　图291　左夫人印　　图292　彭城丞印

图293　新城丞印　　图294　即墨太守　　图295　王敬　　图296　华井

图297　张池　　图298　成阑　　图299　郭武　　图300　王章

十一、货币文字

关于古代中国货币的起源问题，比较渺茫。商代、西周时代有贝币和金属仿制贝币、鎏金贝币，有金属称量的货币，是否有币面文字，说不清楚。目前可知的东周钱币明确见到附有文字的，按照出现顺序，大致有布币、刀币、贝币（后变为蚁鼻钱）、圆钱四大体系。此外，还有贵金属称量货币，以楚国郢爰为代表，其形状不定，有版状、龟腹甲状、圆饼状、马蹄状，等等。秦发行货币要晚于三晋地区及燕、齐、楚等国。《商君书》中提到"钱"，时值秦文字的栎阳时期。

秦惠文王二年（前336）"初行钱"，可能使方孔半两铜钱成为定制，在此之前略早，秦应当已经有了金属铸币。

秦半两方孔圆钱的型制，应当是受到本国圆孔圆钱，燕、齐等国方孔圆钱的双重影响，在栎阳时期成为定制，直至秦代，统一货币成为一项重要的政治措施。这对中国货币影响极大，无论是从汉代开始出现而长期使用的五铢铜钱，还是在唐代出现的元宝、通宝，方孔圆钱之形态一直延续到民国时期。

秦的货币文字主要是小篆，并体现出小篆向隶书的过渡。

（1）三孔铜布（图301）※【中一·铸·篆】，古钱界一直认为三孔布的铸造有战国赵国、秦国、中山国三说，铸行年代亦有公元前4世纪、公元前3世纪的争议，差别很大，争论的根本原因之一是三孔布发现不多。

图301　三孔铜布

（2）一两铜钱（图302）【后一·铸·篆】，圆穿圆钱，主要有"一珠重一两，十二"和"一珠重一两，十四"，这两种钱在秦雍城、咸阳遗址都有出土，文字隐起，为小篆。时间上可能早于"初行钱"时期。

图302　一两铜钱

（3）一两铜钱石范【后一·刻·篆】，陈直《关中秦汉陶录》卷四著录残石范一品，记曰："秦残石泉范，咸阳出土，马仲良藏。当为'重一两十四珠'泉范，未刻全凿毁之品。秦代泉范传世绝少。"应读为"一珠重一两，十四"，此石范是货币规范化缘起的标志。

（4）半睘铜钱（图303）【后一·铸·篆】，圆穿圆钱，面文"半睘"，其值为一两钱的一半，为半两钱的先声。文字隐起，为小篆。传世很少。时间上可能早于"初行钱"。

图303　半睘铜钱

（5）战国半两铜钱（图304）【后二·铸·篆】，方穿圆钱，面文"半两"，出土地点较多，不完全统计有：四川、陕西、甘肃、河南等地。钱的直径为2.7厘米至3.2厘米不等，重量为2克至9.8克。先秦半两钱的钱径、重量，在整个半两钱系列中最大最重。由于其以单范与手工刻写钱文为主要铸钱工艺，即使在同一方钱范上所产生的钱文结字仍不尽相同，这造就了先秦半两钱千钱千面的状况。据研究先秦半两钱有长字型、长字向小字过渡型、小字型、放逸型、横向茬口型、合范型、周正大样型、平夷半两型多种形式。

图304　战国半两铜钱

（6）战国半两铜范 ※【后二·铸·篆】，多为铲形分流式范，尺寸约为17×8×1厘米，钱模径3.3厘米。浇筑口位于钱范上口中央，分两支浇铸道，每支浇铸道垂直串联半两钱模，浇铸时需配合背范使用。属战国秦方穿圆钱之范，面文"半两"。陕西凤翔东社村、陕西岐山坑甲村有出土。

图305　两甾钱

（7）两甾钱（图305）【后二·铸·篆】，在陕西西安长安区首帕张堡村，甘肃宁县长庆桥有出土。何清谷认为泾阳君公子巿铸有两甾钱。

（8）封君铸钱两种【后二·铸·篆】，商鞅变法对贵族的世卿世禄制废除得比较彻底，代之以军功爵制。秦惠王"初行钱"时铸圆形方孔半两钱。秦国建立了王室钱币专铸制度，钱面只标面值、没有地名。而后受封邑贵族在实力强大后开始铸钱，出现了吕不韦铸文信钱（图306）、长安君铸长安钱（图307）。

图306　文信钱

（9）秦代半两钱（图308）【后三·铸·篆隶】，秦兼并六国之后，事实上统一了全国的货币，全国大部分地区都有秦代半两钱出土。《史记·平准书》记："及至秦，中一国之币为二等，黄金以溢名，为上币；铜钱识曰半两，重如其文，为下币。而珠玉、龟贝、银锡之属为器饰宝藏，不为币。然各随时而轻重无常。"风格上，秦代的半两钱继承了战国秦半两钱，但飘逸率真、粗拙豪放的钱文渐渐消失，带有隶书意味的文字出现。依钱文"两"字有无上横，秦半两钱一般可分两大类；

图307　长安钱

图308　秦代半两钱

又据钱径、钱文风格的不同能分为若干类型。这时期秦半两钱铸造逐渐规范，战国时期秦半两钱的标准化程度不高，钱径大小不一，钱肉厚薄不均，一般径在 0.25 厘米至 0.30 厘米，重 5 克左右。

（10）秦代半两铜范 ※【后三·铸·篆隶】，常见有直流范与分流范。直流范，长方形，约 30×10×0.8 厘米，钱模径约 3.2 厘米，浇铸道贯穿钱范中部，钱模似树枝，对称排列在浇铸道两侧，陕西西安临潼油王村芷阳宫遗址、陕西绥德邓家楼村有出土。分流范，铲形，25×15.7 厘米，肩部方折，范腔内一般有两列浇道，四列钱模，安徽池州贵池有出土。

（11）秦代半两石范 ※【后三·铸·篆隶】，石质，分流式范，浇口位于范面上部，有两条浇铸道，浇铸道两侧各有两列钱模，陕西安康有出土。

（12）秦代半两陶母范 ※【后三·铸·篆隶】，泥质红陶，已残，8.5×12.3×3.5 厘米，钱径约 3.3 厘米，为直流式范母，出土于秦咸阳城遗址北部。

（13）金饼 ※【后三·铸·篆隶】，出土地点有陕西西安临潼、内蒙古自治区、江苏盱眙，有货币性质。这些金饼上刻的计数、计重文字，也应当是秦文字。

十二、漆器文字

战国时期的秦国和统一后的秦王朝漆木器上的文字，可见的并不是很多。应当注意，秦在占领关中以后继续越过秦岭向南发展，获得了比陇上地区和关中地区更丰富的漆器和木器的资源。至少从殷商时代开始，中原地区已经有了比较发达的漆器，但是秦的漆器受到了楚文化的影响。

秦木器上所见的最早的文字是在春秋时期，上面既有刻文，也有墨书文字。战国时期至统一的秦王朝时期，秦漆器文字流行起来。如今，在秦岭以南的湖北、湖南等省都有发现漆器文字，其大致内容不是十分宽泛，一属于物勒工名，二属于器主所用。

秦漆器文字主要有三种：一种是墨书——于其胎上髹漆的时候又被漆汁所蒙住；第二是针刻——细密的针刻划在胎上；第三是烙印——以小的玺印烙在器胎上，或者烙在已经髹漆的漆面上。在漆器上留有文字这一点上，秦文化似乎和楚文化有所交流，但是秦漆器文字字体却一直本着秦文字的传统。

（1）青川漆器【后一·刻、烙·篆隶】，四川青川郝家坪战国秦墓当中多件漆器上刻有或者烙有文字。如 M26：8 耳杯底部刻有"东"字样，M26：7 卮底部有戳记"成亭"字样。

（2）秦东陵漆豆漆器座【后一·刻、烙·篆隶】，秦东陵被盗的漆豆、漆器座上都烙印有"大官"二字。漆盘上刻有"八年相邦薛君造，雍工匠（师）效，工大人申"和"八年相丞相殳造，雍工匠（师）效，工大人申"等字样。时代当是秦昭襄王八年（前299）。

（3）十七年太后漆盒（图309）【后一·刻、烙·篆隶】，湖南常德德山寨子岭楚墓出土夹纻胎铜钮漆盒，盒底有刻字："十七年大（太）后詹事丞□，工师歈，工季。"太后为秦昭襄王之母宣太后，漆盒时代当是秦昭襄王十七年（前290）。

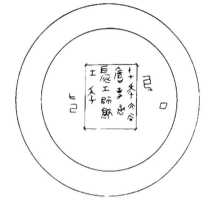

图309　十七年太后漆盒文字摹本

（4）二十九年太后漆奁【后一·刻、烙·篆隶】，收藏于美国旧金山亚洲艺术博物馆，有刻字："二十九年大（太）后詹事丞向，右工师象，工大人台。"太后为秦昭襄王之母宣太后，时代当是秦昭襄王二十九年（前278）。

（5）杨家山漆木器【后一·刻、烙·篆隶】，湖北杨家山秦墓出土漆木器80余件，绝大部分上都有烙印文字和针刻文字。如M135：13耳杯底针刻"造葆"，烙印"合"；M135：12耳杯底针刻"李""田十"，M135：6耳杯底针刻"□里□"，耳上烙印"亭上""包"；M135：25盂底亦烙印文字和符号。这些文字与睡虎地M11秦墓漆器文字内容、风格均相近。

（6）王家台式盘、骰子【后一·写、刻·篆隶】，湖北荆州王家台十五号秦墓出土木式盘，盘的外周墨书二十八宿之名，内中书"金""木""水""火""土"及月份。同墓有骰子二十三枚，九枚大的上面分别刻有"一"到"六"的数字。

（7）椁室门楣【后一·刻·篆隶】，湖北云梦睡虎地秦墓第七号墓椁室门楣上有刻字："五十一年曲阳士五邦。"应当是秦昭襄王五十一年（前256）物。

（8）十九年大官漆盒【后二·刻·篆隶】，安徽巢湖西汉墓出土，顶刻"大官"二字。身刻："十九年，……左彻侯，一斗二升。今甘泉右般……""今甘泉。"以下为西汉文字。此为秦王政十九年（前228年）器。

（9）乌氏漆耳杯【后二·刻·篆隶】，河南泌阳出土漆耳杯外底部刻有"乌氏……"字样，应当是战国晚期秦器。

（10）睡虎地漆器文字【后二、三·刻、烙·篆隶】，湖北云梦睡虎地秦墓出土的漆器，如盒、圆奁、长盒、耳杯、樽、盂、椭圆奁、卮等上多有针刻文字和烙印文字，内容有"亭""咸亭上""咸亭上告""咸市""士五（伍）军""上造□""钱里大女子""大女子""大女子娭""大女子臧""小女子""钱里大女子""小男子""张""李""路里""雇里""安里皇""包""右""左里漆界"，等等。时代在战国晚期到秦代。

（11）龙岗漆奁【后二、三·刻、烙·篆隶】，湖北云梦龙岗六号秦墓也出土了少量漆器，其中一件漆圆奁的盖与底内面各针刻"冯"字；一件漆椭圆奁的盖内面针刻"冯"字，烙印"平""里亭"。时代在战国晚期到秦代。

（12）关沮秦墓文字漆器【后三·刻、烙·篆隶】，湖北荆州关沮秦墓出土的漆器如奁、耳杯上有刻划、烙印文字，内容有"亭""大女□""士五均"，等等。为秦代的作品。

（13）广州造船场漆木器【后三·刻·篆隶】，广州造船场秦汉地层出土漆木器上见刻字，一件漆柲上刻"丞里□"三字，一件枕木上刻有"东□八"三字。时代为秦代到汉初。

＊寂之寺簋（存目别出，转"简牍帛书文字"项）。

综上，伴随着秦文字研究的不断深入，出土的古文字材料较之以前将更加丰富，以出土资料为依据来研究秦文字分期的方法也将不断进步，从而使在断代的基础上对秦文字资料进行系统整理成为可能。

第四节　汉字的第三次大整理

一、秦文字的发展历程

笔者在这里想谈及秦文字的发展历程，与之有关，在前文已经讲到秦文字的分期问题。讲到秦文字的发展历程，当然是和分期有关联的，但是也有一些不同。在这里，笔者将指出一些关键节点及其在秦文字发展历程中的标志性的作用和典型性表达，提出用一些地理概念来冠名、认识、命名秦文字的历程，也就是"透字见人"的一种表达。笔者大致将秦文字的发展历程划分为:"前雍城时期""雍城时期""栎阳时期""咸阳时期""走向全国时期"。

(一)前雍城时期

这个时期相当于秦文字的前期,包括前期的第一节和第二节,时间跨度比较长,从西周晚期延续到了春秋早中期。第一节的青铜不其簋铭文虽然被视为秦文字的开端,但是从字体和字的形态来看,它还没有完全形成秦文字的特点,它还是西周文字的流亚。在第二节中,以甘肃出土的秦公诸器,汧河、渭河之间塬上出土的石鼓文为代表,秦文字自身的特点逐渐形成。从纵向看,秦文字和商周文字拉开了距离,从平面看,它和大致同时代的其他诸侯国文字也有了越来越明显的区别。"前雍城时期"的文字,还处于为诸侯国最高统治阶层"享用"的阶段。

(二)雍城时期

这一时期相当于秦文字的中期,包括中期第一节和第二节,时间跨度小于"前雍城时期"。这个时期的秦文字资料不是很多,但是极富特点。偏早的有秦景公大墓编磬铭、秦公簋铭,偏晚的有仲滋鼎铭、凤翔刻划陶文。由前期石鼓文,本期秦景大墓公编磬铭到后期的秦始皇帝石刻、秦二世皇帝石刻,结成了完整的"秦石刻文字链"。如果说秦文字后期的陶文相当惹人注目,那么本期的凤翔刻划陶文则开启了秦陶文的先河。"雍城时期"的秦文字已经和其他诸侯国的文字有了较大的差异,完成了秦文字自我形象的塑造,从这时期的文字资料可以明显看出其向秦小篆过渡的迹象。但是,目前资料还是以篆为主,还没有发现秦文字隶化的现象。"雍城时期"的文字使用重心已经开始下垂,处于为普通贵族阶层共同使用的阶段。

(三)栎阳时期

这一时期相当于秦文字后期的开端,时段并不长,和商鞅变法差不多同步。这一时期时间跨度虽短,却处在秦文字的发展节点上,显得非常重要。秦文字的发展在这一时期出现了重大转折。此时,秦小篆走向成熟,汉字古文字系统进入总结时期,无论是金文还是陶文,都开始出现隶化的现象。也可以说,这是在秦地,汉字的今文字系统的发端。在这一时期,出现了目前所知的较早的秦印章文字和最早的秦戳印陶文、秦瓦当文字。"栎阳时期"的文字使用重心已经明显下垂,开始由贵族阶层下垂到平民阶层。

（四）咸阳时期

在这一时期，秦文字资料井喷式出现，这个时期直接继承"栎阳时期"，为秦定都咸阳之后到秦王朝建立这一时段。目前有大量的与这一时期相关的兵器铭文、陶文、玺印文字资料出土，尤其有多部秦简牍出土。除了成熟的秦小篆，秦隶也由古隶逐渐迈向今隶，尤其令人惊讶的是，汉字的楷意开始萌芽。在这一阶段，在全国范围，由于政治、经济、军事发展的需要，燕、韩、赵、魏、齐、楚都出现了汉字"大扫盲"的现象。汉字的使用重心由大贵族阶层下垂到一般贵族阶层，最终下垂到了平民百姓阶层。这一次"大扫盲"最杰出的成果，是由秦人实现的。汉字"大扫盲"的积极成果和全国的政治的又一次大统一互为因果。也就是说，汉字使用重心下垂，汉字进入到今文字系统，都大大地促进了秦的统一事业的发展；秦的统一进程，又有力地促进了汉字使用重心的彻底下垂以及汉字今文字系统的蓬勃发展。

（五）走向全国时期

这一时期的时间跨度并不太长：从秦帝国成立直到其灭亡。可是就在这一时段，秦王朝通过"廷议"和秦始皇帝的决断，靠着李斯等人的辅佐，将自然进行的汉字的第三次大整理转变为一种政府行为、政治行为。秦人以小篆完成了汉字古文字系统的总结，并且以秦的刻石为典型代表，一直推播到了东方海边；又在"以吏为师"国策的指引下，把已经开启的汉字今文字系统的大门向全国敞开，把秦地的隶书，以士农工商的日常运用的形式，以空前的规模普及到全国，直接影响到了西汉。

秦文字的发展历程是清晰的。秦文字由一开始淳厚朴素的涓涓细流，逐渐发展为宏阔澎湃的洪波巨浪，秦人尽力了，这足以让秦人骄傲彪炳两千余年，直至永远。笔者简单地回顾了秦文字的发展历程，目的是为之后讨论汉字的第三次大整理做一些必要的铺垫。

二、汉字第三次大整理

在本书的第三章，笔者谈到了汉字在商代进行了第一次大整理，在西周的宣王时期进行了第二次大整理。汉字由表意文字发展为意音文字，而没有走上拼音文字的道路。汉字有它内在的矛盾，就是它的表意性表达和同义表达而形成的矛盾。汉字在矛盾运动当中自然而然地需要被整理，同时，使用汉字的人们,也会感受到这种汉字的矛盾运动给日常使用带来的不方便,也会提出汉字整理的问题,在这种情形下,汉字的大整理就必然要出现。

(一)大整理的基本动因

汉字大整理有三种基本动因。第一是社会生活的需要。一开始,汉字是意识形态的工具,由最高统治阶级掌握,后来,汉字除了继续担任意识形态工具并由统治阶级掌握外,也逐渐被社会所认识、应用。在社会活动中,汉字的应用范围不断扩大,使用人数日益增多,自然而然,汉字在社会功用上就有待整理,在书写的技术层面上也需要整理。

第二个动因来自汉字内部,即汉字自身。汉字和汉语词汇密切结合,每个字都要求有一定的意思。这和拼音文字不一样,拼音文字可以以尽可能少的字母,拼出无限的词汇。就这点而言,汉字是存在内在发展矛盾的。汉字在形声字的造字原则出现以后,实际上是可以无限扩张的,但是文字的工具性又不允许它无限扩张,于是它就需要经历一次、二次、三次整理。

第三个是时代的因素。西周末期到整个东周时期,地域和社会的分裂使得不同国家的人们需要文字发挥其对内团结的黏合作用和对外的区别与标志作用,这会使第二个因素的问题放大:文字数量大增并且在国与国之间造成字形的紊乱。这种紊乱如果不用大整理来加以制止,从字形的紊乱发展到字义的紊乱再发展到整个体系的变更,那么汉字就会彻底分裂了。

以上这三个方面的因素对于汉字的负面影响,在东周后期可谓达到了"登峰造极"的地步。虽然尚没有造成汉字体系的最终分裂,但是战国晚期政治家们,尤其是以嬴政为代表的秦国国君们已经敏感地看到了这一点,他们统一的雄心是不允许东周文字的紊乱现象再继续下去的。因此,汉字的大整理并不是简单的一时兴起的人为工作,而是汉字的社会功用性和汉字字体、字形内在发展规律造成的。

汉字第一次大整理和第二次大整理之间过渡得比较平缓,就商代晚期到西周中晚期,使用汉字的人们自然而然地、充分地"享用"了第一次大整理的成果。西周宣王时期开展了第二次大整理,但是第二次大整理到第三次大整理之间经历了东周时代,实际上它的成果在全国范围内没有被很好地推广。值得汉字体系欣慰的是,只有秦很好地、全面地继承了第二次大整理的成果,从而为开启第三次大整理奠定了基础。

(二) 大整理的顶层设计

秦国、秦帝国对汉字的第三次大整理的总的顶层设计有以下四条：

第一，第三次大整理基于东周后期的社会需求发动，时机由大政治家敏感捕捉，由社会自然行为转变为中央政府的政治行为。从最激烈的一次历史事件的表现来说，秦始皇帝在"廷议"上将"书同文"的国策和其他重要的、事关大一统事业的举措同时、同力度地提出。

第二，第三次大整理的时候出现了极有能力的骨干群体。秦始皇帝是全面的推行者，他一方面以秦小篆为代表对古文字进行总结，四处巡游以秦小篆刻石诏告天下，一方面大力推行"以吏为师"，罢六国文字不合于秦者，实际上支持了秦隶书的普及和发展，属于今文字系统的汉字作品自此层出不穷。所以，秦统一前后，在秦小篆和秦隶书的发展和行用上，可以说，秦始皇帝嬴政是第一推手。

李斯在整理和确立秦小篆方面有着突出的贡献。谈到"秦三仓"的时候，还要提到两个著名人物——赵高和胡毋敬。他们两个人究竟是在总结篆书上的功劳大，还是在推广秦隶上的功劳大？因为没有更多的直接资料，现在很难说清楚。从赵高的出身而言，他是贯通低级小官吏和高级权贵的，他是有可能参与推动隶书的发展的。

还有一个人物——程邈。有关文献明确指出，是他在狱中创造了隶书。虽然说明隶书发展的文献记载可能不实，但是程邈实际应当是秦王朝时整理隶书的重要人物。文献暗指了在汉字整理工作上，小吏程邈获得了和嬴政、李斯、赵高、胡毋敬等人几乎相当的历史地位。

目前尚不清楚商代第一次汉字大整理之时，统治阶级中哪些人是汉字大整理的指导者和主持者。到了汉字的第二次大整理时，文献记载西周宣王时由太史籀主持整理文字。现在人们可以看到在秦统一前后，汉字第三次大整理时，出现了一批有责任感且承担了汉字具体整理工作的人物，这是重要的、基本的力量保障。

第三，第三次大整理推动并标志着汉字使用重心的彻底下垂。就汉字如此庞大、复杂的体系，使用重心如果不下垂，它的生命力是有限的，不可能长时期作为伟大的民族语言的书面表达符号而存在。

汉字的使用重心的下垂是历史发展的必然。在商代，人们自然而然地服从最高统治者——商王和他身边的贞人集团,当时也没有重心下垂的客观需求。到了西周,基于血缘制的大宗、小宗的分封,把统治阶层以血缘层次的远近次第分散开来。这个时候汉字得到了普及,虽然重心有所下垂,但应用汉字的核心人群依然在宗周和诸侯的上层统治阶级。

到了春秋战国时期,随着生产关系的变化,社会阶级之间关系的变化,以及自由民的出现,各国开启了汉字使用重心下垂运动。就三晋地区以及燕国、齐鲁、楚国、秦国的普遍情况而言,将之称为汉字历史上第一次的全民性"大扫盲"也不过分。汉字的使用重心下垂到士工农商阶层,全民都能辨认、使用,这样真正保证了只要汉语存在,汉字就是一只"不死鸟"。汉字使用重心的下垂,并不是某个人可以掌控的,而是一种历史发展的必然。

在这一方面,秦国起步得并不早,经历了"栎阳时期"、商鞅变法、建都咸阳的紧密的"三部曲"后,秦彻底实现了汉字使用重心的下垂。虽然比其他国家稍晚一些,但是秦文字的发展势头迅猛,下垂也更为彻底,如文献记载中,咸阳城的老百姓都能看懂榜书。秦都定于咸阳后,出现的大量陶文、大量私印,以及各地出现的秦简牍帛书,都是汉字使用重心下垂到社会底层的实实在在的标志。

第四,就秦而言,汉字第三次大整理实际上同时分作两个方面在进行,笔者在此简要提及:一方面是以秦小篆对汉字古文字系统进行总结,并且留下了以秦石刻文字为代表的标准的小篆字体,这方面证实了"秦文"是古文字系统的"天定"的继承者,同时又有分享上古文献的意义;另一方面,秦隶书(不是东汉以后以八分书为代表的隶书,而是在秦楚文字基础上形成的一种新的字体)以隶骨篆面或篆骨隶面等复杂情况开启了汉字今文字系统的大门,这就是汉字第三次大整理的具体成果。就"书同文"的大统一而言,就其对于数千年之后的历史影响而言,秦隶书统一的意义超过了秦小篆总结的意义。

下面笔者将分篆书和隶书两个部分谈一下秦进行汉字大整理时的一些具体做法。

(三)秦小篆对古文字系统的总结

篆书作为秦始皇帝"书同文"的历史依据,就是西周晚期周宣王时代的籀文,之后,春秋各诸侯国对其都有所省改,相对而言,春秋秦国省改的"步幅"是比较小的。秦小篆这一字体的产生大致在"雍城时期",对于籀文,它是一种渐变,而不是激变。小篆产生之后主要在秦国范围内流行,并不是晚到李斯等人在秦统一后在籀文基础上省改创造而成的。李斯等人只是采取实用主义的态度，进一步"罢其不与秦文合者"，"或颇省改"，通过编撰"秦三仓"，对秦小篆加以充实、补充、定型和规范，向全国展示了一种标准化的小篆字体。对此，秦做了以下工作：

第一，小篆并不始于大一统的秦代，在秦文字的中期，就出现了对于籀文的改造。这种改造是积极的，删繁就简，变异为平，减多为少。自然，这还是在古文字系统之内的运动。后来，这得到了秦始皇帝、李斯等人的认可，并且缘之而进行了实践。

第二，规定了小篆的基本形体是正方略偏长的。小篆以匀称圆润的笔道作为基本的文字构件，这些是对西周宣王时期籀文的直接继承与发展。两周文字构成部分的位置往往不固定，秦小篆确定了偏旁的固定位置，其上下、左右不可随意移动，小篆对多余的笔道、偏旁进行了简省，去掉了不必要的装饰性笔画和繁化构件，只保留显示事物的主要特征的构件，从而使汉字结构实现标准化。经过调整，小篆的字形也有了较为统一的标准。

第三，规定了汉字的偏旁符号。西周后期，汉字的偏旁符号一度是相对稳定的，到了东周，形旁符号方面变得混乱不堪，虽然在某一诸侯国之内还可以看出规律，但是放眼整个大范围，则"杂花生树，群莺乱飞"。秦整理的小篆形旁符号主要是意符，也包括音符。规范文字形符，实质上是以更加明确统一的偏旁符号，使得汉字数量没有必要再无止境地增加。规定形旁在字体中的位置，这点西周文字做得就不够好，到了东周，文字偏旁位置肆意离散的状况进一步加剧。偏旁的位置在小篆之后就不再随便移动了，这为汉字字形结构标准化规定了正确的道路。在两周时期，字形不定的一个突出表现是偏旁的不统一，偏旁代用、换用的情况很多，这种偏旁的不统一及多变性，导致汉字字形的多变和数量的无益增加，给文字的使用和识读带来额外的负担，小篆统一了偏旁的写法，也就确立了汉字定形的基础。

第四，规定了小篆文字的笔画。两周文字在造字时为了更加形象，往往把事物的各个部分、各种特征都体现出来，导致构字部件过繁，也带来实际应用的不便。秦小篆将两周汉字笔画中冗余的部分省略，这主要表现在秦以小篆对西周籀文进行直接简化的工作，至于对六国文字的繁化或者简化，秦似乎是不屑一顾的，它坚定地走由籀文直接向秦小篆演进的道路。汉字为了适应社会的发展和需要，也要遵循简便、经济、规范、明确的原则，因此，省去一些次要的表意信息，只保留主要的构字部件，便成了汉字结构标准化的趋势。作为记录思维和语言的符号，文字只有符合简约、经济、规范、明确的要求，才能被社会普遍认同，因此，统一文字形体结构和笔画，成为不可逆转的历史趋势。秦小篆的结构和笔画都有相应的标准，每一字的笔画数以及笔画间的组合方式都得到了明确的规范。

第五，秦小篆作为汉字古文字系统的最后代表，集中体现了汉字古文字的审美性，它笔道圆润、字体停匀、沉稳舒畅，章法上纵横整饬、明了自信、大度庄严，这和汉字今文字系统的审美是有差别的。在这方面，李斯等人是专注而刻意的，他们为后人留下了宝贵的艺术遗产。

在"栎阳时期"及之后，秦国以及在统一战争中秦势力波及的其他地区的人们实际上已经在使用越来越成熟的秦隶书了，那么为什么秦还要在统一之后，在一定的场合，坚持以小篆书写和创作呢？这在汉字的使用上似乎是个悖论。笔者认为秦统治者主要是出于这几方面考虑的：

第一，对商周以来历史文献档案进行总结整理。比如司马迁的父亲司马谈在秦朝做过史官，从目前可见的秦职官来说，少府、太史、尚书等文职官员很多，他们的任务之一就是对历史文献进行整理。

第二，秦最高统治集团在他们认为最隆重的政治、宗法仪式上，还要用到小篆字体，以示由西周王朝沿袭下来的正统，这尤其在秦始皇帝巡游各地的刻石行为上表现出来。

第三，改变六国的用字形态，逻辑地展示了由籀文到小篆的一贯发展，将秦文字在政治上定为一尊。

从历史角度来看，这种种做法是必要的，可是一个事实是，秦小篆的传统并没有被很好地推广、继承，到后来，从西汉初叶一直到西汉后期今古文经之争的时候，实际上汉朝人对秦小篆是非常陌生的。从这一点可以看出，秦小篆作为汉字古文字系统的终结者，并没有实现文字使用重心的下垂。除了对异世、异国的文献档案的整理需求，除了满足最高统治者在庄重的、礼仪性场合使用的需求以外，它在书写上是繁难不便的。秦小篆是美丽的，但小篆的继续流行与否和本身美观与否并没有必然的关系，小篆、隶书、小篆之前的六国文字，以及西周文字、商代文字都可以写得很美观，它们有各自的审美价值。书体的继续流行与否首先和书写的便捷与否相关,这也是秦隶书在大一统前后,直至西汉流行的原因之一。

(四)秦隶书的统一与今文字系统的开启

书写汉字中隶意的出现,不晚于春秋时期,其出现在墨书、朱书书写文字中。至于隶书的最简单的笔道结构,在汉字古文字系统和今文字系统之中,在实践上是有一部分互通的现象,会有更早的渊源。秦隶书在"栎阳时期"前后逐渐盛行,在社会使用层面上很快超过了秦小篆,这是文字的根本的工具属性在明显地发挥作用。从青川、放马滩、睡虎地、龙岗、里耶等地出土的秦简牍资料可看出隶变的进程、由古隶到今隶的演变过程。隶书以其书写上的优势,在秦代"书同文"政策的推动下,迅速占领了社会各个角落。不论官方文书的书写还是私用信牍、典籍的抄录,均普遍使用便捷的秦隶,秦人其实是以秦隶统一了全国文字。隶书发展的根本动因在于当时农耕生产的管理和分配,手工业商贸的交换和计量,劳役、军事命令的发布和接受,自由民凭借军功获得爵赏的说明和认证,以及商业、手工业的发展。这个时候书写徐缓、庄重肃穆的篆书,就变成了表达迅速且易辨、易认、易写的另一种字体——隶书。关于汉字的隶变,笔者要说明以下几点:

第一,秦小篆规定汉字字数、减少异体,规定汉字偏旁的性质、数量、写法、位置,厘清笔画的数量、书写走向。这些就文字学而言的正确的做法,给予隶书设计一定的影响,给予隶书出现以可靠的铺垫。在这个意义上,可以说秦隶书是秦小篆的逻辑继承者和改造者。

第二,秦隶书的来源是比较复杂的,小篆对隶书的书写有启发,但不是它的唯一源头。如果就书写的直接源头而言,从春秋时期的《侯马盟书》上就可以看到端倪。举一个不恰当的比喻,汉字古文字从籀文到小篆的书写是以"画"为主,而这个时候就过渡到了以写为主,文字的基本构件,由笔道形转变为笔触形。到了东周后期,至少在楚国和秦国出现了比较成熟的古隶,加上三晋地区非常潦草的文字写法,这些文字确实要经过很好的整理,所以有程邈在狱中整理汉字创造隶书的故事传说。人们可以将这一传说理解为部分在日常生活中要反复书写汉字的小吏们受命而整理隶书。秦隶书的起步是多元的,从其中甚至可以分析出楚国、齐国,以及三晋地区的某些因素来考察秦系隶书手写体系统。可以看到,秦系隶书手写体系统有别于战国时代的东方诸国。在约省、快捷、简便的实用主义的指导下，秦手写体（体现于简牍墨迹上）本于秦篆并发生变异，隶变至晚在春秋战国之际已开始，隶变的平台是秦文字手写体系统，其主要承载物是竹木简牍帛书，秦手写体在演变中形成秦隶特色。

第三，为了提高书写速度，隶书在形式上做到了藏头护尾，将圆转不断的线条变为方折的断笔，单字构形中的平行、对称、均衡点线布置，把古字"随体诘诎"的线条分解，改成平直的笔画。隶书书写时讲究调整笔锋这一细节。该种做法上承殷周传统之钉形波磔写法，贯穿秦文字改造的发展过程。秦隶书晚期做到了调锋、藏锋与二者的结合，形成左重右轻型笔画雏形，为后来汉隶横画做了准备。隶书解散篆体，改曲笔为直笔，变画为字，形成点、横、竖、捺、钩、折等笔画。为了书写的方便，隶书打破了古文字的象形特征，将"随体诘诎"的曲线和匀圆的线条变为平、直、方、折的笔画。隶书出现，汉字的象形意味基本不存，符号性加强而书写速度大大提高，这一点秦要比其他诸侯国做得彻底。

第四，隶书进一步地规定了笔画、偏旁符号。隶书的推行过程实际是一个大规模简化文字的过程，把篆书的象形性、图案性特点彻底抛弃。隶变之前，汉字的书写单位是圆转的曲线，甚至是事物轮廓的线段性的直接描绘，很难从中分析出笔意。隶变之后，汉字的书写单位基本为点、横、竖、撇、捺等几种标准笔画，这正是构成现代汉字的基本笔画。隶变也规范了汉字的书写笔顺，进一步整改简化了汉字的结构，改变了汉字字形。描述性的线条被分解成不同形态的笔画，文字朝着更加规范、标准化的方向发展。隶书以求简便，把部分生僻的或笔画较多的偏旁省并成形状相近、笔画较少、比较常见的偏旁，进一步减少偏旁，固化偏旁的形态和位置，以取得平直笔势，满足容易辨识和迅捷书写的需求。

第五，秦小篆作为汉字古文字系统的终结者和总结者，其在审美表达上相当成熟。与之不同的是，秦隶书作为汉字今文字系统的先行者，在汉字美学的创制上，明显有摇摆前行之态，这在西汉简牍中也没有完全解决。秦隶书在东汉时期才稳定地获得了隶书的艺术性特质，在摇摆的动态中体现出了汉字艺术的革新。秦汉时期，隶书打破了小篆的固化、内敛、僵化，代之以开放的结构、活泼的线条。字形上，隶书以抽象的线来组合字形，摆脱古文字系统中以象形为主的"随体诘屈"方式的桎梏，汉字单体内部、字与字之间、行与列之间文字的关系，转入书法为主的空间构造、笔触形的提按顿挫、起伏有致的线条，走上了历史舞台，汉字艺术的审美重点由对空间形态的把握，转向了线条自身的运动和变化。商周甲骨文、金文开始把象形的图画模拟逐渐演变成整饬的线条结构，奠定了汉字艺术走向"线的艺术"的基础。秦汉书法使线条的时间流动之美与空间架构之美有机地结合起来，使用更具活力和弹性的抽象表达，使得书法成为中国各类视觉艺术的精华所在。隶变使得小篆圆润的直线与曲线构成的笔画语言得以空前丰富，隶书笔法，如疾势与涩势的运动、中锋与侧锋的使用、藏锋与露锋的表达、束毫与铺毫的显示，以及轻与重、方与圆等对立因素的统一协调，使中国书法具备了立体的、广阔的发展空间。

隶变成为今文字系统的发端，改变了汉字原有的以物象为描绘对象的古文字系统，这次变革做到了以下几点：

第一，彻底改变了汉字的书写方式，毛笔成为最重要的书写工具，促成了汉字形体的重要变革。汉字无论从笔画还是从偏旁、体态，都摆脱了古文字系统的桎梏。隶书建立新的以词的音义为对象的字形系统，隶变使象形的古文字变成基本不象形的今文字。隶书主要在字形结构上由繁变简，使文字书写更为简捷，进一步提高书写效率。书写性简化引发的笔顺、笔画方向、笔画部首连接方式及用笔的变化激活了汉字动态的、活跃的因子。隶变以量变集腋成裘地促成汉字从笔画、部件到整体的质变，形成了今文字新的符号体系。

第二，由于书写迅捷，易识好用，隶书在根本上实现了汉字的"大扫盲"，实现了汉字使用重心的彻底下垂，汉字由统治阶级的意识形态工具转变为全民的思维和语言工具。隶书的产生为后来的楷书打下了基础，也使行书、草书的发展更为顺畅，使得汉字的工具性大为增强。在这点上，秦隶书的出现与发展具有重要的社会学、历史学意义。

第三，隶书上承篆书、下启楷书，是书体演化的一大枢纽。隶书同发展了的行书、草书，同后来的楷书，表现了汉字艺术和中国书法的深刻的变革。隶书的出现结束了以前古文字的象形特征，使汉字跨进了书写符号化的疆域。人们把隶变的过程指为书法艺术自觉的前奏。隶书的用笔，突破了篆书用笔的单调感和束缚感，点画分明、方圆相济、轻重有致。秦时已经部分地出现隶书的代表性写法，主笔捺脚"蚕头燕尾"，笔道一波三折。隶书摆脱字形结构的束缚，向书写线条的抽象化运动寻找规律。

(五) 有关楷书的问题

咸阳的一座未经盗掘扰乱的战国后期到秦代的秦墓中，有一只陶罐，上刻有"咸里绿磁"四字，这四字毫无篆意，也离隶意较远，应当是书写相对比较草率的楷书。该文字的出现，确实显得突兀，引起过讨论。为此，笔者专门在秦文字资料当中进行检索，除了像"一""二""三""王""丙"这样一些文字，以及从商代甲骨文到西周金文，本身就分不清是属于古文字系统还是今文字系统的文字之外，确实找到了数百枚有一定楷意的字例。笔者认为这不是什么奇怪的事情，例如汉字的隶意早在春秋时期出现，但是这不代表隶书体系的成熟，同样，秦时期楷意的出现，也不代表楷书体系的成熟。

关于后期秦文字楷书的出现，这里有几点需要说明：

第一，隶书、楷书同属于汉字今文字系统，从逻辑上来说，隶书要早于楷书，换言之，楷书诞生于比较成熟的隶书之中。在楚国、秦国，隶书日益成熟，成为全民使用的表达系统时，一些书写文字出现楷意也不难理解。

第二，楷书说到底只是比隶书显得更加简洁，书写起来更加容易，其中并没有什么更神秘的地方。就汉字的构造和书写而言，楷书在这一时期出现也是在情理之中。

第三，笔者在讨论汉字第三次大整理的时候，之所以谈到秦文字后期见到楷意的问题，是因为目前存在一批标本证物。楷意的出现并非是程邈等人的刻意为之，而是民间的书写者、陶器刻划者一种迅疾的文字书写或刻划习惯造成的。可以看到，楷意表达比例最高的是在竹简帛书上，其次是在陶器上，再次是在个别印章上，在金文、石刻文字中就基本不见。这样，可以使人们感受到文字内容、使用场合、文字书写者等因素对于字体的影响。

(六) 小结

通过对小篆、隶书和少量楷书进行对比，可以看到秦统一前后汉字第三次大整理运动中的情况。汉字的第三次大整理有文献记载，有关键人物的出现，有文字标本可把握，但是，还有很多细节问题有待进一步解决，只有对所有的秦文字进行通盘检阅，才能从演进、发展倾向、使用方法等方面，指出战国秦国到秦帝国对小篆的整理总结，以及由隶书完成的文字统一，即汉字"书同文"的实现。

商代（约前 1300）进行的汉字第一次大整理，成果维系了四五百年之久，直到西周宣王时（前827）。西周宣王时的汉字第二次大整理从公元前827年到公元前246年，其间出现地域性的纷乱，幸而有秦人把持，其成果——由籀文到小篆也维系了五六百年。笔者在前面讨论的时候，指出秦很好地继承了汉字前两次大整理的成果，在社会现实的迫切需要和汉字前两次大整理历史经验教训的启发下，秦帝国在统一前后又开展了汉字第三次大整理，即"书同文"运动。第三次大整理对汉字后来的发展的影响相当深远，达两千余年之久。人们可以看出，汉字的第一、第二次大整理，是在古文字系统内进行的，第三次大整理则是整理总结了古文字系统，开启并拓展了今文字系统。汉字第三次大整理的影响，远远超过了第一、第二次大整理。

笔者认为，汉字只有在进入电脑时代后，才有可能进行第四次大整理。虽然现在还不能完全对第四次大整理的进程、方法和成果进行十分明晰的预言，但是这一进程，必然要汲取前三次大整理，尤其是汉字第三次大整理的成果和经验教训，这样才能使得汉字能够更为科学、高效、长久地发展。如今，人们可以使用汉字进行表达，用汉字进行文学创作和科学研究，不得不感谢两千多年以前秦始皇帝、李斯、赵高、胡毋敬、程邈等人所主导的，全体秦人参与的汉字大整理，没有秦时的汉字大整理也就没有汉字的今天，可能也就没有汉字的未来。在此，可回顾一下秦文字的沿革变化情况，见下表：

表 4　秦文字沿革变化示意表

字例	字　体			
	篆	篆隶	隶	楷
秦	秦镈钟·1号钟 会稽刻石	秦印编：秦朔	睡简·答问	睡简·日乙
安	封泥集.342	秦印编140：阳城安	秦陶·安邑皇	漆器云梦 M11·9

续表

字例	字 体			
	篆	篆隶	隶	楷
邦	秦公镈钟	十三年相邦义戈	三年相邦吕不韦戟	睡简·答问
并	始皇诏铜权五	始皇诏铜椭量	帛书·病方·216	帛书·病方
具	石鼓文·而师	集证：具园	里简·JI（9）981	睡简·为吏
令	秦编钟·甲钟	睡简·秦律·145	—	睡简·秦律·145
明	睡简·秦律	泰山刻石	秦陶A·3.2 上邦工明	关简·349
年	秦镈钟·1号钟	三年相邦吕不韦戈	秦印编134	里简·J1（9）9
身	出处：秦骃玉版·甲	出处：秦印编162	出处：睡简·为吏	出处：帛书·病方

续表

字例	字 体			
	篆	篆隶	隶	楷
事	不其簋盖	卅年诏事戈	睡简·答问	关简·239
谓	石鼓文·吾水	睡简·答问·112	睡简·答问	睡简·日甲·104
夜	泰山刻石	秦印编 131	天简 21 甲	关简·176
有	秦镈钟·1号镈	二世元年诏版五	帛书·足臂·21	青川牍
月	商鞅方升	秦骃玉版·乙	睡简·日甲·65 正 出处：	睡简·日乙
者	始皇诏版七	二世元年诏版	龙简·2·墓	关简·228
妾	秦印编 48　妾挐	睡简·秦律	—	睡简·封诊
道	会稽刻石	龙简	青川牍	地图注记

续表

字例	字体			
	篆	篆隶	隶	楷
行	会稽刻石 石鼓文·銮车	睡简·答问	睡简·日甲	关简·212
莫	峄山刻石	秦印·17	睡简·日甲	关简
下	会稽刻石 武城铜椭量	秦骃玉版·乙	始皇诏铁石权三	睡简·杂抄
造	廿一年寺工车 軎·甲軎	大良造鞅殳镈	—	漆器·M11
本	会稽刻石	睡简·为吏	睡简·秦律	秦陶·1189
必	杜虎符	集证·185·763	睡简·日乙	帛书·病方
此	二世元年诏版六	关简	睡简·日乙	帛书·足臂

续表

字例	字体			
	篆	篆隶	隶	楷
疾	峄山刻石	二世元年诏版三 旬邑铜权	天简 29	睡简·日乙
久	泰山刻石 睡简·日乙	二世元年诏版六	睡简·秦律	平阳铜权
去	两诏椭量 睡简·效律	睡简·日甲	两诏斤权一	秦印编
天	会稽刻石 诅楚文·亚驼 秦编钟	睡简·日甲	秦骃玉版·乙 睡简·日乙	秦怀后磬 帛书·病方
元	吉为作元用剑	两诏椭量	—	两诏斤权一
平	会稽刻石	睡简·日甲	集证·169	关沮简

续表

字例	字　体			
	篆	篆隶	隶	楷
胡	关简·368	—	秦陶·588	集证·170
皆	二世元年诏版	关简	睡简	睡简·封诊
取	诅楚文	帛书	睡简·日甲	龙简
西	秦政伯丧戈	秦印编·299	关简·266	秦印编
治	会稽刻石	睡简·语书	睡简	睡简·为吏
鱼	石鼓文	睡简·日乙	—	帛书
首	不其簋盖	北私府椭量	关简·146	里简
文	秦编钟	金银泡	秦印编	漆器

三、"秦八体"检讨

关于"秦八体"的问题是由东汉学者许慎提出的,他在《说文解字·叙》中是这么说的:"秦书有八体,一曰大篆,二曰小篆,三曰刻符,四曰虫书,五曰摹印,六曰署书,七曰殳书,八曰隶书。"[①]那么,有关秦文字的一系列问题就来了:秦代"八体"的具体书写形态到底是什么?"秦八体"究竟是秦时的排序,还是后人的追溯性认识?"秦八体"和汉字第三次大整理有什么关系?"秦八体"对于汉字学史到底意味着什么?对于这些问题,笔者将试着做一些回答。

(一)"秦八体"简说

1. 大篆

许慎在《说文解字·叙》中首次提到:"宣王太史籀,著《大篆》十五篇,与古文或异。至孔子书《六经》,左丘明述《春秋传》,皆以古文,厥意可得而说。其后诸侯力政,不统于王。恶礼乐之害己,而皆去其典籍。分为七国,田畴异亩,车涂异轨,律令异法,衣冠异制,言语异声,文字异形。"[②]《汉书·艺文志》有"《史籀》十五篇"记载,班固注曰:史籀"周宣王太史作大篆十五篇,建武时亡六篇矣"[③]。段玉裁注释为"曰史篇者,以官名之;曰籀篇、籀文者,以人名之"[④]。均认为史籀是周宣王时的史官,史为官名,籀为人名,《史籀篇》是他所编的一部字书。

罗振玉首先提出质疑,在《殷虚书契考释》中指出籀文非书体之名。王国维相继撰写《史籀篇疏证》《史籀篇叙录》《史籀篇疏证序》《战国时秦用籀文六国用古文说》等文,指出:"《史籀》十五篇,古之遗书,战国以前未见称述"[⑤],"推其体势,实上承石鼓文,下启秦刻石"[⑥],"《史籀》篇文字、秦之文

---

① [汉]许慎:《说文解字(附检字)》,中华书局,1963年,第315页。
② [汉]许慎:《说文解字(附检字)》,中华书局,1963年,第315页。
③ [汉]班固:《汉书》,中华书局,1962年,第1719页。
④ [汉]许慎撰,[清]段玉裁注:《说文解字注》,上海古籍出版社,1981年,第757页。
⑤ 王国维:《观堂集林(外二种)》,河北教育出版社,2001年,第151页。
⑥ 王国维:《王国维手定观堂集林》,浙江教育出版社,2014年,第132页。

字,即周秦间西土之文字也"①,未可"遽定为宗周之书"②,王国维认为"籀"有"诵读"之义,"史籀"为"太史籀"之省略,后人摘取其中二字名篇,因此称作《史籀篇》,籀文应该是以篇得名。王氏《史籀篇疏证序》中指出,籀文"大抵左右均一,稍涉繁复,象形、象事之意少,而规旋矩折之意多"③。

基于遇鼎和西周晚期多件青铜器铭文可知,许慎、班固、段玉裁的意见是对的,"宣王太史籀,著《大篆》十五篇"应当是史实,这也就是笔者数次谈到的汉字第二次大整理的成果。这样看,大篆约等于籀文。籀文将文字的线条变得均匀柔和,被称为玉箸体,其字形结构趋向整齐、均匀、对称,追求平行、舒畅。《史籀篇》标志着对于大篆这一书体的整理与总结。因为"史籀"的时间限定,将西周宣王以前的汉字称为籀文似乎就不妥当了;可是,籀文又是对于商周以来汉字的继承和整理。商代到西周晚期的金文是否可以称为大篆呢?这点容今后再讨论吧。

王国维把籀文的问题引向了秦文字,这是有道理的。秦原为西周附庸,秦襄公送平王东迁有功,始得以受封立国,据有周人歧西之地,继承了周人文化,也从周人手里接过《史籀篇》和大篆的传统。秦长期僻居西土,与中原往来,在字体上受他国影响较小。秦文公十三年(前753)"初有史以纪事,民多化者"④;文公十六年(前750)伐戎,"收周余民有之"⑤。社会的动荡、外来因素的侵入,"收周余民"加入秦文化,使得"周秦文化""周秦文字"继承、延续明显。上海博物馆新获出土于甘肃礼大堡子山秦公墓春秋初年的六件秦襄公、文公之秦公诸器,为判断籀篆的基本形态提供了佐证。笔者以为属于秦文公时期的石鼓文,应当为春秋秦国的大篆作品。还有,秦公钟和秦公簋铭文比较规范,字式稍涉繁复,书体也有所进步,和周金文相近,秦文字不仅在春秋时期与西周文字相去不远,即使在文字形体发生剧烈变化的战国时期,一些秦文字也还保持着西周文字的基本面貌。

---

① 王国维:《观堂集林(外二种)》,河北教育出版社,2001年,第154页。
② 王国维:《观堂集林(外二种)》,河北教育出版社,2001年,第154页。
③ 王国维:《王国维手定观堂集林》,浙江教育出版社,2014年,第132页。
④ [汉]司马迁:《史记·秦本纪》,中华书局,1959年,第179页。
⑤ [汉]司马迁:《史记·秦本纪》,中华书局,1959年,第179页。

秦景公大墓编磬铭、秦公簋铭文则晚于石鼓文，开始向小篆进发。战国晚期，随着秦全面开疆扩土，秦文字也被带到新占领地，并受到了六国文字和六国人民旧有书写习惯的冲击。除了这些，外在因素的影响、书体自身的发展规律也在驱动、简化、改造、美化其原有书体。于是，战国以后，秦国大篆明显发生了变化，书体式样逐渐向小篆过渡。

春秋到战国时期，各国文字的变化很大，虽然秦文字比较保守，但也处在变化中，在这个意义上并不能将籀文与秦文字画绝对的等号。可是，东周其他诸侯国文字的形体与籀文相差更远。将秦文字中在小篆和隶书之前的作品大略称为大篆，也未尝不可。

2. 小篆

《说文解字·叙》称《仓颉篇》《爰历篇》《博学篇》等字书记载"皆取史籀大篆，或颇省改，所谓小篆者也"[1]。"省"是简化，"改"是改作，"改"可能导致异形，也可能对一些符号进行增删，还有可能是书体式样重新统一规范。文献记载秦始皇帝统一六国推行"书同文""车同轨"统一度量衡制，由丞相李斯负责，在秦国原来使用的大篆的基础上简化、取消其他六国文字，创制了统一文字的汉字书写形式——小篆，这些可能是出于理想化的认定，而文献记载与史实不完全符合。

从秦厉共公到出子的约九十年的时间里，"国家内忧，未遑外事"[2]，以至于秦国被魏国夺去河西之地。在此背景下，秦人的保守习惯渐被打破，秦文字受到了东南各国书体式样的影响，字形体势变得有些纵长。秦德公徙雍以后的秦公簋铭文字体初步开始了由籀文向小篆的演变。秦孝公十八年（前344）的商鞅方升铭文可视作小篆字体产生时期的典型代表。

秦国小篆的出现，预示着古文字系统总结阶段的到来。秦小篆结体和用笔特征鲜明：结字纵长，结构均衡对称，线条匀整，行笔婉转圆通，具有端严整饬、和谐典雅的典范美形态。秦完成大一统之后，秦小篆主要用于皇帝诏书和刻石颂功，迄今所见泰山刻石、琅琊台刻石、峄山刻石、会稽刻石等的内容无一不是炫耀秦始皇帝的文治武功，以期其成为典范、永昭后世。

---

① ［汉］许慎：《说文解字（附检字）》，中华书局，1963年，第315页。
② ［汉］司马迁：《史记·秦本纪》，中华书局，1959年，第202页。

在秦统一的进程中，小篆难以满足实际的大量书写文字的需要，隶书和小篆并存于秦统一后的文字系统中，就像方言和普通话并存于语言系统中一样。中央官方文书也没有完全按照小篆的要求书刻，如二十六年诏版铭文已经出现了很多折笔，笔画的形状和标准的小篆有所不同。小篆不是完全由大篆自然演化的成果，在一定意义上是官方意志的产物，在撰文不断演进的过程中，官方的人为因素发挥了作用，这在当时，当然有悖于文字社会化功能和工具性的要求。虽然秦小篆使得六国文字成为绝响，但它终究没有对汉字主流的发展产生过重大影响，成熟晚于它的隶书和楷书都不是从它直接发展而来，这也是笔者认为不能说秦是以小篆完成汉字大一统的基本理由。

段玉裁指出，秦代"古文大篆虽不行，而其体固在"①。笔者认为，秦代实行"书同文"政策，只是废除六国古文，而对于小篆的前身——大篆似乎并没有严格的限制，毕竟秦统一之前长期用的是大篆，且小篆是在大篆的基础上发展演变而来的，大篆向小篆的过渡是渐进的，而到秦时又由官方做出一定的规定，小篆的许多字与大篆是相同的、分辨不清的，在某些场合，可以将大篆、小篆笼统地称为篆书。

3. 刻符

这是秦文字中一种有特殊用途的字体，即刻在符节上的文字字体，其早期字面与小篆极为相像。段玉裁注："《魏书·江式表》符下有书字、符者，周制六节之一。汉制以竹，长六寸，分而相合。"②唐兰指出："我们要懂得什么是刻符，应该注意这一个刻字，现在所见到的六国晚年的符节，如上虞罗氏旧藏的辟大夫信节跟我所藏的将军信节，以及马符、熊符、鹰符等，还有楚国的王命传，都是刻的，都是真正的刻符。"③

战国时期秦国有杜虎符、新郪虎符，秦帝国时期有阳陵虎符、栎阳虎符。这类篆体专刻于符节上，与小篆非常接近，因为是用刀刻在金属上，不能婉转如意，故笔画近于平直，形体近于方正。

---

① [汉]许慎撰，[清]段玉裁注：《说文解字注》，上海古籍出版社，1981年，第758页。
② [汉]许慎撰，[清]段玉裁注：《说文解字注》，上海古籍出版社，1981年，第758页。
③ 唐兰：《中国文字学》，上海古籍出版社，2005年，第126—127页。

4. 虫书

又称为"鸟虫书",是东周时期对于汉字的美术化的处理。启功提出"秦汉所谓的虫书和鸟虫书,只是篆书手写体的一种讳称,与带有小曲线装饰或鸟形装饰以及接近鸟状的花体字似非同类"①,将虫书与春秋战国直至两汉的花体字区别开来。李学勤根据汉《张掖都尉棨信》的字体特征,初步推测虫书可能就是线条屈曲蜿蜒的手写体②。

鸟虫书文字在春秋中后期至战国时代常见于三晋、吴、越、楚、蔡、徐、宋等国的一些金文作品之中,三晋小玺中也可以偶尔看到;之后,在汉代金文、玺印文字中多见。至今尚未发现战国秦国和秦帝国时期的明确的鸟虫书资料,这可能与秦人尚朴,不事华藻的风格有关。许慎认为秦有虫书,实有硬凑之嫌,俟待将来更多的资料出土,来证明许氏之说的正确与否吧。

5. 摹印

就是秦时的玺印专用文字,是中国印章史上最早见诸记载的玺印专门用字。方介堪在《玉篆楼谈艺录》中指出:"秦摹印篆较战国古玺文为平整。"摹印篆与六国文字差别很大,它与秦时篆书尤其是小篆关系密切,比较侧重于用方折、平直的笔法去改造正体。

笔者认为,秦文字在栎阳时期方才出现用于玺印的专门用字。摹印篆绝大部分在印章印面凿刻为之,在公印中表现得比较严正,在私印中表现得比较活泼。秦玺印文字直接反映在泥封文字上,也在部分戳印陶文上有所反映。有的戳印陶文风格不似摹印篆,有的似小篆,有的在隶篆之间。摹印篆是可以比较准确把握的秦行用字体。

秦摹印篆到了西汉时期,为汉缪篆所继承与发展。

6. 署书

汉代学者刘熙在《释名》中说道:"检,禁也,禁闭诸物使不得开露也"③,"书文书检曰署。署,予也,题所予者官号也"④。《急就篇》中有"简札检署椠

---

① 启功:《古代字体论稿》,文物出版社,1999年,第23页。
② 李学勤:《谈"张掖都尉棨信"》,《文物》1978年第1期。
③ [汉]刘熙:《释名·释书契》,中华书局,1985年,第96页。
④ [汉]刘熙:《释名·释书契》,中华书局,1985年,第98页。

牍家"①的句子，唐代学者颜师古注释说："检之言禁也。削木施于物上，使以禁闭之，所不得辄开露也。署，谓题书其检上也。"②段玉裁在《说文解字注》中说："检者，书署也，凡一切封检题字皆曰署。"③又在册部云："扁，署也。"④

战国秦楚简牍之上，有的文献是有题目的，这是否符合段玉裁所云之意？那么，泛指简牍文字，不亦可乎？甘肃地区发现的汉代木简之上还保存着当时检署制度的基本形式。

7. 殳书

《说文解字》汉记萧子良《古今篆隶文体》："殳者，伯氏之职也。古者文既记笏，武亦书殳。"⑤是说既然文官在笏上写字，则武官也应在殳上书写文字。徐铉《说文系传》："殳体八觚，随其势而书之也。"⑥段玉裁《说文解字注》认为："言殳以包凡兵器题识，不必专谓殳。汉之刚卯，亦殳书之类。"⑦所谓"刚卯"是一种古人随身携带的用于避邪的器物，一般为玉石质，上面刻避邪的文辞，字迹比较细小。

段玉裁意见中包含了天才般的推测。商鞅诸器中除了商鞅方升，都是兵器，而方升文字和兵器文字判然有别，商鞅兵器也开启了战国中晚期秦青铜兵器刻铭的先河。总的看来，战国秦国的青铜兵器的刻铭越来越草率，但总体还是属于篆书范畴，还有一些非篆非隶非草的作品，这些都应当是为殳书。

8. 隶书

据《水经注·穀水》所记，在秦始皇帝前400余年的齐太公六世孙"胡公棺"上已经发现了隶书⑧，虽然此说在时间上有可疑之处，但至少可以证明隶书是古代人们在日常应用中日积月累创造出来的。广义的隶变源于汉字的初期阶段，

---

① ［汉］史游：《急就篇》卷三，岳麓书社，1989年，第176页。
② ［汉］史游：《急就篇》卷三，岳麓书社，1989年，第177页。
③ ［汉］许慎撰，［清］段玉裁注：《说文解字注》，上海古籍出版社，1981年，第758页。
④ ［汉］许慎撰，［清］段玉裁注：《说文解字注》，上海古籍出版社，1981年，第86页。
⑤ ［汉］许慎撰，［清］段玉裁注：《说文解字注》，上海古籍出版社，1981年，第758页。
⑥ ［宋］徐锴撰，《说文系传 二》，华文书局，1971年，第1167页。
⑦ ［汉］许慎撰，［清］段玉裁注：《说文解字注》，上海古籍出版社，1981年，第758页。
⑧ ［北魏］郦道元原注，陈桥驿注释：《水经注》，浙江古籍出版社，2012年，第225页。

并一直在缓慢进行着。以刻写为主的商代甲骨文已经出现了很多笔画，并包含一些"曲线"，已经有连续、断开的"折"的形态了。西周金文以铸铭的方式加工，个别字中也出现了折笔的雏形，西周晚期的散氏盘，也出现了平直的、似有隶意的笔道。无论在甲骨文、金文还是出土的墨迹中都可以看到部分笔画在圆转处经调整笔势后驻锋按笔的现象，虽然没有形成"横折"这一笔画，但距离隶意已相差不远。笔者指出春秋时代的《侯马盟书》《温县盟书》，是最早的带有隶意的汉字作品，甚至可以称为最早的古隶。

《汉书·艺文志》："是时始造隶书矣，起于官狱多事，苟趋省易，施之于徒隶也。"① 许慎在《说文解字·叙》中说："是时，秦烧灭经书，涤除旧典。大发隶卒、兴役戍。官狱职务繁，初有隶书，以趣约易，而古文由此而绝矣。"② 西晋学者卫恒在《四体书势》中描述秦衙吏程邈在云阳狱中"作大篆，少者增益，多者损减，方者使员，员者使方"③，又云"秦既用篆，奏事繁多，篆字难成，即令隶人佐书，曰隶字。汉因行之，独符、印玺、幡信、题署用篆。隶书者，篆之捷也"④。文字书写的由繁到简是一种历史的必然，书写繁难的篆书随着社会事务的增加必然要让位于书写简易的秦隶书。

秦小篆结体圆正、均衡，秦隶书结体倚侧、倾斜；秦小篆有转无折，秦隶书转折兼施。篆书与隶书的重要区别——圆转与方折，日见明显。秦小篆线条均匀、不求节奏，秦隶书用笔出现明确的提按和运动的节奏感；秦小篆笔画横竖一样，秦隶书出现了横细竖粗；秦小篆无波挑，秦隶书开始出现波挑与掠笔。这一书写性简化的好处在于，开始它只是改变笔顺、笔画方向、连接方式，不破坏字形结构，之后一点一滴地侵蚀象形符号体系，逐渐改造字形结构。杨宽在《战国史》一书中，根据江陵凤凰山秦墓出土的秦昭襄王时期的刻有"泠贤"二字的一篆、一隶两枚玉印和战国后期秦国的高奴禾石铜权的铭文的隶意字样，做出论断："在秦始皇没有完成统一以前，实际上小篆和隶书两种字体都早已存在。"⑤ 并指出草篆也可称为古隶。

---

① ［汉］班固：《汉书》，中华书局，1962 年，第 1721 页。
② ［汉］许慎：《说文解字（附检字）》，中华书局，1963 年，第 315 页。
③ ［唐］房玄龄等：《晋书·卫瓘》，中华书局，1974 年，第 1063 页。
④ ［唐］房玄龄等：《晋书·卫瓘》，中华书局，1974 年，第 1064 页。
⑤ 杨宽：《战国史》，上海人民出版社，2016 年，第 654 页。

在考古出土的东周时代墨迹中，篆书的结构已经有了质的变化，其中最明显的就是变弧线为折线或者是分笔直线。可以看到，"折"对于字形的影响更为突出，如里耶秦简第八层简牍、睡虎地秦简法律答问中部分字已经出现了明确的折笔。

这种"折"的出现改变了文字原本横竖向的架构，开始将笔画的方向推向了八面，而在"折"这个笔画发展的前期，较横势而言稍弱的竖势成就了趋扁的隶书字势，完成了隶书结构的定型。书写于秦始皇帝时期的龙岗秦简中折笔不多，相对其他秦简墨迹，其字势向下方发展的趋势十分明显，这也印证了在简牍书写形式下折笔对于隶变定型的意义。

隶书的产生也反映了自周代以来贵族文化教育向平民普及的过程。春秋以前，中国文化主要掌握在上层贵族的手中，社会事务也相对简易。东周之后，出身低微的下层士人逐渐成为中下层官吏，成为文字使用的中坚力量，加上社会事务大量增加，文字的书写也日渐疾率，战国各诸侯国书写文字的草率化正是隶书发展的先导。出于便捷简易的需要，篆书原先四平八稳的贵族化体势被打破了，源自社会下层的"徒隶之书"继之而行。据记载，程邈采用的做法是"少者增益，多者损减"，在书体规范上，则遵循"方者使圆，圆者使方"。他加强了新书体线条的屈曲回叠，拟定了一批适合日常应用的标准隶书。程邈以新改定的书体上报始皇帝，"始皇善之，出以为御史，使定书"[①]。所以，许慎《说文解字·叙》云："秦烧灭经书，涤除旧典。大发隶卒、兴役戍。官狱职务繁，初有隶书，以趣约易，而古文由此而绝矣。"[②]

战国至秦代的包括金文、简牍墨迹中简化的和草化的篆书已然让人司空见惯。秦武王二年（前309）的青川木牍中一件有三行墨书文字，字迹清晰可辨，书体属于初起的隶书。这两件木牍上的书体与铜器金文篆书相比，其特点是盘屈减少、化繁为简、圆者渐方，字形从狭长渐变为正方或扁形，大多数字形出现了隶书的笔势、笔顺、笔画联结方式，有的字并有"蚕头燕尾"和波磔的雏形。天水放马滩秦简成册于战国晚期至秦王政八年（前239）。它的"甲种本"成书似早于"乙种本"，此册书写率意，于漫不经心中时见草法，以轻挑短笔、延展

---

① ［唐］房玄龄等：《晋书·卫瓘》，中华书局，1974年，第1063页。
② ［汉］许慎：《说文解字（附检字）》，中华书局，1963年，第315页。

字尾之法，曲尽笔致。特别值得注意的是，在其快速书写横画时自然形成的起笔重驻、收笔轻提，当是汉隶的典型笔画——"蚕头燕尾"的雏形。

（二）"秦八体"和汉字的第三次大整理

从本书各章的讨论，落实到本章本节，笔者认为，"秦八体"和秦时汉字的第三次大整理没有直接的关系。也就是说，汉字的第三次大整理没有这八个预设项目，秦人也没有按照这八项来总结第三次大整理的成果。简而言之，"秦八体"是汉人对秦文字的分类认识，甚至可能是许慎的个人认识。

总的说来，对于前代的文化遗产，有分析、有分类，总是要比没有分析、没有分类好得多。这能使后人们看到有关的资料铺陈、有关的认识思路、有关的分类成果，于是，这也就成为进一步研究的必要的基础。

人们可以看到，"秦八体"中的大篆、小篆、虫书、隶书，是从书体的角度来进行区分的，而刻符、摹印、署书、殳书，则是从文字用途的角度来区别的。这样分类稍显混乱。许慎是知道虫书存在于东周、西汉，而人们还未能见到秦时的虫书，不知为何他要将虫书填充在秦时的书体之中。大篆、小篆有着紧密的联系，反映了逻辑发展的先后，有些标本难以深加区别，所以，秦时的字体，可以分为：（1）篆书（包括大篆、小篆），（2）行草书（包括篆行草、隶行草），（3）隶书（包括古隶、今隶），（4）楷书。如果按照用途、用法分类，秦时的文字可以分为：（1）书写（包括篆、隶、行草、楷），（2）抑、戳、烙印（篆为主），（3）契刻（包括篆、隶、行草、楷），（4）铸铭（包括篆、隶），（5）刻石（包括篆、隶）。如果再加上具体载体的分类，可能就非常全面了。

必须指出的是，许慎对"秦八体"的认识与表达逻辑起自大篆而终于隶书，总的脉络是正确的。这体现了许慎的资料分析能力和学术洞察力。他没有在"八体"中提及行草书，恐怕是囿于文字分析的非篆即隶的定式思维。行草书的确难以安置，这对于现代研究者也是一个难题。至于他没有提及楷书，恐怕整个汉代人都不会考虑"楷书"这个概念，这不能苛求许慎。《说文解字·叙》所记新莽时期"汉代六书"的排序："一曰古文，孔子壁中书也；二曰奇字，即古文而异者也；三曰篆书，即小篆，秦始皇帝使下杜人程邈所作也；四曰佐书，即秦隶书；五曰缪篆，所以摹印也；六曰鸟虫书，所以书幡信也。"[①] 显然，"汉代

---

① ［汉］许慎：《说文解字（附检字）》，中华书局，1963年，第315页。

六书"的逻辑是紊乱的。秦文字得到许慎的关注并由他进行较为准确的梳理，何其幸也。

如今研究秦文字，"秦八体"的概念群，是绕不过去的，许慎去秦未远，能够取得如此成就，已经是非常了不起的了，后人们可以在日渐增多的考古学收获的基础上，对许慎的思路有沿有革，放手梳理，以取得更为科学的成就。总而言之，"秦八体"虽然不是秦时汉字的第三次大整理的全面成果，但反映了汉代学者对秦文字的认识。

四、从秦文字到西汉文字

在中国史的研究领域，有"汉承秦制"的命题。在具体的秦汉史学分期上，习惯分为有：秦、西汉早期、西汉中期、西汉晚期、东汉早期、东汉晚期、三国时期。这样的历史分期不是没有问题，例如新莽时期，是应该算作一个独立的王朝，还是算作西汉的末期，就值得考虑。在秦汉考古学研究上，基于考古发现的遗址和墓葬所提供的材料，也尊重历史学的分期意见。无论是历史学的分期或考古学的意见，都把秦汉史或者秦汉考古看作一个前后相续的整体，并将历时十余年的秦王朝，作为一个相对独立的时期、作为发端。从秦文字研究的角度讨论汉文字，即讨论秦王朝灭亡之后的汉字发展。

（一）文字材料的继承

秦末的战火，使得关中地区乃至全国，受到了极大破坏。城市宫殿、道路陵寝、无数文物，也包括文献，都受到了巨大的破坏，惨不忍睹。尤其使后人感到遗憾不已的是，置于咸阳宫区的秦王朝国家档案受到了毁灭性破坏，使得研究者们在治秦史时，无不感到资料的阙如；即便是太史公司马迁的《史记》，其中有关秦史的部分，也每每令人不惬，在信疑之间。

好在随着现代考古学的发展，人们可以看到地下出土的数以万计的秦文字资料，研究者们利用之，在治秦史时往往取得了突破性的进展。有趣的是，一方面，在一些西汉初叶的墓葬之中，还保留有带有秦文字的秦器，它们躲过了劫火；另一方面，一些秦器流传到了汉代，上面又加上了汉代文字，成了"秦器汉铭"。以下，简略地做一些介绍。

1. 汉墓出土有铭秦器例

（1）广东广州的西汉南越王墓，出土秦器两件。a.西共银盘，铭文曰："三。

六升,西共左。今三金二两。乘舆。"b. 右游银盒,铭文曰:"三,一斤四两,右游,私官吉,三斗大半。"本器尚有若干字未报道。两器为战国秦国后期到秦代。

(2)山东临淄的西汉商王墓,出土秦器两件。a. 卌年银耳杯,铭文曰:"卌年,左工,重一斤十二两十四朱。名曰三。"王辉考为秦昭襄王四十年(前267)。b. 卌一年银耳杯,铭文曰:"卌一年,工右狃,一斤六两六朱。寅,工一。"王辉考为秦昭襄王四十一年(前266)。

(3)安徽巢湖汉墓,出土秦器两件。a. 大官漆盒(又名甘泉右般漆盒),盖上秦铭一条:"大官。"外底两条,一秦铭:"十九年……左彻侯,一斗二升。"一汉铭:"今甘泉右般……"王辉考为秦王政十九年(前228)。b. 信宫茜府漆盘(又名东宫漆盘),盘底铭文两条,一秦一汉。秦铭:"卌三年,工匠为信宫茜。私官。"汉铭:"四升半,今西共……今东宫。"王辉考为秦始皇帝三十三年(前214)。

(4)湖南长沙马王堆三号汉墓,出土秦帛书文献《医书五种》,包括《足臂十一脉灸经》《阴阳十一脉灸经甲本》《脉法》《阴阳脉死候》《五十二病方》,时代为战国秦国晚期到秦始皇帝时,为规模最大、最为重要的汉以前中国古代医药学著作。

(5)山东临淄西汉齐王墓,出土秦器三件:a. 御羞银盘(又名三十三年银盘),有秦铭两条。口沿铭曰:"三十三年左工……名吉七,重六斤十二两廿一朱,千三百廿二斩。六斤十三两。二斗。名东。"底名曰:"容二斗。重六斤十三两。御羞。工。"王辉考为秦始皇帝三十三年(前214)。b. 左工银盘,秦铭一,汉铭一。腹部秦铭:"左工,一斤六两。"外底汉铭:"容五升,大官,南右般,朱。"c. 左工银盘,秦铭一,汉铭一。腹部秦铭:"左工,一斤二两。"外底汉铭:"容五升,朱,南般。"b、c 两器为战国秦国后期到秦代器。

2. 秦器秦铭又加汉铭例

实际上,"1.汉墓出土有铭秦器例"栏的大官漆盒、信宫茜府漆盘、左工银盘、左工银盘,与本栏同例。

(1)秦器加汉铭,贠共鼎,铭文六条,第一、二条:"李卿。""贠共,六斤十二两。过。"约为战国秦时。第三、四、五条:"六斤十一两。""槐里,容一斗一升。""百廿七。"约为秦王政到秦始皇帝时段。第六条为:"鄂贠阳共鼎。

容一斗一升,重六斤七两,第百卅七。"西汉早期。

(2)秦器加汉铭,西廿曋(又名信宫曋),铭文两条,一秦一汉。秦铭曰:"西廿,左。十九斤。"汉铭曰:"四斗。古西共今左般。信宫左般。"

与以上相似的例子在全国还有一些,这些资料表现了秦汉之际器物与文字使用间的状态,说明了汉人对秦文字依旧熟悉且仍然使用着它们。

(二)"汉承秦字"和拓展

西汉建立,"汉承秦制",在汉武帝以前的中央行政体制,基本上没有突破秦代规制。汉武帝时期,中央官制出现了内朝与外朝的划分,皇权也进一步集中。西汉文字继承了秦文字的传统,汉武帝时建立起严格的文字考试和监察制度,开始选用善书写者进入政府任职。此时,要想做官必须具备一定的汉字书写基础。《汉书·艺文志》记载:"汉兴,萧何草律,亦著其法,曰:'太史试学童,能讽书九千字以上,乃得为史。又以六体试之,课最者以为尚书御史史书令史。吏民上书,字或不正,辄举劾。'六体者,古文、奇字、篆书、隶书、缪篆、虫书,皆所以通知古今文字,摹印章,书幡信也。古制,书必同文,不知则阙,问诸故老,至于衰世,是非无正,人用其私。"①《说文解字·叙》载:汉代六书"一曰古文,孔子壁中书也;二曰奇字,即古文而异者也;三曰篆书,即小篆,秦始皇帝使下杜人程邈所作也;四曰佐书,即秦隶书;五曰缪篆,所以摹印也;六曰鸟虫书,所以书幡信也。"②由以上文献,可知西汉在用字和任职的关系上分几个层次:"六体试之,课最者",乃为高官;"太史试学童,能讽书九千字以上",乃为史;"吏民上书,字或不正",辄被举劾。在最高层次,好像是要考核篆书和隶书水平的;第二、三个层次,好像是指向了隶书水平,这和汉字重心之所在是契合的。

笔者认为西汉时代对秦时汉字第三次大整理的成果,是选择性继承的。秦小篆在西汉时期已经相当少见了,有些标本如汉文帝诸器、长阳共鼎实际上都使用隶骨篆表的做法,是以隶为本,长笔画有所圆曲,离秦小篆相当远了。西汉瓦当文字大多是以篆为骨的,但大多数和秦小篆不类,一部分酷似摹印篆,文字随圆形或半圆形当面盘曲,顾盼自如,潇洒大度。这服务于建筑艺术的汉字

---

① [汉]班固:《汉书》,中华书局,1962年,第1720—1721页。
② [汉]许慎:《说文解字(附检字)》,中华书局,1963年,第315页。

艺术的韵味,是书法和金文很难表达出来的。河北满城出土的中山王铜壶上的铭文,是一种强烈美术字化的花草蔓文,源自早期的鸟虫书,虽然是篆书,但与秦小篆也不是一回事。

西汉时期,隶书是正式的字体,隶书进一步把回文曲折的弧线变为直线,偏旁部首也大大简化。发展到了西汉中期,动态的隶变基本完成。隶书真正、全面完成定型,确立为标准字体是在汉代。

西汉时期墨迹进一步反映了隶变的发展情况,"折"已经进入全面泛化阶段,全文中出现折笔的情况也越来越多,字势也已经在横向发展。张家山汉墓竹简抄写于西汉早期,较秦时期较近,折笔的情况和睡虎地秦简相仿,但其中的"用""书""门"等字使用了更为明显的折笔。西汉早期的银雀山汉墓竹简中出现的"贝""而"基本都已经使用折笔,"国""固"等包围结构外的"口",也都已经使用折笔。西汉早期抄写的马王堆汉墓帛书《春秋事语》《老子甲本及卷后古佚书》中的"有""马""是"等字已经有很多折笔,但"贝"字的右侧基本还是弧线。北京大学藏西汉竹书《仓颉篇》书写于汉武帝后期,由于是识字用书,可以认为其字形是当时通行的,用笔很少出现波磔,通篇点画有序,方整肃穆,折笔已经完全成熟,尤其在表现"横折"这一笔画上,与秦隶书的风格形成了差异。可以认为,这是一种不属于秦隶("横折"尚未成熟),但又有别于八分隶的隶书(波磔尚未成熟)的字形。

两汉之际,尤其在东汉桓帝(147年—167年)至灵帝(168年—189年)间,当为隶书的全盛期,波磔的装饰化及八分隶的形成标志着隶变的最终完成。笔者认为,波磔的确定与字势的趋横都只是隶变的现象之一,隶变完成的主要标志是"折"的成熟,"折"的泛化就是隶变的主要方式。"折"的使用使得笔画由圆转方,为长横的书写提供了"蓄势"的基础,也使得篆籀中笔画下行的"势"被"折"所控制,从而造成了字势向扁平方向发展。

由秦开始的汉字的全面的隶变运动,由西汉王朝全部继承、全面深化。汉字古文字系统的遗产退居学术研究的森严象牙塔,走入出土艺术创作的高冷华丽的殿堂;汉字今文字系统的地位得到根本固化,文字的工具性增强,同时伴随了章草、今草乃至后世行、楷的萌芽。在整个隶变过程中,秦汉仿佛承担了最为重要的两幕,即"关闭"了汉字古文字系统,"开启"了汉字今文字系统。隶书是呈现出不同时期、不同风格、不同情怀、不同结体和不同审美取向的书体:

秦时筚路蓝缕、开辟道路,西汉质朴率真、继承拓展,东汉工稳规范、优雅华滋,直到迎接新的楷书登上舞台。

(三)今古文经学之争和秦文字

秦始皇帝三十四年(前213),博士淳于越等人反对实行郡县制,建议分封诸侯,遭到丞相李斯的驳斥,引发了"焚书坑儒"事件,秦末楚汉之争时的咸阳大火,又造成了包括儒家经典在内的古代文献的巨大损失。

西汉建立后,一些儒生凭着记忆教授儒家经典,这些经典是用当时流行的隶书书写的,这些经典及其解释被称为今文经。元光元年(前134),汉武帝征召"贤良文学方正",亲自策问;武帝立五经博士,今文经成为官学。汉武帝又采纳董仲舒的建议,"罢黜百家,独尊儒术",使儒学成为官方主流思想。西汉一代今文经学获得了垄断地位。

武帝末年,鲁共王广置宫室,拆除曲阜孔子故居时,在墙壁里发现了一批古书,计有《尚书》《礼》《论语》《孝经》等数十篇。后河间献王等又发现一大批战国遗留的儒家经典。由于这些书是用先秦时期的籀文所写,因此被称为古文经。古文经出土后,主要藏于皇家秘阁。西汉末年,刘歆在秘阁中发现了古文《左传》,认为《左传》比今文《公羊传》和《穀梁传》更接近《春秋》原意。刘歆欲立古文经于学官,这一实践虽然失败,却在学术方面为平帝、新莽及东汉时期古文经学的兴起提供了基础。

王莽力挺刘歆,在太学设置《左传》博士,教授古文经学。后来,王莽当了皇帝,建立了新朝,古文经学取代今文经学成为官方主流思想,这有助于王莽复古改制。

东汉光武帝对新莽的政策全盘否定,古文经学因此被弃置,今文经学重新成为学术思想的主流。东汉初光武帝复立今文十四博士,但不久亦废去。与西汉有所不同,自东汉章帝开始,在学术方面,古文经学声势便在抬头,不断壮大,今古文之争成为必然。《汉书·艺文志》批评今文家:"务碎义逃难,便辞巧说","此学者之大患也"。[1]

自从刘歆受今文经学者围攻之后,今古文经壁垒分明,两者的争论从西汉末年一直延至东汉末年,郑玄遍注群经,混糅今古文的家法,争辩才基本结束,

---

[1] [汉]班固:《汉书》,中华书局,1962年,第1723页。

前后达二百多年。今古文经之争论，较重要的，大约有四次。

第一次是古文经派刘歆与今文经派太常、博士之争。刘歆于成帝时受诏校订秘阁藏书，发现有古文经传，"欲建立《左氏春秋》及《毛诗》《逸礼》《古文尚书》皆列于学官"①。他认为今文经传是秦焚书及禁挟书后的残存，又宣传古文经传可靠，可添补今文经传残缺。刘歆遭到今文经学家的集体的激烈反击。今文经儒者师丹指刘歆"改乱旧章，非毁先帝所立"②，更认为古文经传是刘歆伪作。古文经立学官的事最终失败，刘歆亦被外放为地方太守。这次争论，揭开今古文经之争的序幕。

第二次是古文经派韩歆与今文经派范升之争。东汉初年，太学五经博士恢复西汉时情况，但古文经学经过刘歆推动又于王莽时之一度立于学官，已引起儒生的普遍重视。光武帝年间，韩歆上书，"欲为《费氏易》《左氏春秋》立博士"③，遭到范升等人反对。其后，陈元亦上疏与范升辩难。光武帝最终立左氏为学官，以李封为博士，但遭到了公卿以下很多人反对，到李封病死，左氏博士又被废置。第二次的争论，也终无结果。这一次争论的对象，渐由古文《尚书》《周易》《礼记》而转移至《左传》，依从古文经的人渐多，皇帝亦渐渐倾向于古文经派。

第三次是古文经派贾逵与今文经派李育之争。章帝时，诏贾逵入宫，分析《左传》的大义长于《公羊传》与《穀梁传》，讲述今古文《尚书》的异同。建初四年（79），章帝下诏各儒在白虎观讨论五经异同，李育以"公羊春秋"之义驳贾逵，各儒激烈辩论，辑成《白虎通义》。最后，古文经虽仍不能立于学官，但章帝令各儒今古文经兼习，古文经地位又获进一步提高。

第四次是古文经派郑玄与今文经派何休的争论。桓、灵时期，何休作《春秋公羊解诂》，以责难《左传》及《穀梁传》，郑玄加以反驳，服虔也以《左传》反驳何休。这次争论，不及前三次激烈。两汉儒者今古文经两派争论不休。最后，郑玄遍注群经，兼采今古文二家之说，舍短取长，集两汉经学之大成，调和

---

① ［汉］班固：《汉书·楚元王传》，中华书局，1962 年，第 1967 页。
② ［汉］班固：《汉书·楚元王传》，中华书局，1962 年，第 1972 页。
③ ［南朝宋］范晔撰，［唐］李贤等注：《后汉书·郑范陈贾张列传》，中华书局，1965 年，第 1228 页。

了今古文经之争。

今文经学为思想史研究提供了重要资料,古文经学则重于文献学方面的经验与成果。就古文献学史而言,古文经学在训诂、考据方面保藏丰富;今文经学则对后世义理学派产生了较大的影响。今文经学家为阐发经籍的"微言大义",不惜曲解经义,往往和迷信谶纬联系起来。东汉中期,古文经学领域涌现出一大批大师,如贾逵、服虔、马融、许慎、郑玄等人,他们偏重考据训诂,通过参阅各种版本书籍的方式校订古书,治学方法严谨,学术功底扎实,渐渐获得人们的认可,这使古文经学最终压倒了今文经学。古文经学的这次胜利,持续了近千年。

历史是那么的诡异有趣。今古文经学之争的缘起,与秦"焚书坑儒"造成儒家经典散失有关,古文经派所追寻的,又是周秦文字(籀文、大篆、秦小篆)的作品。古文经学派的倡导者和大师们重视、寻找和恢复的秦文字,不是隶书而是篆书。从文献的角度来看,他们因"复古"而迎向古文字系统,他们改制却不理睬今文字系统。

下面依时序介绍一些当时恢复模仿周秦文字的名作:(1)公元1年到公元20年左右,从王莽摄政到称帝,一批主要由中央制作的刻石、度量衡器、货币之上出现风格独特的莽篆。它以小篆为本,笔画细而不润,字体过于修长,虽然美观,但显得做作生硬。(2)永平三年(60)袁安碑。(3)永元四年(92)袁敞碑。"二袁碑"是秦亡之后,最得秦小篆意韵的作品:袁安碑笔画多曲,字形柔美;袁敞碑笔画偏直,风格朴茂。(4)永元十二年(100),许慎完成《说文解字》,其收录字头皆用秦小篆,今虽然难见全貌,但凭许慎的见识与功力,字体字形当距秦小篆不远。(5)元初五年(118)太室阙。(6)延光二年(123)少室阙。(7)延光二年(123)开母庙阙。以上"嵩山三阙"都可以与秦始皇帝刻石和秦二世皇帝刻石相比较,气韵略同,稍嫌俗糙,有隶意。从这些例子可以看出,它们的时间跨度正好和今古文经论争的时间一致,这不是偶然的巧合,它反映了古文经派在古文字系统这一"武库"中找寻"武器"之时,顺带将秦篆作为汉字艺术素材推向了社会。

(四)小结

本书用相当多的篇幅谈到了汉字在秦时的第三次大整理,这次大整理以小篆作为汉字古文字系统的总结,以隶书作为今文字系统的开启。从这个意义上来看,汉字的又一次大统一真正完成了。这次大统一的主要的成果之一——隶书，为汉代所继承，而且进一步发展。可以这么说，如果没有秦文字，就没有汉文字；如果没有西汉时期对秦文字的继承发扬，也就没有秦文字稳固的、实用的历史地位，以及在汉字史学上醒目的学术地位。

秦小篆在两汉之际（包括新莽时期）在学术领域和艺术领域得以复活，也并不奇怪。这反映了经过西汉时期经济、国力的稳定发展，学术、艺术领域出现了对历史的回顾和追溯的这样一种情况。即便如此，小篆并没有回归汉字使用的主流位置，它只是作为学术研究的对象，作为艺术借鉴的素材而存在。在这个意义上，人们没有必要对因为今古文经学的争论而导致的小篆的"复活"有什么苛责。有趣的是，在王莽推行"复古改制"的时候，意向性地创造了所谓莽篆，这种书体从艺术的角度来说，有它独到的美，但是与籀文、秦小篆的形态相差甚远。当时设计和使用莽篆的人们，是把他们的作品看作西周文字和秦小篆的继承者的，历史就这样又开了一次玩笑。

无论是汉代人对秦隶书的使用、继承和发展，还是两汉今古文经学者对于秦小篆的关注，都在汉字史上留下了浓墨重彩的一笔。这样，作为汉字第三次大整理的主持者和骨干们，比如嬴政、李斯、赵高、胡毋敬、程邈等人，也不会因为秦王朝存在太短，而感到有什么遗憾了。从全人类的角度来看，汉字几乎是仅有的经历数千年，不仅体系没有瓦解，而且没有发生本质性变化，还在作为思维和语言的可视工具，焕发着文明的活力的伟大文字。这也得力于后来汉代人的有力"加持"。

第五章　艺术论

秦部族发祥于陇东，在春秋初年进入关中西部后，长期居于西周王朝的丰镐故地，因而在同一块土地上产生的秦文字也就代表了周秦一脉文字书体发展演变的方向，从汉字艺术的角度来看，也就是连接商周古文与汉唐新体之间的津梁。

秦文字早期仍然多承周代金文之旧。历经春秋、战国，秦文字承继西周晚期的风格，逐渐形成了规整圆转的秦篆特色。此后，秦国在陆续兼并关东各国的过程中，以强大的军事实力和行政命令做后盾，逐一罢除不与秦文合的区域性异体字。到了四海统一之后，秦更是切实推行"书同文"政策，采取行政措施，罢其不与秦文合者，将小篆作为标准字体向全国推行，遂主导了以秦文字为代表的周秦一脉文字书体的嬗变，确保了秦文字书体的演变始终位于中国文字书体发展的主线之上，也奠定了中国后世两千年文字统一的基础。同时，秦文字从春秋时期的大篆重塑，到战国时期的秦文隶变，再到"书同文"的秦文大统一，所遵循的且同时开启的是文字"规范—便捷—规范"的发展轨迹。因而，在汉字发展史中，秦文字既位于宗周古文字与汉代近古文字之间，同时也对此后汉字艺术的发展演进产生了很大的影响。

王国维据此曾指出："战国时秦用籀文，六国用古文。……古文、籀文者，乃战国时东、西二土文字之异名，其源皆出于殷周古文。而秦居宗周故地，其文字犹有丰镐之遗，故籀文与自籀文出之篆文，其去殷周古文反较东方文字（即汉世所谓古文）为近。"①

这里所谓的"战国时"应上连到春秋时代。当时，秦国与东方各国文字尽

---

① 王国维：《观堂集林（外二种）》，河北教育出版社，2001年，第186—187页。

管皆出自殷周古文,但由于秦长期僻在西垂,"不与中国诸侯之会盟"①,故秦文字与东土文字实同源而殊途。春秋之后,礼崩乐坏,西周之礼制已成明日黄花,金文之影响亦日渐式微。演变至战国,关东诸国文字异形的现象已很普遍。秦国在兼并各国的同时,罢其不与秦文合者,其所罢黜的就是各国异形的文字。待政治势力统一之后,天下事无大小皆决于秦,秦文字理所当然成为官方标准。西汉统治阶级尽管来自昔日的楚地,却是在周秦故地建都立朝的,因而所继承的只能是秦文字。

秦汉时期是中国汉字字体演化的重要时期。这一时期,大篆演化为小篆,古隶演化为今隶,章草成熟,楷书、今草和行书也应时而生。尽管秦汉时期器物上的文字还有古文、籀文,但文字中的篆、隶、楷、行、草诸体悉备,众美纷呈。其中,秦国和秦代文字就是这种演化的转折期的典型。据《说文解字·叙》记载,秦书有"八体",即大篆,小篆,刻符,虫书,摹印,署书,殳书,隶书。但就秦文字而言,长期以来,许多研究者、书法家所指认的,主要的还是小篆,许慎在《说文解字》中也是以小篆为标准,对文字进行"说"和"解"的。

与世界各国文字相同,中国文字也同样源于实用,但华夏先民掘井而饮,耕田而食,熟悉天地自然万象,在创造文字的过程中,仰观于天,俯察于地,将天上的日月星辰的形状布局,云卷云舒的轨迹,大地上江河的走向,鸟兽的动态,一一体现于文字的形体构造之中。这就构成了许慎在《说文解字》中所总结的"六书"之一的象形,从而使得文字创造过程与艺术创作过程的特征基本相似,也使得汉字形体本身具有了艺术的因素。自商代甲骨文、周代金文而至秦文字,无论是春秋战国时秦国的石鼓文和古隶,还是秦代的俗隶和小篆,尽管都以实用为主,但其在用笔、结字、章法中都自觉或不自觉地追求美感,从而具有了很高的艺术价值。

---

① [汉]司马迁:《史记·秦本纪》,中华书局,1959年,第202页。

第一节　秦文字的艺术生态

古今艺术史告诉人们，每一种艺术形式都产生于特定的生态环境之中。根据文化生态学的基本原理，这种艺术生态，不仅包括自然生态，还包括社会生态，不仅表现在环境对艺术的作用之中，还展现在艺术与各种变量的共存关系中，因而也就具体体现在地理环境、经济基础（生产方式）和社会组织（以及价值观念）三个层面。这三个层面既涵盖自然生态，也包括社会生态，从而构成特定的社会环境和文化背景。各种环境因素对汉字艺术的影响的大小，尽管因时、因地、因文字形体的不同而不同，但各种环境因素总是构成一种合力，从而对汉字的演化产生影响。达尔文所提出的"生长相关律"，即指这种合力对生长的影响。恩格斯曾经对此做了精确的阐释，即一个有机生物的个别部分的特定形态，总是和其他部分的某些形态息息相关，哪怕在表面上和这些形态没有任何联系。[①]

马克思在论述意大利文艺复兴时期的绘画时，正是根据"生长相关律"，通过对拉斐尔同列奥纳多·达·芬奇和提威安诺（提香）的比较，说明社会各种环境因素形成的合力，对艺术家产生着不同程度的影响。[②]

普列汉诺夫在《论艺术》中论及艺术的产生时也说："任何一个民族的艺术都是由它的心理所决定的；它的心理是由它的境况所造成的，而它的境况归根到底是受它的生产力状况和它的生产关系制约的。"[③]汉字和秦文字及其艺术的产生和发展，大体也是这样。

---

① 中共中央马克思恩格斯列宁斯大林著作编译局编译：《马克思恩格斯选集》第四卷，人民出版社，1995年，第2版，第376页。
② 中共中央马克思恩格斯列宁斯大林著作编译局编译：《马克思恩格斯选集》第三卷，人民出版社，1995年，第2版，第459页。
③ 〔俄〕普列汉诺夫著，曹葆华译：《论艺术（没有地址的信）》，生活·读书·新知三联书店，1964年，第47页。

一、由分裂走向大一统的时代

在创始之初,文字除了有传递信息的功能,更是一种话语权力的表现形式。因此,对文字的控制与规范成为历朝历代统治者所关注的重点。在儒家经典《中庸》中,子思借孔子之口说出:"今天下车同轨,书同文,行同伦,虽有其位,苟无其德,不敢作礼乐焉;虽有其德,苟无其位,亦不敢作礼乐焉。"在此番论述中,"大一统"作为儒家的文化构想而首次出现。

秦文字产生的社会生态以为是如此,其根植的社会环境和文化背景的主旋律和大趋势,与此前及后代其他文字的最大不同,体现在它是产生于中国古代社会由分裂而走向大一统的时代。

"大一统"一词见于《春秋》隐公元年传文:"何言乎王正月?大一统也。"何休解释为:"统者,始也。总系之辞,天王者始受命改制,布政施教于天下,自公侯至于庶人,自山川至于草木昆虫,莫不一一系于正月,故云政教之始。"这说明"大一统"一词的本义是指政治社会必须自下而上地归附于一个形而上的本体,从而使得这一政治社会获得一个超越的存在价值。但后人则重视其表层的衍生义,用"大一统"一词概括《公羊传》的政治思想主旨,即将王权作为最高权力中心,对全国实行一统化的统治,建立起一个地域宽广、民族众多、君主专制、中央集权的庞大帝国。

基于此,笔者也可以认为,正是秦王朝的统一,使"书同文"这一构想在统治者的强制推行下成为现实。秦文字正是产生于中国社会历经五百余年的动乱之后走向大一统、建立大一统和大一统短期瓦解后又重建的历史时期。秦人经过长期的内外经营所开创的大一统局面,是自西周血缘式大一统崩解以后数百年才实现的。秦人建立了远比西周更加幅员辽阔、更加权力集中的地缘性的统一帝国。秦文字艺术生态因素的各个层面,都受到大一统的统摄和制约。

二、秦人的地域特征和生产方式

秦文字产生的自然生态,是秦国完成统一前后所处的地理形势和自然环境,这是构成秦文字特定艺术生态的重要组成部分。

先秦时代诸侯国林立,各地皆偏于一隅。尽管先秦时代老子、孔子等游士,孟子、庄子等处士,苏秦、张仪等策士也可以游走四方,但毕竟要受到地域的限制，孔子西行就没有到过秦地。屈原在《离骚》中虽"指西海以为期"，但也没有到过西海，因而在《招魂》中将秦国所在的西方描绘得十分恐怖。先秦诸子普遍缺乏海内一家的强烈感受，缺少豪迈情怀。因此，许慎才会在《说文解字》中对先秦各国文字产生的地域环境发出深深的感叹："其后诸侯力政，不统于王，恶礼乐之害己，而皆去其典籍。分为七国，田畴异亩，车涂异轨，律令异法，衣冠异制，言语异声，文字异形。"①

各诸侯国的文字之所以"异形"，显然与其生产、生活和制度之"异"密切相关。

秦人崛起于苍茫壮阔的陇东，立足于六合上游的关中。在统一的过程中，过去分属于各诸侯国的领土，四海之内辽阔的疆域，逐渐归入了一个统一的版图，众多的人口逐渐组合成天下一家，各国国力集中统一起来，这就打破了以前狭隘的地域观念，更有利于开阔眼界，拓展胸襟，激发人们积极探索、开拓进取的精神。先秦宽厚深邃的文化积淀，使得秦人产生了一种移山填海、气吞宇宙的雄大气魄。

就生产方式而言，秦人早期作为马背上的民族，本来擅长流走型的游牧生产，但进入关中西部后，在周人的这块故地上不能不受到周人农耕生产方式的影响。范文澜曾经说到，由于受地理因素和祖先传统的影响，周人擅长农耕生产。关中泾渭流域为冲积平原，土地肥沃，这里的农业生产在武王灭商以前就十分发达，再加上西周按夫授田并创造了轮荒制、休闲制、连耕制和轮作制（合理轮作、套种、间作）等新的有效的耕作方式，从而进一步促进了农业生产的发展。《诗经》中的《大雅·生民》就充分反映出周部族自先祖后稷定居于邰（今陕西武功西）营家室时，即专务农耕。《诗经》中的《豳风·七月》描绘公刘率领周部族迁居豳地后，农耕生产技术日益提高，农业产品日益丰富。《诗经·大雅》中的《绵》反映古公亶父率领周部族迁居到土地肥沃的岐山周原，农耕文明得到进一步的发展。"周原膴膴，堇荼如饴"，这里不仅是古代农耕文明的发源地，还是现代中国的农业示范区。秦人进入关中之后，发挥其做事追求短、平、快的民族精神，认真学习农耕生产。从秦都雍城秦景公大墓出土的铁铲、铁

---

① ［汉］许慎：《说文解字·叙》，见崔尔平：《历代书法论文选续编》，上海书画出版社，1993年，第7页。

甗等铸件来看,秦人在春秋早期,已经先于东方诸国发展冶铁业,开始使用铁农具,给农业生产的发展提供了方便。战国时期,"秦以牛田"①,推行牛耕,一年四次评比田牛,养牛差者,亦受处罚,并在关中地区相继修建起白渠和郑国渠等大型水利工程,极大地提高了粮食产量,以至兵精粮足,为统一六国奠定了雄厚的物质基础。这种气象也自然地会映射在秦文字的艺术气质上。

三、秦地的社会组织和文化精神

秦人的生活方式,本来是游徙型的。进入关中西部以后,开始定居下来,致力于建设关中根据地,构建严密的村社组织。尤其是秦孝公在栎阳起用商鞅变法时,这种村社组织进一步得到强化。据《史记·商君列传》记载:"令民为什伍,而相牧司连坐。不告奸者腰斩,告奸者与斩敌首同赏,匿奸者与降敌同罚。民有二男以上不分异者,倍其赋。有军功者,各以率受上爵;为私斗者,各以轻重被刑大小。僇力本业,耕织致粟帛多者复其身。事末利及怠而贫者,举以为收孥。宗室非有军功论,不得为属籍。明尊卑爵秩等级,各以差次名田宅,臣妾衣服以家次。有功者显荣,无功者虽富无所芬华。"②孝公时,商鞅所颁布的新法推行十年,秦民大悦,道不拾遗,山无盗贼,家给人足。民勇于公战,怯于私斗,乡邑大治。秦国"兵革大强,诸侯畏惧"③,并且天子致伯,诸侯毕贺,结束了被看作"戎狄"的历史。秦人的向心力空前增强,远交近攻,在对关东诸侯国各个击破的战争中一往无前:"岂曰无衣?与子同袍。王于兴师,修我戈矛,与子同仇。"④在秦人的沉重打击下,燕国人只能偷偷地派出刺客,还没上路,就感叹"壮士一去兮不复还"⑤。楚国人尽管"操吴戈兮被犀甲",装备精良,但也是"出不入兮往不反"⑥。仅从其他诸侯国与秦人不同的心态上来看,秦统

---

① [汉]刘向:《战国策·赵策一》,上海古籍出版社,1985年,第618页。
② [汉]司马迁:《史记·商君列传》,中华书局,1959年,第2230页。
③ [汉]刘向:《战国策·秦策一》,上海古籍出版社,1985年,第75页。
④ 《诗经·秦风·无衣》,见高亨注:《诗经今注》,上海古籍出版社,1980年,第173页。
⑤ [汉]司马迁:《史记·刺客列传》,中华书局,1959年,第2534页。
⑥ 《楚辞·九歌·国殇》,见马茂元选注:《楚辞选》,人民文学出版社,1958年,第111页。

一六国的趋势,就是不可逆转的。

秦始皇帝正是在此前人积累的基础上,凭借这种雄强之势,"奋六世之余烈,振长策而御域内,吞二周而亡诸侯,履至尊而制六合,执敲扑以鞭笞天下,威震四海"①。统一后,秦"分天下以为三十六郡,郡置守、尉、监。更民名曰'黔首'。大酺。收天下兵,聚之咸阳,销以为钟鐻,金人十二,重各千石,置廷宫中。一法度衡石丈尺。车同轨。书同文字"②。表现出一种综合古今、通观宇宙的时代精神及艺术气质。

四、秦人的社会文化选择

秦始皇帝开创了大一统的政治格局,却因其统治思想的局限和秦王朝的短期灭亡,未能完成战国以来趋于统一的社会文化选择,即未能彻底完成文化上的多元整合。

这种文化多元整合的趋势之一,即诸子百家的整合。在战国中后期,在民族迁徙达于大融合,七国逐渐统一,南北文化逐渐汇流的过程中,文化上,诸子百家已呈现出相互吸引的综合趋势。荀子为赵人,曾执教于齐国的稷下学宫,却不只是对法家思想情有独钟,他在《荀子》中礼法并提,以儒学为根底而融合了部分法家思想,对时人称作"虎狼之国"的秦国并无恶感。他的两个弟子——法家实践家李斯和法家理论家韩非,都先后来到秦国,这显然是受到了老师的影响。李斯不仅辅佐秦始皇帝完成了统一,又在国家体制和思想文化上进行了大胆的改革。秦始皇帝初读韩非的《五蠹》《孤愤》等篇而大为感叹,因为韩非综合了商鞅、吴起的法制,申不害的术制和慎到的势制所建立的刑名法术之学的理论体系,很合乎他的理念。韩非来到秦国,尽管遭人陷害死于云阳狱中,但其集法家之大成的思想却在秦国得到了贯彻。其《解老》《喻老》等篇,对道家思想也有所继承选择。秦相吕不韦召集门客编撰的《吕氏春秋》,更以"杂家"的面貌,表现出学术思想上的兼容综合。这说明儒、道、法思想在战国后期已经成为影响当时社会与文化发展的三大思潮。

---

① [汉]贾谊:《过秦论》,见张新科、尚永亮:《先秦两汉文观止》,陕西人民教育出版社,1998年,第291页。
② [汉]司马迁:《史记·秦始皇本纪》,中华书局,1959年,第239页。

在理、势相随又相分的辩证发展中,在先秦理性精神进入整合阶段时,韩非子所强调的"势"迎合了结束割据分裂、走向统一、建立君主专制的历史大势。法家思想被秦统一六国的历程验证了其短、平、快的特点,也中止了战国文化多元发展的趋势。秦以法家思想得以统一后,没有也不可能使得极端功利主义的法家文化,向传统的道家自然文化和儒家伦理文化回归。这种政治文化单一的负面效应,随着陈涉在大泽乡振臂一呼,秦帝国迅速土崩瓦解的残酷现实而充分显现。因而,汉初的政论家才向汉高祖刘邦提出"马上得天下,宁可马上治之乎"的告诫,才提醒汉文帝,秦帝国"其亡也忽焉"的原因在于"仁义不施,而攻守之势异也"。此后汉朝在统治思想上的"以霸王道杂之",就是兼容儒、法、道思想而综合用之。这种行之有效的统治思想,为历代王朝所继承。

这种文化多元整合的趋势之二,即地域文化尤其是南北文化的整合。西周初年,中国文化已由殷商的神本文化逐渐转型为人本文化。春秋时期,大体在北方已形成"不语怪力乱神"的史官文化,南国则保留着"信巫鬼,重淫祀"的巫官文化。战国时期的北系文化以中原黄河文化为基干,以周文化为依托;南系文化则以荆楚长江文化为主体,与东夷文化、殷商文化等有一定渊源。在华夏文明的形成与发展中,北系的黄河文化定型于前,南系的长江文化辉煌于后。从战国到秦统一,不仅是走向华夷大认同,国家大统一,也应该是江、河文化的大汇流。儒道互补之所以成为中国文化发展的一条主线,大背景正在于斯。但是,秦统一后却没有顺应战国以来地域文化的这种综合趋势,而是"焚书坑儒""一断于法",以"刻薄寡恩"的刑名之学,将这种综合趋势基本中止了。

这种文化多元整合的趋势之三,即中外文化的整合。由于秦始皇帝寻求长生不老之药,中外文化的这种多元整合客观上还在进行着。战国以至秦代,中华文化从东、南、西三个方向与其他文化展开了多方面、多层次的广泛交流,确立了自己在世界文化系统中的举足轻重的地位,同时也多方面吸收了外部文化的营养,激发了自身的蓬勃生机。韩国曾有当权者自称"秦亡人",韩国政治制度、风俗习惯均与秦朝相似,又被称为"秦韩"。日本昭和天皇之弟第三笠宫宣称徐市是日本人的国父。秦帝国所开拓的疆域,与如今越南、缅甸接壤。秦帝国与隔海相望的南洋群岛、马来半岛诸国也有交往。

总之，秦文字得以产生的艺术生态，展现于自然层面者，即秦国独特的地域特征和生产方式；展现于社会层面者，则是由分裂走向大一统的时代，秦国严密的社会组织和进取的文化精神，以及推崇法制的社会文化选择。正是这种特定的艺术生态，使得秦文字对周文字从早期的因袭发展为后来的"省改"；经春秋战国时期的开拓，则将文字由铜铸而移至石刻和金文刻辞，发展成"约易"而又圆转规整的书写小篆和简朴直率的隶书。统一天下后的"书同文"实践使得小篆对古文字系统进行总结，隶书成为中华文字的主流，却没有发展出后来形体多样的汉文字。"汉承秦制"主要是在国家体制上，汉文化的多元性使得汉字也彻底摆脱了象形化而趋于符号化，并以诸多形体而映现意象。

第二节　秦文字之"省改"与"约易"

春秋之初，秦人进入关中西部，立足于西周故地。对于周人的物质、精神文明，秦人采取了不同的态度。对周人的农耕生产和水利灌溉措施，秦人是全盘接受的；对周人的雅颂之音，秦人似乎也并不反感；对周人早年推行后来已经废除的活人殉葬制度，秦人也曾接受（秦武公死时以 66 人殉葬，为秦穆公殉葬者多达 177 人，秦景公的大墓内也有 186 具殉人，直至秦献公元年，即公元前 384 年，才宣布"止从死"）；对周人所铸的金文大篆，秦人先是因袭，后来则加以"省改"，为求"约易"而改写为小篆，最后接受从古隶发展到隶书的社会现实。

文字是记录语言的，语言是传达思想观念的。思想观念的不同内涵，决定了语言表达方式的不同；而记录语言的文字，也因创造者、使用者不同的文化习性，而形成不同的书写特点。作为秦文字创造者和使用者的秦人，崛起于陇东马上，以杀伐为能事，一切以简洁、实用为主。进入关中西部定都雍城后，其物质与精神的需求，也依然保持着这个固有的特点。在雍城，秦人面对周人繁难的甲骨文、金文，开始勉强接受，后来不胜其烦，于是就对周文字进行了大胆的"省改"，而使其成为"约易"的秦文字，即谓秦人"皆取《史籀》大篆，或颇省改，所谓小篆者也"①。许慎所谓"秦书有八体"，实则与小篆大同小异，都体现了"约易"的特点。裘锡圭就谈到秦书"八体"中的刻符、虫书、摹印、署书、殳书等，"大概都是小篆的变体"。②

应该说，秦人"省改"周文字而创造"约易"的秦小篆，既是为了解决"职务繁"的实际问题，更是其民族习性和时代精神使然，而实用、纪功的题材模式，更促进了秦小篆"约易"艺术特色的形成。

一、时代倾向与秦人习性

秦人对周文字进行"省改"而追求"约易"，既适应了战国时代文字发展的倾向，也与秦人的思想意识有着密切的关系。战国时代，由于生产关系的急剧变化和生产力的迅速提高，文字的应用日益广泛。为了适应社会生活的繁复，以及生产劳动中应用的简便和书写的迅速，需要简化原有的文字。于是，各国新造的字、简化字、草花字和异体字大量流行。以"马"字（图310—316）为例，不仅楚国、齐国、燕国、晋国的写法各不相同，这些国家内部不同区域的写法也大不相同。各国在铜器、竹帛、陶器上使用的兵器符节文字、玺印文字、陶器文字、货币文字和简帛文字，如在长沙出土的楚国帛书、简书，在刀刻、漆写和墨书时笔画草率放形，都表现出速成和简化的强烈愿望。

图310 楚系"马"字　　图311 韩系"马"字　　图312 齐系"马"字　　图313 秦系"马"字

图314 魏系"马"字　　图315 燕系"马"字　　图316 赵系"马"字

---

① ［汉］许慎：《说文解字·叙》，见崔尔平：《历代书法论文选续编》，上海书画出版社，1993年，第7页。

② 裘锡圭：《秦汉时代的字体》，见刘正成：《中国书法全集》第七卷，荣宝斋出版社，1991年。

战国文字发展的这种主要倾向,在秦国集中地体现出来。秦自商鞅变法之后,对文字也提出了简化速成的要求。关于秦文字的使用,无论是僻在西垂,还是统一之后,或是朝廷颁布的诏告,或是官府的来往公文、私人信件文书,秦文字更多的是被朝廷镌刻在石鼓、石碑上,凿刻在简牍、玺印上,用于纪功、纪事和作为凭证。这就使得秦不能不对周文字进行"省改"以追求"约易"的形式和风格,并且由实用之体现而转向艺术之表达。

秦文字之所以能够体现战国文字发展的简化倾向,是与秦人的民族习性密切相关的。从秦景公大墓到秦陵可以看出,秦人偏居西北,长期与戎狄混居,一切随心所欲,一切讲究实效。作为秦文字使用者的秦国士人阶层,也是这样。战国的士人阶层,本来分为两类:一类是活跃于关东诸国进行学理争鸣的诸子。横议的处士皆属于这一类。这类士子擅长著书立说,布道施教,阐释各种思想理论,分析社会矛盾产生的原因,提出解决各种社会问题的方案,如老子、孔子、墨子、庄子、孟子、荀子、鬼谷子和韩非子等人。他们的理论思维在面对社会现实时感情化、理想化色彩较重,但缺乏可操作性,因而大多所遇不合。另一类则是活跃于各国政坛上的实践型的法家与纵横家,商鞅、苏秦、张仪和李斯都属于这一类。他们有才智、多谋略、知利害、有辩才。这些实践型的士人大都不是秦地人,但之所以都离开故国而先后到秦国建功立业,就因为秦人讲实用。"秦在商鞅变法后挟着富强的国势逐步兼并各国领土,秦文字也以强势文化的背景进入各地,'书同文'的工作也就逐步开展","已经开始了实际的步骤,有了步骤,正定小篆,整理隶书"。①

秦王朝建立后,尽管也设置博士官,儒学博士也在其中,但是秦人心中对此却不以为意。"为人仁"而热衷于儒术、为被坑杀的儒士辩解的太子扶苏,就被赶到了上郡,以监军之名,补历练之实。秦王朝统治者信奉的仍然是使他们在统一天下时大得其利的商鞅、韩非的法家之术。秦始皇帝如此,秦二世胡亥也是如此,他从小就跟车府令赵高学习刑狱之法,所以才被秦始皇帝带在身边周游东郡。秦人这种实用主义与专制集权意识相契合,便有了"焚书坑儒"之举。在文学艺术上,秦统治者并没有废黜政教,但推行的仍然是实用与功利性

---

① 陈昭容:《秦"书同文字"新探》,见陈昭容:《秦系文字研究——从汉字史的角度考察》第四章,历史语言研究所(台湾),2003年,第69—104页。

的政策,他们运用文艺的形式来缘饰自己的集权统治。"秦之文章,李斯一人而已"①,李斯初入秦之作,尚有华辞;随秦始皇帝出巡所作泰山、会稽刻石诸文,展现的就纯粹是"法家辞气",而"体乏弘润",②后来对二世的上书和狱中上书,就毫无文气可言。

秦人这种重功利和实用的文化思想,充分表现在秦系文字题材内容的实用性上,这也会影响到秦文字艺术的表现。

二、秦文字的实用功能

秦人"省改"周文字而成"约易"的秦文字,也是为了增强文字的实用功能。从近年来四川、甘肃、湖北、湖南等地出土的秦简牍,就可以看出文字内容全部是实用性的秦代法律、数术、易学,以及书信、历日的记载。

如1975年湖北云梦睡虎地出土的包括了记载秦襄昭王晚期大事和睡虎地秦简(图146)主人喜一生的履历《叶书》,《秦律十八种》《封诊式》《法律答问》《秦律杂抄》《效律》五个部分的法律文书,以及《语书》《为吏之道》和《日书》的秦简牍3.8万字,内容是大事记和年谱,以及训诫官吏的教令、法律文书和卜筮文字。

2002年出土的湘西里耶秦简牍(图148)约有20万字,字体属古隶,内容多为官署档案、行政管理和刑事诉讼文档,包括政令、各级政府之间的往来文书、司法文书、吏员簿、物资登记和转运记录、里程书等,涉及经济、军事、刑法、算术、纪事等,对于研究秦代社会具有十分重要的史学价值,被学术界称为近百年秦代考古的重大发现之一。

从香港购回和受赠的2 174枚秦简入藏湖南大学岳麓书院,包括《质日》《为吏治官及黔首》《占梦书》《数书》《奏谳书》《秦律杂抄》《秦令杂抄》等,这些秦简对于秦代的法律、数学以及秦代的字体等方面的研究,也具有非常重要的意义。

秦代的金文包括两部分,一是秦诏版与秦诏权量铭文,二是虎符、货币、印

---

① 鲁迅:《汉文学史纲要》,人民文学出版社,1973年,第31页。
② [南朝梁]刘勰著,王利器校笺:《文心雕龙校证》,上海古籍出版社,1980年,第150页。

章铭文（图317）。除诏令、符节上的文字稍多外，"物勒工名"成为这一时期金文的特征。秦始皇帝向全国颁发诏书，下令将诏书刊于度量衡器之上，以便昭告天下，并以这篇诏书制成刻有铭文的一片片薄薄的诏版，颁发各地，镶嵌在合格的权量上，谓之秦诏版；或直接凿刻在新造的权量上，谓之秦诏权

图317 秦印章铭文

量。秦二世登基后，又增刻二世诏。这样一来，秦诏版铭文与秦诏权量铭文，便成了字数最多的秦金文。考古发现的秦诏版与秦诏权量很多，但从字形上看很难找到两篇完全相同的，说明这些铭文不是出自一人之手。刻于诏版、权量、虎符、货币、印章和其他器物上的文字，大都使用小篆，这些铭文与秦代陶器铭文一起，展现了秦代常用文字的主要面，它们既与民间俗体古隶不同，也与秦始皇帝东巡刻石所用的标准的小篆不同，展现了秦代文字的真实面貌。

最早的石刻文字可以追溯到殷商时期，而西周时期的石刻文字却难以见到。秦代的石刻多为摩崖石刻和碑碣类。《说文解字》："碣，特立之石。"这些刻石"开创了室外广告的新形式"[①]。春秋到战国时期的石刻文字有秦国的石鼓文（图2、3）、秦景公大墓编磬铭文（图8）和《诅楚文》（图4），这些都是先秦石刻之巨迹，为其他诸侯国所不见。秦始皇帝统一以后的纪功石刻文字，就是运用艺术的形式来缘饰自己的开创性的功绩。秦人把过去一般性的、小范围的、隐蔽性的刻石，变成大型的、露天的、开放性的作品，不但字数增加，像琅琊台刻石文竟有505字之多，而且刻石的过程、石刻内容的涵盖面也扩大了不少，使之为国家的政治生活服务。从统一后的第二年起，秦始皇帝五次出巡，在山川胜景之地刻石纪事，歌颂秦政，壮游留名，天人合一，这不仅是对文化氛围的创造，也是人文气质的反映。因为这本身就是一次次全国性的文化宣传活动，这和统一前夕，消灭了韩、魏、赵、燕、楚五国之后，令"天下大酺"一样。而且，刻石上的文辞还是以皇帝的口吻、以文稿的形式公布，这不仅是对建立新秩序的肯定，也是对贯彻政治措施的配合，其权威性、实效性都是显而易见的。秦代刻石，并不限于刻石纪功，据历史记载，尚有刻于始皇三十五年（前212）的朐山碑，又称赣榆刻石，刻于始皇三十六年（前211）的庐山刻石，刻

---

① 王学理：《王学理秦汉考古文选·始皇刻石与摩崖遗风》，三秦出版社，2008年，第55页。

于始皇三十七年（前210）的句曲山刻石和秦望山始皇碑等，可惜石刻早已漫灭，或至今未被发现。

秦国和秦代陶文，包括秦代陶器和砖瓦之类物品上的列印戳记和刻划文字。在原始社会晚期的陶器上，已经有刻划符号和图形符号。在距今约6 000年的陕西半坡地区和临潼姜寨等地的仰韶文化遗址，发现了刻划在陶器上的符号（图9、15）。在距今约4 500年，属于大汶口文化晚期的山东莒县陵阳河遗址的陶器上，也发现四种圆形符号。这些刻划符号，显然不是任意的，而是代表一定的意义，它们虽然不是汉字，但可以视作一种早期的文字。殷商、西周时期砖瓦、陶器上的陶文，就是从这种带有一定意义的符号中脱胎变化而来的。秦代陶文的内容更为实用，主要是反映当时制陶业的真实情况，如器物上的符号、制陶窑址官署名、作坊名、陶工名、器物主名，以及各种吉语等。刻划文的出土地点，相对集中在秦故都雍城、咸阳和秦陵。如1977年凤翔高庄村出土的17件陶缶，其中8件有铭文，内容为陶缶的容量和所有者的姓名，如"隐成吕氏缶，容十斗"。1979年，在陕西临潼秦陵西南方，发现了修陵工匠的墓葬群，获得了18件刻有文字的板瓦残片，称秦葬瓦文，记载了死者的姓名、籍贯和爵位身份，并多标明属于"居赀"，借此可以知道死者是当时来自东方各地的徭役者。这种刻有文字的葬瓦，被学术界鉴定为迄今为止发现的最早的墓志铭。近世在秦都咸阳遗址和秦陵范围内，也发现了大量的秦代印陶文字，主要见于当时秦中央官署控制下的制陶作坊所烧制的板瓦和筒瓦上，内容也主要是烧砖瓦工匠的官署和人名。20世纪90年代在秦故都雍城宫殿遗址，出土了20余件刻有文字的瓦当。目前，得以确认的秦文字瓦当，已达10余个品种40余件。其文字均以小篆为基础，除"日月山川""华市"有一些装饰性变化，其他均笔画规矩，不求怪异变化。

秦代的印章更是为了实用而凿刻的。《周礼·地官·掌节》有"玺节"一词，表明周代已有玺印。发现最早的有字古印是战国时期的。裘锡圭曾指出："战国后期和统一后的秦印，历来发现得很多。印文多数是篆文，但也有不少是古隶或接近古隶的篆文俗体。"[①]

秦印的文字内容主要是官署名和人名。吴式芬、陈介祺所著的《封泥考略》

---

① 裘锡圭：《文字学概要》，商务印书馆，1988年，第61页。

指出判断秦印的三个标准，也突出了实用性，即所刻职官、地理合于秦制，文字风格、结构同于已知的秦文字，印面有界格。李学勤认为："对战国晚期秦国、秦代和汉初的印与封泥，仍难做全面的划分。考虑到秦代不过短短的十五年，这种划分或许在客观上是不可能。因此，今天我们说秦印、秦封泥，应理解为年代可以上溯下延，以不远于秦代为近是。"①

人类在使用纸张之前，一般印章主要用于钤压在封文或其他物品的泥封上。泥封是将玺印按在简牍的泥上，以防私拆简牍文书和信件。王国维在《简牍检署考》中说："古人以泥封书，虽散见于载籍，然至后世其制久废，几不知有此事实。封泥之出土，不过百年内之事。"②自20世纪后期以来，秦代泥封则多有发现，数量已过二万之钜。

1995年，西安北郊相家巷农田中发现大量秦泥封（图318），是泥封发现史上数量最大的一宗。2000年，该处农田中发掘出一处秦遗址，出土泥封325枚，共100多种，印文多数为4字，少数为2字，个别为3字，无字者极少，分属于战国晚期或秦代的中央官署和地方官署。从已发现的秦泥封来看，其印形较小，形制在趋于统一规范的过程中尚有某些不稳定状况，同时又施加"田"字、"日"字界格，多为官印，涉及从中央到地方的诸多职官，为研究秦代的政治、经济、地理提供了极其重要的资料，对秦代历史文化的研究也有极其重要的意义。

图318 秦泥封

秦国和秦代的货币文字更是为了实用。战国中期后，秦国流通圆孔圆钱，钱文有"珠重一两十二""珠重一两十四""半睘"等。后来流行方孔圆钱，钱文有"两甾""半两"等。"甾"为"淄"字之省，一甾为六铢，两甾为十二铢，即半两，实为半两钱之变异，钱文列方孔之两侧。还有钱文为"文信行"的方孔圆钱，"文信"二字列方孔两侧，"行"字金文作四直角，似钱面图案。还有钱文为"长安"的方孔圆钱，"长"字在空穿之右，"安"字在空穿之下。秦代规定以外圆内方的半两钱为法定货币，相传钱文为丞相李斯所书，钱文列方孔两侧。

---

① 李学勤：《秦封泥与秦印》，《西北大学学报》1997年第1期。
② 王国维：《简牍检署考校注》，上海古籍书店，2004年，第20页。

秦文字的实用性，还表现在当时的字书文字中。秦代为了推行"书同文"的政策，由李斯等人整理文字。据《说文解字·叙》记载："其后诸侯力政，不统于王，恶礼乐之害己，而皆去其典籍。分为七国，田畴异亩，车涂异轨，律令异法，衣冠异制，言语异声，文字异形。秦始皇帝初兼天下，丞相李斯乃奏同之，罢其不与秦文合者。斯作《仓颉篇》，中车府令赵高作《爰历篇》，太史令胡毋敬作《博学篇》，皆取《史籀》大篆，或颇省改，所谓小篆者也。是时秦烧灭经书，涤除旧典。大发吏卒，兴成役。官狱职务繁，初有隶书，以趣约易，而古文由此而绝矣。"①

这就是说，凡是与秦篆不合的字体一律作废，由李斯、赵高、胡毋敬三人用秦体小篆写成《仓颉篇》《爰历篇》《博学篇》，作为文字的典范在全国推行。据《汉书·艺文志》记载，李斯的《仓颉篇》为7章，赵高的《爰历篇》为6章，胡毋敬的《博学篇》为7章。到了汉代，"闾里书师合《仓颉》《爰历》《博学》三篇，断六十字以为一章，凡五十五章"②，总名亦叫《仓颉篇》，这就是后世所谓的"秦三仓"，凡55章，每章60字，总计3 300字，字体为小篆。

秦文字题材内容的实用性，使得其文字形式尽管也注意到了视觉上的美观性，但这毕竟是第二位的，因而也就形成了秦系文字"约易"的风格。这种风格，又因题材内容而表现出不同的特色。雕刻在石碑上的小篆方正大度，体现出统一帝国的声威；同样是小篆字体，凿刻在兵器、陶器、简牍上，钤压在泥封上的文字则显得比较潦草，甚至出现了挑笔，以至逐渐演变出了更实用、书写更便捷的隶书。

三、秦以文字刻石纪功

秦人"省改"周文字而成"约易"的秦文字，更是为了使刻石纪功文字较易辨识。裘锡圭在论及秦国石鼓文的时代问题时，根据文字中"天子""嗣王"等字句，谈到刻石目的和文字的内容云："春秋晚期或战国早期的秦国统治者为了宣扬秦的受命之君襄公的业绩，完全有可能在雍都南郊祭上帝的地方，把

---

① [汉]许慎《说文解字·叙》，见崔尔平：《历代书法论文选续编》，上海书画出版社，1993年，第7页。

② [汉]班固：《汉书·艺文志》，中华书局，1962年，第1721页。

襄公时所作的纪功、纪游之诗刻在石碣上，说不定当时就是为了以襄公配享上帝而刻石鼓诗的。"①

应该说，秦系文字尤其是石刻文字所托载的内容中有纪功的这一特点，并非仅以石鼓文为然。秦国最早的文字资料不其簋铭文所记为周宣王时秦庄公破西戎有功，做此器以纪功颂德。新出的秦景公大墓编磬铭文（图8）亦写道"天子匽喜"，即景公即位时遣使告周天子，由周天子匽喜秦使。秦公钟镈铭文在依序列举秦之先公、先祖时，不仅列了秦文公、秦宪公，连没有享国的秦静公也计入先公谱中。即使如《诅楚文》，虽然是秦王命宗祝向神灵祷告，祈求降祸于楚师的诅咒文，但也涉及战国中期楚国"悉兴其众，以逼我边境"，秦国抗击，夺取楚国汉中地的武功。这说明以文字刻石纪功，对秦国来说是一以贯之的。

秦统一六国以后，为了炫耀自己的武功与统一功绩，不仅在咸阳仿建六国宫室，而且继承周王朝风化天下的风雅之道，采用由统治阶级出面歌功颂德、端肃民风、矫正视听、申明准则的方式，并将其作为秦代政教措施之一。秦始皇帝曾东巡泰山，举行大规模的封天禅地之礼，同时四处巡狩，留下了许多歌功颂德的文字。据《史记·秦始皇本纪》记载，在秦始皇帝东巡琅琊时，丞相王绾、李斯合议道："今皇帝并一海内，以为郡县，天下和平。昭明宗庙，体道行德，尊号大成。群臣相与诵皇帝功德，刻于金石，以为表经。"②

这说明秦王朝对于用刻石等形式来颂扬自己的功德确是相当重视的。秦始皇帝在位时，数度巡狩、封禅，每走到一个有纪念意义的地方，都要树立起镌刻着颂扬功德文字的巨大石碑。石碑上的文由李斯起草，字则由李斯用小篆书写镌刻，即后世所称的刻石文。原来共有八块，至今留下六块半，刻石则只留下半枚。其内容清一色的是颂扬秦始皇帝扫灭六国、统一天下的功绩，严令百姓遵守秦的新秩序。如《泰山刻石文》云："皇帝临位，作制明法，臣下修饬。二十有六年，初并天下，罔不宾服。亲巡远方黎民，登兹泰山，周览东极。从臣思迹，本原事业，祇诵功德。治道运行，诸产得宜，皆有法式。大义休明，垂于后世，顺承勿革。皇帝躬圣，既平天下，不懈于治。夙兴夜寐，建设长利，专隆教诲。训经宣达，远近毕理，咸承圣志。贵贱分明，男女礼顺，慎遵职事。昭隔内

---

① 裘锡圭：《关于石鼓文的时代问题》，《传统文化与现代化》1995年第1期。
② ［汉］司马迁：《史记·秦始皇本纪》，中华书局，1959年，第247页。

外,靡不清净,施于后嗣。化及无穷,遵奉遗诏,永承重戒。"①

再如《峄山刻石文》曰:"皇帝立国,维初在昔,嗣世称王。讨伐乱逆,威动四极,武义直方。戎臣奉诏,经时不久,灭六暴强。廿有六年,上荐高庙,孝道显明。既献泰成,乃降专惠,亲巡远方。登于峄山,群臣从者,咸思攸长。追念乱世,分土建邦,以开争理。攻战日作,流血于野,自泰古始。世无万数,陀及五帝,莫能禁止。乃今皇帝,一家天下,兵不复起。灾害灭除,黔首康定,利泽长久。群臣诵略,刻此乐石,以著经纪。"②

文中歌颂秦始皇帝统一天下,结束了战国以来天下纷争的局面,是合乎历史发展趋势的,也是有利于百姓黎民之举。这与西周统治者用《诗经》中的雅颂之音风化天下,有异曲同工之处。故刘勰在《文心雕龙·颂赞篇》中指出:"夫化偃一国谓之风,风正四方谓之雅,雅容告神谓之颂。风雅序人,故事兼变正;颂主告神,故义必纯美……至于秦政刻文,爰颂其德;汉之惠景,亦有述容;沿世并作,相继于时矣。"③

同时,秦刻石文采用韵文,四字成句,三句一韵,打破了官样文章那种枯燥乏味的训诫,读起来朗朗上口,清新活泼,再加上用"约易"的小篆书写,使得一般下层民众也能接受,这就大大地增强了文章的普及性和实用性。对秦刻石文的文章特点,刘勰在《文心雕龙》中亦有论及:"至于始皇勒岳,政暴而文泽。"④"秦皇铭代,文自李斯。法家刺气,体乏弘润。然疎而能壮,亦彼时之绝采也。"⑤"李斯自奏丽而动,若在文世,则扬班俦矣。"⑥他称赞李斯的奏章"文泽",即富于文采,而又"能壮",即颇具感染力,认为李斯如果活跃在重文的汉代,其文章足可与扬雄、班固相提并论。

从秦系文字所托载的题材内容来看,秦国尽管崛起于偏远之地,却能够变法图强,扫平六国,使得华夏大地在历经春秋战国长达数百年的动乱之后再次归于一统;它尽管只统一了短短的十几年,但立郡县、修长城、筑直道,使得胡

---

① [汉]司马迁:《史记·秦始皇本纪》,中华书局,1959年,第243页。
② [清]王昶:《金石萃编》卷四,清嘉庆十年刻同治钱宝传等补修本。
③ [南朝梁]刘勰,王利器校笺:《文心雕龙校正》,上海古籍出版社,1980年,第58页。
④ [南朝梁]刘勰,王利器校笺:《文心雕龙校正》,上海古籍出版社,1980年,第73页。
⑤ [南朝梁]刘勰,王利器校笺:《文心雕龙校正》,上海古籍出版社,1980年,第150页。
⑥ [南朝梁]刘勰,王利器校笺:《文心雕龙校正》,上海古籍出版社,1980年,第281页。

人"不敢南下而牧马";它推行"书同文""车同轨""行同伦""度同制",使得全国从文化制度上归于一统。凡此种种,辉耀日月,功莫大焉!这就使得秦系文字尤其是石鼓文和刻石文气魄雄伟、文字典雅、音节中和、字体苍劲,把秦帝国的文治武功、版图广大、天下一统的精神表现得淋漓尽致,整体具有夺人之势。

秦人进入关中之后"省改"繁难的周文字,而改写"约易"的秦小篆,昭示了汉文字发展演进的正确方向。此后汉字的字体自篆而隶,再相继演化至楷、行、草,尤其是延及20世纪50年代汉字的简化,所遵循的正是秦人所开创的这一方向。

第三节 秦文字的审美理想

秦文字作为制度文化的托载工具,体现了秦人求真务实、开拓奋进的民族精神;作为记录语言的符号,则展现了秦人的审美理想。

审美理想是审美意识对最高层次的美的宏观概括,表现为通过长期意象积累,而相对稳定地凝聚在观念之中的一种审美精神模式。它反映了审美主体对审美最高境界的自觉追求,与审美精神、审美性质、审美风格、审美趣味和审美形态等范畴有着深层的、内在的、多方面的联系。其基本特征是特定审美理想的独特形质的主要的外在表现。

与关东诸国尤其是齐鲁的中和之美、荆楚的阴柔之美不同,秦人的审美理想尽管也吸取了其他诸侯国的一些特色,但更多地受其外向型思维的影响,将情调统一于对象,表现出壮美。这与秦文化本身的特点和秦人的文化心态、时代精神密切相关。

一、先秦审美理想与秦人的审美追求

春秋时期,尽管周室东迁,但周天子还是各诸侯国名义上的供奉对象,再加上周文化的长期渗透,时代的审美理想依然表现出追求"大"的共性;但也由于地域环境、经济基础和社会组织的差异,各诸侯国的审美理想又表现出各自的特点。

总体来看，周文化本身就是将制礼与作乐结合起来，因而"郁郁乎文哉"，审美理想也以"大"中之"壮"为基础，降及春秋礼崩乐坏，于"大""壮"之中则增添了"朴"的特色。这从战国诸子对文与质关系的阐释中就可以看出。道家主张道法自然，返璞归真，反对文饰，追求自然朴素之美。老子认为"天下皆知美之为美，斯恶矣"①，要求人们"见素抱朴"②。庄子也反对对外在形式的文饰和人为的加工，推崇自然朴素之美："朴素而天下莫能与之争美"③，"淡然无极，而众美从之"④。认为艺术创作的最高境界也是"既雕既琢，复归于朴"⑤。出身于"农与工肆之人"的墨子则走得更远，认为"为乐非也"，干脆"非乐"，不仅反对文饰，甚至主张取消一切审美活动，因为这既"不中圣王之事"，也"不中万民之利"。⑥韩非子将荀子重视外在功利的倾向发展到极致，认为审美活动不仅无益，而且"用之则乱法"⑦，妨害推行法制的实际功利，因而在文质关系上重质轻饰，甚至以质否饰，所谓"夫物之待饰而后行者，其质不美也"⑧。

与道家、墨家和法家不同，儒家主张文与质的统一，要求"绘事后素"，在"素"的基础上肯定"绘事"，肯定人的内美与外美。孔子认为"尽善尽美"即质之善、文之美必须达到"尽"的程度才是审美的最高理想，而且质必善，文必美，两者缺一不可，否则"质胜文则野，文胜质则史"。只有"文质彬彬，然后君子"⑨。孟子也是以质统文，主张质的"充实"和文的"美"。荀子明确反对"非

---

① 任继愈译：《老子今译》，古籍出版社，1956年，第1页。
② 任继愈译：《老子今译》，古籍出版社，1956年，第14页。
③ ［战国］庄子：《庄子·天道》，见张耿光译注：《庄子全译》，贵州人民出版社，1991年，第229页。
④ ［战国］庄子：《庄子·刻意》，见张耿光译注：《庄子全译》，贵州人民出版社，1991年，第262页。
⑤ ［战国］庄子：《庄子·山木》，见张耿光译注：《庄子全译》，贵州人民出版社，1991年，第343页。
⑥ 吉联抗译注：《墨子·非乐》，音乐出版社，1962年，第6页。
⑦ ［战国］韩非撰，姜俊俊标校：《韩非子·五蠹》，上海古籍出版社，1996年，第264页。
⑧ ［战国］韩非撰，姜俊俊标校：《韩非子·五蠹》，上海古籍出版社，1996年，第76页。
⑨ ［春秋］孔子：《论语·雍也》，见［宋］朱熹：《四书章句集注》，中华书局，1983年，第89页。

乐"、轻文,主张在情理结合、美善相乐、文质统一之中,最大限度地满足社会的功利目的:"文理情用,相为内外表里,并行而杂,是礼之中流也。"①

这样一来,春秋战国时期的审美理想遂形成"壮朴"的格调,并开始表现出对"丽"的追求。秦汉统一帝国囊括四海,并吞八荒,则逐渐形成"壮丽"的审美理想,它具体呈现出三大特征:

一是以外向和谐的壮丽为总体时代特色的古典主义。秦汉时的宫殿布局与陵墓建筑、画像石等,在现实之境上巧构出神幻之境,展示出具有浪漫情采的大美。

二是繁复与稚纯的统一。秦阿房宫的建筑和内部陈设五彩缤纷,几乎无所不包,秦汉上林苑也是将宇宙之间的奇观绝艺浓缩于一体,从而展现出一个穷极天地、囊括古今、浑融万物的审美世界。这与明清时期宫殿本身富丽堂皇,四边却连一棵树都不敢栽的情状大异其趣。

三是凝重与飞动的统一。不仅园囿,如昆明池中织女机丝、石鲸鳞甲,都呈现动态,就连静止的宫殿,给后人的审美感受也是"骊山北构而西折,直走咸阳。二川溶溶,流入宫墙"②。就书法而言,"秦碑力劲",既饱满厚重,深沉雄大,又轻盈运动,显得充实浑厚而有活力,成为一种展现秦人流动不居的生命意识的艺术形式。

秦人素来以法立国,天然亲近法家,重质轻饰,追求自然之"朴"。秦人通过变法实现富国强兵后,志在并吞六国,其"壮"之势非他人可比,但也不乏其"丽"。因为它在军事上确实是消灭了关东六国,在国家体制上也形成了一统,但在思想上尽管企图用法家来统一却未能完全做到。秦的军事政治统一,灭掉的只是关东六国的国家政权,而对各国多样的地域文化,它不仅不排斥,甚至还着意模仿。据《史记·秦始皇本纪》记载,秦始皇帝"每破诸侯,写放其宫室",每灭掉一个诸侯国后,就将该国首都的宫殿仿建在咸阳原上,以至渭水北岸建成各具特色的"六国宫殿"以及甘泉宫、上林苑等宫室145处,宫殿270座。秦文化本身也是春秋前期在周文化的母体中注入了戎狄之俗孕育而成的具

---

① [战国]荀况著,蒋南华、罗书勤、杨寒清译注:《荀子全译》,贵州人民出版社,1995年,第409页。
② [唐]杜牧:《阿房宫赋》,见张崇琛:《名赋百篇评注》,三秦出版社,1996年,第327页。

有独特风貌的文化体系,战国中后期又吸取了中原文化、荆楚文化,以至形成多元的文化特性。从李斯谏阻秦王逐客一事,就可以看出秦文化的这一特性。秦王政十年(前237),韩国派水工从郑国来到秦国,借修建郑国渠以消耗秦的国力,以图减缓秦国向关东进军的步伐。其阴谋暴露后,嬴政接受宗室大臣的建议,拟下了逐客令。自楚地已进入秦国十年的李斯,也在被驱逐之列。他通过长期观察,在《谏逐客书》中指出并肯定了秦国历来推行的不拘一格的用人方针,以谏阻逐客:"昔穆公求士,西取由余于戎,东得百里奚于宛,迎蹇叔于宋,来丕豹、公孙支于晋。此五子者,不产于秦,而穆公用之,并国二十,遂霸西戎。孝公用商鞅之法,移风易俗,民以殷盛,国以富强,百姓乐用,诸侯亲服,获楚、魏之师,举地千里,至今治强。惠王用张仪之计,拔三川之地,西并巴、蜀,北收上郡,南取汉中,包九夷,制鄢、郢,东据成皋之险,割膏腴之壤,遂散六国之从,使之西面事秦,功施到今。昭王得范雎,废穰侯,逐华阳,强公室,杜私门,蚕食诸侯,使秦成帝业。此四君者,皆以客之功。由此观之,客何负于秦哉?向使四君却刻而不内,疏士而不用,是使国无富利之实,而秦无强大之名也。"①这些说明秦之国力之所以得到不断提升,正是因为秦国在用人上兼收并蓄。秦国的制度文化如此,物质文化也体现出同一特点。本来居于陇东贫寒之地的秦人进入关中后,对外来之物也是兼收并蓄:"今陛下致昆山之玉,有隋、和之宝,垂明月之珠,服太阿之剑,乘纤离之马,建翠凤之旗,树灵鼍之鼓。此数宝者,秦不生一焉,而陛下说之,何也?必秦国之所生然后可,则是夜光之璧,不饰朝廷;犀象之器,不为玩好;郑、卫之女,不充后宫;而骏良駃騠,不实外厩,江南金锡不为用,西蜀丹青不为采;所以饰后宫,充下陈,娱心意,说耳目者,必出于秦然后可,则是宛珠之簪,傅玑之珥,阿缟之衣,锦绣之饰,不进于前;而随俗雅化、佳冶窈窕,赵女不立于侧也。夫击瓮叩缶,弹筝搏髀,而歌呼呜呜快耳目者,真秦之声也。郑、卫桑间,韶虞、武象者,异国之乐也。今弃击瓮叩缶而就郑、卫,退弹筝而取韶虞,若是者何也?快意当前,适观而已矣。"②

---

① 《法家著作选读》编辑组:《李斯〈谏逐客书〉贾谊〈治安策〉注译》,北京人民出版社,1975年,第68页。
② 《法家著作选读》编辑组:《李斯〈谏逐客书〉贾谊〈治安策〉注译》,北京人民出版社,1975年,第69页。

秦人懂得"物不产于秦，可宝者多；士不产于秦，而愿忠者众"，因而才在人与物方面兼收并蓄，正是为了达到"跨海内制诸侯"的目的，遂使得秦"地广者粟多，国大者兵强，兵强则士勇"。嬴政从前辈和自己治国理政的实践中已经有所收获，所以尽管一时头脑发热，但在读了李斯的上书后，就毅然废除了逐客令，使得李斯等客卿在秦国发挥所能，很快统一了六国。

秦统一后，即使在"焚书坑儒"的血影之中，秦始皇帝也没有忘记寻找东海三神山，派遣齐人徐市率领数千童男女到东海为自己寻找长生不老之药，也让李斯陪着他到泰山封禅、到各地巡游，在名山大川间竖起高大的纪功碑。他迷信法治，注重实效，但也相信"亡秦者胡也"的占卜术，更相信"东南有天子气"的望气说。为了镇服对他造成威胁的胡人和那股天子之气，秦始皇帝多次出巡，最后死在了河北沙丘，而没有看到"亡秦"的"胡"并非胡人，而是跟在身边的小儿子胡亥。这说明尽管在秦人的意识形态体系中，始终以法治为核心，但齐人邹衍的阴阳五行终始说、燕齐方士的神仙说、齐人的宗教信仰、齐鲁儒士的封禅说等，也都影响着统治者的思想行为，尤其是在完成统一之后。而被孔子发誓要去掉的郑卫之音，在统一之前就响彻咸阳宫廷的乐坛之上了。

马克思主义认为："意识在任何时候都只能是被意识到了的存在，而人们的存在就是他们的现实生活过程。"[1]秦帝国在意识形态上兼收并蓄，融汇各地之长所形成的多元的统一，影响着秦人的审美理想，其艺术上就展现出规模宏大、气势雄浑的整体风格。不论是高筑于渭河两岸的阿房宫的建筑格局，还是深埋于地下的秦始皇帝的陵墓以及陪葬的兵马俑，蜿蜒于地上的万里长城、千里直道，都体现了秦代审美理想中所追求的这种雄浑气势。

秦人审美文化中的审美理想或总体的审美风格是什么？对此，鲁迅曾提出"闳放"和"深沉雄大"的看法[2]，闻一多则以"凡大必美"加以概括[3]。近年来学术界又有"厚朴""粗豪"之说。应该说，其总的特点还是"壮朴"。

---

[1] 中共中央马克思恩格斯列宁斯大林著作编译局编译：《马克思恩格斯选集》第一卷，人民出版社，1995年，第2版，第72页。

[2] 鲁迅：《坟·看镜有感》，见鲁迅：《鲁迅全集》第五卷，人民文学出版社，1981年，第126页。

[3] 郑临川：《闻一多论古典文学》，重庆出版社，1984年，第65页。

这种审美理想，来源于由秦人文化上的多元统一、意识形态上的兼收并蓄所形成的独特的文化格局。秦人"书同文"的文化制度和树立于名山大川间的刻石文的雄浑大度，所体现的正是这种审美理想。

二、秦文化与周文化的合与分

秦文字早期多仍周旧，发展过程中字体的形态、托载的形式则有所变化，原因是秦人是在周人的丰镐故地上经营，进而向东开拓，因而对周文化也从融合中渐次分离，而形成自家面貌。

关于秦人的族源，古史学家和古文字学家有"东来"和"西来"两说。傅斯年等学者根据秦人始祖"玄鸟降生"，为"颛顼之苗裔"，与东夷如出一辙，嬴姓多居于东方，其祖先与殷人关系密切，主张"东来说"。王国维等人则根据秦之先祖自中潏后即在西戎，秦为西戎族，秦墓葬多洞式墓和屈肢，多见于甘、青羌戎文化，主张"西来说"。两说各有其理，但根据1982年至1983年甘肃甘谷毛家坪周、秦文化遗址墓葬的考古发现和文献记载，秦人至迟在商代末年已经活动于甘肃东部。当时，西伯文王已在这里建立了方国。秦之先祖中潏"在西戎，保西垂"①。西垂即今甘肃省天水市一带，是周的西部边疆，秦人与周人在这里和睦相处。随着商灭周兴，秦人开始从游徙式的游牧，转入定居式的农业兼畜牧业。毛家坪遗址出土资料证明"西周时期秦人的基本生活用品即陶器已经周式化了"②。周室东迁，秦襄公在关中西部周人丰镐故地立国。秦人与周人在关陇一带接触的八九百年间，对周文化起初隔膜、继而逐渐靠拢，进而渐次分离。

西周时期，周文化在物质层面已呈丰富多彩之状，在精神层面已经形成成熟的礼仪文化。此时，秦人才从陇东沟谷中走出来，还处于农业兼畜牧业的经济生活阶段，还带有更多的游徙落后的习俗，因而对"郁郁乎文哉"的周文化还有隔膜。但秦之先祖孟增曾幸于周成王，造父以善御幸于周缪王。后来，非子为周王室养马，受到周孝王的嘉奖与策命，使得大骆族秦人赢得了政治地位，嬴姓秦人的文化也开始走上正轨。秦人已经开始摆脱自身的戎狄习俗，向文明

---

① ［汉］司马迁：《史记·秦本纪》，中华书局，1959年，第174页。
② 赵化成：《寻找秦文化渊源的新线索》，《文博》1987年第1期。

的周文化靠拢。当时,从上层社会到基层劳动者,秦人和周人和睦相处,从未发生抵触、侵犯和械斗一类事件,说明秦人已开始学习周文化。

周宣王三年(前825),出现了秦人最早的青铜器——不其簋(图319)。李学勤据《史记·十二诸侯年表》考证,"不其"即秦庄公。据不其簋铭文可知,周宣王时猃狁侵犯西部边境,秦庄公与其"昆弟五人"之长伯氏奉命抗击,大获全胜。伯氏回京献俘,庄公继续追击,多所斩获,受到伯氏的奖赏,于是铸铜簋作为皇祖"公伯"与孟姬的祭器。

图319 不其簋

秦襄公护送周平王东迁有功,获赐岐山以西之地,被封为诸侯,于是建国,也想与四境列国通使聘享。到穆公时期,开始独霸西戎。此时,秦虽然以宗周故地为立国根据地,但"僻在雍州,不与中国诸侯之会盟,夷翟遇之"①。由于长时间处于戎狄之间,秦与东方各国存在隔膜,东方各国对秦国也充满歧视。秦人当时吸取文化的对象,只能是周文化。对秦人来说,将周王室的文化输出,变为自己积极进取的动力,是从秦文公时代开始的。据《史记·秦本纪》记载,秦文公即位的第三年(前763),就率领七百人"东猎",经过考察地形和分析形势,于次年(前762)就在"汧渭之会"(今陕西宝鸡卧龙寺东、汧河西)营建城邑。秦文公十三年(前753)秦国正式设立史官,左史记言,右史记事,正式记载国家大事。三年后打败戎人,便"收周余民而有之,地至岐,岐以东献之周",周遗民中不乏作册数典的太史一类人物,这也为秦人学习周代礼制带来了极大的方便。但秦人更钟情于法制,因为进入关中之后,面临多族群、多习俗的社会局面,如果没有法制,是很难保证正常的社会秩序的。于是,在秦文公二十年(前746),秦国初次确立了"三族之罪",这不仅成为后来商鞅推行"连坐之法"的滥觞,而且对秦国走上法治国家的道路产生了深远影响。秦人以法治务实,但也崇拜上天,在陇东时便开始祭天,坛台却是随祭随撤,没有定处。秦襄公时设立了西畤,将民间的畤祭国有化、固定化。秦文公十年(前756),初

---

① [汉]司马迁:《史记·秦本纪》,中华书局,1959年,第202页。

设鄜畤,作为国家祭天的固定场所,规定祭品的数量用"三牢",寄予着"受命于天"的信念。周平王东迁时,曾答应将"岐西之地"赐予秦,但岐山周原之地仍然由戎人占领着,秦人能够控制的范围仅限于汧河两岸和渭水之间。秦文公十六年(前750),秦人发动强劲的军事攻势,击败戎人,秦国的领地才推进到了岐西,但岐东之地仍被戎人占领,秦不得不在名义上将"岐以东献之周"。秦人占领周原之后,将那些没有跟随平王东迁的西周遗民接收过来,向他们全方位地学习了农耕技术、城建版筑和文化礼仪,这对改变秦人原来的经济结构、居住条件和生活习惯,都起到了积极的作用。秦文公的这一切举措,为秦国的发展奠定了坚实的基础。

也正是从秦文公时代起,秦人为了改变"诸侯卑秦,丑莫大焉"的局面,既全面地学习周文化,也逐渐形成了新姿态的秦文化。甘肃礼县、陕西姜城堡、陕西西高泉村和陕西鄠邑等地出土的春秋初年秦国青铜器,尽管制作粗糙,但具有西周青铜器的风格,而且出土青铜器的墓葬规模宏大,葬具奢华,文物精美,是礼制和葬俗的总合体。从这些墓葬可以看出,秦人已开始摆脱昔日的戎狄礼俗。春秋早期偏晚,秦人在平阳立都期间,秦风已经逐渐显露。陇县边家庄秦墓中出土的五鼎四簋纹饰已经变得细密繁缛,鼎足也缩短外张。宝鸡太公庙出土的五钟三镈造型优美,14条飞龙盘屈纠结,灵动鲜活,长达135个字的长篇铭文,字体瘦长,笔画纤细,大小一致,间距拉开,布局疏朗,显然不同于周金文,而属于秦金文的开篇之作。甘肃礼县大堡子山遗址发掘出的铜钟、石磬、青铜镈等祭祀乐器,青铜镈整体造型同太公庙出土的武公镈近似,鼓部有20余字铭文尚待清理释读(图320)。

图 320　秦公镈局部

秦文字在与周文化的合与分中,逐渐展示出自己的独特格局。

三、秦文化独特格局的形成

当代军旅作家周涛在《游牧长城》中写道,上帝生了两个孩子,驯养了马和牛两种动物。一个孩子翻身骑在了马背之上,这就是塞外的游牧民族;一个孩子跟在了牛背之后，这就是中原地区的农耕民族。中国两千年的历史，就是马背上的民族和牛背后的民族争夺生存空间的历史。如果说周部族即牛背后的农耕民族，那么秦部族骨子里即马背上的游牧民族。"秦人在接受华夏文化时，并没有简单地生吞活剥，更没有将自己的传统弃若敝屣"，"不仅继续保持，甚至还影响到华夏族"，其"强悍的民风和丰富的养马经验更在战争形势下进一步得到发扬"。[①]较之周人的温良恭俭让，秦人多了开拓进取性。因而，秦文化和秦文字也不会故步自封，而逐渐形成了自己"唯大""尚多"，"积极的、向上的外倾开放型"[②]的独特格局。

公元前677年，秦德公将都城从平阳迁到雍城。公元前383年，秦献公又迁都栎阳。在雍城立都的294年中，秦文化经历了一个由小到大、由低到高的发展过程。从城市建筑、奴隶制礼制、冶金技术，到语言文字、书法艺术，都取得了惊人的进展。即如秦雍都的城垣、宫殿、宗庙、朝寝、国君陵园、国人墓区，都显示出一种规整的风范。

值得注意的是，秦景公大墓出土的编磬，铭文180多字，磬铭中最长的有两行18字阴刻铭文，与石鼓文大约形成于同一时期。将文字刻在石头上，本是原始先民摩崖刻划方式的一种，而秦人则创造性地将文字刻在石鼓、石磬上。石鼓文笔画粗壮有力，庄重、肃穆。这可能与石鼓后来被金人掳去燕京，挖取宋人填金，再经人修整有关。但石鼓文与钟、镈、磬铭文的字体、结构并无不同。四言一句的文体、格调也相差不多。秦景公大墓编磬铭文字体与笔画结构，与太公庙武公镈、钟相近，尽管载体不同，刻契工具与方法也有别，但布白的风格如出一辙，整体感觉疏朗、纤细。唯磬文的字体竖长、对称、均衡、典雅、俊美，而钟镈的字体有斜向右倾、大小失衡之态。

进入关中平原以后，优美的自然环境使得秦人的经济、政治生活发生了很大的变化。受周文化的影响，秦人早期狂放的性格也有所收敛，所以在春秋中期就创作出了《石鼓文》那样的雅体诗。同样，收集在《诗经》中的10首《秦风》，从内容到形式以及所抒写的思想感情，反映出秦穆公时代由上层到民间的思想趋向。秦穆公曾感慨说："中国以诗书礼乐法度为政，然尚时乱，今戎狄无

---

① 赵世超：《秦国用人的得失与秦文化》，《文史知识》1992年第10期。
② 林剑鸣：《从秦人价值观看秦文化的特点》，《历史研究》1987年第3期。

此，何以为治？"① 可见秦人对中原文化的重视。秦人在《石鼓文》中尽管沿用《诗经》四言一句的形式，却也开始有了些许变化。《诗经》两句一韵，而《石鼓文》却往往三句一韵。秦人开创的这种独特的句式，一直运用到统一后的泰山、峄山、琅琊台等刻石文中。

战国中期以后，秦人已经拥有经过变法富强起来的综合国力，面对自己内忧外患的处境，开始从旧的樊笼中跳出来，因此就有了迁都之举。秦献公颁布了"止从死"的法令，废除了自武公以来长达294年的人殉制度，次年（前383），就将国都从雍城迁到了栎阳，这里处于泾渭中心，交通便利，经济发达，"亦多大贾"，又便于伐魏。在栎阳时期，秦人与周文化开始分离。秦孝公重用商鞅进行变法，推动改革，奖励耕战，把周礼规范的那一套价值观及其符号系统彻底抛弃了。秦国之俗变得"贪狠强力，寡义而趋利"②，更多地呈现出军事化的色彩。

历史证明，每个时代都以它的时代精神塑造着生活在该社会中的个体。秦帝国宏阔昂扬的时代精神使整个社会散溢着雄强气息。在社会个体精神风貌中的突出表现，就是秦人建功立业的强烈愿望和远大志向。秦的历代统治者本身就体现出这种精神状态。秦原是僻处西垂一隅、被中原各国视为"夷狄"的落后之邦，然而秦襄公抓住周室东迁的机会，将秦部族的势力一下子推进到关中西部。秦穆公则积极巩固后方而称霸西戎。秦孝公重用商鞅而变法图强。秦昭襄王越过秦岭，占领楚国的汉中之地。秦始皇帝正是在继承和发扬了秦国历代统治者的这种进取精神的基础上，完成了统一的大业。这种精神也成为秦代整个社会的集体精神。见到出巡的秦始皇帝，年轻的项羽就喊出了"彼可取而代也"③的呼声，人到中年的刘邦也向往着"大丈夫当如此也"④，表现出来的就是强烈的进取精神。就连为人佣耕的陈涉，也企望"苟富贵，无相忘"，在受到同伴的讥笑后，太息曰："嗟乎，燕雀安知鸿鹄之志哉！"⑤这说明当时不论是

---

① ［汉］司马迁：《史记·秦本纪》，中华书局，1959年，第192页。
② 陈广忠译注：《淮南子·要略》，中华书局，2012年，第1260页。
③ ［汉］司马迁：《史记·项羽本纪》，中华书局，1959年，第296页。
④ ［汉］司马迁：《史记·高祖本纪》，中华书局，1959年，第344页。
⑤ ［汉］司马迁：《史记·陈涉世家》，中华书局，1959年，第1949页。

青年人还是中年人,不论是贵族还是平民,都普遍具有积极进取的精神,不甘心久居人下。

秦人的民族精神既然如此昂扬奋进,展现这种精神的文字艺术,岂能满足于在青铜器底盘中扭捏作态,画地为牢?

四、大美的追求

秦文字追求着、展现着大美!

先秦时期,中国诸种艺术形式都以道家和儒家为基础,又融合了阴阳、五行、八卦的思想,形成了一种崇尚"大美"的东方模式。而秦文字无论是石鼓文、石刻文字,还是陶文、印文等,都将这种"大美"体现得淋漓尽致。

道家创始人老子为了论证"道"的至高无上和无限性,而提出一系列"大"的命题,如"大白若辱""大方无隅"①"大成若缺""大盈若冲""大直若屈""大巧若拙""大辩若讷"②等。其中涉及艺术之"大"的有"大音希声""大象无形"③。"大音"即天籁之音;"大象"即天地宇宙之象,强调艺术要具有一种含混于六合之中的雄浑气象。《道德经》的洋洋五千言,幸甚至哉!庄子在此基础上强调和张扬了体现"道"的天地间的素朴之美和无限之美:"天地有大美而不言,四时有明法而不议,万物有成理而不说。是故至人无为,大圣不作,观于天地之谓也"④,"夫天地者,古之所大也,而黄帝、尧、舜之所共美也"⑤。庄子追求的是囊括宇宙、牢笼天地、高逸超拔的人生境界,他的笔下就形成了汪洋恣肆、雄奇博大、磅礴万物、挥斥八极的雄浑风格和宏大气魄。《庄子》本身就是大美的生动体现。

如果说,道家强调的大美,主要来自自然万象,在哲学上"贵柔""守雌";那么,儒家则真正从社会道德层面积极倡导、阐发了大美,在哲学上强调阳刚。

---

① 任继愈译:《老子今译》,古籍出版社,1956年,第31—32页。
② 任继愈译:《老子今译》,古籍出版社,1956年,第34页。
③ 任继愈译:《老子今译》,古籍出版社,1956年,第32页。
④ [战国]庄子:《庄子·知北游》,见张耿光译注:《庄子全译》,贵州人民出版社,1991年,第383页。
⑤ [战国]庄子:《庄子·天道》,见张耿光译注:《庄子全译》,贵州人民出版社,1991年,第229页。

孔子就感叹："大哉尧之为君也！巍巍乎！唯天为大，唯尧则之。荡荡乎！民无能名焉。巍巍乎其有成功也！焕乎其有文章！"①孔子所张扬的"大"更侧重于社会人生领域里的壮美，是积极的、震撼人心的。孟子进而把"大"作为一个审美范畴加以充分扩展："充实之谓美，充实而有光辉之谓大，大而化之之谓圣"②，要求艺术在"充实"的内容中，必须洋溢着思想道德的"光辉"，只有将两者"化之"才能称作"圣"，即如后世王羲之的书法、杜甫的诗歌、吴道子的绘画那样。

秦凭借关中优越的地理条件、优美的自然环境，在都城之中、南山脚下、渭河两岸建造了许多令人称奇的建筑。其宫殿建筑的重要特征之一，就是"高台榭""美宫室"，宫室都是建在高大的夯土台基上，而且高低参差不齐，显得异常巍峨壮观、富丽堂皇，雍城宫殿遗址、咸阳宫殿遗址、阿房宫遗址等，都表现出这一特点。秦兴乐宫"周回二十余里"③。尤其是著名的阿房宫，"规恢三百余里"，气势磅礴，据载其"上可以坐万人，下可以建五丈旗"。经发掘的咸阳一号宫殿遗址，夯台高起，周环回廊，上设露台，具有四阿顶。由高台底部四围设居室，自下而上分为三级，尤其是凌空飞檐上施以朱绘的各式瓦当，更显得华丽高耸，气势不凡。从文字记载及考古发掘的出土文物中，依稀可以想见当年建筑的风姿。秦陵地宫，据史书记载其顶部绘画或线刻日月星象图，当是对秦始皇帝生前所居住的宫殿形式的真实模拟。可以想见其宫室顶部或墙壁、地面上也是有彩色图画的。被誉为"世界第八大奇迹"的秦兵马俑，依靠群雕的整体气势、宏伟的气魄，显示了秦王威震四海的业绩；依靠多样的人物形象，展现了秦军的威武。其整体的布局，雄强的气势已令人振奋，其尚有保存的彩绘，也具有绚丽的色调、强烈的对比和厚重的颜色，造成了雕塑明快、华艳的风格基调，为整个军阵的容貌平添了几许威武、雄壮、热烈的气息，从而冲淡了陵墓的阴冷与肃杀，更加显示了秦帝国军队昂扬蓬勃的精神风貌。一般来说，秦人尚

---

① ［春秋］孔子：《论语·泰伯》，见［宋］朱熹：《四书章句集注》上，上海古籍出版社，2006年，第137页。

② ［春秋］孟子：《孟子·尽心下》，见［宋］朱熹：《四书章句集注》，中华书局，1983年，第378页。

③ 何清谷：《三辅黄图校注》，三秦出版社，2006年，第52页。

黑，以至"衣服旄旌节旗皆上黑"①；但据兵马俑的彩绘来看，只不过是浅亮的颜色较少而厚重的颜色稍多罢了，据此可以了解秦人的审美观念并非是单一的。

在中国文字书法发展演变的过程中，殷商甲骨文作为最早出现的汉字艺术形式，尽管随着契刻技巧的不断提高，其笔法从最初的单纯追求骨力，逐渐进化到也能刻出丰腴壮美的笔画，并在笔法上能够体现出粗细、轻重、疾徐的变化，但总体来说契刻线条多方折，未能很好地传达笔意。西周的金文从早期（武王、成王、康王）、中期（昭王、穆王）到晚期（共王、懿王、孝王、夷王、厉王、宣王、幽王），已经能够借助填实的笔画、夸张的人与物的象形曲线，以及两头锐出的捺刀式的肥厚的线条，表现出力与势，展现出大美的趋势。较之殷商甲骨文的方折契刻，两周金文含有丰富的意象，迸发出一种蓬勃的原始生命力和雄健恣肆的神采，并且积淀着那个时代祭祀渲染的浓重的宗教情绪，然而这只是半神话时代的似醒非醒的朦胧灵感。

秦代小篆把外射的力变成内蕴的力，用圆弧形的线条构成一个个略长方结体的篆字，似是一种禁锢，象征着一种高压。一个个小篆整齐排列，便似一座座静静的山，一致的陡度，一致的高度，也有一种美感。蔡邕《九势》即谓："藏头护尾，力在字中，下笔用力，肌肤之丽。"沈尹默解释说："凡是活的肌肤，它才能有美丽的光泽；如果是死的，必然相反地呈现出枯槁的颜色。有力才能活泼，才能显示出生命力。"②秦小篆内蕴式的力度，正是秦帝国政治的统一带来的艺术风格的统一。

总之，秦文字艺术的"尚大"，不仅仅是崇尚形体巨大，数量众多，更重要的是要显示出一种胸怀之大、力量之大、气魄之大和趣味之大。贾谊在《过秦论》中形容秦人的抱负时，用了"席卷天下""包举宇内""囊括四海""并吞八荒"的排比文字，非常确切地概括了秦人审美文化的精神特点。秦文字所展现的，也是秦人的这种大气魄！

---

① ［汉］司马迁：《史记·秦始皇本纪》，中华书局，1959年，第237页。
② 沈尹默著，马国权编：《沈尹默论书丛稿》，生活·读书·新知三联书店、岭南美术出版社，1981年，第40页。

第四节 秦文字的艺术风格

艺术风格是在创作主体借助创作客体即艺术作品所托载的思想内容和文字形式的高度统一中，所体现出来的总体的审美特征。所谓文字艺术，亦即文字的审美化和艺术化，后世的书法艺术应该是这一概念的凝聚与升华。其艺术风格具体体现在文字表现的题材内容，所借助的材料和书者的用笔、结字、章法等诸多方面。

一、传播工具与艺术风格

文字的传播工具与其艺术风格之间有着明显的关系。

殷商甲骨文字由于是用金属刻写在龟甲和兽骨上，奏刀必须根据龟甲、兽骨面的形状和纹路因势利导，不能像后人用毛笔在平整的布帛、宣纸上那样"为所欲为"，因而出现的尽是阴刻的方折线条，质朴劲挺，结构上也随字异形，大小参差，章法间或有行无列，错落有致。两周的金文是先把文字书写在软坯上制成模具，然后用烧熔的铜液浇铸，这与在龟甲、兽骨上契刻毕竟不同，因而刻在青铜器上的文字就有了阳刻的"识"和阴刻的"款"。金文的用笔、结构、布局明显优于甲骨文。它一改甲骨文用笔的方折、纤细为圆转、浑厚和多变；结构或工整圆熟、流畅饱满，或错落有致、自然美妙；风格既有一致性，又有多样性。

陈昭容在《隶书起源问题重探》一文中，谈到秦国的正规篆体与俗书之所以形成不同的笔墨意趣时，不同意唐兰"草率的篆体先使用于民间"的观点，而参照"瓦书也是非官方文书，表现出来的风格就与《诅楚文》的严谨大异其趣；商鞅方升也与大良造鞅戟头颇有差异"，认为正规篆体与俗书的差别并不在统治者与民间，而是取决于制作时的态度和工具质材。《诅楚文》用以祭山川鬼神，制作极为严谨，虎符为出兵凭信，亦不可马虎，但前者琢磨于石章，后者錾刻于铜器，圆转与方折就有差异。青铜器上的铸铭一般都较为规整，刻款则较率简，制作不严谨当然是主因，直接以尖锐的工具刻写，难于婉转，也是重要因素,与质材坚硬难刻也有关系。①这就深刻地揭示出文字风格与所托载的材质之间的紧密关系。

秦代的简帛文字,是书写在竹简、木简、竹牍、木牍,以及绢帛等丝织品上的文字。目前发现的秦简牍计有:1979年出土的四川青川秦牍,1986年出土的甘肃天水放马滩秦简牍,1993年出土的湖北江陵王家台秦简牍,1990年出土的湖北江陵杨家山秦简,1975年出土的湖北云梦睡虎地秦简牍,1989年出土的湖北云梦龙冈秦简牍,1993年出土的湖北荆州关沮周家台秦简牍,2002年出土的湖南湘西里耶秦简牍,1986年出土的湖北江陵岳山秦简牍,2002年后在武陵山腹地相继出土的里耶古城38 000枚秦简牍。此外,尚有北京大学藏秦简牍,湖南大学岳麓书院藏秦简,等等。这些简牍绝大多数为木质,所以文字均为墨书,多为古隶,也有篆书。其中,湖北江陵王家台秦简牍中的《归藏》形体最古,接近楚简文字;而《灾异占》为小篆,可能是秦始皇帝"书同文"后通行的篆书;《日书》《效率》《政事之常》为古隶,与睡虎地秦简文字风格一致。竹简文字受材质所限,所以线条多平直,再加上是用毛笔写在竹简上,容易发挥毛笔柔软的特质。战国中晚期后的秦简文字便出现波挑的笔法,继续向简约的方向发展,与后代隶书就逐渐趋近了。这也就说明"隶书是在战国时代秦国文字的简率写法的基础上形成的"②。其主要原因,就是书写材料质地的变化。

秦金文大都是刻在诏版、权量、虎符、货币、玺印和其他器物上。相传秦诏版铭文最初为李斯所书,之后才由他人来完成。少数铭文如商鞅方升铭文字体比较工整外,大多数比较潦草,字形也大小不一,但错落有致,生动自然,或缺笔少画,或任意简化,许多作品表现出率真的意味。由于多数秦诏版铭文是在金属和陶器上凿刻而成,仍然受制于坚硬的材料质地,尽管在线条上努力保持婉转,但不时出现转角方折,笔道瘦硬,不像传统金文的笔势那样圆转,从而形成了秦诏版铭文独特的风格。这种风格与战国秦宗邑瓦书一脉相承,对汉代金文产生了很大的影响。秦权以铜权为多,也有铁权。全国已发现的秦诏铁权出

---

① 陈昭容:《隶书起源问题重探》,见陈昭容:《秦系文字研究——从汉字史的角度考察》第三章,历史语言研究所(台湾),2003年,第47—69页。
② 裘锡圭:《从马王堆一号汉墓"遣册"谈关于古隶的一些问题》,《考古》1974年第1期。

土地有十多处，如山西左云、江苏盱眙、山东文登、辽宁敖汉旗、陕西临潼、河北围场、辽宁赤峰、山西榆次、山东临沂，南京博物院、咸阳博物院等均有秦诏铁权，内容为二十六年（前221）诏书。①虎符文字为标准的小篆。秦代货币铭文是凿刻在圆形方孔的半两圆钱上，其中"半两"二字风格接近秦诏版铭文。这种方整的铭文，在秦代的印章上形成了鲜明的风格。秦印开始使用摹印篆，多以"日"字格和"田"字格作为界栏。摹印篆外形趋方，既与大篆意趣相异，又与以后的汉印浑厚质朴的趣味有别。秦印铭文既体现了小篆的典雅、俊秀，又表现了独特的镌刻之美。

秦代的金文，也散见于秦代出土的兵器上。青铜兵器质地坚硬，凿刻时不如石质易于琢磨，要凿刻出婉转如篆体风格的线条并非易事，其线条方折平直与此有关。尤其是在战事频仍、兵器需求量很大的时代，在质地坚硬的青铜兵器上不可能从容地凿刻线条婉转的铭文，线条只能方折平直。因此，秦兵器铭文风格与秦诏权量铭文大抵相同，原因即在于二者都是凿刻在质地坚硬的青铜器上。

将图形和文字刻在山崖石壁上，是随着人类狩猎活动或其他生产活动的进一步展开而出现的。在法国西南部和西班牙北部的一些旧石器时代晚期的洞穴里，就发现绘有野牛和古象的图画。在我国甘肃大地湾新石器时代遗址的房子里，也发现了绘有人和动物图形的所谓的画。在内蒙古、新疆和云南等地发现的岩画，则是把图形刻在山洞内或崖石之上。这些人类行为艺术的原始记录，实际上就是真正摩崖石刻的"胚胎"。

秦人创造性地继承先民的遗产，舍弃了周人将文字铭刻在钟、鼎、盘、匜上的形式，而创造出一种新的铭刻形式，即将大段意思完整的文字，用成熟的古籀字体刻划在石头之上。根据史书记载，在春秋中期偏晚，秦人已经掌握了冶铸铁器的技术，并将其应用在农业、手工业和日常生活中。在陕西宝鸡凤翔秦景公大墓中，曾出土了铁铲、铁锸和铁斧。但是，秦人却将周人的金文载体——青铜器，换成了自然中的石头，用锋利的铁器将古籀文从石磬、石鼓上进一步铭刻在石崖上。

我国刻字于石上者，最早的要算是春秋中期秦国的两件作品：一件是陕西宝鸡凤翔秦景公大墓出土的编磬文，第二件是石鼓文。磬作为打击乐器，主要

---

① 张延峰：《咸阳博物馆收藏的一件秦铁权》，《文物》2002年第1期。

是用石料或玉料加工成矩折的形状，悬挂在架子上，用木、石敲击发出清脆的音响。凤翔秦景公大墓出土的石磬，已经残破折断成好多节，经缀合后共有铭文 26 条，206 字（包括重文 6 字），最长的刻铭有 2 行 18 字。石鼓文与石磬文的时代相差不远，有刻铭的鼓形石头共 10 块，每块直径 60 厘米，高 90 厘米。原来可能是陈放在今陕西宝鸡凤翔西南汧河以东的长青堡子秦人祀天的鄜畤。石鼓文因其外形似鼓而得名，发现于唐初，共计 10 件，高约 1 米，直径约 0.67 米，分别刻有四言诗一首，共 10 首，计 718 字，字体是从籀文到小篆的过渡，内容是记叙秦王出猎的场面，故又称猎碣。其时代众说纷纭，清末震钧断为秦文公（前 765—前 716）时，民国马衡断为秦穆公（前 659—前 621）时，郭沫若断为秦襄公（前 777—前 766）时，三家之说相差百余年，但均属于春秋前期。今人刘星、刘牧则认为当是自秦始皇帝二十八年（前 219）与鲁诸儒生议刻石颂秦德，至始皇三十四年（前 213）焚书令下三十日之内一段时间，亦即秦人立朝之后。其诗虽属四言，且三句一韵，与泰山刻石文相类，但字体明显属于籀文体系，与这段时间李斯所书小篆大不相类。故结合秦文字体演化轨迹，应属春秋早期。由于是雕刻在石鼓上，文字线条婉转，但久经风雨剥蚀，石损字脱，又显得浑朴。留传于世的北宋欧阳修录存本仅有 465 字。现藏于北京故宫博物院石鼓馆的第 8 鼓马荐鼓，已无一字留存，其他各鼓残留的字，加起来总数也不过 172 字。将思想感情和文化活动铭刻在石磬、石鼓上，秦人的这一开创之功，具有不可低估的历史意义。

另外，据《水经注·渭水》记载，秦昭襄王曾在华山的石头上刻下了"昭王尝与天神博于是" 9 个字，至今没有找到实据。如果属真，那就算是中国最早的由秦人创造的摩崖刻石。战国时代，秦人就留下了有据可查的摩崖刻石。著名的是宋代发现的《诅楚文》刻石，共计有 3 件，一件是《祀巫咸神文》刻石，出土于凤翔开元寺，凡 326 字；第二件是《祀大沈厥湫文》（或称《祀朝那湫文》）刻石，出土于今甘肃平凉西北的朝那湫，凡 318 字；第三件是《祀亚驼文》刻石，出土于今甘肃正宁县东 30 公里的要册湫，凡 325 字。三石同文，是秦惠文王命宗祝祷告巫咸和水神沈厥湫、亚驼三位大神，祈求给楚人降祸的诅咒性文字。这三块刻石亡佚于南宋，其文字仅存有宋拓摹刻的张帖、汝帖本。容庚有《诅楚文考释》，使人可管中窥豹，郑振铎将其收录在《中国历史参考图录》中。

秦始皇帝时期，秦人将摩崖石刻的规模推向了一个前所未有的高峰。统一全国以后，秦始皇帝五次出巡，先后在峄山、泰山、芝罘、琅琊、碣石和会稽等六地七处刻石。这些石刻文字，既有如碣石刻石镌刻在山体峭壁之上的不可动的"摩崖"，也有如其他六处刻在可动的比石鼓大的石头上。秦二世即位后，在秦始皇帝石刻后加刻一些文字。这些石刻随着岁月的流逝，尽管出于自然和人为的原因大部分已经消磨殆尽，但除过峄山石刻外，其他六处石刻，在《史记·秦始皇本纪》中都录有整篇，更可贵的是李斯所书的泰山、琅琊台刻石的原石尚存，峄山、泰山、会稽和琅琊台刻石字迹的拓本也保留下来。从其沉着凝重、古朴苍劲的用笔和宽博大度、疏密得当的结体中，映现出了令后人不断惊叹回首的秦风、秦韵、秦精神，显得弥足珍贵。

秦简是写在竹简上的，在每简一行或两行不等的章法安排中，也布白灵活，伸让疏密皆有变化，特别是长竖延伸的创造或位移走格，带有不规则的奔放风格。而隶书中不时加以草书笔意，有力地表现了书者对书写物质（竹木）的驾驭和征服，呈现了熟练且毫不矫揉造作的书法技法，从而在雅拙的个人风格中率意外露出自由的胸襟。

秦国和秦代的陶文（图321），是戳印打出来或刻划在陶、砖和瓦上的，分印款和刻款两种。有些秦代陶量上还有四个字一方的打印出来的始皇诏。其铭文是以尖锐的刻刀在稍干的泥坯上刻字，字体虽然都是小篆，但转折处也多呈方直状，风格同于秦诏版刻辞。

秦代泥封文字，是戳印在官府公文接口处泥块上以防拆封的文字，大都是将印文戳印上的，风格上有似于秦代印文。由于是将印章戳印在泥上，因而文字体态紧结，横笔具有明显的弧势和圆意，与印章文字相同，但印文线条较细而浅，一些字的笔形有具体鉴别意义。

秦国和秦代的货币文字，自然是铸造在钱面上的，如圆孔圆钱钱文是"珠重一两十二""珠重一两十四""半睘"等，方孔圆钱上的钱文"两甾""半两"因受钱

图 321　秦陶文

面构造所限,钱文列方孔两侧,而"文信行"钱文"文信"二字列方孔两侧,"行"字金文作四直角,似钱面图案,"长安"钱文"长"在空穿之右,"安"字在空穿之下,布局各具特点。秦代外圆内方的法定货币半两钱,相传钱文"半两"二字为丞相李斯所书,列方孔两侧,笔画多方折,朴拙而浑厚。

就秦文字载体的材质对文字风格的影响而言,如果将产生于同一时期的刻于金属和陶器上的诏版文字,与刻在平面石碑上的石刻文字加以比较,就可以看得更加清楚了。在用笔上,诏版文字自由浪漫、随意妙造,其长线条很少且经常出现断笔,而短线则富有节奏感以增强对比,在瘦硬的方折中呈现出鲜明的刀刻感,率意洒脱;石刻文字则遵守"篆引"法度,圆润遒劲、圆健似铁、藏头护尾、粗细均匀、法度严谨。在结体上,诏版文字从字内空间的纵横疏密来看,呈交错变化之状,单字也没有特定的样子,不计工拙,线条和结构都得到解放,开合对比夸张,空间感强烈,打破了小篆中的对称与平衡;而石刻文字则着力追求对称平衡的空间结构,纵势感较强,讲究横平竖直,均匀工稳,空间对称,虽有点工稳刻板,但富有端庄稳重之美。在章法上,诏版各字大小不一,错落随意;而石刻文字则横成行,纵成列,字与字之间间距一致,排布秩序井然。

就秦文字来说,如果说树立在重大庄严场合的秦刻石小篆是极度严谨的"正体",着意树立的是一种国家形象,也映现出当时人们渴望天下和平、社会稳定的时代精神;秦简牍文字则是隶书甚或"草体",映现出的是民间在压抑中摆脱拘束的心态;那么多用于民间百姓发布通告的秦诏版因为是刻或铸在金石上,受到刀工和民间书风的影响,往往将小篆的圆转刻成或铸成方折,尤其在权量上,更展现了一种自由跌宕之美,可以说是施篆的"正体"和近隶的"草体"二者的中和。这三种文字的不同的艺术风格,固然是由其社会功用所决定的,也与文字载体的材质不无关系。

二、秦文字的演化阶段和艺术诸要素

作为字体来说,秦系文字中最具有书法艺术价值的,就是古体大篆、正体小篆和俗体隶书。严格的秦系文字,经历了三个阶段:西周晚期,秦人受周文化的影响,从周人那里学习文字和书法,其文字字体也直接承袭周人《史籀篇》的金文大篆;从春秋时代开始,秦人对《史籀篇》进行"省改",其籀文已逐渐舍弃图像化而演化出秦的正体小篆;到战国中晚期再从小篆、古隶中演化出隶书,已经具有符号化的基本特点了。

西周晚期,周宣王命太史编成《史籀篇》十五篇,统一了大篆的偏旁和单字写法,作为课童字书向全国颁行。秦人居于宗周故地,其文字自然以《史籀篇》为依据,多用籀体。秦人铸造的不其簋,其铭文与西周的金文并没有太大的区别。后来,秦人在对周人的大篆已经熟悉的基础上,便根据自己的民族习性和审美趋向,在吸收中对其加以改造。1978年宝鸡太公庙村出土的春秋前期偏后的秦武公(前697—前678)所作五件铜钟、三件铜镈,铭文字体已有一定的秦篆意味,①其用笔、结体与西周的金文大篆或玉箸体已经有所区别了。

此后,秦国出现的石鼓文,"字体不类隶与蝌"②,其字形规范统一,构字部件规范化,书法简净平和,与东方六国文字相比,更接近宗周籀文的原貌,故今人将其归属于籀文系统,"既晚于秦系文字的秦公簋,也晚于春秋战国之交的《史籀篇》"③,"正处于书写汉字者自觉地调正笔画,促长引短,使上下左右比重均衡的摆成四方块结构的过渡时期"④。其书体上承金文,下启秦篆,虽间有象形痕迹,但用笔粗细停匀、古朴自然、圆转流畅,结字整齐规范,体态修长、方正严谨,布局纵横有致而又不失规矩,书风高雅安详、端庄雅丽,明显继承了西周金文大篆或玉箸体某些传统,是由大篆向小篆的过渡,并为秦篆的普及奠定了规范化的基础。康有为对其产生意象化的审美感受,云:"如金钿落地,芝草团云,不烦整截,自有其采。体稍方扁,统观虫籀,是体相近。石鼓既为中国第一古物,亦当为书家第一法则。"⑤

王国维曾以潼关为界,将战国版图分为宗周故地和东土,将战国文字分为籀文与古文两大流派:"古文、籀文者,乃战国时东、西二土文字之异名,其源皆出于殷周古文。而秦居宗周故地,其文字犹有丰镐之遗,故籀文与自籀文出

---

① 李学勤:《秦国文物的新认识》,《文物》1980年第9期。
② [唐]韩愈:《石鼓歌》,见陈迩冬选注:《韩愈诗选》,人民文学出版社,1984年,第98页。
③ 唐兰:《石鼓年代考》,《故宫博物院院刊》1958年第1期。
④ 陈昭容:《论石鼓文的相对年代》,见陈昭容:《秦系文字研究——从汉字史的角度考察》第二章,历史语言研究所(台湾),2003年,第15—47页。
⑤ [清]康有为:《广艺舟双楫》,见上海书画出版社:《历代书法论文选》,上海书画出版社,1979年,第754页。

之篆文,其去殷周古文反较东方文字(即汉世所谓古文)为近。"①

出土于宗周故地的秦武公钟镈和景公磬的字体纤细有如游丝,但精神劲健,字体同石鼓文贴近,应该是秦人以大篆(籀文)为基础而形成的秦系文字,成为秦人以后"或颇省改"而形成小篆的前身。

秦小篆主要凿刻在秦诏版与秦诏权量和虎符、货币、玺印和其他器物上。大篆演化为小篆,是秦国文字长期发展的结果。小篆笔画固定,偏旁统一,形体一致,结构左右对称,笔法圆转,规范化程度相当高。小篆的确立,使得篆书完全定型,克服了西周至春秋战国时期文字形体不一、写法歧异的混乱局面。从文字学来看,小篆尽管没有完全舍弃图像化,但已经极大地弱化了中国上古文字象形的意味,使得文字开始从图像化逐步向符号化演进,从而为古文字演化为今文字打下了良好的基础。

与秦刻石相比,秦代刻符、诏版、权量、虎符等器物上的小篆,尽管也属于官方文字,但并不那么严谨规范。由于是"民间体"的官方应用文字,不似石刻文字那样沉着凝重,端庄谨严,而更注重自由洒脱的意蕴,充满着天真风趣的艺术特色,有些已富于变化,参以隶意。其字形大小不一,错落有致。由于是刀刻,包含着稚拙的刀艺术。转角方折,笔道瘦硬,生动自然,既具有率真的意味,也具有高古的金石格调。如秦始皇帝二十六年(前221)所制秦诏版(又称秦量诏版),虽是从实用角度出发,不计工拙,但也不是随意为之,而表现出一种自然灵动、天趣横生的风格。观此版,以方笔为主,兼以圆笔;字形取纵势,忽大忽小,变化多端,错落有致;行距不一,时宽时窄;章法布局不拘一格,时疏时密;书风潇洒灵动,飘逸流畅。虎符小篆铭文,据王国维分析:"文字谨严宽博,骨劲肉丰,与泰山、琅琊台刻石大小虽异而体势正同,非汉人所能仿佛",尤其是秦阳陵虎符文所存24字,"字字清晰,谨严浑厚,径不过数分而有寻丈之势,当为秦书之冠"。②

秦代纪功刻石文的字体是标准规范的小篆,呈长方形,上密下疏,大小划一,行距相等,笔画粗细一致,用笔瘦劲圆畅,委婉中见刚劲,具有端庄典雅之美。泰山刻石和琅琊台刻石传为李斯所书,经考证泰山刻石残存10字,琅琊台

---

① 王国维:《观堂集林(外二种)》,河北教育出版社,2001年,第186—187页。
② 王国维:《观堂集林(外二种)》,河北教育出版社,2001年,第562页。

刻石残存86字，内容均为二世诏，风格上虽有明显差异，但同为秦代的标准小篆，其字形呈长方形，用笔圆转流畅，刚健劲利，结体均衡，章法布白端庄谨严，一丝不苟。正如清人刘熙载《艺概》所云："秦篆简直，如峄山琅琊台等碑是也。"清杨守敬跋峄山刻石长安拓本时亦云："笔画圆劲，以泰山二十九字及琅琊台校之，形神俱肖，所谓下真迹一等。故陈思孝论为翻本第一，良不诬也。"

秦系文字发展至小篆，已经舍弃了金文大篆那种单一的凝重之态，而开始较多地融入了书写者的感情色彩，呈现出个性化的艺术色彩。张怀瓘《书断》即对秦代小篆进行审美观照，推崇其飞动之势云："秦小篆者，秦始皇丞相李斯所作也。增损大篆，异同籀文，谓之小篆，亦曰秦篆。始皇二十六年，始并六国，斯时为廷尉，乃奏罢不合秦文者，于是天下行之。画如铁石，字若飞动，作楷隶之祖，为不易之法。"[①]

"字若飞动"，点出了秦篆是开一代书势的转折点。《书断》对小篆的赞语又曰"长风万里，鸾凤于飞"，这也是对"字若飞动"的补充和描述。张氏在《六体书论》中论小篆，在指出"其形端俨"的同时，也再一次指出"其势飞腾"。总体来看，秦篆之"画如铁石"为静态之势，可见笔力千钧，沉着凝重；"字若飞动"动态之气，可见运动活力，潇洒飘逸。如果没有"画如铁石"而仅有"字若飞动"，倒是不乏鲜活之气，但很难形成铁石之势。气凝来自势，势聚而为气，气势相兼，遂肇启楷隶，为不易之法。

作为具有象形造型形质的秦篆，无疑仍然遗留着古文字崇尚象形的倾向，但它又扬弃了金文那种凝重之象，而表现出飞动、飞腾之势。因为较之殷商甲骨文和西周金文，秦篆以及此前的石鼓文无疑偏于整齐停匀的端俨之美。尤其是小篆，"增损大篆，异同籀文"，在一定程度上开始简化、净化其象形造型形质，也在一定程度上开始摆脱模拟物象的沉重躯壳，彻底抛弃了大篆中的"初文""完文"。从线条上说，它不像金文那样使用肥笔、粗笔，而是实现彻底的瘦化，粗细一律，因而画如铁石，而又显得轻灵流通。小篆纵长的体势，一般表现为上密下疏、上浊下清，用蔡邕《笔势》的话说，是一种"纡体放尾，长翅短身"之美，能表现出"若行若飞，跂跂翾翾，远而望之，若鸿鹄群游"之势。

---

① ［唐］张怀瓘：《书断》，见上海书画出版社：《历代书法论文选》，上海书画出版社，1979年，第154页。

当然，秦小篆的"字若飞动"，还只是一种隐含之"势"。和秦篆并生或稍后产生的草篆和秦隶，便比较彻底地解散了殷商甲骨文、西周金文的象形框架，其飞动之势就显得更加活跃了。

秦简书法也有同样的审美效果。由于受材料的限制，秦简书法一简一简的书写形式只能偏重于上下的行气，而无法顾盼左右之间的关系，但却独具字虽小而气势大的特征和开放不封闭的形象。秦简简面上大多是1厘米左右的小字，偶尔才有3厘米左右的大字，书者力求疏朗放纵，左撇右捺，欲使结构紧而不密，疏而不松，极力随意挥洒，行舒展之意，不仅没有使文字显得分外的拥挤、拙重，反而显示出夸张伸展的大气势，给人以奔腾无羁，不觉其小，反觉其大的浪漫韵味。隶书法度中用以草书笔意，不仅透露出一种古意盎然的拙笨情趣，更可从小字中领悟到线条运动的大气魄。

作为戳印或刻划在陶、砖、瓦上的秦代陶文，多为阴文，少数为阳文，字体都是小篆，但较为工整，笔道瘦劲刚健，也常混入民间俗体，与古隶风格相近。此外，发现于陕西咸阳、陕西西安临潼秦陵、湖北云梦睡虎地秦墓的日用陶器和瓦器上的"市亭"类印陶文字，以及在陶制量器上以戳印形式钤压出的成篇的秦诏铭文，由于出自工匠之手，字形比较草率奔放，偏旁互移，似篆似隶，笔画随意增减，但却刚劲有力，由此可以看出篆隶之间的演化过程。

隶书自起源之日起，其源出何时，为何人所创？历来众说纷纭。在众说中有两种比较盛行：一种认为起源于周朝，即如后魏郦道元在《水经注》中所言："临淄人发古冢得铜棺，前和外隐起为字，言齐太公六世孙胡公之棺也。唯三字是古，余同今字。证知隶书出古，非始于秦时。"另外，《佩文斋书画谱》卷一记载，唐代的杜光庭认为："胡公又在春秋之前，即隶书兴于周代明矣。"另一种认为隶书起源于秦朝，如东汉许慎在《说文解字·叙》中言："秦始皇帝初兼天下……大发吏卒，兴戍役。官狱职务繁，初有隶书，以趣约易，而古文由此而绝矣。"同样，晋时卫恒在《四体书势》中也这样认为："秦既用篆，奏事繁多，篆字难成，即令隶人佐书，曰隶字。汉因用之，独符玺、幡信、题署用篆。隶书者，篆之捷也。"这两种认为隶书起源于秦代的说法有一个共同点，就是把隶书的出现归结为秦时政务繁忙，而当时通行的篆书不能满足繁忙政务书写的要求，即所谓"隶书者，篆之捷也"。唐代张怀瓘在《书断》中更是明确地指出："案隶书者，秦下邽人程邈所造也。邈字元岑，始为衙县狱吏，得罪始皇，幽系云阳狱中，覃思十年，益大、小篆方圆而为隶书三千字。"对于以上两种看法，笔者认为隶书源起于汉字古文系统的较晚时期，即东周时代，成熟于战国晚期的秦国至秦帝国。即成熟的隶书应出现于战国后期至秦代这段时期，出现的原因是随着时代的发展，"奏事繁多，篆字难成"，而隶书则更能适应时代发展的需求。至于说隶书之所创者，就像小篆的出现归功于李斯一样，程邈应该是在由篆及隶方面做过一番整理工作，就冠其创始之名，这就是一家之言了。

战国至秦代乃至西汉作为隶书的创始期和过渡期，现今保留的相关资料众多。战国时的帛书以及竹简上的文字，就带有隶意笔法，即所谓字形扁平、体式简约。睡虎地的秦简上的文字，可作为由篆及隶的过渡期文字的代表作。通观这时的隶书，还没有完全脱离篆书的笔法，因此，秦隶又被称为古隶，当然，"古隶"一词颇多歧义，有的兼指战国楚国的竹帛书作品的文字，秦国的这种隶法，相较小篆来说，则去繁就简，变圆为方，改曲为直，改"连笔"为"断笔"，从线条向笔画转变，更便于日常书写。所谓的"八分书"，就应该是篆书与隶书之间的一种过渡性的字体。陆游《老学庵笔记》卷十记载："周越《书苑》云郭忠恕以为小篆散而八分生，八分破而隶书出，隶书悖而行书作，行书狂而草书圣，以此知隶书乃今真书。"这种字体割程邈隶字的八分取二分，割李斯的小篆二分取八分，故名"八分"，后被汉代蔡邕简化为汉隶用作官方字体。因此，"八分书"应该是隶书的一种，它是带有明显波磔特征的隶书。所以其又被称为"分书"或"分隶"。

秦代隶书"是在战国时代秦国文字的简率写法的基础上形成的"[1]，也就是说是"在草率篆体的基础上发展出来的，解散篆体，粗疏为之，以期达到书写时更省易的目的，其较篆体更趣简省"，"尤其是要应付战国日益繁杂的社会，像兵器数量庞大，刻款时破圆为方、减省笔画都能节省许多时间，隶书的写法就在这一步一步的方折减省中逐渐形成了"[2]。对隶书作为从小篆演化而来的一种新字体，从汉代以来一直流传着狱吏程邈为秦始皇帝创造隶书的说法，《汉

---

[1] 裘锡圭：《从马王堆一号汉墓"遣册"谈关于古隶的一些问题》，《考古》，1974年第1期。

[2] 陈昭容：《秦系文字研究——从汉字史的角度考察》第二章，历史语言研究所（台湾），2003年，第15—47页。

书·艺文志》和《说文解字·叙》等也都说隶书开始于秦代。但从近几十年出土的秦文字资料来看,隶书出现的时代并非是秦代,而是战国晚期之前。战国晚期秦国流行于民间的隶书,是一种由篆向隶转化的字体,学术界称之为秦隶、古隶或篆隶,统称古隶。古隶是当时一种书写便捷的俗体字。"隶"是隶属的意思,后世解释为用于奴隶的字,于监狱行使,是不尽正确的。实际上,前人对于隶书"始于秦"的说法,早就有异议。郦道元《水经注》根据出土的齐太公六世孙胡公铜棺,即谓"隶自出古,非始于秦"。唐兰《中国文字学》认为《汉书》《说文解字》和《四体书势》所谓秦代"官狱多事,才建隶书"是"倒果为因,实际是民间已通行的字体,官狱事繁,就不得不采用了"。秦代的竹简、木牍和帛书上的文字,都属于秦之古隶,其体势已经全然隶化,但是在结构方面,还保留着一定的篆书意味。古隶因为书写方便,较为实用,成为秦和汉初通行全国的文字,这是汉字学史上的转折性大事。睡地虎秦简《语书》《秦律十八种》等,都是官方文书,证明秦代不仅统一小篆,而且也提倡隶书,甚至把隶书用于官方文书中。这种古隶由于是从小篆演化而来的,所以既保留着先秦文字篆书的写法,又出现了隶书的写法。桂馥《晚学集·说隶》所谓"篆之初变乎隶,尚近于篆",正说出了秦之古隶的这个特点。

此后,包括西汉初期的隶书虽仍然保有一定的篆意,但已明显减弱。隶书的"蚕头燕尾"以及逆入平出的笔法时见笔端。五凤刻石与莱子侯刻石可作为西汉篆书向隶书过渡的代表作品。及至西汉末年,隶变的任务已完成,隶书完全臻于成熟。

第五节　秦文字与汉字艺术

秦系文字由于产生于"古质"的时代,雕刻、凿刻于青铜、石器之上,在汉字艺术品上更具有后代书家所仰望追慕的金石气息,因而不仅对汉代以后文字书法的书体、载体产生了直接的影响,而且还导引出清代书法的"碑学"流派,给魏晋南北朝以至宋、元、明时期以帖学为主导而日益孱弱的书法艺术,注入了刚健大度的气息。

一、秦碑与汉碑

秦始皇帝刻石,对后代多种石刻文字的形成起了先导的作用。随着时代的延续,后代刻字载体的形式日益多样化,相继出现了刻石、碑碣、石经、经幢、墓志铭、造像题记等形式。追根溯源,后代这许许多多的刻石,都是起源于秦代的文字刻石。

鲁迅曾谈到秦代刻石文"质而能壮,实汉晋碑铭所从出也"①。西汉继秦代之后,更多继承战国、秦代书写简册的传统,纪事与抄书以传承典籍成为国家和社会生活的一种文化盛景,促进了简牍业的繁荣。相比之下,大型摩崖刻石缺少了政府行为的支撑,没有出现像石鼓文那样的组合刻石,所存文字体量不大,文字内容也很简单,更缺乏文采。如汉文帝后元六年(前158),赵王刘遂与群臣饮酒,遂有"群臣上寿刻石",文作"赵廿二年八月丙寅群臣上寿此石北"15字,树立于今河北永年朱山顶上。石刻字体是小篆,但已趋近方形,转笔方折,含有隶意。这应该是西汉最早的摩崖石刻。

汉武帝也紧随秦始皇帝脚步,曾多次登泰山,行封禅礼,也南巡九嶷山、天柱山,北上琅琊。《汉书·武帝纪》多有对刻石的记载,但至今还未见到这些摩崖刻石的任何遗迹。元封元年(前110)的刻石,据应劭说"立石三丈一尺",刻辞强调礼义孝仁的治国宗旨,计45字,但未见遗迹。汉武帝茂陵的陪葬墓之一霍去病墓上,有一批大的动物造型石雕,在一块花岗石上,是阴刻隶书"平原乐陵宿伯直霍巨孟"10字,另一石上阳刻篆书"左司空"3字。虽然字数不多,但书体规整、端庄、秀丽。鲁孝王刻石(图322)是金章宗明昌二年(1191),在孔庙鲁灵光殿基西南的钓鱼池遗址上出土的,上有隶书"五凤二年鲁卅四年六月四日成"13字。

西汉末年最有名的刻石是莱子侯刻石(图323),又名莱子侯封田刻石、莱子侯赡族戒石

图322 鲁孝王刻石文

---

① 鲁迅:《汉文学史纲要》,人民文学出版社,1973年,第36页。

等，因刻文开始有"始建国天凤三年"等语，也称天凤刻石，刻有35个隶书字。此外，还有鲁北陛刻石、广陵中殿刻石、麃孝禹刻石、连云港苏马湾地界刻石和杨量买山刻石等。

西汉时代遗留的这些刻石，无论是规模、气势还是文物价值、艺术价值，与秦代刻石都不可同日而

图 323　莱子侯刻石

语，但这些零碎的刻石不约而同地大都采用隶书，这提供了秦汉之际字体流变的信息。如同秦人当初立足于周人故地，一开始不能不因袭周文字一样，汉人在秦人故地上建都立国，对于战国晚期这块土地上已经比较成熟而且很实用的隶书这一新型字体，便都大胆地加以采用，使其成为流行且出身于社会下层的字体。况且，汉代统治阶层对其故地那些已经被秦代文字同化了的文字，也没有多少印象，更不留恋。如同在国家体制上"汉承秦制"一样，汉人对眼前的秦代隶书也采取了"拿来主义"。

直至东汉时期，秦代所开启的刻石文化才呈现出繁花似锦、盛况空前的局面。以碑碣和摩崖为主的文字刻石大量出现，成为刻石定型的重要阶段。据杨殿珣《石刻题跋索引》记载，东汉时期的碑、志、石经、题名题记、诗词、杂刻等共约470余件，最能代表汉代书法艺术的还应属那些隶书碑刻。传世的汉碑有数百种之多，从书法角度来分析，可分为三种类型：

一是属于法度谨严、端庄秀美的一类，如乙瑛碑（图324）、张景碑（图325）、礼器碑（图326）、华山庙碑（图327）、韩仁铭碑（图328）、史晨碑（图329）、曹全碑（图330）、朝侯小子残石、郑固碑、熹平石经、孔彪碑、刘熊碑、武梁祠画像题字等。

二是属于雄强茂密、厚重古朴一类的，如张迁碑（图331）、鲜于璜碑（图332）、幽州书佐秦君阙、衡方碑等。

三是属于纵横跌宕、率真自然一类的，且多为刻石，如《石门颂》刻石（图333）、《杨淮表记》刻石（图334）、开通褒斜道刻石（图335）、右扶风丞李禹刻石等。

图 324　乙瑛碑拓片局部　　图 325　张景碑拓片局部　　图 326　礼器碑拓片局部

图 327　华山庙碑拓片局部

图 328　韩仁铭碑拓片　　图 329　史晨碑拓片局部

第五章 艺术论 349

图330 曹全碑拓片局部 　　图331 张迁碑拓片局部 　　图332 鲜于璜碑拓片局部

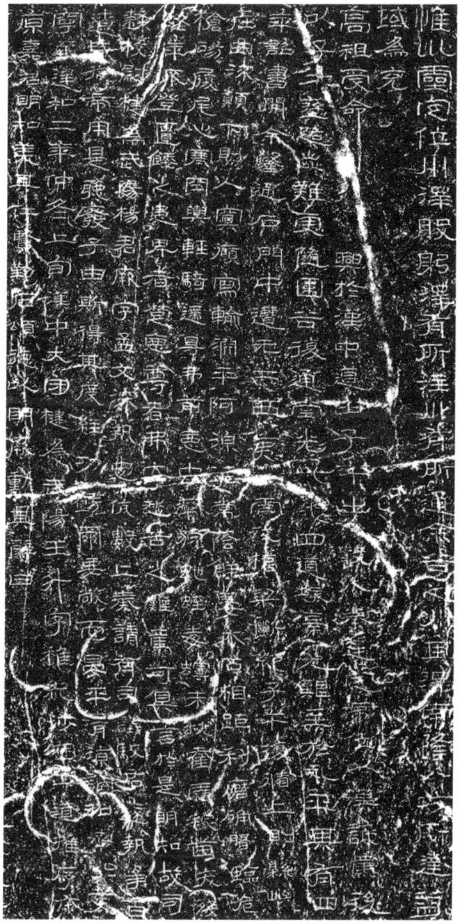

图333 《石门颂》刻石拓片 　　图334 《杨淮表记》刻石拓片

其中，褒斜道摩崖石刻即有 180 平方米左右，堪称"摩崖史书"。"石门十三品"中汉刻 8 品，曹魏、北魏刻各 1 品，宋刻 3 品，从书体上可以勾勒出由篆而隶、由隶而楷的发展轨迹。形成于汉明帝永平六年（63）的开通褒斜道刻石，竖刻隶书 12 行，每行 6 或 11 字，字径达 11 厘米，是自秦之后时间最早、字数最多的摩崖石刻。褒斜道摩崖石刻中尤以"摩崖三颂"最为有名。刻于汉桓帝建和二年（148）的《石门颂》刻石高 261 米，宽 205 米，隶书 21 行，每行 30 字左右，运笔沉稳，结体开张，章法错落，书体则由篆而隶、由隶而草，被誉为"隶中草书"；刻于汉灵帝建宁四年（171）的《西峡颂》刻石（图 336）高

图 335　开通褒斜道刻石拓片局部

340 米，宽 220 米，计 385 字；仅比《西峡颂》刻石晚一年的《郙阁颂》刻石（图 337）高 170 米，宽 125 米，计 472 字。尽管这些石刻的内容都是歌颂地方官的功绩，但也提供了交通和水文方面的资料，而其字体方正，笔画平稳而开张，锋折遒劲，体现出汉隶的淳朴古拙及其体势的雄伟。同时出现的华山碑、曹全碑、

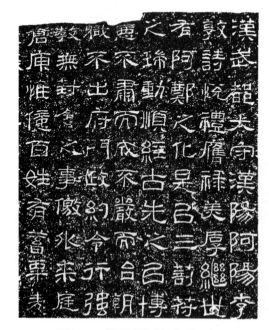

图 336　《西峡颂》刻石拓片局部

图 337　《郙阁颂》刻石拓片局部

衡方碑、张迁碑等汉代刻石,将隶书艺术发展到高度成熟的阶段。

汉代以后,石刻成为保存中国文字、书法艺术的主要载体之一。米芾、黄庭坚等书家,都在多处摩崖上留下了真迹。而楷书、行书、草书等书体,欧、颜、柳、赵以及张旭、怀素等书家的艺术杰作,都借石刻得以保存,供人临摹。西安碑林汇集了历代著名的石刻书法名碑,成为中国书法的艺术宝库。

值得注意的是,汉碑石刻尽管用的是汉代风格各异的隶书,但所题碑额大都是小篆,既增添了整块碑石的庄重之感,也默默地昭示了中国文字自秦小篆而至汉隶书的演化轨迹。

秦刻石文不仅直接影响到汉晋时代刻石纪功的碑铭文,而且影响到当时的艺术思想。汉人"文者宣教明化于王者朝廷"[①],便是明确地要求为文者必须像秦代刻石文那样为朝廷"宣教明化"。蔡邕《笔赋》更明确地要求书法作品必须:"书乾坤之阴阳,赞三皇之洪勋。叙五帝之休德,扬荡荡之典文。纪三王之功伐兮,表八百之肆勤;传六经而缀百氏兮,建皇极而叙彝伦。综人事于晻昧兮,赞幽冥于明神。"[②]

这是书法与伦理结合的典型例证。汉人对与伦理教化无关的书体极力排斥。赵壹的《非草书》便认为仓颉、史籀这些圣人所造的篆书才是书之正宗,而秦末"官书烦冗,战攻并作,军书交驰,羽檄纷飞",因"趋急速"而出现的草书"上非天象所垂,下非河洛所吐,中非圣人所造",属于"非圣人之业也"。赵壹因草书不能弘道兴世而"非"之,于书体演化和艺术表现而言不无片面之处,但他强调书法弘道兴世的功用,则显示出当时人的共识。

为秦代石刻文字所开启、为汉代以后碑刻书法所继承发展的石刻文字艺术,为中国书法艺术张扬起雄强博大的金石气息。

二、秦篆与篆书

秦代为推行"书同文"的政策,作"秦三仓"。秦代这些用小篆写成的字书,

---

① [汉]许慎:《说文解字·叙》,见崔尔平:《历代书法论文选续编》,上海书画出版社,1993年,第3页。
② [汉]蔡邕:《笔赋》,见上海书画出版社:《历代书法论文选》,上海书画出版社,1979年,第5页。

对汉代产生了直接的影响,随即出现"汉三仓"。

西汉中后期,通习秦文字的张敞曾奉诏正读《仓颉篇》,扬雄则续作《训纂篇》。据《汉书·艺文志》记载,汉宣帝时(前73—前49),太中大夫张敞奉召正读《仓颉篇》,"《仓颉》多古字,俗师失其读,宣帝时征齐人能正读者,张敞从受之,传至外孙之子杜林,为作训古,并列焉"。到了汉平帝元始年间(1—5),"征天下通小学者以百数,各令记字于庭中。扬雄取其有用者作《训纂篇》,顺续《仓颉》,又易《仓颉》中重复之字,凡八十九章。臣复续扬雄十三章凡一百二章,无复字,六艺群书所载略备矣"。今据《说文解字·叙》:"孝平时,征(爰)礼等百余人,令说文字未央廷中,以礼为小学元士。黄门侍郎扬雄采以作《训纂篇》,凡《仓颉》以下十四篇,凡五千三百四十字,群书所载,略存之矣。""秦三仓"共55章,3 300字。扬雄续作《训纂篇》共89章,5 340字。东汉和帝永元年间(89—105),郎中贾鲂又续扬雄《训纂篇》而撰《滂喜篇》。后人以"秦三仓"为上卷,《训纂篇》为中卷,《滂喜篇》为下卷,这就是所谓"汉三仓"。此外,西汉武帝时司马相如作《凡将篇》,元帝时黄门令史游作《急就篇》,成帝时将作大匠李长作《元尚篇》。"汉三仓"加上《凡将篇》《急就篇》《元尚篇》,成为秦汉时期极有影响力的童蒙识字书。

这几部字书中,《急就篇》留传下来,而在出土的阜阳汉简、北大汉简、玉门汉简、居延汉简、流沙汉简、马圈湾汉简、水泉子汉简等汉简中均有《仓颉篇》,余者均已散逸不传。然而这些佚书在传世文献中常常被引用。《说文解字·叙》中引用了《仓颉篇》中"幼子承诏"一句。清代孙星衍将前人引用过的《仓颉篇》、"三仓"文句收集起来,编成《仓颉篇辑》一书。王国维又有《重辑仓颉篇》,清代马国翰收集前人引用的《训纂篇》文句,编入他所辑《玉函山房佚书》中。任大椿也收集由汉至清被引用的《仓颉篇》,"三仓"、《凡将篇》文句,编入他所辑《小学钩沉》一书中。

"秦三仓"对"汉三仓"的影响,主要表现在"书同文"的思想上,因为《急就篇》的字体是汉代通行的隶书。其对《说文解字》的影响,则不仅是在文字思想上,还在小篆的字体上。

鉴于汉字经过隶变之后,形体发生了很大变化,难以看出其本来面貌,所以《说文解字》主要以小篆作为说解对象。全书正文14篇,加上《叙》1篇,共15篇。全书收字9 535个,重文1 163个,解说字数共133 441个,共540部。是我国第一批分析字形、解说字义、辨识声读的字典性质的文献之一，是收罗小篆字形最多的一部字书。《说文解字》尽管有汉代发掘出的古文经典中的古文、取自《史籀篇》的籀文，有作为古文特异写法的奇字、作为小篆异体的为时俗所用的俗体等，但主要是以秦时用来统一全国文字的标准字体——小篆作为正体，字头9 535字所列，基本都是小篆，有时所收重文注明为"小篆"或"篆文"者，则字头不是古文就是籀文。

王国维根据《仓颉篇》3篇凡3 300字，而且有重复字，《训纂篇》只5 340字，而《说文解字》正字多至9 353字，提出："此四千余字者，许君何自得之乎？"[①]他认为是出自古文和籀文。后来学者研究认为《说文解字》所录正篆有部分并非秦篆，而是汉代经过加工的篆字，这些字与汉代当时流行的古隶结构相同或相近。《说文解字》中的汉代篆文，包括小篆、缪篆和鸟虫书。从出土文物上的文字资料来看，汉篆有金文、石刻文、陶文等，但绝大多数汉篆来源于秦篆。它们有的省减秦篆的部分形体，有的增加部分形体，有的改变部分形体。其中，有一些新造的汉篆，不过只是很小一部分，主要表现在多种异体并存、偏旁单字混用、与隶书关系密切等方面。识别汉篆，可以从古今音变的角度，还可以根据古文字体演进序列和古文献资料及有关记述来进行识别。赵平安《说文小篆研究》一书根据古文字演进序列，认为《说文解字》中的"宁""荆""丕""引""同""铜""与""受""授""羞""野"等字应属于汉篆。这些从秦篆演化而来的汉篆，在结构上多数没有变化，有的在笔画、部件或偏旁上发生某种变化，这些变化有些是明显的，有的是细微的。这些都体现了秦篆对汉代篆书的直接影响。

除了"汉三仓"等字书和《说文解字》这样的字典直接受到秦篆的影响外，汉代篆书在当时的社会生活中主要用于高级官方文书，其他又用于枢铭、官铸金文、碑碣石刻文字、印章文、宫室砖瓦文字等。汉代小篆主要存于汉代早期的刻石中，西汉石刻文字大都小而书写草率，较纯正的小篆仅见于鲁北陛刻石、祝其卿坟坛刻石、上谷府卿坟坛刻石等。这些石刻字体虽然属于小篆，但字形笔势已经变圆为方。在西汉篆隶嬗变中，处于过渡形态的字体，更明显地表现

---

① 王国维：《观堂集林（外二种）》，河北教育出版社，2001年，第194页。

在西汉的刻石中，如群臣上酬刻石（图338）、霍去病墓石（图339）、广陵中殿刻石（图340）等。笔法基本上是变圆为方，有的字形结构已经呈现出隶意。西汉的这些刻石，尽管都是篆书，但是粗糙简率，纯正的小篆字体大多已经不复存在，大部分都是似篆非篆、似隶非隶的过渡字体，与秦代小篆刻石的精密规整显然不同。这种状况必须指明，西汉人的篆法已经不精纯，其间，有隶意存焉。经过今古文经之辨，秦篆又一次受到重视，比较规矩的小篆作品在东汉重现。

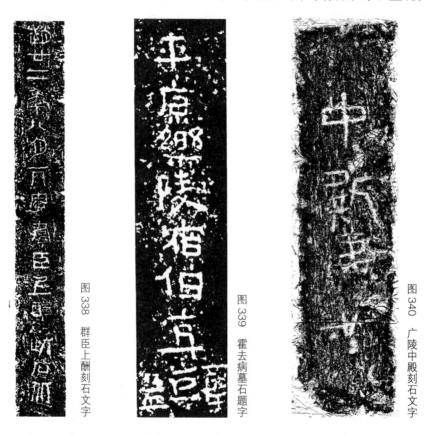

图338 群臣上酬刻石文字　　图339 霍去病墓石题字　　图340 广陵中殿刻石文字

东汉著名篆书碑石文有开母石阙铭（图341）、少室石阙铭（图342）、袁安碑文（图343）、袁敞碑文（图344）、祀三公山碑文（图345）、鲁王墓石人题字等，结字茂密，体势方圆结合，是东汉篆书的代表。袁安碑刻立于东汉永元四年（92），出土后一直被用作河南省偃师县辛家村牛王庙内的供案，直至民国十八年（1929）碑上的字迹才被发现。这块袁安碑上文字的字迹清晰，笔力遒劲，字形有飞动之势，结体宽博而婉转流畅，章法布局疏密停匀，不失为汉篆中的上乘之作。东汉隶书碑碑额的篆书也很有特色，一改秦篆一味追求圆转妍媚之状，而稍显规整质朴之态，也不乏鲜活之气。如景君碑、韩仁铭、郑固碑、孔宙碑、鲜于璜碑、华山庙碑、张迁碑、尹宙碑、赵宽碑、白石神君碑、王舍人碑、樊敏碑、唐公房碑、尚府君残碑等，多是篆书2行，字数多为6、8、10或12，其篆书的成分减少而隶书的成分增加，表现了多姿的汉篆风貌。

图 341　开母石阙铭

图 342　少室石阙铭

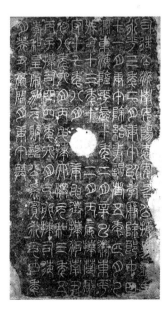

图 343　袁安碑文

图 344　袁敞碑文

图 345　祀三公山碑文

汉代金文中的小篆似乎要继承秦小篆的传统，如西汉的南越文帝九年勾曜、中山内府铜镬、汉长安铒、汉长安尺，以及新莽时期的新嘉量（图 346）、新莽秤、新莽九斤权等，其上字体均是小篆但参有隶意。汉代大量金文作品的字体是缪篆，如西汉的长安下岭宫灯、承安宫灯、万岁宫灯、上林共府铜升等器物上的铭文。汉

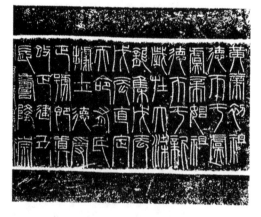

图 346　新嘉量铭文

代金文篆书大都精美而自然洒脱，如西汉的长杨鼎铭文、云阳鼎铭文、上林鼎铭文（图 347）、上林共府升铭文（图 348）等，都具有代表性。

汉洗铭文的"洗"是用模铸的，汉洗为圆形，通常从中间开一长方条状部分，文字刻在其中。因为是金属铸造，文字多清晰完整。较之刻在石碑上的秦小篆，这类铭文适当运用了装饰手法，或在直线中加入弧线，或以云篆、虫篆将局部笔画装饰成云纹、虫纹，字形随需要而变化，内部屈曲，笔画重叠，是富有装饰趣味的小篆，在汉金文中独成一系。具有装饰趣味的汉金文，多见于东汉。

图 347　上林鼎铭文　　　　图 348　上林共府升铭文

汉镜铭文（图 349）始见于西汉初，多为小篆，字数较少。文景之后缪篆和篆隶混合的变体开始流行，新莽至东汉之际流行简化隶书，东汉则大量出现篆隶装饰变体。汉镜铭文的内容主要是富贵吉祥之语，如"见日之光，天下太阳，服者君卿，所言必当""长毋相忘"等；或以升仙思想为主题，如"尚方作镜正大巧，上有仙人不知老，渴饮玉泉饥食枣"等。铜镜主要是以阳文款识装饰成文字圈，内外圈铭是常见的形式。此外，在镜背钮周围以方形排列的铭文也多见。铭文的单字装饰十分丰富，如为了突出字形的方整，将笔画的两端增加装饰挑脚，有的如刀斧状；又如为了将文字与圆镜上的纹饰图案统一，将四方形的结

图 349　汉镜铭文

构全部变成圆形或菱形，还有将笔画装饰成垂针状、柳叶状或云纹状等。

汉印文字字体多数为篆文，主要是由摹印篆发展而来的缪篆，往往具有独特的风格。玺印文字要求"匀而满之"，即要求整个印面和每个字形都显得匀称，而每个字形基本上能填满分配给它的空间。为做到这一点，往往改变小篆笔画原本的长度、曲直，有时还调整偏旁位置。在汉印等物的篆书文字里，还可以看到一些装饰性很强的美术字。它们以笔画屈曲为特点，往往加上小曲线、鸟纹或鱼纹等作为装饰，有时还把整道笔画改成鱼形或鸟形，例如王获私印、杜林私印、武印、利日印等。著名的满城中山靖王墓出土的鸟篆壶和传世的永受嘉福瓦当的文字，也都是这一类由秦小篆转化来的美术字体。

汉篆由于受到隶书的影响，在民间流行的汉印和铜器铭文中形成的这种称作缪篆的字体，出现了一些新的特征，主要表现为隶书偏旁掺入，有关偏旁增繁与减省随意，穿插与挪移自由，装饰意味很浓。文字学界和书法学界将其归纳为"屈曲盘绕""谬误""端正严肃""规度"四类，也有人将其称为"和美之篆"。

汉代之后，导源于秦篆的篆书在魏晋南北朝多被用作碑额文字，已成为书法的配角，也鲜有篆书大家。直至唐代，篆书方显中兴。李阳冰（722—789）在书坛独领篆书风骚，且曾自豪地宣称："斯翁之后，直至小生。"其篆书"初师李斯《峄山碑》，后见仲尼《吴季札墓志》，遂变化开合，如虎如龙，劲利豪爽，风行雨集，文字之本，悉在心胸，识者谓之仓颉之后身"①。从李阳冰所传的篆书作品来看，他充分吸取了秦小篆的精髓，并在此基础上加以创新，笔画更加遒劲坚挺，他的篆书被称作铁线篆。其传世书迹作品有《怡亭铭记》（图350）、《高力士碑额》（图351）、《李氏迁先茔碑》（图352）、《三坟记》（图353）、《般若台题名》《滑

图350　《怡亭铭记》

图351　《高力士碑额》

---

① ［唐］窦臮：《述书赋》，见上海书画出版社：《历代书法论文选》，上海书画出版社，1979年，第252页。

图 352 《李氏迁先茔碑》　　　　图 353 《三坟记》

州新驿记》《琴铭》等。其用笔粗细均匀,稳健自然;结体均衡匀称,俊整遒丽,雍容大度。其可贵处是打破了李斯小篆字体上密下疏的结构特点,而改为上下停匀,更显得法度森严,别有情趣。清代孙承泽《庚子消夏记》评曰:"篆书自秦汉而后,李阳冰为第一书手。今观《三坟记》运笔命格,矩法森森,诚不易及。然予曾在陆探微所画《金藤图》后见阳冰手书,遒劲中逸致翩然,又非石刻所能到也。"①

宋代朱长文在《续书断》中曾感慨道："自秦李斯以仓颉、史籀之迹，变而新之，特制小篆。备三才之用，合万物之变，包括古籀，孕育分隶，功已至矣。历两汉、魏、晋至隋、唐逾千载，学书者唯真、草是攻，穷英撷华，浮功相尚，而不曾省其根本，由是篆学中废。"②此论主张学书应该"省其根本"，即上追周秦之篆隶。确实应该如此，但论及篆书在唐时中废，则言过其实，唐代篆书大家李阳冰其人其作就是明证。即使如宋代，随着"三代"礼器出土甚多，古文字研究也开始转盛，欧阳修的《集古录》、赵明诚的《金石录》，对古器物铭文即有较具规模的研究。吕大临的《考古图》、王黼的《宣和博古图录》、薛尚功的《历代钟鼎彝器款识法帖》，都是重要的金文著录。苏轼为凤翔通判时"旧闻石鼓今见之，文字郁律蛟蛇走"，遂"忆昔周宣歌《鸿雁》，当时籀史变蝌蚪"，在所作《凤翔八观诗》中，也提到石鼓文、《诅楚文》等古器物铭文。北宋政和年间（1111—1118）曾制作礼器多件，其篆书铭文皆出自时人翟汝文之手，《宋史》称其"好古博雅，精篆籀"。应该承认的是，在宋、元、明代，随着中国封建社会开始进入后期，周、秦、汉、唐那种开拓奋进的时代精神已经式微，但城市经济繁荣，文化多元发展，文人阶层多出没于勾栏瓦舍之中，沉浸于对物质生活的享受之中，沉醉于书画以遣兴抒怀，呼唤着更自由、更快捷、更抒情化的书风。这时，产生篆书的时代早已过去了，篆书也变为书坛附庸。较之唐太宗极力煽扬起的二王声浪，科举士人奉为圭臬的欧、颜、柳楷的大潮，篆书已经纯然变成溪流。只是，任何事物的发展都是遵循否定之否定规律的。降及清代，中国古代社会即将"关上大门"时，篆书却一改没落之势，出现中兴局面，其强劲的势头甚至可以直追秦汉。

清代，满族入主中原，建立政权。清统治者出于一定的文化心态，极力推行思想文化的专制统治，残酷的文字狱在此时频繁出现。这使得大批汉族知识分子的文化心态，从外向型变为内敛型。他们被迫放弃了传统儒家传授给他们的修身、齐家、治国、平天下的使命感和责任感，进入书斋，在青灯之下与黄卷为

---

① ［清］孙承泽：《庚子消夏记》，上海古籍出版社，1991年，第165页。
② ［宋］朱长文：《续书断》，见上海书画出版社：《历代书法论文选》，上海书画出版社，1979年，第326页。

伴，发思古之幽情。这一独特的文化背景，促进了汉学的复兴，乾嘉学派的考据之学应运而生，讲究考据、辞章、义理的桐城派古文成为文坛正宗。这种文化氛围不能不影响到书法，宋、元时代被冷落的周金、秦篆、汉隶、魏碑再次进入书家之眼，阮元提出了"北碑南帖"论，于宋代以后独霸书坛的帖学之外，树立起历史更为悠久的碑学的大旗，给此前已趋屡弱的书坛，注入了刚健的气息，给书作中增添了金石之味（图354）。清末国势风雨飘摇，清醒的知识分子不得不去寻找新生之路。康有为高举革新大旗，发起戊戌变法，在书法上也进一步尊碑抑帖。他对一度被追捧的"二王"书法不屑一顾，对唐代书法亦不无微词，从书法理论和创作实践中跨越唐宋，直追碑书。于是，那些已被掩埋在历史尘埃中的周秦篆书，又一次受到了书家的青睐。

图354　阮元作品

有清一代，篆书大家林立。清初，王澍、钱坫、洪亮吉、孙星衍等人以篆书名世，其中又以钱坫、孙星衍成就最大。

钱坫（1744—1806），字献之，号十兰，江苏嘉定人，《清史稿》卷四八一有传。擅长铁线篆，用笔劲挺圆转，笔势开阔舒展，线条淳厚，富有弹性，章法疏朗有致（图355）。时人佳评如潮。李元度《国朝先正事略》即谓："献之工小篆，不在李阳冰、徐铉下，晚年右体偏枯，左手作篆尤精绝。"吴修《昭代尺牍小篆》亦谓钱坫"最精篆书，得汉人法，孙渊如称为本朝第一"。

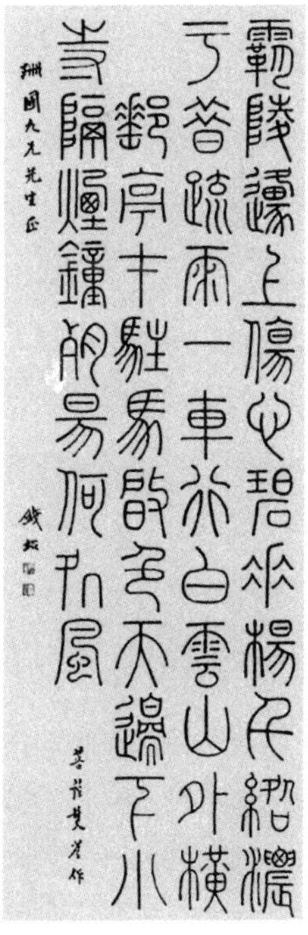

孙星衍（1753—1818），江苏阳湖人，字伯渊，又字渊如，著名经学家、金石学家，《清史稿》卷四八一有传。擅长玉箸体，运笔娴熟畅婉，线条刚柔相济，结字工稳劲健，字形大小适中，章法疏朗有致，显示出一种娴雅秀丽的风貌（图356）。

乾隆年间，篆书大家邓石如横空出世，独树一帜。邓石如（1743—1805），安徽怀宁人，初名琰，字石如，更字

图355　钱坫作品

顽伯。三十三岁时，书家梁巘认为他的篆法有自己的独到之处，遂将其介绍给江宁的秦汉金石文字善本收藏家梅镠，使其得以精心临摹研习，尽得篆法之精髓。其《小窗幽记》等书迹，用笔圆润遒劲，刚柔相济，结字高古，丰腴饱满，章法布局疏而不散，落落有致，书风凝重大气又不失活泼飒爽。尤其是用羊毫写篆书，打破了小篆传统的粗细一致的写法，点画之粗细极富变化，朴茂淳厚，境界极高，从而使小篆有了创造性的改变（图357）。清人杨守敬《学书迩言》谓其："顽伯以柔毫作篆，博大精深，包慎伯推为直接二李，非过誉也。"当时，吴熙载（1799—1870）篆书学邓石如，吸取邓石如端庄浑厚的风格，又加入自己的理解，风格更加飘逸舒展（图358）。其篆书《吴均与朱元思书》（图359）用笔饱满劲挺，起笔以平头出之，以锐锋收笔，笔法上的丰富变化，具有强烈的视觉冲击力，结体高古娴静，章法上行气贯通，虽师法邓氏而能自出新意，不输乃师。

图356　孙星衍作品

尔后活跃于书坛的杨沂孙、徐三庚、赵之谦、吴大澂、吴昌硕等书家，前赴后继，合力将清代的篆书艺术推向了新的高峰。

图357　邓石如作品

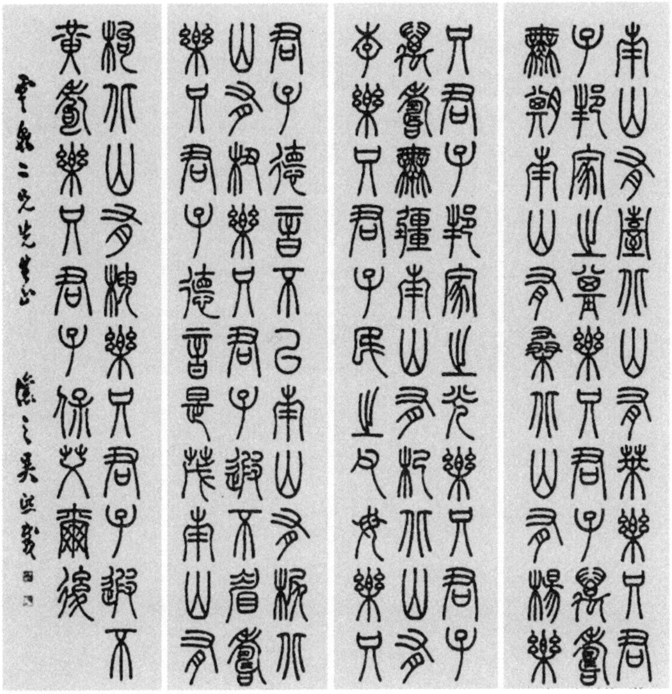

图 358　吴熙载作品

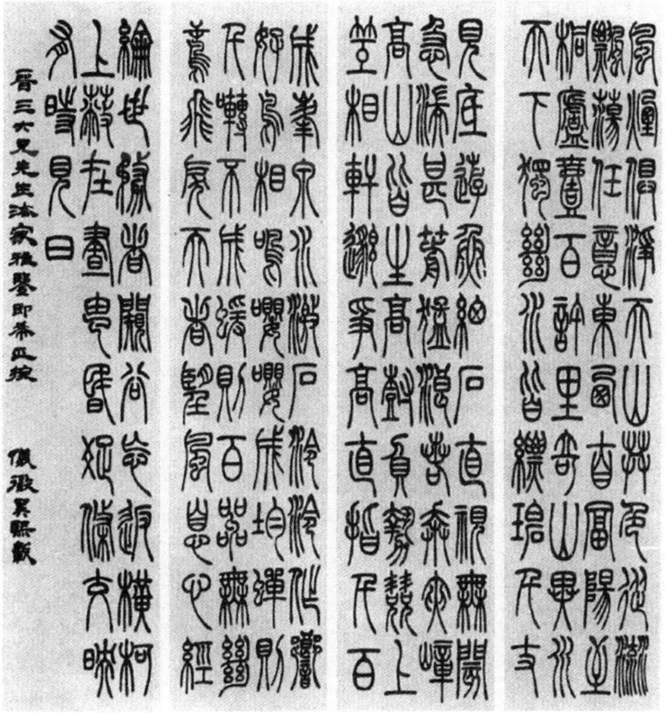

图 359　《吴均与朱元思书》

杨沂孙（1813—1881），江苏常熟人，字咏春，号子舆，晚号濠叟。擅长书法，尤爱"篆籀之学"。他初学石鼓文，后又参以两周金文笔意，继而对大、小篆用功甚勤，而形成自家面貌（图360）。其篆书代表作《庞公传》用笔圆融流畅，结体工整谨严，圆中有方，方中有圆，精妙自然又不失法度，极富变化；起笔、收笔藏头护尾，瞻前顾后，不露痕迹，无丝毫造作之嫌。他对于技法的运用可谓娴熟至极：结体温和娴静，章法布局合理大度。正如清代徐珂《清稗类钞》所谓："濠叟工篆书，于大、小二篆融会贯通，自成一家。"

徐三庚（1826—1890），浙江上虞人，字辛谷，号金罍山民。其篆隶书法取法《天发神谶碑》，篆书书迹《出师表》行笔清朗劲挺，线条粗细参差，粗者无臃肿之态，细者无纤弱之感，笔画婉转畅达，点画之间连接紧密和谐，字体丰腴凝重，变化自然，结字奇古生动，朴茂雄强，章法布白疏密匀称，变化纵横，开阖有度（图361）。

赵之谦（1829—1884），浙江会稽人，字叔，号益甫，其书将真、草、隶、篆的笔法融为一体（图362）。其篆书用笔沉静潇洒，生动活泼，结体庄重朴茂，力圆有度，融合了金文与石刻书风，并参以隶书和北碑。

吴大澂（1835—1902），江苏吴县人，字止敬，号恒轩，著名金石学家、文字学家，《清史稿》卷四五〇有传。其篆书初学秦代小篆石刻，酷似李阳冰，后学

图360　杨沂孙作品　　　　　　　　图361　徐三庚作品

图 362　赵之谦作品　　　　　　图 363　吴大澂作品

杨沂孙,从而将小篆与金文结合,并用这种方法书写《论语》《孝经》和信札。其篆书大小参差,雅致朴茂(图363)。代表作《李公庙碑》取法邓石如,兼有金文、秦篆之笔意,笔法圆劲婉通,笔力凝重,结体方而实圆,富于变化,章法上大气雄强,毫无犷野杂俗之感,不失为晚清一流的金石书法家。

尤其值得一提的是,光绪二十五年(1899),那个风雨飘摇、国势垂危的时节,在河南安阳西北1.5公里的小屯村,3 000多年前的殷商甲骨文石破天惊,破土而出。中华民族仿佛一下子听到了自己童年的声音,找到了自己童年的脚印,一下子焕发出生命的活力。于是,被称作"甲骨四堂"的罗振玉(号雪堂)(图364)、王国维(号观堂)、郭沫若(字鼎堂)和董作宾(字彦堂)(图365)出现了。唐兰言:"自雪堂导夫先路,观堂继以考史,彦堂区其时代,鼎堂发其辞例。"甲骨学遂成为一门专门的学科。甲骨文书法也陶冶出一代代的书家,使得他们不再满足于上追"二王",而是寻根溯源,梳理出殷甲、周金、秦篆、汉隶、晋行、魏碑、唐楷这一条中国书法演进的轨迹,也促进了篆书在近现代的中兴。

近现代的篆书,上承清末,在阮元"北碑南帖"和康有为"抑帖扬碑"主张的影响下,凡写篆书者无不以秦篆作为正体。其中尤以吴昌硕为代表。吴昌硕（1844—1927），浙江安吉人，名俊，字昌硕，七十岁以后以字行。其篆书脱胎于秦国石鼓文，并参以两周金文及秦代石刻文，融合篆刻用笔，因此书风凝练遒劲，貌拙气酣，极富金石气息（图366）。前期书风谨严平稳，后期恣肆烂漫，不拘一格。这种变化正是从运笔节奏的加快中体现出来的。这种节奏感，正是吴氏书风从中年向老年过渡的一种象征。其篆书书迹《小戎诗》出于秦石鼓，以藏锋起笔，以中锋运笔，收笔却不受成法限制，有时藏锋，有时出锋，随意自然，避免了小篆的方正规范的局限，线条流畅生动，自然畅达，在空间上有行云流水之感。秦风在两千年后的书坛仍炽，这是秦人未预料的，也是汉字艺术史给予秦人的莫大光荣。

图364　罗振玉作品

图365　董作宾作品

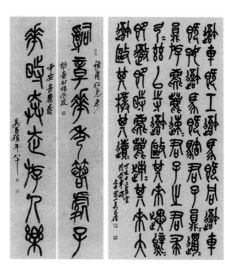

图366　吴昌硕作品

三、秦隶与汉隶

隶书是战国晚期之前由篆书转化而来流行于民间的字体，在秦代成为一种成熟的书体。它将篆书的圆转笔画变得方直，而且横向展开，笔势出现左右波磔，起笔多了"蚕头"，显得厚重，横画有了"燕尾"，显得轻盈。这就使得文字基本上脱离了象形，而进一步符号化，也更便于书写了。秦代由于官狱事繁，便在对篆书进行"省改"以追求"约易"的基础上，"以吏为师"，提倡书写更为快捷的隶书，甚至将其用于官方文书。睡虎地秦简《语书》和《秦律十八种》等官方文书中，采用的字体就是隶书。

秦篆、秦隶之书法已有飞动之势，在中国书法史上开启了一代"飞动"书风。但因秦之国祚过于短暂，真正体现显态的飞动之势的书体，还应该说是汉代的隶书。

西汉早期的隶书，还属于隶书的草书式书写，无论是天汉三年（前98）简、征和五年（前88）简、始元二年（前85）简、马王堆一号汉墓"遗册"简书、银雀山《孙膑兵法》简书，用笔上均无明显的波磔，都是秦隶发展的延续。发展到西汉中晚期，隶书中波磔俯仰的分势已经明显起来，且精劲流畅，秀逸丰腴，用笔多变，不仅汉代隶书的面貌已经形成，而且开启了东汉时代分书之先路。20世纪70年代，在河北定县、青海大通等地汉墓出土的西汉简书，都为"八分"开展、左右波磔的汉隶字体，展现了汉隶风范。其特点是点画分明，笔势上的波磔已经确立，字的形体由长趋向扁方，由纵势变为横势，书写风格也由古朴变为端秀。从已经发现的西汉简牍来看，书法严谨和书写工整的汉隶，多见于经籍和官书诏令，如居延出土的《尧典》残简，罗布淖尔出土的《论语·公冶长》残简，甘肃武威磨嘴子汉墓出土的《仪礼》简书，其上文字都是比较规整的汉隶。这些隶书结体大都略呈斜势，笔画中敛，体势开张，虽不像碑刻那样矜持、庄重，但在简书中还是比较严谨的。定县汉简《论语》等经籍，书写更趋工整秀丽。而居延汉简由于多是修筑边塞、屯田、置亭燧所派遣的屯戍文书，出于边塞官吏之手，书写大都草率、急就，但也正由于书写不甚经意，反而呈现出生动多姿的汉隶书风。汉隶墨迹除简书之外，还有见诸陶器、漆器等器物上的墨书题记，书风极富特色。若拿秦简与西汉、东汉简牍仔细比较，还是能观察出比较明确的艺术演进轨迹。

也正是从汉代开始，书家开始探讨书法艺术理论，认为书法之笔画、结构、布局必须具有动势。崔瑗的《草书势》说："抑左扬右，望之若敧；竦企鸟跱，志在飞移；狡兽暴骇，将奔未驰。"蔡邕《笔论》也认为书之体"若飞若动"，"纵横有可象者，方得谓之书矣"。蔡邕为追求动态之美，将其书写时笔画若丝发处谓"白"，取其笔势飘举逸放处谓"飞"，而创造了"飞白体"这一新书体。刘劭《飞白书势》称其书"有若烟云拂蔚，交纷刻斫，韩卢接飞，宋鹊游逝"，具有流动之美。

秦代开"字若飞动"的小篆、秦隶的先路，汉代可以说是"字若飞动"的隶书时代。秦篆、秦隶与汉隶有着种种对立的风格特征，然而异中又有同，即二者均有飞动之势，只是形态、程度不同而已。汉碑的韵律是以波动为主的多种节奏变化的和谐统一，呈现出来的是雄奇飞动之美。从西汉及东汉初的简牍隶书来看，其笔势表现为率意外露、恣意上挑、极意分飞。当然，其飞动之势还脱不了稚拙、疏略、粗粝乃至生糙之感。直至东汉隶碑，汉隶则由生犷而雅训，由粗放而细腻，完全臻于成熟，表现出典型的"八分"之势。汉隶既普遍富于分势、波势，又不像简牍隶书那样率意急就，纵肆犷野。汉隶这种融进了不同程度的沉劲、厚重的分势、波势，使得汉代书风的飞动之势或雍容典雅，或峻峭发露，或方整浑厚，或秀丽逸荡，而无不以波挑翩翩为美，无不以或显或隐的飞动为势。诚如古今人评汉碑所云：《乙瑛碑》"朴翔捷出"，"然肃穆之气自在"；《孔宙碑》"书法纵逸飞动，神趣高妙"；《石门颂》"行笔真如野鹤闲鸥"；《夏承碑》"飞动，有芝英、龙凤之势"；《鲁峻碑额》"浑厚中极其飘逸"。

由秦篆、秦隶发展而来，汉隶的韵律和意境是全新的。汉隶最突出的是一种"蚕头燕尾"的波磔，这是一个力量的蓄积、表现直至迸发的完整过程，同时表现出书写速度的变化、势的变化。汉隶破毁小篆形体结构，变圆为方，变曲为直，变繁为简。以横画言，汉隶欲右先左形成"蚕头"，继以右行，最末则先顿之，再笔锋展开向上挑出，形成一波三折的节奏韵律，于是，在汉碑中形成了波挑翩翩、俯仰飞动的波磔奇观。汉隶的波挑向背成势，左右映带，上下俯仰，展示了内在的沉厚的力度和外放的、飞举的气势，这是一种被赋予了灵感的运动力。这种优美的律动，正是多种波磔的韵律汇合，形成上升飞翔之势。同时，汉碑大都采用扁平的横向结构，这恰恰与向背的波挑契合。横向扁平的结体使字的重心降低，使左右的、上下的波挑翩翩，俯仰建筑在一个稳定的基础上，是一种力的平衡，而且是表现为飞举运动中的力和平衡。如果将汉隶的每个字分成左、中、右三部分，那么左右的飞动与中间的安静，便形成一个字"动—静—动"的节奏，也使得隶书整体取得动中有静、静中有动、以动为主的向上飞举的运动的视觉和知觉效果。

另外，籀文和秦篆都为圆弧之笔，汉隶则或用方笔，或施圆笔，或方圆兼之，节奏韵律便会发生变化。同时，汉隶的横画显得长肥，飘逸施展，竖画显得短细，劲遒内含，在长短间、肥瘦间、张弛间，便形成节奏韵律。

自秦篆、秦隶开启，由汉隶书风呈现的飞动之势，对中国后代各种书体皆影响久远，成为中国书法艺术的韵致所在。晋时"二王"行书直如"虎卧凤阙，龙跳天门",唐代张旭狂草"挥毫落纸如云烟"就不用说了,就是汉锺繇笔下的楷书,也如"云鹄游天,群鸿戏海"①,具有飞动之势。相反,后代对明清馆阁体书法的诟病,就在于这种字体虽功力深厚,但最缺乏这种意气飞动之势。

四、秦之"俗书"与流行书风

早在战国时期,秦文字因受所托载的器物质地的限制和急用的需要,书写中已经出现大量草率刻划的现象。陶器、兵器、铜器、玉器和衡量器上的铭文,因使用场合的要求,受到刻划工具的影响,往往改变春秋晚期秦文字的稳重宁静的风格,破圆为方,变曲为直,形成笔画方直的字体,以达到书写便利的要求,风格与传统篆书的圆转大异其趣。在战国中期稍早,部分刻划文字还能努力维持篆书的结构,例如商鞅方升铭文、秦宗邑瓦书等,其他多数兵器铭文则往往草率粗糙,部分字体省减笔画,更趋约易。这种笔画方折、结构近似篆体却又夹杂部分省笔近乎隶书的书体,不仅大量出现在官府使用的铜器、贵族祝祷的玉版上的刻划文字中,官府监制的兵器铭文也多数如此,甚至连衡量器上记容、记重的文字,部分国家标准器上的诏书亦复如此,瓦质墓铭也用这种书体。同时,当时书写于竹简或木牍上的文字,也"解散篆体,粗疏为之",从这些刻划文字中吸取其方直省减、便于书写的特点。这一现象被称作草化现象。秦文字中这类篆隶间杂、笔意潦草粗疏的文字,被后人以"俗书"称之,其中选破而后立的美学精神,至今仍缺少研究。

秦统一后,小篆尽管在"书同文"实践中已经由国家权力机关加以规范和定型,并且由丞相书写到大型刻石上向世人垂以示范,表达了对汉字古文学系统的总结。但是刻或铸在刻符、诏版、权、量、虎符上的小篆,由于受到刀工和民间书风的影响,依然将圆转的笔画刻或铸成方折,这在权和量上表现得更为突出。尤其是大量陶文小篆,由于出自修陵工匠之手,所以字形比较草率奔放,偏旁互移,似篆似隶,笔画随意增减。从构成字符的笔形、部件,以及用笔、笔顺等方面来看,这种刻、铸小篆和陶文小篆,或是在独立笔画之间快速连笔书写而草化,或是顺路连写而草化,其中有的字已开始运用使转笔形,有的字多

---

① [南朝梁]萧衍:《古今书人优劣评》,见上海书画出版社:《历代书法论文选》,上海书画出版社,1979年,第81页。

种草化综合运用,演变的方向由繁趋简,以满足书写的便捷。这种来自社会需要的直接动力,有力地促进了汉字形体的演变。篆草或草篆中演变出隶书,并实际上由之完成了汉字的又一次"书同文",在秦末汉初又出现了汉字草书这一新兴的书体,且这一书体随着隶书的发展而发展。西汉武帝时的隶书已经明显间杂草意。宣帝神爵四年(前58)、五凤元年(前57),东汉光武帝建武、明帝永平、和帝永元时期的竹木简牍,沿用汉隶分书的法式,"存隶之波磔",但又加以流速,具有朴拙、遒媚的意态,即为章草,也称隶草或草隶。

根据考古出土的秦汉简帛墨书进行考察,受秦代草篆、草隶的影响,汉代文字作品之中明显存在着古今书体交杂、演化和草化的特点。从睡虎地秦简和陶量、砖瓦等器物,以及西汉马王堆帛书、阜阳汉简中都可以明显地看到篆隶相间的书体,而且有些墨迹用笔的提按、使转都十分清晰,既不像小篆那样用笔粗细一致,也不像隶书那样平直方正、波磔分明,而且还时而具有明显的"牵丝""映带"之笔。这些墨迹,在省减笔画和随意草创中,彰显了它的艺术魅力。对这些墨书字迹,学术界和书法界有的人认为它们是草篆,也有的人认为它们是草隶或古隶,笔者比较偏向于这后一种意见。

在汉代最有代表性的书体——隶书中,这种草化的趋向也很明显。《石门颂》由篆而隶,书写随意,舒展开张,运笔沉稳,笔画起承转合富有弹性,突出了纵横恣肆的一面。其字随石势,整体飘逸自然,被称为"隶中草书",对后世影响很大。

秦汉时代这种篆隶草化的倾向,对当代书法创作也有很大影响,既有正面效果,也有负面效应。本来从周宣王时期的大篆重塑,到秦兼并天下时期的篆书隶变,再到秦统一后的小篆定型、隶书行用,汉字书法就是在追求便捷和不断规范中交错发展的。追求便捷是为了实用,但实用却不能舍弃为书之法;规范则是为了进一步确定新的法度,提高艺术性要求。这就是说,书法之法尽管在不断变化、不断丰富,却始终不能被舍弃。一方面笔墨确实当随时代,另一方面对篆、隶这些历史悠久的传统书体,应该先深入地掌握其用笔、结字、章法等艺术要素的规范,了解其演化的规律,再合理地融入新时代的鲜活之气,书写之变与规则之定是书法艺术发展的辩证表达。即如临写秦的诏版书法,可以使用竖式条幅以把握和控制其整体章法,同时用笔以聚锋加绞转的方法为主,选择较长的笔锋,使得细长线条显得飘逸丰腴,线条整体轻盈飞动而又深厚。老一辈书家黄宾虹的大篆、王福庵的篆书、陶博吾的大篆、容庚的篆书、商承祚的篆书和秦隶、沙曼翁的篆书和隶书、刘自椟的大篆、宫葆诚的汉隶、陈恒安的篆书、程克刚的篆书，既有深厚的传统功力，体现了传统篆隶的艺术要素，又注入了书家鲜明的时代艺术个性。

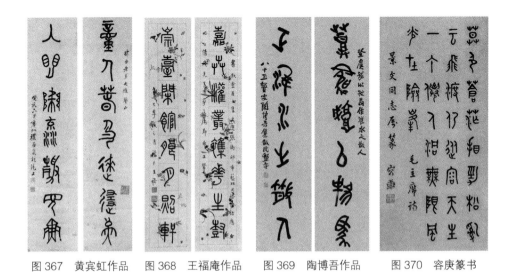

图 367　黄宾虹作品　　图 368　王福庵作品　　图 369　陶博吾作品　　图 370　容庚篆书

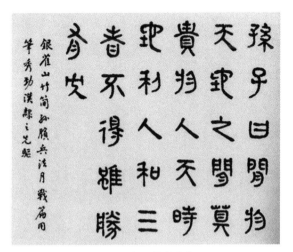

图 371　商承祚篆书作品　　　　图 372　商承祚秦隶作品

图 373 沙曼翁篆书作品

图 374 沙曼翁隶书作品

图 375 刘自椟作品

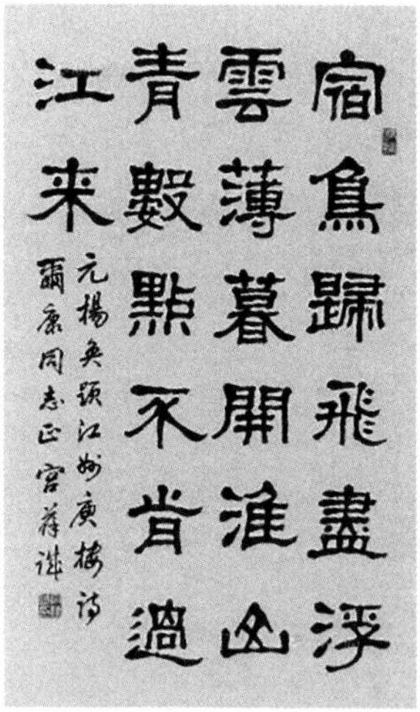

图 376 宫葆诚作品

图 377 陈恒安作品

图 378 程克刚作品

第六章　书同文

作为中国早期国家建立的理念,"大一统"这一表示国家政治、经济制度,以及思想文化上高度集中的观念在漫长的中国古代历史发展中发挥了极其重要的作用,更在政治、军事、经济方面发挥了地缘互补的巨大优势,这一作用与优势一直绵亘至今。在文字的形成、发展过程中,大一统观念发挥了至关重要的作用。

《公羊传》载:"王者受命,制正月以统天下,令万物无不一一皆奉旨以为始,故言大一统也。"所谓六合同风、九州共贯,大一统国家是各方各面都作为一个整体出现的,大统一国家则是最浅层次的统一,只表现在地图上。

大一统观念实施于文字的直接结果就是书同文,秦王朝作为实施书同文的国家之一,不但奠定了统一大中华的文字基础和精神内涵,而且使得规范化、标准化发展的秦文字尤其是隶书,得以流传,并展现出蓬勃的生命力,也就是说"书同文"这一政策性规定恐怕是秦文字之所以能够存在且能够不断发展的最大动力所在。

在大一统观念指导下出现的书同文现象并非从天而降,也不是圣贤的一时冲动所为,它与大一统的政治格局,与非常相似的生产形态、生活方式,与人们的集体主义的价值观,与政治策略、法律、法令的颁行都有着密切的关系,所以笔者在讨论书同文的时候,不能避开大一统观念下引发的政治架构、生产关系、人们的价值观及对其发展进程的关注。

大一统观念的原始意义正是管理广大地域,组织众多顺民消灭自己的对手,由君王一人统治天下。这一观念首见于《公羊传·隐公元年》:"何言乎王正月?大一统也。"徐彦疏:"王者受命,制正月以统天下,令万物无不一一皆奉之以为始,故言大一统也。"而后《汉书·王吉传》:"《春秋》所以大一统者,六合同风,九州共贯也。"后世由此称古代中国大多数王朝统治全国的情况为大一统。

单纯就地域统一的理念,大一统更多的是指在国家政治上的整齐划一、经济制度和思想文化上的高度集中。大一统观念下派生出来的许多理念使得"大一统"一词在历代中国人的心灵中扎下根来,并使人们对大一统形成了民族性的精神依赖。

中国古代的大一统观念实质上经过了两个本质不同的阶段。

第一阶段表现在夏商周时期。这一时期是由氏族血缘关系凝聚而成的王朝世系,即在某一王朝内王统是靠父子相继的嫡长子继承制来延续的,当最高权力是掌握在一个特定的王室成员手中的时候,人们可以,也才会认为这个最高权力是合法的;反之,人们便可以指责它为非法。夏朝建立后,由它所控制的地域逐渐成了标志国家主体的不可分割的内容,在我国历史上造成了一个重要的政治传统,即建立一个真正的、被承认的国家,就必须占据特定的地域,并有相应的中央权力。这一特定地域便是中原地区,即"中国"。占据中原地区便获得一种强烈的自尊意识,就可以向四周发号施令、进行征伐,所以只要中原统治势力稍弱,四周势力强者就会千方百计跻身中原,攫取中原主宰权。由此可以认为,这一时期的大一统观念只是在氏族血缘关系凝聚而成的王朝世系影响下的大一统观念,表明的只是一种模糊意识,所谓"普天之下,莫非王土,率土之滨,莫非王臣"的天下大一统的概念还没有系统化、理论化。商王朝积极实践大一统,占据着相当广阔的领土,由此也奠定了中华民族聚居区逐渐稳定在长城以南,河西走廊、青藏高原、横断山脉以东的相对封闭区域。西周时期完成了中国历史上首次大一统的架构,它有着大宗、小宗的宗法制设计,有着宗主首都和诸侯藩屏的布局,反映了大一统的宏阔理念,也实行了若干年,但是这种依赖血缘关系进行统治的设计,有着内在的、不可调和的矛盾,并导致了东周时期的"大分裂"局面。

第二阶段开启于春秋战国时期。这一时期中国社会虽分裂动乱,却是一个百家争鸣、思想繁荣的时代。诸子百家不仅将原有的大一统观念系统化、理论化,而且还增加了新的内容,即要强调国内政治秩序的统一问题。而秦国更是在总结东周时期的分裂的基础之上,废分封、置郡县,推出郡县制,即否定血缘制的大一统,以地缘形式来完成新的大一统。这种新制度的建立不仅于中国而言影响巨大,更对世界具有积极的意义。这种意义的大一统不仅体现在军事的征伐和占领，政治的强力统治，生产制度、生产形态、生活形态的高度一致上。在此进程中，对意识形态、政令传达、组织管理产生了决定性作用的实际上是"书同文"。在此意义上，许多研究者往往把"书同文"置于政治统治、军事兼并、生产发展之后的一种文化的、教育的现象中，而从管理国家、指导生产、团结民族的角度来说，恐怕"书同文"的积极意义远在以上讲的各种因素之先，这或许也是秦文字发展对中国历史的最大贡献。

第一节 "书同文"的基本背景

"国家"，不仅仅是一个地域概念，更是指组织共同体、人群价值观共同体、社会协作共同体和文化共同体。如何将高度离散的农耕村落整合，构建成一个政治、社会、文化共同体，并在此基础上建立政权的组织机构，以达成稳定的政治、社会、文化治理，是中国历朝历代共同面临的课题，由此而产生了不断完备充实的"国家"的概念。世界上任何国家的确立，文字的作用绝不可忽视，尤其在亚洲东部古老的、庞大的中华大地，文字乃至"书同文"的作用更不可小觑。

人类文字的地域性差别，必然带给人们难以交流的困难，也必然成为某个地域大统一的最大障碍。文字是文化的载体，统一的国家需要统一的文化。由此产生的文化大一统观念应运而生。正如钱穆在《中国历史研究法》中所指出的："中国民族性擅长政治，故能以政治活动为其胜场。能创建优良的政治制度来完成其大一统之局面，且能维持此大一统之局面历数千年之久而不败。直到今天，我们得拥有这样一个广土众民的大国家，举世莫匹，这是中国历史之结晶品，是中国历史之无上成绩。""中国，唐、虞、夏、商、周一路下来，是一个大一统的国家，地广人多，四千年到现在，推溯到我们古人早有此一种政治观点，确是了不得。说来似平常。但从政治观可推广到整个人生观，乃至整个宇宙观，中国此下思想学术俱从此发端。"

大一统观念下派生的儒家经典《中庸》提到了"书同文""车同轨""行同伦"，这一对文字统一的思考是居前的，这样的思想的形成要有两个基本点：

第一个基本点就是生产生活形态的基本一致,在中国的两河流域,即黄河流域和长江流域逐渐做到了这一点;第二个基本点就是文字体系的基本一致,这有一个创造、对比、选用的过程。

古代中国的大一统并不是出于偶然,也不是政治上的奇思妙想。古老的华夏民族和中华文明诞生于以黄河、长江为两眼最基本的经济源泉,以昆仑、秦岭到太行组成了基本的骨骼,东边临海,北边临沙漠戈壁,西边是高寒的戈壁沙漠,西南为陡峭山岭的一个地理单元当中。在这一地理单元之中,农业成了当时人类最重要、一刻也不能离开的支柱产业。在这个地域之内,各个部落之间的交流首先就是农业生活、农业生态的交流。

祖先替我们建立了一个大一统的基本版图,在这个版图上,由于农业生存状态的基本统一,农业生产周期性的发展以及生产管控的一致性要求,使得生活在这里的古老民族会产生稳定的、大一统的基本需求,这种大一统对生产起着保护和促进的作用,同样对这里的古老民族自身的发展也起着保证、保护的作用,并使这个古老民族有能力对抗其他民族、其他生活方式。然而,人们在谈大一统的出现的时候,往往谈到秦始皇帝第一次完成了大一统,这种看法是有偏颇的,大一统的观念并不是自秦代才开始有的。

现在人们要承认中华民族大一统的这个事实,承认多少朝代的统治者实际上抱有大一统的理想,那么就要承认西周所开创的最早的全国的大一统事实。可是,西周的大一统设计有它内在的矛盾,简单说来就是以血缘为纽带的大一统有着大宗和小宗之间不可缓解的矛盾,有着各个小宗与旗下的更小的分支的不可回避的矛盾,这种矛盾到了一定时期就会产生总的爆发,由此形成了春秋战国时代的混乱局面:政治中心分崩离析、疆域重新划定、交通重新解构、文化交易出现壁垒、礼乐制度崩坏、中央政权形同虚设,古代的中华大地落入了大分裂的状态。

造成这些现象的主要原因是来自同血缘根脉的分支壮大后对资源的渴望和独立的占有。人们对所谓夏王朝的具体情况讲不清楚,目前无论文献资料还是考古资料还显得偏少。商代的资料已经非常丰富了,但是目前很难看出商代建筑在农业基础之上的大一统的需求是有还是没有。由甲骨文可见,商代经历过古代汉字的第一次大整理,但是波及地域并不广,使用人群限于统治阶级最高层,因此还不能确认其为"书同文"的实践。

建筑在农业基础和集中统治下的大一统在中国的出现时间，笔者认为是西周时期。西周以血缘分封的方式，即以大宗、小宗稳定与分配的方式为主，以接受夏商以来的部分古老的民族、同盟的异姓诸侯为辅，在古老的中国实际上完成了以血缘为中心的大一统的设计。这一时期，政权组织上确认周王室为最高的政权机关，同时承认诸侯国地方政权的合法地位，由王室统合各诸侯国而实现国家的政治一统；民族结构上确认华夏族的主体民族地位，同时承认夷狄非主体民族，由华夏统合夷狄而实现国家的民族一统；文化认同上尊周礼文化为先进文化，同时涵容各具特色的地域文化，由周礼文化统合各地域文化而实现国家的文化一统。由此，西周王朝通过策命与受命、制爵与受爵、巡守与述职、征赋与纳贡、调兵与从征等制度，以及宣扬"君权神授""民心所向"等观念，树立了绝对权威，达到了大一统所需要的各种要件。

西周分封的过程也是推行、传播其礼乐文化的过程。随着这些封国的发展，其礼乐文化逐渐被周边的蛮夷戎狄所接受，并逐渐形成了文化上的一统。在目前的资料下，笔者认为西周时期大一统的观念促使汉字完成了"书同文"的第一次实践，这些实践也作为后来历次汉字相似实践的一个重要的基础。所谓"书同文"就是总结出书写一样的、经过认真整理的字体，并把这个成果扩展到京城之外更辽远的地域。在中国这个复杂的情况下，"书同文"是指同样的书体的书面表达，"书同文"只是在可见的文字符号系统里，促成大家认知的一致，这在地域广阔、方言各异的情况下，对于贯彻一个中央的指示，沟通人们在政治生活、经济生活当中的各种信息，传递历史事实和生产生活的经验教训，是非常必要的。

从一个大一统的社会历史进程来看，书同文具有重要的凝聚作用。笔者认为在秦之前的汉字发展过程中有两次大整理，第二次大整理反映了"书同文"的重要实践。第一次大整理在商代的甲骨文时期。在商代甲骨文出现之前，也就是相当于历史上记载的夏王朝时期、考古学上所说的"夏文化"时期，以及商代早中期甚至早于这一段的时期，已经出现了与汉字或者和汉字造型原则一致的文字，人们甚至可以远溯到大汶口文化的文字，也可以远溯例如马家窑、仰韶、良渚文化，还有江淮流域的双墩遗址的某些文字。这些文字为线型表达，甚至某些单字为后来的完整的汉字体系所吸收，这应当是不争的事实。陶寺文化所反映的两个字字数虽少，但无疑是汉字，那么这就是汉字体系目前见到的最早的标志之一。但是，也可以看到，陶文也好，书写文字也好，还有少量的甲骨文也好，在商代晚期之前还是处于混乱的状态。原因主要如下：所谓的指示字、会意字，特别是形声字没有批量出现，这对汉字的发展来说本身就是一个很大的不足。对于商王朝这个高度发达的东方国家，它的统一的要求，人们现在看得不很明晰，但是从商王朝四处征伐，许多地区包括西土的周伯成为它的诸侯附庸这点看来，它实际上是有在进行统一的工作。商以中原东部为基本根据地而向四周扩张，尤其是向东南扩张。那么，随着商王朝国力政治的发展，对其政令、历史、政策记载，包括对军事技术和农商技术等的记载的需求自然就对文字提出了大一统的要求，也就是"书同文"的要求。这种要求人们没有见诸各种文字记载，但人们可以从甲骨文的实践看得出来，甲骨文从第一期到第四期及第五期都在不断调整。由于应用的地域、人群的限制，所以还不能言及商代文字在全国"书同文"的问题。

在商代汉字大整理成果的基础之上，以西周的金文和甲骨文为代表的汉字在正常的发展中。从西周早年开始铭文的数量猛然增加、铭文的语句逐渐完善，都可以看出来这实际上是继承了第一次汉字大整理的成果。但是，在西周早中晚期，汉字的发展并不是绝对严肃的，出现了多种字体和多种个性化的表现，反映出汉字从早期开始就具有一定的艺术性，这种艺术性的发展从欣赏角度来说是一个积极的过程，反映了民族审美倾向，这种民族审美倾向以线条的形式凝结在文字的表现上。但是必须指出的是，这对文字的普世性功用来说是一个挑战和冲击。这种挑战和冲击不是文字本体意义上的，并没有导致汉字体系的瓦解或者新的文字体系的出现，但是还是造成了种种的不方便。

西周时期，周天子保持着天下共主的威权。这种大一统的背景，农耕愈加稳定、社会发展渐趋平和的生产方式，政令、贡赋等要推行至全国使各地小宗掌握、落实的情形，对汉字的一统也提出了一个要求。这个要求从规模及彻底性上来说，都留下了明确的痕迹，这就是周宣王时期的史籀改书，也称籀文。暂且不考虑文献里记载的史留抑或史籀是否确有其人。幸运的是，藏于北京故宫博物院的遇鼎铭云"史留受王命书"，明确无误地告诉后人，史籀、史留确有其人。"史""留""籀"这三个字都有保存、记录历史的含义，"留"作为一种记录文字的动作，再加上了提手旁表示整理、书写的动作，又因为当时文字主要表现在竹简木牍上，所以加上了竹字头，这就形成所谓的"籀"，"留""籀"的文字痕迹就称为籀文，也就是所谓大篆。这种籀文正是基于太史籀或太史留主持的文字修订工作而命名，不但完成了对文字所必要的行气，即横平竖直的整理，也完成了对大量偏旁符号的规定，同时考虑了汉字形体的审美，即字体正方偏长这种基本结体要求，繁简有度地创造出了很美的所谓玉箸体。这已经实现了汉字的美化，对日后形成书法艺术的所谓章法有了进一步的要求。

但是，西周的大一统是一种贵族血缘分封式的大一统，所以在西周金文当中存在大量分封制度的表现。西周宣王时期的"书同文"工作将汉字传播到全国范围的重要尝试，反映了汉字重心由最高贵族向一般贵族的下垂。从字形上来看，西周恪守着文字是一种贵族的表达、一种贵族的表现，所以没有从根本上完成从古文字向今文字的过渡和飞跃。

尽管西周的大一统在早期看来是有效的。伴随着大一统观念的新内涵的增加，东周各国逐渐开始以武力兼并为手段追求大统一。平王东迁以后，东周开始，周室开始衰微，只保有天下共主的名义，而无实际的控制能力。中原各国也因社会经济条件不同造成国力的不同，大国间武力争夺霸主的局面出现了，各国的兼并与争霸又促成了各个地区的统一。

当然，也可以认为，东周时期的社会大动荡为全国性的统一提供了条件。以武力兼并为手段、建立以郡县制为基础的中央集权式的统一国家，经由秦的努力得以实现。秦始皇帝兼并六国之后，采取了与西周完全不同的大统一的方式，即废分封、立郡县、书同文、车同轨、统一度量衡，把中国推向又一次的大一统时代，为建立专制主义中央集权制度开创了新局面，对中国和世界历史产生极为深远的影响，奠定了中国两千余年政治制度的基本格局。也正是基于秦始皇帝积极推行大统一战略，秦完成了可能是人类历史上第一次以地缘统治来达成的大一统，这也是中国后来两千多年发展的一个的历史基础，这种地缘形式完成的统治和大一统，甚至对全世界的政治构架都有着影响。

为有效地管理国家，也为了替子孙万代奠定基业，秦始皇帝吸取血缘大一统的失败经验，建立了一套相当完整的统一集权制度和政权机构。单以"书同文"的具体实践而言，秦始皇帝令李斯等人进行文字的整理、统一工作。李斯等人以战国时秦人通用的大篆为基础，吸取齐鲁等地通行的蝌蚪文笔画简省的优点，创造出一种形体匀圆齐整、笔画简略的新文字——秦篆，又称小篆，作为官方规范文字，同时废除其他异体字。这样表现在文字具体变化中，不但注重消弭了文字形态的分裂以及由分裂所加深的不良影响,而且在古文字系统的基础之上,以小篆总结的形式完成了"书同文"这一历史过程,进而又有程邈等人整理隶书,后又在隶书的基础上完成了文字的又一次大一统。这使得使用汉字的人数猛然扩大,使得汉字使用的重心下垂到社会的各个阶层,使用起来更加方便,更便于政令、法律和措施的贯彻。

由此,可以看出秦文字的大一统在实质上帮助秦完成政治上的大一统。从政治上来说,西周是明确完成了中华民族历史上的第一次大一统,它是用血缘政治完成这样的大一统,就是用大宗、小宗制度和分封制度来完成。在这种制度下,除了少量的异姓诸侯以外,大量的都是同姓诸侯分封到各地,这种方法经过后来中华民族的政治实践,甚至在全世界的政治实践的背景之下,被验证为一种不科学的制度,在若干次的大宗、小宗的分配以后,会导致大一统的极不稳定。春秋战国时期为中国历史上一段大分裂时期,这实际上是由这种政治制度设计的不合理所造成的,但是这是一次明确的大一统在政治上的宣示,在政治意义上仍然是值得大书特书的,包括其在汉字发展史上首次"书同文"的实践都是值得肯定的。因为其负面教训给了秦实施统一策略以深刻的影响,秦后来完成了地缘政治上的一统,这在从古到今的世界政治史上具有更为重要的意义。

秦的大一统需要汉字的有力支撑,而秦的"书同文"实践将汉字整理、改造成为今文字系统又极大促进了大一统的深层发展,这当然也是具有世界意义的大作为,但秦统一六国之后并没有强调语音的绝对统一,这点是区别于世界上大多数拼音文字的命运的,这是要给予特别注意的。

第二节 "书同文"的重要实践

从历史的角度看,"中国"一词所包含的区域也在随着时间的推移而变化,它最初指的是中原地带,其地理范围并不大,随着历史的推进,"中国"这一概念逐渐从地域概念变成了一个融地域、文化为一体的综合概念,一个具有文化主体性的中华文明综合体概念。

这个中华文明综合体的重要代表就是中国的农耕文明。早先的原始农业和原始畜牧业、古人类的定居生活等的发展，促使人类从食物的采集者变为食物的生产者，第一次实现了生产力的飞跃，人类进入农耕文明时代，农耕文明成为人类史上的最早的文明形态之一。

农耕文明的第一个特点就是它的传承性。这首先是由它的生产方式决定的。农业种子、技术、季节变化、工具制造等方面决定了知识传承的重要性。一个作物种子被发现，必须一代代被传下去，不断地加深人们对培植这种植物的认识，才能满足人们对这种植物丰收的要求和欲望；而植物是否丰收与天气及季节变化密切相关，所以人们对季节变化的观察总结也是在不断地积累过程之中。对于早期畜牧业，也必须要注意产业的传承问题。

要传承这些宝贵经验，必须依赖文字，这也是文字产生的基础条件之一。

农耕文明的第二个特点是安土重迁。千百年来，中华民族聚族而居，精耕细作的农耕文明孕育了内敛式自给自足的生活方式、文化传统、农政思想、乡村管理制度，等等。这些不仅展示了中华民族农耕文明的地域多样性、民族多元性、历史传承性和乡土民间性，而且以不同形式延续、传承着中华民族独有的农耕文明形态。顺应天时、取宜守则、和谐互助的理念已广播人心，更为重要的是农耕相对于游牧，不但能够大幅度提高生产力，而且在顺应天时、取宜守则、和谐互助的理念驱使下，才会有一些不愁温饱的人去考量温饱之外的事情。农业是古代中国最基础的产业，正如北周庾信诗"兴文盛礼乐，偃武息民黎"所指出的，只有在衣食温饱解决之后，人们才有精力、有空闲考虑、思量文明的意义，进而体现文化的价值。

这都为大一统理念的形成奠定了基础。

只有在大一统基础之上产生的文字才具有传递、交流信息的功能与作用。因此文字在创始之初就有着信息传递的功能，统一、规范文字必须成为一项不断开展的事务。

由此，在古代中国，文字早已作为权力、话语的一种表现形式，对其的控制与规范成为中国历代统治者所关注的重点。第一次汉字大整理，殷商甲骨文代表的汉字整理的完成，实际上从内核提高了汉字的自信心，进而表现出汉字是一种可以量化改造而且继续发展、保持活力的文字。汉字的第二次大整理在西周宣王时期，由太史籀主持，进行了汉字的整理，这次整理的成果是简化了一些汉字的偏旁和结构，并且规定了汉字偏长方的字形，规定了汉字组成语句具有整齐的行气走向,汉字的全民族性大为增强,对比商代的金文也可以看出这种迹象。这是人们必须要认真对待的一个学术问题,因为商代甲骨文的这次大整理以及西周宣王时期的汉字大整理,为后来汉字的整理和统一奠定了坚实的基础。

汉字前两次大整理的成果表现得并不稳固。西周宣王以后不久,西周陷入了大分裂、大崩溃的政治局面,在此以后不久,春秋时期的汉字就开始逐渐分离,这种分离从字形和部分架构上来说在战国时期到达了高峰。所幸的是,西周晚期到春秋时期的秦文字继承了前两次汉字大整理的成果,大量遗存、未实施"书同文"之前的秦文字,甚至包括从金文、石鼓文一直到秦统一以后的刻石文,都是汉字前两次大整理成果的遗留,这样就为后来秦王朝的第三次汉字大整理,即"书同文"的实践,提供了必要的传统"装备"。

从历史的角度看,西周完成了在血缘基础上的大一统,前面讨论过这种大一统的基础是宗法制,建立在血缘关系亲疏基础上确立的大一统显然是在落后的理念层面和不科学的政治层面上进行。东周时期的大分裂与血缘的大一统的不合理的设置有着密切的关系,表现在东周时期的文字情况正如《汉书·艺文志》当中提到的,"古制,书必同文,不知则阙,问诸故老,至于衰世,是非无正,人用其私"。春秋战国时期各国的统治者因为自己的私利、私意而对汉字各自设计,造成了字形上的极不统一——一字多体、繁简并存、一体流行。这导致各国文字具有自己的特点,而在国际交往中,汉字的不统一便造成了许多不方便。文字的工具性大大减弱。

对于由血缘基础所构建的大一统以及由其造成的分裂,秦始皇帝是有认识的,他最终在统一当中实行了郡县制而不是分封制,尤其是他的政治措施。政治措施确定之后,为了政治措施的推广,也为了文化的表达,对文字的字形的统一便提到日程上来了,而这一"书同文"的过程也摧毁了地方贵族的权威性,而对于绝大多数为文盲的民众来说,无标准化文字对其生活的限制、影响很小。

秦统一六国之后,这一构想在统治者的强制推行下再一次成为现实。在此意义上,"书同文"的思想并不是秦国权力所有者所发明的,而秦始皇帝可能只是汉字第三次大整理的最重要的主持者和推进者。

《说文解字·叙》当中,许慎是这样提到秦始皇帝"书同文"的具体做法的:"秦始皇帝初兼天下,丞相李斯乃奏同之,罢其不与秦文合者。斯作《仓颉篇》,中车府令赵高作《爰历篇》,太史令胡毋敬作《博学篇》,皆取史籀大篆,或颇省改,所谓小篆者也。"这里面讲到了很多重要的历史事实和学术问题。秦始皇帝推行"书同文"是在他初兼天下的时候,反过来就是说他基本荡平六国、一统天下之时,就在考虑"书同文"的工作,其最重要的支持者和"书同文"主持者就是丞相李斯。他的具体做法就是罢免,用现在的话来说就是淘汰"不与秦文合者",这里大家注意,这是"秦文"这个词的第一次出现,这是"秦文"作为汉字的某种字体,以及某个历史阶段成果的称谓的第一次出现,反映了秦汉之际学人们对秦文字在汉字发展史地位上的比较敏感和准确的认知。

通过这些论述,我们可以看到以下几点:

首先,秦始皇帝对于六国文字和秦文字合与不合这一点是非常在意的。他以秦的文字为基本元素,对其他的当时社会使用的文字进行了规范化的整理。其一,是确定了汉字各种偏旁的形体,避免了偏旁的芜杂,使得在商周时期偏旁混用的情况得到了很好的约束;其二,是固定了偏旁在字体当中的位置,这样使得汉字的形旁和音旁有了大致的规定,尽管这种规定在后来的发展当中有一些变化,也出现了一些异体字,但是总体来说他们进行了认真的规范与整理;其三,是选定了偏旁的种类和性质,这一点和第一条有相似的地方,进一步肯定了汉字是一种表意文字,它表达了什么意思,应该划分为哪一个种类,这一点在《说文解字》的偏旁部首栏目当中有很好的反映;其四,是规定了每个字的书写笔画数,这实际上为后来隶书由线段型的笔画改成为笔触形的笔画做了很好的准备。战国时期全国长期处于分裂割据的状态,经过长期演变和发展,各地的文字互相不通,有着较大的差别。在文字的演变和发展过程中,各地的文化起着最重要的作用,它使得文字的使用过程体现为一种文化的传承与传播过程,反映了文字使用重心的不断下垂。突然间的文字变革,可能带来的是某种表达话语的突然丧失,地方文化的传播失去了载体,文化传承遭到了"绞杀",从这个角度看,"书同文"所造成的不仅仅是旧国文字的消亡和旧国文化的湮没。

这次"书同文"的结果促成了我们后世所公认的秦文正体篆书的诞生。向规范化、整饬化方向迈进的秦文正体篆书在字形上已与西周金文拉开距离:秦公钟、秦公镈、秦公簋等器铭文,字内结构匀整,平衡的成分增加,字形有趋方趋长之势，字形的平直方折之变带来了点线的对称、等距、等长，以及线式的秩序感，线条变化明显，有的线段被拉长，有的显示长垂，有的增加弯曲部，线式曲引增加，符号化倾向明显。秦景公大墓编磬刻文以对称均衡的线条、曲化明显的长弧笔、平稳趋方的字势为特征，可看作秦人以整饬、规范为理念重塑大篆的代表性成果。

在中国政治史上、中国文明史上、中国文化发展史上，往往呈现出这样的景象：凡是刻意矫饰、花哨、多变甚至激进的表达往往沦为肤浅，导致他所表达的事物或者追求的理念流产或者失败；反之，适用而且实用，相对粗糙、简单、直白甚至保守的往往表达为稳定深刻，其成功和流传的可能性也就更大一些。

这一点，在早先中国土地上各种文字起源探索之际，应当就有所表达。在大致相当于"夏文化"即考古学上称作二里头文化的时期，也可能更加早一些，汉字在各种文字的起源事件当中，在凝聚了丰富、多样的最初文字设计之中，最终脱颖而出，成为黄河流域早期最大、最完整的一个文字体系，也是后来对应于中华民族发展的最为成功的文字体系。

汉字是为了简洁直白的汉语表达而用的，一开始除了基本的、适合的美感而外，并不具有更多的美化装饰功能，所以一开始它就和汉语结合得非常好，成了夏商时期汉语不可离异的视觉表达符号。同时，从新石器时代后期开始，中华民族开始不再在主流场合使用其他文字体系。

上述这一点一直到西周时期并没有改变，但是，到了东周时期却有了很大的变化。由于各地社会经济生产力发展不同、文化发展不同、文化追求不同、在社会生产力发展明显高于秦国的，比如燕、三晋、齐鲁、楚、徐、吴越等地，汉字向着多装饰、多美化、多矫揉造作的造型，各具特色地发展，各地的汉字出现了比较普遍的美术字化的趋向，当然，率意、颓废的文字风气也掺杂其中。当时各国的文字，当然还是以汉语为基础的可视的表达符号，在政治、经济、意识形态，乃至根植于农业社会的语言的共性上，同时体现了各诸侯国试图独立、独霸的政治理念，体现了"标新立异"的习俗。

商、周和战国时期，汉字古文字的异体现象十分突出，文字的规范在西周王朝并没有彻底得到解决；而西周中后期铭文由于象形因素并未完全消退，线条规整化程度并不高，加上普遍的纯曲圆型线式，使得西周金文点线鲜有匀齐之序，西周"书同文"实践的成果并不太普及。

钱穆在《秦汉史》中对秦国的文化有这样的分析，"秦人本无文化可言。东方游士之西入秦者，又大多为功名之士，对其故土文化，本已抱不满之感，欲求别辟新局以就功业"。这种局面的形成，与秦所处的地理环境和其穷兵黩武的政策是密不可分的。同时，由于秦在文化上的落后，东方各国的文人也对秦国有一种轻傲的态度，使得秦与东方各国在文化上的矛盾更加突出。这也使得秦在统一后，必定要对各国文化进行整治和报复。秦统一全国后，原各国文字的多元性在统治上造成的不便，也是秦在文化上所不能容忍的。从这一点上来看，"书同文"与之后的"焚书坑儒"所体现的秦在文化统治上的策略是一脉相承的。

秦文字较大程度地继承了西周传统。正如第四章提到的秦文字早期第一节的重要标本——采用铸造方法制作的不其簋，其上铭文就尚未脱离西周金文浑厚庄重但少流畅的特征，暴露了其时秦族积极学习西周文字的痕迹。不其簋为秦庄公即位（前 821）前数年的器物，由此说明，西周晚期秦文字已经正式出现。

公元前 771 年，犬戎攻镐京，秦襄公以兵救周，以功封诸侯，为秦国列为诸侯的第一代君主。但一直到了秦文公十三年 (前 753)，秦族才"有史以纪事"。此后，秦国的文化开始快速发展，尤其是在秦文公十六年 (前 750) 派兵败西戎，秦才将势力范围扩展到岐沣一带，在接收了大批"周余民"的同时积极学习不同族群约定俗成的制度和习规，这对促进、提升秦族文化，改变秦国文化落后的面貌奠定了基础。

反映在文字上就是秦人从周人手里接过《史籀篇》和大篆的传统。这样一次由上而下的对文字的规范活动，使得秦国文字基本上被规范为大篆文字。这一时期诸如秦公及王姬编钟、镈等秦国的文字作品开始具有秦文字自身的特点，这种特点主要表现在以平直方折规范的字形上，除继续消除仿形因素外，还追求和谐均衡的结构、平行列置的线条，以及字内空间的均匀组构。一器之内往往单字大小匀一，字的外缘轮廓形状也尽量统一，趋方趋长之势明显，有着"约易"且向小篆过渡的态势。点线平行列置与规律性极强的字构轮廓是秦文字形体的主要改造点，秦景公大墓编磬铭文、石鼓文时，这种努力已卓然有成，文字形体规整匀称，线条对称、平行、均衡，排叠几近完美，字外缘轮廓整齐划一，拖长的垂引规律性极强，从而与西周铭文拉开了距离。

石鼓文上承西周金文，下启秦公簋铭文。其书字行方正、大方，横竖折笔之处，圆中寓方，转折处竖画内收而下行时逐步向下舒展，其势风骨嶙峋又有楚楚风致，确有秦朝那股强悍的霸主气势，然而更趋于方正丰厚，用笔起止均为藏锋，圆融浑劲，结体促长伸短，匀称适中，可以看作大篆臻于成熟并向小篆发展的承前启后的代表作。

至春秋晚期时，诸如秦公簋、秦公镈等器上的秦文字已经明显脱离了周金文中厚重凝滞的文字特征，其笔锋之犀利如殷商之甲骨，字体稍短而多变化，形成了秦金文纤细、流畅、挺拔、俊美的风韵，可以看作秦石鼓文字形的继承者。

秦人通过线条均衡列置、拉长垂引、规整字形的方式对大篆重塑，使得大篆越来越向小篆靠拢。这正好为下一次"书同文"秦小篆的整理积累了造型经验。故启功说："秦人依据《史籀篇》字'或颇省改'，成为秦的正体字，即小篆。"

综上所述，秦文字"书同文"的早期成果，是秦公诸器以及秦公钟、秦公镈等系列上的新"正体"，而这种被重塑之后被称为大篆的新"正体"，经过不断的演化，到秦统一全国时经历"书同文"的过程，终成规范的秦小篆，这是重塑的最后成果。

随着秦国在战国时期的不断壮大，秦文字也跟随秦在兼并战争中胜利的脚步而不断扩张。公元前316年，秦灭巴蜀后，就在那里开始强行推行秦国文字。青川木牍使用的文字和战国晚期秦国本土使用的文字是一致的，都是那种繁简夹杂的综合文字，而在此之前，此地使用的是巴蜀文字。这说明随着疆域的不断拓展，秦国开始在其所控制的领地开始了"书同文"的工作。

因此可以认为，正是基于黄河、长江流域先民共同孕育的农耕文明的文化基因的共性，各国政治和文化的个性化差异终究没能抵挡秦的统一。秦以简单、直白的行为方式、政治作为和意识形态，完成了中国历史上第二次实质意义上，并且一直影响到今天的中华大一统。

在这个基础之上，秦人规定了秦文字的简朴、实用的基本特质。于是，在秦汉之际，以隶书催导的统一一直影响到现代。人们从这个角度了解秦文字的作用和贡献，量无大错。

公元前246年，秦王政掌权后，任用尉缭和李斯等人积极推行统一战略。秦王政二十六年（前221）统一六国后，因王号不足以显其业乃称皇帝，是为秦始皇帝,并继续执行秦孝公变法以来商鞅的法家政策,加强君主专制、削弱旧贵族势力、提拔由军功而上升起来的贵族。其时,秦虽然在疆域上完成了统一,但不同地域的旧贵族仍然拥有着很大的势力与文化解释权。秦的统一使得其自身必须从源头上消除了其他文化阻碍,削弱其他地区的地方政治文化的传承。秦始皇帝在其统一、统治过程中毫不掩饰其对于文化统治的自信和激动,先后到峄山、泰山、琅琊、芝罘、东观、碣石、会稽等地巡视,每到一地,群臣为歌颂其功德、昭示万代,都要在其地"立石刻,颂秦德,明得意":

公元前219年,"二十八年,始皇东行郡县……刻所立石",名为"峄山刻石";

公元前219年,"二十九年,始皇东游……登之罘,刻石",名为"泰山刻石"。

公元前219年,"二十八年,始皇东行郡县……南登琅琊,大乐之,留三月。乃徙黔首三万户于琅琊台下,复十二岁,作琅琊台,立石刻",名为"琅琊刻石"。

公元前218年,"维廿九年,时在中春,阳和方起。皇帝东游,巡登之罘,临照于海"。刻石名为"之罘刻石"。

公元前218年,"维二十九年,皇帝春游,览省远方。逮于海隅,遂登之罘"。刻石名为"东观刻石"。

公元前215年,秦始皇帝三十二年第四次出巡,到碣石始皇驻跸,使燕人卢生与韩人方士韩终、石生、侯公求仙人羡门、高誓的不死药,刻碣石门,是为"碣石刻石"。

公元前210年,"三十七年十月癸丑……上会稽,祭大禹,望于南海,而立石刻颂秦德",刻石名为"会稽刻石"。

这就是"秦七刻石",但"秦七刻石"原石大多毁损无存。经考证,属于秦代原刻者仅存"泰山刻石"和"琅邪刻石"残石。这些刻石上的文字都是秦朝"书同文"后秦文字的范本。

石刻的载体石碑所能保持时间的长久性,代表着秦朝统治者对于这一领地的征服和统领,就如同开疆辟土、划定疆界一般;而刻石所使用的文字——秦文字小篆,则是秦对各国文化征服的宣扬。从这一角度来看,对一种文字的消除,则意味着对一种权威的打破与新的权威与典范的确立。秦消除了各国的文字,打碎了其地居民旧的文化记忆,迫使其融入秦帝国这个大的整体中,从而创造了一个更大疆域的社会共同体。

由此而来，新立的文化影响的不仅仅是秦对他国文字的废除，也影响着其对于自身文字的改造。钱穆《秦汉史》指出，秦人之视文化，亦仅以为致国富强之捷径，于东土文化本身之佳美，及其意义之深邃处，则并未能认识接受而消融以为我有也。秦文化本来追求的就是高效与整齐划一，并不强调意义的多元与文字的华美，这与当时的时代潮流一拍即合，简化后的小篆和隶书带着秦文化需求的影子，得到了秦官方的承认。

秦统一全国后，改前朝的分封制为郡县制，随着边境的开化和郡治的调整，总的郡数最多曾达到四十六郡，近期有研究者认为还不止此数。虽然战国时期，秦、晋等国都曾采取郡县制统治的做法，但秦统一全国后，其疆域面积和人口数量是战国时期任何一个国家所无法相比的。在这样大的一片疆域推行中央集权制度，需要整个信息传导模式的变革，在此意义上"书同文"拓展了信息传播的范围与速度，使中央集权的君主专制制度在古代中国成为可能。

中央集权的君主专制制度需要极大地压缩地方的自治权力，让地方将权力交还给中央。秦时"悉听于咸阳"，要能够形成这样的统治，中央集权政府就必须要能够控制其治下的官僚群体，使其按照统治者的指令行动并进行反馈，否则无论这个国家的疆域有多大，皇帝的决策也不能够到达地方，政权也就徘徊在崩溃的边缘。想要统治这样大的一个国家、控制如此多的官吏，统一文字的文令的传达成为维护统治的重中之重。所以，虽不能说有文字就一定是大国，但有稳定疆域和有较高程度中央集权的大国的统一、有效的政治治理，则必须借助相应的文字体系。

公元前221年，秦结束了诸侯纷争的战国时代，建立起中国历史上第一个统一的实行地缘性政治的中央集权王朝，作为巩固统一的"书同文"开始施行。许慎在《说文解字·叙》中说"秦始皇帝初兼天下，丞相李斯乃奏同之，罢其不与秦文合者"，讲的就是秦"书同文"所采取的措施，其中包含两个方面的内容：一是对于文字的规范和简化；二是强制废除他国文字而推行秦文字。《史记·秦始皇本纪》记载："丞相臣斯昧死言：古者天下散乱，莫之能一，是以诸侯并作，语皆道古以害今，饰虚言以乱实，人善其所私学，以非上之所建立。今皇帝并有天下，别黑白而定一尊。私学而相与非法教，人闻令下，则各以其学议之，入则心非，出则巷议，夸主以为名，异取以为高，率群下以造谤。如此弗禁，则主势降乎上,党与成乎下。禁之便。臣请史官非秦记皆烧之。非博士官所职,天下敢有藏《诗》《书》、百家语者,悉指守、尉杂烧之。有敢偶语《诗》《书》者弃市。以古非今者族。吏见知不举者与同罪。今下三十日不烧,黥为城旦。所不去者,医药卜筮种树之书。若欲有学法令,以吏为师。""制曰:'可。'"①丞相的决断设计,得到了皇帝的坚决支持。

由此可见秦始皇帝"书同文"的措施对他统一民族和历史文化的正面作用,与此同时,还伴随着"焚书坑儒"的极端反文化措施,对此,恐怕没有什么太大的分歧。但是,他的具体实践是怎么做的?对这一点,分歧就产生了。许多教科书上占有压倒性地位的意见是秦始皇帝以小篆统一了全国文字。这些记载与赵平安研究意见基本相符。他曾撰文提出秦国历史上出现过三次"书同文":"秦国历史上第一次'书同文'发生在东周桓王时期,即公元前719年到697年之间,编成《史籀篇》,再将《史籀篇》中的标准字体'大篆'推向全国,这次'书同文'对当时在秦通用的文字进行了一次全面系统的整理和规范;第二次发生在秦孝公至始皇帝统一中国并延伸至汉武帝时期,这次书同文是伴随着秦对六国的兼并战争中发生的,也就是秦帝国统一到哪里就将秦之行政文书系统强行推行到哪里;第三次发生在秦统一六国之后,这一次'书同文'是以'小篆'作为官方字体推行,也就是人们现在所看到的秦刻石、诏版、权量以及律令诏书等器物上的铭文。"②

现在来讨论秦实行"书同文"的具体措施。在讨论秦"书同文"的具体措施的时候,笔者看了不少学者撰写的文章,大部分学者都在讨论它的历史意义和重要的影响,但是对"书同文"的具体做法则很少有人讨论到。在这一方面,北京大学的高明在《中国古文字学通论》当中进行了非常重要的讨论。高明的讨论当中提出了四点:第一,固定各种偏旁符号的形体;第二,确定每种形旁在字体中的位置;第三,每字的形旁固定,彼此不能通用、代用;第四,统一每一次的书写笔数。

笔者认为,高明的意见除了第四点还可以深入讨论以外,其他三点应当是非常正确的。

---

① [汉]司马迁:《史记》,中华书局,1959年,第255页。
② 赵平安:《隶变研究》,河北大学出版社,2009年,第136页。

高明在讲到第一点的时候说，汉字的形体虽然很复杂，但是都是由一定数量的偏旁符号组合而成的。许慎在《说文解字·叙》当中讲："仓颉之初作书，盖依类象形，固谓之文；其后形声相益，即谓之字。"绝大多数汉字皆由少数独体文字拼合而成。先秦时代的古文字之所以同字异体，主要原因是偏旁形体不能够固定，同一偏旁同时存在着多种写法。由于偏旁字形不统一，因而字体难以固定。对这种偏旁不固定的也要做分析，有些是比较具体的形旁，有些是可以意会的形旁，有些是类似会意而造出的形旁，有些是形声字当中的声符的不同表达，当然也有形符的不同表达。在秦始皇帝"书同文"的措施之下，他将每种偏旁基本上确定为一种形体，当然是以秦国通用的为标准，其他的大部分废除，这个措施为统一汉字的字形奠定了良好的基础。必须指出的是，汉字偏旁符号形体的固定使得隶书的书写及使用更易于篆书的书写和使用。

第二点，就是确定每种形旁在字体中的位置。在秦以前，汉字不仅偏旁的形体不固定，字体当中的偏旁的位置也并不固定，会在上下、左右、内外移动。当然，这是不是任意移动，我们至今并未找出它的一些规律，还在讨论当中。但是，这种情况到了春秋战国时期愈演愈烈，这样势必影响古文字字体的统一，势必影响汉字字体的统一。秦在进行"书同文"的时候，根据各种形旁，分别确定了他们在字体当中的不同的位置，有的放在字体的左部，有的放在字体的右部，有的是作为外围，等等。从原则上来看，这是不能够改意的，这对整顿汉字的字形是非常必要的，对汉字的定型和规范化又一次起到了重要作用。这个工作是一个历史的进程，从甲骨文的整理到西周后期经文的整理，实际上，应用和关注汉字的人已经开始做这个工作了，但是不如秦做得彻底，这和东周时期的纷乱是有关系的。对于这一点的作为，也是隶书比篆书来得彻底、明确一些。

第三，每个字的形旁固定，彼此不能通用、代用。这个主要是针对形声字的。形声字的形旁，有的我们也叫作质符，是说明这个字的本质意义的。那么在秦以前，形旁互相代用、通用的情况非常频繁，这样不仅造成了字的形体无法统一，还使人们对字的理解受到影响。秦在"书同文"的时候，规定了形旁必须确定为一种，而且不能够随意更换。在隶书当中形旁（包括质符），都变得明细易读（识）。

由此可以看出，文字形旁的逐渐统一也是一个历史过程。形旁的出现，和某些字的被假借然后又加上了形旁，表示它的质地、表示它的意义有关系。所以，对形旁的变动以及通用等，不能够一概否定，但是这确实影响了文字的字形。这个情况在现在，在某些学者倡导繁体字恢复和增加异体字的时候，又一次出现，那么秦的实践给人们以很好的启发。

高明讲的第四点是统一每字的书写笔画数。在以小篆完成对古文字的整理的时候，不太可能完整地做到统一字的书写笔画数，因为古汉字的一个特点是它是线段型的，有些线段的连体转折等，还不能实现为书写的笔画。统一汉字的书写笔画数的真正的实现，有待秦隶的统一的完成。

秦文正体重塑的极致之作正是秦小篆，它与秦隶同出周源，只是由于使用场合的特殊性，最终没有成为通行的实用文字，而是止于篆书铭石用字端严一路的最后定格。但秦小篆是秦文正体大篆重塑后的再规范，是由官方组织整理审定的正体。整理后的秦小篆结体和用笔特征鲜明：结字纵长，结构均衡对称，线条匀整，行笔婉转圆通，有端严整饬、和谐典雅的典范美形态。虽然客观上小篆完成了汉字古文字系统的总结，但它从一开始就是统治者意志的集中体现，这决定了它使用空间的狭窄性。人们可以看到，这种人为因素极多且面貌端严、极具威仪的书体，主要用于皇命诏书和刻石颂功。迄今所见泰山刻石、琅琊台刻石、峄山刻石、会稽刻石等，其内容无一不是炫耀秦始皇帝的文治武功，以期其为典为范、永昭后世。

由此，后世学者几乎一致认为，秦小篆是"中国文字发展史上最短命的文字之一"，也有人指出小篆字形在现在和以后都不大可能大宗地从当年的实用文字材料中出土，更有人认为，在汉字史上，小篆只起到了官样文字的作用，它不是一种流通文字，也不是汉字发展过程中的一个主要环节。这是因为从其出身看，它不是秦文大篆重塑之后自然演化的成果，而是官方意志的产物，人为因素起了重要作用，这显然违背了文字发挥社会化功能时所必备流通条件——约定俗成。从书法角度看，规范至极和高度装饰化必然走向反面，性情的隐遁与个性泯灭终于使它沦为篆书的一种极端形式。所以，小篆终究没能成为汉字和书法发展的主流，也没有对汉字主流的发展产生过重大影响，成熟晚于它的隶书、楷书都不从它所出。

"书同文"的主要目的不是对文字的改良，而是对其他国家文字的废除与替换，所以目前学界认为秦王朝的"书同文"结果既不是专指篆书，也不是专指隶书，而应该是指整体的秦国文字。"书同文"这一举措使得秦代的文字更为规范统一，这样的改进使得文字的形体得到了规范，文字传意的功能更加准确，文字也因"书同文"变得更加简约。

小篆相较于大篆书写更加简单，而隶书的出现则让文字在民间的普及与推广走上了一个新的，更为广阔的台阶。隶书书写的平直化、笔画化、简洁化等特点使得书写更加方便，辨识也更为直接，对于信息的传递由此也更加高效与精确，成为民间大量使用的文字。书写更加便捷，民众学习起来也更加方便。有了这样的基础，文字也才能为民众所接受并普及开来。这也是秦王朝"书同文"的重心所在。

"书同文"所造就的全国上下文字规范简便的局面，给予了政令上传下达的便利，使得政令可以准确地传输到地方官僚手中，地方的情况也能通过文书快速地为封建统治者所知晓，统治者依此来评价和问责治下官员，这些都使得秦的大一统真正成为直接、有效的统治，否则，即使"溥天之下，莫非王土，率土之滨，莫非王臣"，帝王对于地方的了解与控制也只能是象征意义上的。

秦统一全国后，郡县的长官基本沿袭了秦国的旧制，各郡一律置守、尉、监，其中，守、尉为秦旧制，监则是新设立的职位。守治民，尉典兵，监御史则负责监督百姓及官吏。郡以下设县，县以下为乡，乡下为亭。如此繁杂的官僚体系，要达成层层管理与沟通，必须依靠统一精准的文字。这些统一精准的文字给予了地方的官僚们参与政治的机会，让他们能够超时空地了解到社会治理的大体情况以及统治者的指示，给予了他们与未曾谋面之人之间的沟通与联系的可能性，让这一从上至下的官僚体系网络构建了起来。有了共同的文字，下级就能准确把握上级的意图和指示，上级也能够准确收取、存储下级的治理信息，中央对于地方的控制能够更加有效，地方如果发生问题也能及时得到中央的响应。

可以想象，若是没有"书同文"这一举措，封建君主专制这样的集权统治则难以在中华大地上建立起来。文令的传输受到限制，中央集权政府就无法对管理的辖区造成影响，甚至连基本的税赋收缴都难以进行，文化上更是要造成巨大的鸿沟。

"书同文"所促成的文字统一也使得帝国庞大的官僚机制能够运转起来，参与到社会组织管理中。自秦代开始，中国历史上的君主专制帝国多数是疆域辽阔的大国，想要治理这样一个大国，皇帝必须要依靠庞大的官僚群体，要想维持封建君主专制制度，就需要让君王的指令能够到达其统治疆域的每一处，这需要庞大的官僚群体来充当执行者和反馈者。

"书同文"所带来的文字上的统一,填补了最后的一片空白,让垂直控制官僚体系成为现实。由于秦在统一全国前仅仅是战国时代多个国家中的一个,所以虽然地方官员是由中央政权任命的,但大多官员没有从秦人中诞生,而是就地选拔使用。比如,刘邦就不是秦国人却当了秦的亭长,其一大原因就是他能用秦文字书写文书,由此可见文字的使用对于官僚政治的重要性。

秦所控制的广大土地,有的长期存在反秦的思想,有的则是处于封闭落后自治的状态,有着各地自身的乡俗,与君主专制中央集权的思想格格不入。乡俗作为一种复杂的价值体系,就像是网状的根系,深深地扎根于地下,如果被秦法这种占领者的秩序侵入,当然会产生抗拒反应。想要将统治推进到远离中央的乡村,就要改造乡俗,尽可能消除其多样性和复杂性,将其纳入国家法制的大范围内。而文字的规范和简化让信息的传播门槛进一步降低,秦朝创造出了君主专制文化上的控制模式——"以吏为师"。

"以吏为师"作为法家的一个重要思想,在秦时期为维护君主专制统治开始运用。民"以吏为师",那民众从吏那里学什么,吏从哪里学呢?作为秦所推崇的法家代表,韩非子就明确指出过:"明主之国,无书简之文,以法为教;无先王之语,以吏为师。"官吏首先学习国家的法律政令,这就是《说疑》所论:"法也者,官之所以师也。"官吏先学习秦的文字,再开始学习秦的律法,然后再扮演布道者的角色,将国家的法令传达到民众中间。这也说明,想要成为官吏,扮演管理者的角色,就必须要学习秦所规范的文字,秦也依此加强了民众对于政权的认同感,增强了统治的正当性。客观上,秦政治"以吏为师",向社会各阶层、全国各地方肯定的"书同文"的成就,首先是隶书的形成。

秦始皇帝三十四年(前213),李斯向嬴政上书曰:"若有欲学法令,以吏为师。"从此,"以吏为师"很快成为秦王朝的一项基本国策,在全国上下的得以施行。云梦秦简《语书》有记载:"凡良吏明法律令,事无不能殹(也);……恶吏不明法律令,不智(知)事。"可见,是否知晓法令、能否传播法令成为对于官吏的重要评价标准,并普及到了社会各个阶层;文字也不仅仅服务于最高贵族的祭祀、占卜、政令,还普及应用到管理、农事历法、律令律条、案例处理、日常书信等方方面面。文字的简约易写让秦代的下级官吏拥有了学习知识的机会,不再像商周时期那样,文字仅仅为专门的人员所掌握。

以秦小篆为例,可以看出当时文字的演变规律:

1. 简化字形,趋于实用化,书写便捷;

2. 部首化开始"模件化",在不同的字中,相同类属的文字部首,或者说形旁、声旁等书写形式、笔画完全一致,识读方便;

3. 笔画书写无差别,圆起圆收、粗细均匀、简朴美观;

4. 由"引笔而书"形成了较为一致的笔法,呈现出书写"技术化"的一面;

5. 文字形势,竖向方正、阵列化、章法布局更为科学。由此,大量通晓文字、熟悉律法的官吏出现,使得话语权重新由地方回到了中央,同时,"书同文"对文字的规范使法律文本拥有一致性,使得统治者能够对民众思想进行整齐划一地规范,保证了君主对于国家的最高统治权。

秦二世而亡,但"以吏为师"的思想却为之后两千多年的君主专制政权所使用。汉儒学大家董仲舒融合了儒法思想,用天道和人伦来证明君主专制统治的合法性,但若帝国内没有统一的文字,儒家学说也无法在辽阔的帝国处处扎根,成为中国君主专制社会统治的灵魂和支柱。

由此可见,"书同文"作为一场统治者发起,快速由上而下实施的文字改革,打破了之前文字多向发展的格局,从此之后文字的变化速度实质上在逐渐放缓,再也威胁不到汉字独尊的地位。这对于君主专制制度下大一统社会的出现和维护,对于儒家经典的长期传承与社会意识形态的稳定都起到了很大的、关键性的作用。整齐划一、一步到位的文字整理改革,奠定了之后文字变化的方向,无意间也对国人的思维方式造成了一定影响,崇尚规范、秩序成为中国古代稳定社会构成的一大原因。

综上所述,"书同文"给古代专制君主用法治统治社会提供了基本条件,给民众的日常生活提供了行事准则,更多的社会生活内容纳入到了国家管理和统治的视野之中。文字的广泛传播创造出新的法治文明,维护了封建君主专制的统治。在法律文本的制定上,统一规范的文字让法律文本超越空间界限,具有统一和细致的属性。法律文本必须是一致的,其贯彻的是集权统治者对于社会控制的意愿,唯有此才能要求民众做到"令行禁止"。中央集权则要求法律文本要更加细致,这样才能尽可能地消除地方政府和官员的解释权,控制地方官员的权力的无序膨胀。

第三节 "书同文"实践中篆书、隶书和楷书等问题

据文献记载,《史籀篇》曾经对西周通行的大篆进行了整理、总结和改进,这一工作尽管在当时没有起到多大作用,但其成果却在后来为秦国所用,并在实践中被改进,为秦国文字书体的发展演变定下了基调,确保了秦文字书体的发展从一开始就处于中国文字发展史的主线之上,使得汉字体系获得了历时千年而难以被替换的主要地位。

《史籀篇》既然是对西周以来大篆的规范化整理,又是史官教习学童的习字课本,突出的是文字教育和书写训练,那么其书写的教与学应该不太繁难。王国维在《史籀篇疏证序》中对其字体曾有评析:"史篇文字,就其见于许书者观之,固有与殷周间古文同者,然其作法,大抵左右均一,稍涉繁复,象形象事之意少,而规旋矩折之意多。推其体势,实上承石鼓文,下启秦刻石,与篆文极近。"启功认为它是一种线条化、符号化程度较高的文字,所谓"左右均一,规旋矩折",意即笔画线条匀整,字形方圆转折合度。经《史籀篇》整理后的大篆的确在规范化、线条化程度方面有很大提高,偏旁和单字写法趋于统一,更为重要的是,它在很大程度上遏制了异体的产生,可看成国家首次厘正的正体文字的典范形态。

秦文字正是沿着这条整饬、规范之路,向着线条化、规范化、简质的装饰化方向演进的。从春秋时期的秦公钟铭文、秦公簋铭文、秦景公大墓编磬铭文、石鼓文一脉相承的发展线索来看,秦文正体基本上恪守了《史籀篇》的文字传统,字形变化、文字架构和书体演进均不显著。同东方六国文字相比,秦文字更接近宗周籀文原貌,字形规范统一,构字部件规范化程度高,书法简净平和。迄今所知秦国最早的青铜器是秦庄公时期的不其簋,其铭文字形与西周晚期金文的长圆体势颇相仿,这说明秦文字在周宣王时还没有形成自己的风格。秦文字风格初成是在春秋时期,早期的秦子戈,秦子矛,秦公及王姬钟、镈等铭文,字形匀整对称、和谐典雅,字内结构讲究平行、等距、均衡之美。这种特色还在春秋早期的石鼓文,春秋中晚期的秦公簋铭文、秦景公大墓编磬铭文,战国时期的

《诅楚文》上延续，这些文字应当能与《史籀篇》中大篆的形体保持一致。所以裘锡圭说："在整个春秋战国时代里，秦国文字形体的变化，主要表现在字形规整匀称程度的不断提高上。"不过，秦文正体在字形规整匀称上的追求也别具个性，这种个性就是以平直方折之变重塑大篆，使之向规范化、程式化方向发展。这种重塑既体现在秦文正体中，也体现在俗书写本中，为秦文字书体演变成功开辟了两个方向：正体大篆进一步向规范、整饬化方向发展，从而导向了小篆（秦篆）的出现；俗书简牍写本、兵器、工具刻铭则向解散篆构方向发展，秦文隶变也由此引发，隶书（秦隶）趋向成熟。下面笔者汇总唐代之前部分有关隶书缘起的论述。

《汉书·艺文志》："是时始造隶书矣，起于官狱多事，苟趋省易，施之于徒隶也。"

《说文解字·叙》："是时，秦烧灭经书，涤除旧典。大发吏卒、兴役戍。官狱职务繁，初有隶书，以趋约易。"

庾肩吾（487—551）在《书品》中有一段重要的言论："寻隶体发源，秦时隶人下邽程邈所作。始皇见而重之，以奏事繁多，篆字难制，遂作此法，故曰'隶书'，今时正书是也。草势起于汉时，解散隶法，用以赴急。本因草创之义，故曰'草书'。建初中，京兆杜操始以善草知名，今之草书是也。余自少迄长，留心兹艺。敏手谢于临池，锐意同于削板。而蒇山之扇，竟未增钱；凌云之台，无因诫子。求诸故迹，或有浅深，甄删善草隶者一百二十八人。伯英以称圣居首，法高以追骏处末。推能相越，小例而九，引类相附，大等而三。"

卫恒《四体书势》："下杜人程邈为衙吏，得罪始皇，幽系云阳十年，从狱中改大篆，少者增益，多者损减，方者使圆，圆者使方。奏之始皇，始皇善之，出为御史，使定书。或曰邈定乃隶字也。"

卫恒《四体书势》："秦既用篆，奏事繁多，篆字难成，即令隶人佐书，曰隶字。汉因用之，独符玺、幡信、题署用篆。隶书者，篆之捷也。"

张怀瓘《书断》亦曾引蔡邕《圣皇篇》："程邈删古立隶文。"

《西京杂记》："杜陵秋胡者。能通尚书。善为古隶字。"

晋文字学家成公绥（231—273）在《隶书体》中说："皇颉作文，因物构思；观彼鸟迹，遂成文字。灿矣成章，阅之后嗣，存在道德，纪纲万事。俗所传述，实由书纪；时变巧易，古今各异。虫篆既繁，草稿近伪；适之中庸，莫尚于隶。规矩有则,用之简易。"

《汉书·艺文志》:"六体者,古文、奇字、篆书、隶书、缪篆、虫书。""古文谓孔子壁中书也。奇字即古文而异者也。篆书谓小篆,盖秦始皇使程邈所作也。隶书亦程邈所献,主于徒隶,从简易也。缪篆谓其文屈曲缠绕,所以摹印章也。虫书谓为虫鸟之形,所以书幡信也。"

以上这些论述从不同侧面汇集了各个时代人们对汉字隶书缘起和发展的一些认识。

秦始皇帝任用李斯等高级官僚对先秦的文字进行了整理,这是没有问题的,笔者认为这是对先秦的文献进行的一次梳理,用比较准确的话来说就是进行了一次总结。对于大一统的积极意义而言,这次整理总结帮助秦统治者完成了对篆书和隶书标准字样的推行。赵高、胡毋敬的篆书和隶书标准字样的字迹是什么样的现在很难讨论,但是李斯的字迹是什么样的,人们现在可以看到,因为秦始皇帝巡游各地留下来的刻石铭就是由李斯所书。

在中国早期书体演变研究中,汉字书写的便捷性与书体的规范性形成矛盾,这一矛盾作为推动汉字书体演变之因常为人们所关注,而"书同文"传统作为一种政治性因素则忽视了对书体演变本身的关注和分析。秦文字书体的演变规律表明,秦"书同文"传统对中国早期书体演变产生过深远的影响。《汉书·艺文志》表述为"书必同文",类似的表述还见于琅琊台刻石"同书文字",《史记·李斯列传》"同文书""平斗斛度量文章",《史记·六国年表》"同天下书",等等。东汉许慎在《说文解字·叙》中就坚定地认为秦代"罢其不与秦文合者",并由官方制定小篆,以此作为标准字体向全国推行,这已是传统小学即汉字文字学的主流观点。如果系统考察中国古文字发展史,"书同文"传统影响秦文字书体演变是不争的事实,而且还有过三次。这三次"书同文"传统主导了以秦文字为代表的周秦一脉文字书体的嬗变,又递进为隶书的表达,确保了秦文字书体演变始终位于中国文字书体发展的主线之上。六国因"文字异形",文字规范化程度远不及秦系文字,所以其再向前发展的难度的确也是大于"秦文",其发展演变终成中国文字发展史中的支线而被整体纳入"书同文"的历史进程中。

许慎在《说文解字·叙》记载:"是时,秦烧灭经书,涤除旧典。大发吏卒、兴役戍。官狱职务繁,初有隶书,以趣约易,而古文由此而绝矣。"其中涉及秦始皇帝焚书的故事。秦始皇帝把一些旧的典籍都烧了，同时大发牢役，这个时候下层的官吏等事务非常繁忙，所以他们开始以隶书书写文件，以达到简易的效果。"而古文由此而绝矣"这一句明白无误地告诉人们隶书开始通行，秦先前通行的文字如大篆、小篆渐趋衰亡。

无论从方便书写，还是从审美使用等角度来看，隶书都是一种比篆书更为简洁、便利的汉字表达方式。隶书的根本特点在于它把运笔迟缓的、线段式的字体，变成了运笔急速的、笔画式的笔道。在今文字流行的时代，古文字体系的许多作品还依然存在，甚至有一些古文字系统的写法还一直表达到今天。这恐怕主要是出于审美的考虑、出于标识性而非大量工具性文字的考虑。应当指出，今文字当中的一些要素在古文字系统占统治地位的阶段也已经出现了。隶书的波磔和外放笔画出锋的燕尾等某些要素在商周时代的毛笔书写文字以及商代和西周早期的青铜器铭文上都可以见到。显然，这些文字都不是隶书，但是已经出现了隶书的笔意，这为以后隶书的出现创造了一定的基础性条件。在春秋时期山西侯马和晋阳出土的盟书上便体现了这一点，由于这些盟书都是用毛笔直接写成的，所以隶意非常浓郁，甚至将其说成是原始的隶书也未尝不可，从这些可以看出隶书书写技法之原始状态。

战国时期，由于文字使用的重心下垂，文字不再只为贵族们使用，也成为普通低级官吏、战士，甚至普通农民需要掌握的工具。所以在这一时期，许多国家实际上已经出现了古隶的作品，比较明显的古隶创作出现在楚国、秦国，可能在三晋地区也有出现。这些文字基本上摆脱了以篆字为代表的非常严谨和柔美的线段式的表达，基本上转为干脆利落、简洁的书写化的表达，而各个国家的文字表达里面又都遵循着本国文字基本的结体。所以，许多研究者在这里比较疑惑，到底它们属于古文字系统，还是属于今文字系统？它们属于地方性的篆书，还是属于隶书？笔者认为是在地方性篆书的架构下，出现了明确的向隶书转移的倾向。所以，从这个角度来看，隶书不是在秦国一个国家产生的，而是在多个国家产生的。由于秦小篆在字形上比较干净实用，所以在秦国有所比照，隶书对古文字系统文字的改造就显得格外彻底。有些研究者认为，秦隶书是秦的统治者不得已而为之所形成的产物，其实这是不恰切的，这是一个时代大势所趋的产物，秦的统治者对此是有着正面的推动作用的。这源于秦的耕战政策，"以吏为师"打破了以血缘晋级的制度，改为军功爵制，其政治政策、军事政令、一般的经济管理法律等需要秦国上下的人都能够通晓了解，这些都要借助文字使政令、文告通行畅达。

秦代推行隶书是有意识的，是"书同文"的一个全面的决策和实际的贯彻。秦隶的出现使秦从一个强大的地方诸侯国演变成一个包举海内、兼并诸侯的全国性统治者，使这个时代文字的使用重心彻底下垂到基层，这在中国的文明史、文化史和汉字史上都具有非常鲜明、非常积极的意义。这个时候不仅文件的数量变多了，文字的书写速度也加快了，而且识字的人也增多了，黔首们很快就能够知晓"咸阳"的意旨，大一统的成果无处不在。在全世界文字的使用过程当中，都有文字崇拜现象，这个现象很普遍，在中国也是如此，但实际上秦隶的出现在一定程度上也破除了商周时期文字的迷信。在秦变篆书为隶书，并且将其普及到全国的过程当中，大致采取了以下措施：

1. 使用了便于书写的、关系明确的、减少"连"而明确"断"的笔画。

2. 对偏旁进行了书写化的改造，进一步省略笔画当中象意的部分。应当说中国的汉字没有经过明确的象形文字的阶段，但是文字当中，有象形发展的另外一支，就是很具象的象意，比如说"马""手""土"等，但是到了隶化阶段，这些象意痕迹被进一步扫清了，变成了规范、合适的笔画配置。

3. 大幅度减曲笔变直笔，直笔有横、竖、撇、捺、点、顿、折等表现形式，这不仅在书写上，而且在识读上都带来了革新和冲击。

4. 汲取早先各国文字当中的一些合理笔画作为一定的偏旁，改变了篆书中一些似是而非的做法，明确了偏旁的结构。

5. 进一步调整了汉字的笔画数目。因为不是结构的省减，所以这些笔画在数目上并没有简单地减少，而且比篆书更容易掌握，书写更规范。

秦推广隶书是非常彻底的，人们也由此造出了所谓程邈创造隶书的故事，这个故事有部分可信性：程邈等秦王朝的低级官吏在隶书的整理和推广过程中起到过积极的作用。但是，说是程邈创造了隶书，是有些言过其实的。前面已经讲过，隶书的出现有一个比较漫长的准备和发展过程，秦代一批低级官吏本着"以吏为师"，基于传播大一统的政治、军事、经济、法律等的原因，更加慎重也更加积极地推动了文字的隶书化。在这一点上要看到，秦小篆的整理为秦隶书的发展提供了可能性和基础，并做了必要的前期铺垫，由此秦王朝以隶书总结了"书同文"，包括秦小篆和秦隶书在内的整体的秦文字的影响也就更加深远，这对文字的发展和汉字的发展而言当然是一种必然的进步。

这里还有一个现象需要介绍：诸如前边提到的咸阳塔尔坡秦墓出土的咸里綵磇一样，秦的一些陶器刻划文字中也出现了楷书的结体和笔势，这点恐怕会使有些研究者感到震惊。其实继续仔细查找，可以发现在一定数量的秦简牍文字之中，也多多少少出现了楷书化的迹象。这并不奇怪，楷书总体来说是在隶书成熟了以后，在其之上发展起来的一种更适合书写的字体，隶书、楷书同属于今文字系统。其实楷书的某些要素在商代甲骨文中就可以见到，当然那些都是星火一现。所以，在秦隶普及并且发达的时候，出现了个别的楷书作品也就并不奇怪了。在这种情形下，楷书逐渐露头、逐渐成长，从西汉到东汉越来越成熟。检查文字的发展过程，人们可以认为成熟的楷书出现在东汉。从小篆到隶书再到楷书，这是一个逻辑发展的过程，在发展的过程当中，小篆、隶书、楷书三者是互有叠压的。至于行书和草书，它们是为了解决文字的书写速度太慢的问题而产生的，难以被清晰划出独立的发展阶段。已经发现了一些新石器时代后期的文字出现了几笔联署的现象，这恐怕就是原始的行书和草书了，在古文字阶段行化和草化的现象也是可以见到的。只不过隶书成熟以后，书写方式的进一步便捷使得汉字行化和草化的现象更加层出不穷，并且在楷书成熟之前，就出现了一定数量的行书和草书的经典作品。

通过以上讨论，人们可以知道秦王朝完成了以隶书作为"书同文"最主要、有决定意义的措施，这些并不是统治者的心血来潮，其中有着社会需求的影响，有文字发展逻辑的影响，有早期隶化文字当中实际操作中的准备，到了秦代，由于秦政治的需要以及统治者的包容推进，隶书的成功诞生和全面普及也就成为一种很自然的事情。

秦隶书改变了汉字结构服从自然的线段式的表达方式，而将其定格为服从于人的书写式、笔画式的表达。这一点对照秦隶书字形就可以看得出来。

在汉字形体的规范整理的基础之上，对各种偏旁符号进一步整理，这里要指出改线段为笔画的过程，在一定意义上是一种简化的过程。秦代书手为服从手写对字形做了大量的规范化、简约化的处理。

对于汉字形旁的位置和形旁的形态，隶书也同样做了笔画化、书写化的处理，这使得原先具有一定具象表意性质的形旁逐渐退出了历史舞台，汉字偏旁的固化、符号化的历程徐徐开启。彻底地摆脱图画性，对汉字来说是一个巨大的进步。

只有在以上工作基础之上，汉字隶化以后每一个汉字的书写笔画数才有可能统一。这个时候汉字不再需要进行大规模，诸如西周后期那样的修整，也不像楚文字、三晋文字，以及部分秦篆那样需要增减笔画数，笔画增减不再具有数目上的意义，而是服从于书写，该合时就减少，该断时就加。这不但有利于结构的规范与肯定，还有利于汉字的书写与辨认。从人们的书写经验可以知道，这一点只有在隶书为代表的今文字阶段才能够做到。

应当指出，秦隶书的重要进步都是在以小篆对汉字古文字进行总结整理的基础之上发展起来的，小篆做了很好的整理，才能够使隶书有一个科学发展的基础。

秦隶书由古隶的发展至今隶的完成，无论在政治史上还是文化史上都有重大的意义，正如《汉书·艺文志》当中所说："是时始造隶书矣，起于官吏多事苟趋省易，施之于徒隶也。"《说文解字·叙》也说："是时，秦烧灭经书，涤除旧典。大发吏卒、兴戍役。官狱职务繁，初有隶书以趣约易，而古文由此而绝矣。"其实许慎讲的"由此而绝矣"，就是小篆以前的诸种书体绝了，这点讲的应当说很沉重，也很准确，也证明秦以隶书完成了汉字的又一次实质上的统一，实现了实质上的"书同文"。统一的基本原因，就是隶书的推行使得社会下层的官吏及平民大量使用文字，结束了汉字贵族化的历史，这也是汉字使用重心下垂的重要标志。这种汉字使用重心的下垂使得整个中华民族的文化程度大幅度提高，加速了文明进程，也使得汉字由一种难以操作、难以书写、难以辨认、难以掌握的工具变成了易于掌握、易于交流的工具。

在秦的普遍的、日常的社会生活当中，隶书取代了小篆，成为通用的文字，在秦的陶文、秦的竹简文字，甚至秦的金文当中，都明确见到了这样的趋向，即使在很多秦官方颁布使用的严正庄重的玺印泥封文字中，也见到了由篆字为本而逐渐隶化的这种趋向，这在中国文字发展史上具有里程碑式的意义。笔者认为，秦的"书同文"实践也就是对汉字的再次整理统一。应当这样来说，秦以小篆对汉字古文字体系进行了很好的总结，以隶书完成了汉字的再一次整理，完成了汉字的再一次大统一，开启了汉字的今文字系统。秦"书同文"实践的重心和最终成果落在隶书上，而不是小篆上，这个观点笔者认为是经得起历史验证的，因为紧接着秦而起的西汉的小篆水平就很紊乱、很低了，除了汉文帝时期少量铭文还带有篆意之外，西汉的大部分文字遗存都已经是隶味十足，其中包括见于简帛的书写文字，包括石刻文字、铜器铭文，甚至包括玺印泥封文字。西汉也出现了基本上摆脱小篆风格的所谓缪篆，这种缪篆显现出方、平、均、叠、满的特点，"形体平方匀整，饶有隶意，而笔势由小篆的圆匀婉转演变为屈曲缠绕。具绸缪之义，故名"。一个事物"统一"后的正方向发展，是扩大其优势而规避其不足，西汉时期的隶进篆退正是秦代汉字又一次大统一的必然结果。顾名思义，这种篆书就是对以前小篆文字的背离和改造。篆书的再一次出现要等到王莽时期以后了，它与古文经学派的争论出现有关：先由不合古意但也有其美的"莽篆"横空出世，后来又认认真真地汲取秦小篆的营养，使得篆书薪火相续但再也不能活跃于日常生活之中了。

作为一种在民间发展起来的文字，隶书能够得到官方的承认与推广，是与社会生产力的发展和秦的君主专制制度相符合的。《史记·秦始皇本纪》记载："天下事无大小皆决于上，上至以衡石量书。"秦始皇帝每天都有大量的官文审阅工作，不对文字进行简化，不仅会增加上报人员的工作量，还容易使人在编写官文时造成错误，所以，在书写的时候追求快速简便就理所应当地成为人们所追求的目标。

然而，真实的隶书起源应当比现在一般认识的要早一些。从殷商时期开始，一些书写的墨迹和铭文的做法实际上与隶书有着千丝万缕的联系，古文字系统的文字笔画大多是以线段式的方式来表达，这一点到西周宣王时期发展到极致，文字呈现出了线条均匀、优雅盘曲的样子，这样，写字速度必然是比较慢的。而今文字系统的最早代表隶书则是用笔触形式完成笔画，构成文字。结合考古发现，笔者认为这种笔触形式完成笔画的方式在商周时期的墨书当中就已经见到，只不过是文字的整个结体还是古文字系统的结体。春秋晚期的《侯马盟书》，直接真实反映了晋国的官方文书的基本形貌。由于盟书辞文书写是出自多人之手笔，故其字体风格有的浑厚凝重，有的飘逸洒脱，从书写运笔中展示出柔软的毛笔所特有的弹性韵律，行笔轻重有度，已经出现了比较浓重的隶意。

结合考古发现，笔者认为，早期的隶书在战国时期的楚国和秦国就出现了，这就是所谓的古隶。这是一种由大篆、小篆走向今隶的过渡性字体，也是古文字系统向今文字系统过渡的字体，也是古文字时代向今文字时代过渡的津梁。它的特点是把大、小篆的几近均匀的线段表达改为平直有棱角的横、竖、撇、捺、挑、勾等的笔画书写，文字形体上逐渐由图形变为笔画，象形变为象征，复杂变为简单，在造字原则上则从表形、表意到形声，字体结构也不再有古文字那种象形的意味而完全符号化了。

古隶虽然结体和用笔都带有篆书的意味，长扁不一，波磔也不明显，可以在一定意义上说只是篆书的潦草写法，但仍然属于隶书范畴。古隶发展到汉代进一步"约易"，书写上进一步以"笔触形式完成笔画"，进而在平直有棱角的笔画的基础上形成了工整美观、活泼有波磔挑法的今隶。古隶相比，今隶进一步发挥了毛笔的书写特点，成为更为成熟美观的字体。

公元前213年，秦始皇帝采纳丞相李斯的建议，实行"以法为教""以吏为师"的国家制度：除秦国以外，列国史书都应焚毁；除博士官外，私藏百家之书、私议百家学说者都应该受到惩罚；只有医药、卜筮、种树等实用性的与政治无关的书籍可以保存；想学习法律的人只能"以吏为师"，在实践中掌握。抛却其中反文化的极端部分，单就汉字书写技法来看，这一制度还是顺应了时代发展需要。

"以吏为师"作为一项重要的秦国家制度，使整个社会除文吏外，不具备文字读写能力的人，必须学习文字，而且只能向政府官员学习。政府官吏承担教育行政官员和教师的职责。"以隶为史"，中下层的官吏们习用的这种新整理出来的字体就是所谓的隶书，这为隶书的推广起到了积极作用。

当然，也有人对隶书的产生时间及其定名的具体原因有过探讨。近人吴白匋《从出土秦简帛书看秦汉早期隶书》文章中指出："可以用这个字的本义来作解释。《说文解字》中解释'隶'的意义是'附著'，《后汉书·冯异传》则训为'属'，这一意义一直到今天还在使用，现代汉语中就有'隶属'一词。《晋书·卫恒传》《说文解字序》及段注，也都认为隶书是'佐助篆所不逮'的。所以，隶书是小篆的一种辅助字体。"[①]这些从另一个侧面指出了隶书的产生过程和定名原因。

通过这些探讨，笔者认为秦的"书同文"实践不仅在文字史上，而且在中国的文化史上、政治史上都留下了极其深远的影响。中国一直拥有世界上最庞

---

① 吴白匋：《从出土秦简帛书看秦汉早期隶书》，《文物》1978年第2期。

大的人群，对这支人群的统治和管理是具有世界意义的事情，中国的文化和文明也成世界上很具特色的一支。从这个意义上来说，秦的"书同文"实践，秦采取的种种措施也是世界文化史上极具意义的大事件。

无论是篆书、隶书，还是楷书，都是汉字的书写创造实践在先，命名在后，而且有的命名后，又由更后来的人们根据遗迹的进一步丰富，肯定其概念。目前人们对秦小篆、秦隶书，以及秦时出现的楷书化笔意文字的认定，都是基于后来人的目验、对比和研究。在秦代，人的书写、刻划行为只是一种风气笼罩下的行为，当时的秦人并不会考虑小篆该如何写，隶书如何写，文书中是否出现楷书化笔意等问题。指出汉字发展的必然逻辑和适当命名，是后来人科学研究的任务。结合秦文字遗存，笔者确信秦代已存在着篆书、隶书，甚而楷书三种书写系统，秦代的"书同文"政策只不过是用秦文字统一全国不同地域的文字，并不仅仅是以秦小篆统一了大篆，正如郭沫若在《奴隶制时代·古代文字之辩证的发展》中所指出的："秦始皇改革文字的更大功绩，是在采用了隶书。"前面提到的部分秦金文中出现的隶意，陶文中的楷书意味，秦简中篆、隶、楷并存的现象足以证明笔者的看法，而刻有始皇诏的权量衡器、陶器、诏版上的铭文作为秦政府统一制定的文字，往往有篆书和隶书，乃至部分已经萌生楷书意味的书写形式，则更能说明问题。

第四节　"书同文"之重要遗产

秦人在追求统一的道路上，起码有着这样的几种障碍：第一，政治藩篱，就是人为的分成若干个国家，这样的藩篱显然是可以用军事力量来打破的。可以用新的管理模式来解构旧者、巩固新者。第二，交通的阻隔。起码秦始皇帝时期统治者已经明确认识到了这一点，所以他修了包括直道在内的许多道路。第三，源于生产和分配的度量衡制度的紊乱。这对生产发展和即将到来的大一统也是一个阻隔。这些随着秦度量衡制度的推广和扩大应用也得以人为解决。第四，从文化和历史传统的角度来看，其最大的阻隔应当就是汉字的体系不断地异化，可能会走向分裂。所以秦始皇帝制定统一全国的政治决策以后，"书同文"的理念再次被唤起成为必然。应当说这一次由秦人开启的"书同文"实践被紧接其后的汉朝人所继承,隋唐人也有所延续,甚至可以说,今人也都是秦"书同文"实践的继承者,是"书同文"实践的受惠者。秦代的"书同文"之举成为中华民族宝贵的历史文化遗产。

"书同文"的实践促成了东方的高度集权的政治统治形式,也推动了一种共同的、主流的价值观与意识形态的形成。中华民族的文化与中华文明得以在世界上自成一派、独领风骚,千年以来占据主要地位,难以被撼动,与秦人"书同文"在其中所起的决定性作用无法分开。

秦人所施行的"书同文"首先是一个社会学、民族学,乃至国家政治学的问题。从广阔的范围看,文字往往会成为一个政权重要的统治管理工具,一个政权的势力范围扩大,必然会引起文字使用范围的扩大,对于以前没有使用过这种文字的地区或者民族而言,这本身就是一个"书同文"的过程。在环地中海、西亚、北非地区反复的文字更迭活动可能更为活跃,以至于前一种文字被后一种文字所覆盖,后来的文字就对前一种文字起到了"书同文"作用,所以"书同文"现象不是中国文字所特有的。中国长江、黄河两条大河,就像母亲的两个乳房一样哺育着有史以来最庞大的人群。这一群体以中原为中心,这周围又有大海、高山、沙漠,以及寒冷地带等的阻隔,形成了一个相对封闭的地理环境。在这个地理环境中,人们发展了农业,进而在稳定的农业的基础上,建立了东方金字塔式的高度集权专制的一元化统治。人们现在已经能看到,从新石器时代中后期开始,在东亚,即大致现在的中国进入文明门槛的时候,大一统和小独立的矛盾斗争实际上已经展开了。笔者不从现代价值观的角度评判这种斗争,而仅仅指出这是一种历史现象,比如说红山文化是一支很发达的北方地区性文化,良渚文化是很发达的南方地区性文化,他们可能是彼此独立的酋邦性质的文化,都不是大一统的文化,而在黄河中游地区,大致相当于豫、晋、陕、甘交界的地域,旱地农耕以及交通的便利造就出一支追求大一统的文化。所以,伴随着文明社会到来、阶级国家的出现,中华大地上的文字大一统的要求是符合生产的发展和人们交流沟通的规律的,是符合中华文明发展规律的。由于世界多地都是以拼音文字为主,所以这类文字大一统的难度要小于汉字的大一统难度,但是这些国家"书同文"的稳定性不高,不像在中华大地上,一旦实现了"书同文",再想"拔根"就是很困难的。汉字总的来说是一种表意而不主音的文字,所以生活在这片土地上的人们获得比较一致的政治、生产、人际关系和家庭关系的种种认识以后,文字就是一种交流的必要的桥梁,而这个桥梁并不仅仅是语言。如果说世界其他采用拼音文字的地区的民族文明的旗帜是语言加文字,而中华文明的旗帜,尤其是可见、可分辨的旗帜,无疑指向了汉字。这一问题在世界上其他文字体系里面,并不是一个问题,而在我们这里则是需要说清楚的,由此更凸显了秦人"书同文"实践对于中华民族的发展厥功至伟!

任何一种科学的文字或者任何一种被大量使用的文字,都会经历一个类似"书同文"的整理阶段。对此,人们应该从更大的地域范围去观察。世界上许多文字,像拉丁文也在其文化范围之内有过"书同文"的整理过程,它的整理表现在两个方面:第一个就是字母简化,第二个就是字母外形的调整。其中,这些字母外形的调整和汉字外形的不断调整并没有本质的区别,但在数量上却是天壤之别、不可比拟的:汉字数量无比庞大,拼音字母仅以数十而计。他们对字母的简化对中国人来说影响不大,但是对曾经用过汉字的朝鲜和越南,以及现在还在使用部分汉字的日本是有一定影响的,因此,这些受到影响的国家就规定了最低的应用汉字数量。这一点对我们来说值得思考,因为,汉字走上形声道路以后,就变成一个无限发展的文字体系,这一方面说明它是一个科学体系,另一方面也可以看到,这种无限发展的文字体系不加约束的话,其工具性将会受到影响。所以,汉字"书同文"的意义有两个方面:第一个就是实际上规定了基本字数,这一点在中国的文献当中一直语焉不详,但在世界背景中是有的;第二个就是规定了汉字的字形、字体的变化。

从"书同文"这个词的词源来看,汉字"书同文"应当是一个西周时期出现的政治理念、管理理念、学术理念和文字使用理念。可以说,商代的文字对汉字最终在中原地区扎根有着开创性的功劳,但是商人远不如属于农业民族的周人那么稳定,商代的疆域也远不如后代辽阔、宽广,而周人实现了中国历史上第一次的大一统,所以此时提出汉字"书同文"自是情理之中。西周以血缘关系来实现早期的大一统,体现了政治理想的幼稚性,造成的后果就是春秋战国时期越来越深刻的分裂,这种分裂并非这个农业大民族的基本诉求,从当时各国的统治者到一般的知识分子,从精英阶层一直到普通民众,大家都有着追求统一的诉求,最后由秦人——从统治者到最基层人士承担起了再一次"书同文"

的任务，并交出了光辉的成绩。

通过秦文字的研究可以看到，中国早期汉字书体的嬗变史其实也就是篆书走向隶书的嬗变史，秦文字沿着周秦一脉文字书体发展演变，是连接商周古文和汉唐新体的津梁。从春秋时期的大篆重塑到战国时期"兼天下"的秦文隶变，再到"书同文"的秦文字大统一，这一嬗变过程实质上是依循规范—便捷—再规范的规律不断演进的，这种规律与中国古文字书体嬗变趋势一致。中国古文字书体嬗变的过程就是篆书的规范化与打破规范、走向书写便捷的过程，也是书写便捷化与对书写便捷不断进行规范的过程，这个过程的转折就是汉字古文字系统的终结和汉字今文字系统的发端。秦文字书体演进特征正好顺应了这一规律。与六国古文字书体的演变不同的是，秦文字书体演变的每一个重要环节，都被深深地打上了政治烙印，那就是"书同文"传统及其影响。正是这种影响主导了以秦文字为代表的周秦一脉文字（篆书）向秦汉文字一脉（隶书）的嬗变，确保了秦文字书体的演变始终位于中国文字书体发展的主线之上。

现代人类已经进入全球信息化的新时代，电子计算机技术已经水银泻地般地进入了人们生活的一切方面。全世界的人的生活、工作、交流越来越多，也越来越深刻地依赖着电脑、互联网。人类本身的语言和思维从本质上看是一如既往的，现存于世的主要文字的性质也并没有改变，它们依然是语言和思维的延长，是组成语言和思维的可见符号系统，是人类交流的必要工具和知识的重要载体。那么，人类在语言的思维应用方面就产生了全新的问题，即面对电脑界面如何介入、如何理解、如何输出、如何处理的问题。这一系列问题的关键其实就是"人机对话"如何实现。

绝大多数的拼音文字和语言结合得比较好，所以在"人机对话"这个问题上，处理得相对自然。从语言文字的录入到人工智能的开发及发展等方面，拼音文字做得既快又成熟。在20世纪，曾经因为汉字面对"人机对话"的滞后性，人们对汉字如何进入电脑时代，产生了很多困惑。这种困惑、瓶颈在起步，即文字的输入阶段，就已产生，只因为汉字不是拼音文字而是表意文字-意音文字。

20世纪后半叶，由于电脑工作者和文字工作者的努力，中国产生了电脑汉字输入的两种基本模式：一是以五笔字型为代表的，若干种字形、字根输入法；二是若干种借助普通话汉语拼音的音素的输入方法。几十年的实践下来，以上两种模式看起来比较好地解决了汉语汉字的"人机对话"问题，大多数人感到方便，人们普遍认为汉语汉字的"人机对话"的瓶颈终于突破了。

　　在这里，不妨把这两个基本的思路分析一下。首先，对于以五笔字型为代表的字形、字根输入法，人们不由得联想到宋代郑樵《通志》中的"汉字起于一"这一学说。他把汉字解析为一个个符号和线段，然后再整合为一个"文字"。明确了汉字表意、意音的性质，郑樵学说的不科学之处就一目了然了。字形、字根输入法是脱离了汉字意义也脱离了汉字声音的，它的背后要有经验性的、模仿性的、庞大的汉字字库作为后盾和照应。借助普通话汉语拼音的音素的输入方法是以已经基本成熟了的汉语普通话为背景的，是以汉语拼音符号为基本要素输入的，这个音素的输入方法甚至可以涉及一些方言的输入，如粤语、上海话等。可是，这种方法是不考虑字形、字意的，语音输入之后，要有汉字或者词汇的选择，其背后也需要一个强大的字库作为后盾和照应。

　　汉字"人机对话"结合联想的功能，可以由一个汉字扩充为一个词、一个词组，甚至一个完整的句子；人们还可以拜托电脑的"记忆"功能，更快地选择常用的、习惯用的词汇和句子。但是，这些不是电脑主动思维的结果，这是人们通过后台强大的字库和词库来进行综合组织、选择、认定的结果，离不开人们基本的经验性关照。虽然在汉字录入技术方面，"人机对话"产生了惊人的进步，但是本书在前面谈及汉字的历史与性质时，讨论过从"六书"到"二书运动说"，显而易见，这两种输入方法虽然有效，但是和汉字本身的性质在根本上是有抵牾的，和汉字作为语言的工具、思维的工具这一基本要求，从原理上分析，还是格格不入的。

　　尽管笔者认为在20世纪后期开始的汉字"人机对话"的开发工作当中，基本上没有考虑或无法考虑汉字的性质和它传统的、科学的造字方法，但是依然可以看到，这是秦文字"书同文"的遗产结出的硕果。因为，上面谈到的两大输入模式的背景字库、词库，乃至句式联想，都是在汉字今文字系统被高度肯定后，经过基本整理的产物。可以设想，如果应用汉字古文字系统来作为参照系数，例如商周甲骨文、金文，直至秦小篆，虽然有相关电脑检索系统的成功，但那不过是建立在图像经验对照、记忆的基础之上的。它们只能是一种研究工作的参照物，不能和"人机对话"的事情相比较。

　　汉字是有数千年历史，目前为十几亿人使用的伟大的文字，它要进入电脑时代，要更深入地发掘、张扬自身的优点，以承担更为宏伟的任务，那么汉字科学的"人机对话"问题最终要解决。这个任务将是双向的:一方面,由科学的录入起步,解决汉字的"人机对话"问题,直到汉语思维的人工智能被深层次开发,即电脑"懂得"汉语汉字,电脑可以用"汉语思维"为人类服务;另一方面,借助历史上从未有过的电子计算机条件,进行汉字的第四次大整理,这是一个艰难的,但也是充满诱惑的伟大任务。显然,这双向性的工作只能是在汉字今文字系统基础上进行,现代人们将"踩"在秦文字"书同文"的成果上前行。

在现在这个时代,电脑、多媒体和人工智能已经非常发达,使用汉语、汉字的人们仍然享用着秦文字"书同文"的积极成果。在为保有这份遗产而感到自豪的同时,笔者意识到,热爱一个古老的文明,热爱一个伟大的国家,热爱一个伟大的文字体系和它所标志的灿烂的文化,不应当是一个简单的空话。在此情况下,人们不仅仅要享用"书同文"的遗产,更要变遗产为"资源",去思考"书同文"的历史出发点,思考"书同文"基本的理论诉求和基本的操作方法,以及其对于现代汉字发展的启示。

说到底,文字是人类语言和思维的延伸,是人类语言和思维的可见符号系统,是社会人际交流的工具,是文明与文化的表征。由此,文明可以成为民族的重要标志,或者是一个单一民族的标志,或者成为多个民族的标志,进入国家文明阶段之后,文字便成为国家的一种标志。在现当代,没有官方文字(其基础往往是官方语言)的国家是不存在的。当然,有的国家明确规定仅有一种官方文字,有的国家可能确认有多种官方文字。汉字是中华民族的伟大标志,汉字是现代中国唯一的官方文字,中华民族、中国、汉字,有着同质的存世效应。任何事物都有其发生、发展的历史,汉字亦是如此,在此分析汉字由古文字系统向今文字系统的嬗变,是就工具性质而言的。汉字的发展必然是扬弃古文字(艺术性创制除外)而拥抱今文字。在这里不得不感谢秦文字的功德,是秦"书同文"的实践完成了古老汉字的嬗变,使汉字不绝,使汉字出新,使汉字青春勃发地延续到了21世纪。中华民族还有漫长的道路要走,中华文明必须要有光辉的未来,因此,继承秦文字这一无比宝贵、无比重要的遗产,就是现代中国人责无旁贷的任务了。

面对生机勃勃的汉字、永葆青春的汉字,一面感激着秦文字"书同文"的馈赠,一面也要以此为出发点,为中华文化的再次振兴做出文字学意义上的贡献,这也就是目前研究"秦文字"的现实意义吧。

后 记

《秦文字研究》是我看得非常重的一本书。

2016年秋天，中国人民大学王子今教授来到西安，邀请我看一下他担纲主编、将由西北大学出版社出版的"秦史与秦文化研究丛书"的所选书目，谈一些意见。这个书目选题丰富，作者都是一时胜选，构架几近完美。当时我觉得有一点遗憾，脱口问道："为什么没有'秦文字'？"子今迅疾说："要不你来写？"笔者实在是惊喜——这是正中下怀的好事。

有感激，也有稀里糊涂，笔者贸然地接受了这个撰写《秦文字》（后改称《秦文字研究》）一书的任务，可是一经做起来，却又是困难无比。第一，秦文字的资料相当多，要从头再收拢起来，加以分期、分类，仅仅一两年的时间是十分困难的。基本材料整理不完备，必然导致立论就像沙滩上建屋一样，这我估计不足。第二，以袁仲一、王辉等先生为代表的多部重要著作已经在秦文字的研讨上做了大量的工作，"吃别人嚼过的馍"，如何再有新的理论和材料梳理上的贡献，再有新的味道，怕是非常非常困难的。第三，要做的《秦文字研究》这本书，究竟该是一本什么样的书？是理论性的，还是资料性的书呢？权衡也是很难的。

我接触秦文字资料如不算在20世纪60年代末对于淮上出土的秦半两的把玩，那么恐怕差不多是开始于插队务农后期对睡虎地、马王堆简帛的学习。在南京博物院工作时，笔者坚持了对盱眙南窑庄窖藏时代的认定，即不可能是西汉之遗存，是战国末期秦之遗存，最晚是秦王朝的埋藏，其中，金兽、金饼上的文字当然是秦文字。之后，大量接触秦文字是到陕西工作之后，尤其是向袁仲一、王辉等先生学习之后，至1995年确认了大批秦泥封，更是幸福地坠入了秦文字的渊薮。在这里，首先要感谢南京博物院、西北大学、北京师范大学的同仁。直至2019年，西安半坡博物馆张礼智馆长多次邀约开设文字学的课程或讲座，由此积累了一定的意见，使得自己既有接触周秦文字的欲望，也有了表达自己意见的胆量，因此动手撰写《秦文字研究》，一种责任感和幸福感油然而生。

接受了任务就不容推却。几年来，王子今教授和出版社方面的不断催促是越来越加码的压力，我们几乎使出浑身解数，想做得略略说得过去。这里，简单介绍撰作的心路：第一，认识秦文字是汉字领域之一个部分，首先是一种地域性，后来才发展成全国性的表现。第二，秦文字是在一个特定时间段上的表现。没有秦文字，对汉字古文字系统的总结将是一句空话，也就凸显不了汉字从起源到早期发展中的历程与节点。秦文字是汉字今文字系统的全面开拓者，为之后汉字的发展提供了必不可少的基础，这才是秦代汉字的所谓大统一的积极意义之所在。第三，秦文字研究必须结合语言学、文字学规律，但这样一来容易陷入语言学和文字学理论的泥沼当中，如果不梳理清楚，不把泥沼解析为清水和泥土，就体现不了秦文字本身的价值。第四，通过尽可能严肃、认真、全面的讨论，力争能够凸显秦文字在汉字文字学上的意义，凸显汉字在全人类各种文字之林当中的地位。围绕此心路抛出的一些观点、想法，可能在未来还要进一步作为具体的专题被深入和广泛地讨论。

接受任务时，笔者即向王子今教授谈及撰写《秦文字研究》的基本思路和大体的纲目设计，得到了他的支持。我又和西北大学出版社马若楠将章节目基本拟定，组织了对秦文字、汉字艺术颇有研究的何薇、李巍、郭晶、高洁等同仁，经过数次会议，开始了本书的撰作，很快拿出了第一、第二章作为样稿，并得到了编委会的首肯。因为其他工作，郭晶、高洁两位退出了撰作工作。这本书，由周晓陆草撰了前言以及第一、第二、第三、第四章，由李巍、何薇草撰了第五、第六章。由于周、李、何其他任务比较重，影响了《秦文字研究》的进度，在2017年及时延请古文字学家、书法篆刻家罗志英加入工作，他承担了很大的工作量，他与我逐章、逐节地反复讨论观点、提法，排定分期，敲定分类，规定了基本的表述。罗对第二、第三、第四章进行了进一步梳理，做了一些重大的改动，第六章由罗重新改写，尤其是在疫情非常严重的数月中，罗关注文字的修订，并主要由他选定、核对了本书的图例。后来，经过周、罗数次统稿和修订，在2020年的暑假基本完成了书稿的全部。

关于秦文字资料，以王辉先生为代表的同仁已经做了大量的、非常科学的工作。为此,《秦文字研究》有关章节中,尽可能在载体质地、分期和分类上做一定的探讨,但依然感觉到和前人的工作相差不大,或许由于材料的客观性也只能如此了。

《秦文字研究》的前部章节当中,谈到了对于汉字理论和早期历史的一些认识;在偏后的章节,讨论了汉字在汉代以后的发展。就涵盖时段看,这些似乎都不应当置于秦文字的讨论里。可是,不言及汉字学基本理论,无以全面讨论"秦文字运动"本身的逻辑;不言及汉字的起源及商、西周、东周文字,无以讨论秦文字对于古老汉字必要的总结整理;不言及汉字在汉代以后的发展,无以讨论秦文字将汉字推进到今文字阶段的巨大贡献。这些,从历史时空的客观维度,肯定了秦文字的重要地位。借研究秦文字,笔者也再一次"塞进"了自己关于汉字构造的"二书运动说"理论。

《秦文字研究》有关章节当中,提出了汉字长期以来并不具备表音的功能。汉字表音,哪怕到了形声字阶段也是一个习惯性的表达。经过了秦文字阶段的汉字,表达了中华民族生活中的绝大部分需要。不具备表音功能的汉字,也基本能够承担起这个任务。汉字强烈的表意性质和习惯性的表音的关照,是一种长期的、复杂的文字运动现象。秦文字在汉字由表意文字上升到意音文字的过程中起到了普及的、甚至是决定性的作用。

书中讨论了秦文字艺术。文字也好,汉字也好,是人造的符号,它们也要有令人赏心悦目的外观,关于这一点,全世界的文字具有一定的共性。汉字的单字的数量远远大于拼音文字的字母的数量,它对空间布局、视觉表现的要求也远远高于拼音文字。本于表意文字的大量的汉字能够看出其"意",具有人们的情感寄托,这使得汉字必须要有审美的系统规矩。秦文字由实用性出发,艺术性要规范于实用性之内。由于地域的美、时代的美,以及民族的美,这里,秦民族是相对于楚、齐、三晋等民族而言,这些使秦文字实用、质朴的艺术特点凸显出来。这个时间节点,恰处在从古文字系统向今文字系统转变之际,那么既要讨论汉字古文字系统之美,也要讨论今文字系统之美,尤其是要关注两者之间的演进关系。

探讨秦文字离不开大一统命题。嬴秦的崛起推动了社会的发展,加速了众多民族的交往与融合,编织了联结西北与中原的政治、文化纽带,为九州一统的大业育生了基原性的力量。东方国家的大一统,是以稳定的农业为基础的生产生活方式和集体主义的价值观,以中央集权制度为基本的政治和国家架构,等等因素确立的,保障了两千多年来中国的不断前行,并维持着它基本的东方面貌,使之成为人类文化、文明的一极。在这一进程中,秦文字起到了莫大的作用。对于古老而巨大的中华文化单元,像秦文字这样连续不断地起着维固性作用的,在全球人类文化进程中是极为罕见的。本书首次提及汉字早期发展史上三次大整理的问题,秦的大整理影响到今天;本书明确提出了秦王朝的"书同文"是以小篆完成了对古文字系统的总结,以隶书为汉字今文字系统的发端,这是真正的、具有更重要意义的统一。

  要感谢西北大学出版社的各位同志!马来社长亲自肯定了选题,对这种"旧题再做"给予了很大的信任与支持。马若楠编辑自始至终关心着这部书稿,由大处到细部都不断地提出一些整理意见,她也自然作为作者之一员。责任编辑李奕辰认真负责地做了大量的工作。社里的同志将《秦文字》书名改为《秦文字研究》,体现了对作者劳作的肯定。小书或有可读之处,其中包含着西北大学出版社同仁的辛勤劳动和贡献。

  感谢袁仲一、王辉、刘瑞、熊长云等先生的工作,本书许多地方都留有他们的印记,小书的撰作是他们工作的继续。感谢长期工作在考古、文博工作一线的朋友们,他们的考古发现和科学研究成果为成书提供了不可或缺的支持。本书的撰写过程之中,还要感谢许多同仁、同学的具体劳作,他(她)们是朱棒、崔璨、陈晓捷、王娟、高子期、石晓磊、余航、许振平等,感谢他(她)们及时的帮助!

  我常说:"文章还是别人的好。"这是有根据的,例如秦文字这么大的问题。在撰写过程当中,尤其是在疫情袭来的情况下,大家工作得十分辛苦。由于我的学识之欠、思考之乏、统揽之弱,且兴趣和热情并不能保证学术与艺术之满意,因此在各章节的编次中,尚有许多可斟酌之处,有许多可以改动得更好的地方。许多观点、许多概念,本书都反复出现、絮絮叨叨,笔者本意在不断强调这些,但终究给人以"码字扩编"之嫌,有的细节表达,可能还会出现抵牾之处。许许多多缺陷,读者是不难察觉的。《秦文字研究》每一章节草成之后,我们都感觉到它既是一个"遗憾的学术",也是一个"遗憾的艺术",没有把相关问题都讲得透彻。用不了多长时间,作者自己都可能发现《秦文字研究》一定存在大量问题,有待含羞修改。有许多话还想讲,有许多意见还想提出、讨论……所以,再一次恭请读者不吝指教,指出这本小书的问题,假以时日,我们会将其修改得更为合理一些……我们认真了,但没有完全成功,我们还会努力。试以《忆秦娥·秦文字》一词为小结:

  雨粟字。
  兽啼鬼哭惊飞毳。惊飞毳。
  仓颉开创,李斯抟美。

  商周鼎簋篆华鲤。
  嬴刘隶楷铭心志。铭心志。
  起看秦岭,史文山砌。

周晓陆
由南国、中州、西京道中
2020 年 11 月